首都经济贸易大学出版资助

全球价值链视角下的国际贸易核算与劳动力市场效应研究

QUANQIU JIAZHILIAN SHIJIAOXIA DE GUOJI MAOYI HESUAN YU LAODONGLI SHICHANG XIAOYING YANJIU

黄 灿 著

首都经济贸易大学出版社
Capital University of Economics and Business Press
·北 京·

图书在版编目(CIP)数据

全球价值链视角下的国际贸易核算与劳动力市场效应研究/黄灿著. --北京:首都经济贸易大学出版社,2020.10
ISBN 978-7-5638-3014-5

Ⅰ.①全… Ⅱ.①黄… Ⅲ.①国际贸易—经济核算—影响—劳动力市场—研究 Ⅳ.①F740.4 ②F241.2

中国版本图书馆 CIP 数据核字(2019)第 239594 号

全球价值链视角下的国际贸易核算与劳动力市场效应研究
黄 灿 著

责任编辑 陈 侃
封面设计 风得信·阿东 FondesyDesign
出版发行 首都经济贸易大学出版社
地 址 北京市朝阳区红庙(邮编 100026)
电 话 (010)65976483 65065761 65071505(传真)
网 址 http://www.sjmcb.com
E-mail publish@cueb.edu.cn
经 销 全国新华书店
照 排 北京砚祥志远激光照排技术有限公司
印 刷 北京九州迅驰传媒文化有限公司
开 本 710 毫米×1000 毫米 1/16
字 数 369 千字
印 张 21.00
版 次 2020 年 10 月第 1 版 2020 年 10 月第 1 次印刷
书 号 ISBN 978-7-5638-3014-5
定 价 59.00 元

前 言

伴随全球价值链分工体系的形成和深入发展,国际贸易的本质已然发生改变。参与全球价值链分工生产的各国只需在产品生产的一个或几个工序环节上具有比较优势,就可以参与分工生产并获得相应的贸易利益,这使得全球价值链视角下的国际贸易能够对不同国家的劳动力市场产生复杂的异质性影响。目前,在全球价值链视角下对国际贸易进行核算的相关研究已经成为国际贸易统计方法革新的一个主要发展方向,多种核算指标以及多个国际数据库的建立使得准确刻画各国在全球价值链上的参与程度和贸易利得成为可能。为此,本书在掌握了现有国内外研究进展以及利用多种核算方法对全球价值链视角下的国际贸易进行度量的基础上,详细研究了参与全球价值链分工对劳动力需求、收入水平和收入差距等的影响,进而为如何发展全球价值链视角下的国际贸易活动以促进高水平就业、实现公平收入分配提供相应的政策建议。

全球价值链分工体系与各国劳动力市场都处在不断的发展和变化中,诸多理论和现实问题有待进一步探讨和完善,受限于作者的知识储备和专业水平,本书难免存在不足之处,欢迎专家学者和广大读者批评指正。

最后,感谢首都经济贸易大学出版社为本书顺利出版所作的努力。

目　录

第一章 引言

第一节　研究背景和意义

一、研究背景

自20世纪80年代第三次经济全球化浪潮兴起，各国的经贸往来日益密切，国际生产分工体系经历了重要的变化。当前，国际生产分工体系的一个主要特征是：以往在同一国家或地区进行的最终产品生产被逐步分解，不同的工序和生产阶段被分配到不同国家和地区。在这一过程中伴随着大量的中间品贸易，形成了由多个国家和地区的厂商共同参与的国际分工生产体系，亦即全球价值链（Global Value Chain）。这种分工形式被认为是20世纪后期兴起的经济全球化浪潮的一个显著的特征。易（Yi，2003）指出，20世纪60年代到90年代末，全球关税水平降低了约11%，在这期间全球贸易占产值的比重增加了3.4倍，这与传统贸易理论中关于贸易量对关税弹性的认知不符。在关税和非关税壁垒在多数国家和地区已经降低到一定程度后，国际贸易的增长通过全球价值链分工生产模型得到了较好的解释。在全球价值链的视角下，分工生产由产业间深入到产品间以及工序间，形成了全球市场的一体化和产品生产的分散化，全球贸易的格局因此发生了实质性变化，原有的国际分工格局、产业组织形式都因此发生重大变化。参与国际分工的经济体更加多元化，不同国家在全球生产网络中所处的地位决定了其在经济全球化中获得的利益。在这一背景下，全球主要国家都实行了开放型的贸易政策，以期在国际分工体系中获得更多的收益。大量理论和实证研究已经证实，参与国际分工总体上能够促进各国的经济增长。事实上，韩国、新加坡以及中国台湾地区等亚洲新兴经济体均通过参与全球价值链分工体系获得了巨大的利益，实现了经济快速发展。

然而，全球价值链视角下的国际贸易对社会经济其他方面的影响尚未得到确定性的结论。在国际贸易与劳动力市场的关系方面，以亚当·斯密和大卫·李嘉图为代表的古典贸易理论最早对贸易开放对国家间劳动力收入差距进行理论分析。新古典贸易理论中的斯托尔珀·萨缪尔森定理（S－S定理）预测了国际贸易对收入分配的影响，表明一国出口产品中密集使用的要素的回报将提高，进口部门中密集使用的要素的回报将降低。根据定理内容，发展中国家利用本国丰裕的低技能劳动力要素参与分工，出口低技能劳动力密集型产品，将引致发展中国家低技能劳动力的收入提高，高、低技能劳动力之间的收入差距缩小。后来以克鲁格曼为代表的新贸易理论将S-S定理引入存在规模经济和技术进步的新贸易理论框架，但相关理论研究仍然是基于新古典贸易理论对收入分配的论断。20世纪70年代以来，发达国家低技能劳动力的相对收入水平不断恶化，高、低技能劳动力之间的收入差距逐步拉大。大量实证研究也表明贸易开放是引致发达国家不同技能劳动力收入差距扩大的影响因素，这一结论与S-S定理的内容一致。然而在发展中国家中，贸易对就业和收入的影响大相径庭。一些国家的收入差距随着贸易开放逐步缩小，更多国家中贸易开放被证实增加了高技能劳动力的相对收入，扩大了高、低技能劳动力间的收入差距。为了解释实证研究与理论的背离，学者通过逐步放松理论的假设条件以及将国际贸易在产品结构上的差异等因素进行了研究。目前，针对国际贸易影响劳动力需求和收入分配的理论和实证研究仍是一个较为薄弱的环节，特别是针对发展中国家的研究还很缺乏。

全球价值链分工体系的形成和深入发展已然改变了国际贸易的本质。随着中间品和零部件多次跨越国境，一国出口的最终品中往往包含着大量的进口中间投入，或者本国生产出口到外国加工后复进口的中间投入。国际贸易逐步由以货物贸易为主，转向以增加值贸易（trade in goods）或任务贸易（trade in tasks）为主。相应地，参与全球价值链分工生产的各国只需在产品生产的一个或几个工序环节上具有比较优势就可以参与分工生产并获得相应的贸易利益。基于全球价值链的视角，我们也许能够对国际贸易对劳动力就业和收入在不同国家间的异质性影响给出一些新的解释，相关研究目前还处于初始阶段。此项研究的前提是对各国参与全球价值链分工的程度进行度量。全球价值链视角下的国际贸易需要建立系统的核算框架，这一领域近年来涌现了大量的研究成果，多种核算指标以及数据库的建立使得准确刻画各国在全球价值链上的参与程度和贸易利得成为可能。

我国自改革开放以来贸易自由化程度不断提高，进出口贸易得到了极大的发展。1978年，我国进出口总额仅为206.4亿美元，到2017年我国的进出口总额已经增加至48 681亿美元，贸易顺差为2 239亿美元，进出口总额较1978年水平提高了约235倍。1978年我国进出口总额在世界各国中排名第32

位，2017 年排名第 1 位。随着进出口额的不断提升，国际贸易已经成为我国经济的重要组成部分。随着全球价值链分工体系的深入发展，我国已经成为全球价值链上的重要一员，在我国的这个平台上聚集了来自世界各国的多种中间投入品，参与全球价值链分工生产网络使得我国的产品生产种类极为多样化，与各国在生产上的联系愈加紧密。从我国在全球价值链分工体系所处地位来看，我国的全球价值链分工地位指数从 1995 年的 -0.34 上升至 2016 年的 0.312。无论上升速度还是所处地位都在发展中国家中名列前茅。从全球价值链的视角出发，我们发现按照传统统计口径得到的贸易数据掩盖了我国出口的实际价值。通过对增加值贸易的测算，我们看到我国出口产品价值与出口产品附加值间存在着明显的差异。邢和德特尔特（Xing & Detert，2010）以苹果手机为例分析了贸易统计如何夸大中美贸易逆差。由于苹果手机在中国组装并出口到美国，按照美国海关统计，属于中国出口到美国的产品。然而，中国组装的苹果手机使用的元件和设计都是从美国、日本等国进口的。一部苹果手机的批发价为 178.96 美元，来自中国的附加值仅占 3.6%，即 6.5 美元。2009 年中国向美国出口的苹果手机价值 20.2 亿美元，然而按照中国出口的附加值计算仅有 7 272 万美元。显然，使用出口总值统计高估了我国对美国的出口额。从这个角度看，增加值贸易概念的引入有助于我们更好地理解当前国际贸易的实质和各国的真实贸易利得。近年来学者致力于建立一个能够系统核算全球价值链分工与贸易的方法。目前，学界广泛使用的是基于投入产出模型的增加值贸易核算方法（trade in value added，TiVA）。这一核算体系能够将一国的总出口进行完全的分解，从而能够比较好地刻画全球价值链上的增值环节在不同国家和地区间的分配情况。包括我国在内的很多发展中国家早期主要通过加工贸易方式加入全球价值链分工生产网络。加工贸易是指企业进口了全部或者部分原材料、零部件、包装物料等，通过加工装配，将制成品再次出口的贸易活动。然而，在我国的投入产出表中并没有相关加工贸易进出口的信息。这使得利用投入产出表测算的我国增加值贸易可能与实际水平存在差异。为此，学界主要通过建立区分一般贸易与加工贸易的投入产出表等方法来改进相关核算指标。在全球价值链视角下对国际贸易进行核算的相关研究已经成为国际贸易统计方法革新的一个主要发展方向。

在参与国际分工的程度逐步加深的同时，我国劳动力市场上也出现了很大的变化。一方面，作为全球第一人口大国，庞大的人口基数使得我国具有一个巨大的劳动力市场。2000 年我国的劳动力人口为 7.4 亿，2017 年达到 8.1 亿。与之相对应的是我国劳动参与率自 20 世纪 90 年代以来呈不断下降的趋势。1990 年我国劳动参与率为 79.01%，到 2000 年下降为 75.1%，2017 年进一步下降为 68.9%。随着经济增速放缓以及国际环境的不确定性增强，稳定和扩大就业已经成为当前我国面临的重要课题。另一方面，我国正在从一个收入相对平等的国家转向一个收入差距较大的国家。1980 年我国的基尼系数为 0.320，1990 年上升到 0.355，2017 年达到 0.470。当前我国的收入差距已经超过了国际认定的标准基尼系数 0.4，收入不平等现象相当严重。同时，我国的居民收入差距在城乡、行业、地区和性别之间均呈上升态势。建立有序合理的收入分配机制成为当前政府面临的另一个重要课题。

针对贸易自由化影响劳动力市场的研究并不缺乏，但相关研究以针对发达国家的研究为主。由于理论研究的基本假设和研究背景主要基于发达国家，在解释发展中国家经济现象时往往较为乏力。目前研究贸易自由化对劳动力需求和收入影响的文献（特别是针对我国的研究文献），尚未形成统一的结论。芬斯特拉和汉森（Feenstra & Hanson，1996）、海德和里斯（Head & Ries，2002）、斯特劳斯—卡恩（Strauss - Kahn，2002）、谢和吴（Hsieh & Woo，2005）、布罗科利尼等（Broccolini et al，2011）、王中华等（2009）、林玲和容金霞（2016）、高运胜等（2017）、郭沛和秦晋霞（2017）、吴云霞和马野驰（2018）等研究指出，参与全球价值链分工体系提升了一国高技能劳动力的相对需求和工资收入；另一些研究则认为，全球价值链视角下的国际贸易对不同技能劳动力的就业需求没有产生显著的影响或者提升了低技能劳动力的相对需求，缩小了高、低技能劳动力之间的收入差距（爱格和斯蒂勒，Egger & Stehrer，2003；唐宜红、马风涛，2008；臧旭恒、赵明亮，2011；唐东波，2012；黄灿，2014；程盈莹、赵素萍，2016；胡昭玲、李红阳，2016；周昕，2017；徐国庆等，2018）。随着全球价值链分工体系上贸易的核算方法、指标以及相关数据库的不断发展和完善，分析参与全球价值链分工体系对各国劳动力需求和收入的影响有了更好的研究基础。基于此，本书尝试从多个角度刻画不同国家参与全球价值链分工的程度与贸易利得，在此基础上分析参与全球价值链分工对各国劳动力就业需求、收入水平和收入差距等的影响。

二、研究意义

国际贸易与参与全球价值链分工或全球价值链视角下的国际贸易是不同的概念。全球价值链视角下的国际贸易当然是国际贸易的一个组成部分，但是这种贸易形态与传统意义上的国际贸易存在较大差异。全球价值链这一概念在20世纪90年代才开始出现，这一分工体系形成和深入发展的速度却相当迅速。当前越来越多的国家和地区参与到全球价值链分工体系中，使得全球价值链视角下的国际贸易在各国贸易总量中所占的比重越来越高，从而使国际贸易的本质发生了变化。与传统的进出口贸易不同，一国在全球价值链视角下的国际贸易的真实利益核算是相当复杂的。这也是为什么过去20年间如何准确度量全球价值链视角下的国际贸易成为学者研究的热点问题。建立参与全球价值链分工体系的系统核算框架有助于我们理解当今的国际贸易发展态势和特点，各国政府和有关部门也能以此为依据合理制定相关的贸易政策和产业政策。对这一问题进行研究的意义还在于对全球价值链参与程度的准确度量构成了对全球价值链其他相关问题开展研究的理论基础。此外，参与全球价值链分工的国家众多，不同国家的参与程度和参与方式存在很大的差异，这使得我们需要对核算方法做出调整以适应不同国家的需要。同时全球价值链本身仍在不断地发展变化，相应的统计方法也必然要不断更新和完善。因此，对参与全球价值链分工相关核算方法的深入研究和对全球价值链视角下的国际贸易的准确核算，无论在理论还是实务层面都有着重要的意义。

与全球价值链视角下的国际贸易核算问题相比，关于国际贸易影响劳动力市场的研究历史要长得多。这一研究课题具有显而易见的理论和现实意义。一方面，传统国际贸易理论中的斯托尔珀—萨缪尔森定理对国际贸易的收入分配效应做出了预测，但大量研究表明现实中国际贸易对收入分配的影响与理论预测并不相符。在包括我国在内的许多发展中国家中，贸易开放降低了低技能劳动力的相对收入，拉大了高、低技能劳动力之间的收入差距。解释理论与现实间背离的原因需要我们进行深入的研究，从而推动理论的发展并扩大其适用性。另一方面，对国际贸易与收入分配之间关系的分析有着很强的现实意义。国际贸易通过调节收入分配有助于消除贫困还是加剧了贫富差距？国际贸易政策与税收政策是否因此需要调整？这些问题的答案都建立在分析国际贸易对劳动力就业和收入影响的基础上。对于本书而言，我们将研究对象聚焦到全球价值链视角下的国际贸易上，实证检验了全球价值链视角下国际贸易对劳动力市场的影响。研究结论将对已有文献形成补充，也为对全球价值链上的贸易与传统统计口径下的进出口贸易对劳动力的影响进行分析比较提供了事实依据。

我国作为全球第一贸易大国，自改革开放以来始终推行外向型贸易发展政策。进出口贸易额由1978年的206.4亿美元增长至2017年的48 681亿美元，占国内生产总值（GDP）的比重由1978年的9.7%增长到2017年的39.7%。国际贸易的发展已经被证实是促进我国经济增长的一个重要因素，但是国际贸易对经济其他方面的影响尚未得到一致的结论。随着我国的经济发展以及参与全球价值链分工体系程度的不断加深，一些社会经济问题也逐渐凸显，不同地区、行业之间的经济发展水平和收入差距不断拉大，结构性失业以及收入不平等问题成为众人关注的焦点。参与全球价值链分工体系是否是造成这些问题的原因？全球价值链视角下的国际贸易对我国劳动力就业和收入产生了何种影响？对相关问题的研究有助于我们在全球价值链分工体系下制定贸易政策以及相关的经济政策。

作为人口大国，保障就业是我国政府长期关注的问题，党的十八大报告明确指出“就业是民生之本”，并提出了“收入倍增计划”，即2020年实现国内生产总值和城乡居民人均收入比2010年翻一番。实现收入倍增的途径主要有三个：一是转变经济增长方式；二是实现高质量的就业；三是抓好收入分配。党的十九大报告将提高人民收入水平作为逐步实现全体人民共同富裕时代目标的重要内容。2019年我国首次将就业优先政策置于宏观经济层面，政府工作报告明确指出在当前和今后一个时期，我国的就业压力不减，结构性矛盾凸显，新的影响因素还在增加，必须把就业摆在更加突出的位置。稳增长首要就是保就业。同时，我国长期以来坚定维护经济全球化和自由贸易，将对外开放作为一项基本国策。因此从参与全球价值链分工体系的角度研究国际贸易对劳动力市场的作用机制和影响程度，不仅可以寻找稳定和扩大就业、提高人民收入、缩小收入差距的途径，也为我国构建和谐社会、实现富强民主提出合理的政策建议。

第二节　相关概念的界定

本书关心的是全球价值链视角下的国际贸易对劳动力的影响。这一选题主要涉及以下概念界定。

一方面是全球价值链视角下的国际贸易情况。一般意义上的国际贸易是指商品和服务的国际分工、生产和交换。贸易开放一般是指一个国家或地区参与国际分工的程度，通常使用进出口量占国民生产总值的比重来衡量贸易开放程度。本书的研究区别于已有关于贸易开放及其经济效应的研究，关注全球价值链视角下的国际贸易这一在过去几十年中迅速发展的贸易类型。根据联合国工业发展组织的定义，全球价值链是指为实现商品和服务价值而连接生产、销售、回收处理等过程的全球性跨企业网络组织。全球价值链涉及从原料采购和运输，半成品和成品的生产和分销，直至最终消费和回收处理的整个过程。与传统的国际分工体系这一概念相比，全球价值链分工体系强调以跨国公司作为参与主体，强调分工体系的全球性。参与全球价值链分工的程度可以使用一国在全球价值链上的国际贸易额来进行度量。全球价值链视角下的国际贸易根据使用贸易核算方法的不同被学者称为产业内分工（阿尔恩特，Arndt，1997），外包（格罗斯曼和赫尔普曼，Grossman & Helpman，2005），生产分割（琼斯和基尔茨科夫斯基，Jones & Kierzkowski，2001），垂直专业化（赫梅尔斯等，Hummels et al，2001）等等。尽管表述有所差别，但学者们研究的基本是同一国际分工生产现象。按照赫梅尔斯等（Hummels et al，2001）的定义，全球价值链分工生产需要满足以下三个条件：一是某种最终产品的生产可以分割为两个或者两个以上的连续生产阶段（sequential stages）；二是两个或以上的国家（地区）参与到这一产品的生产增值的过程；三是至少有一个国家在其生产过程中使用了进口的中间投入，并且生产出的产品部分用于出口。其中，第三点是全球价值链分工生产区别于外包的关键。图 1－1 简单地概括了这一模型。

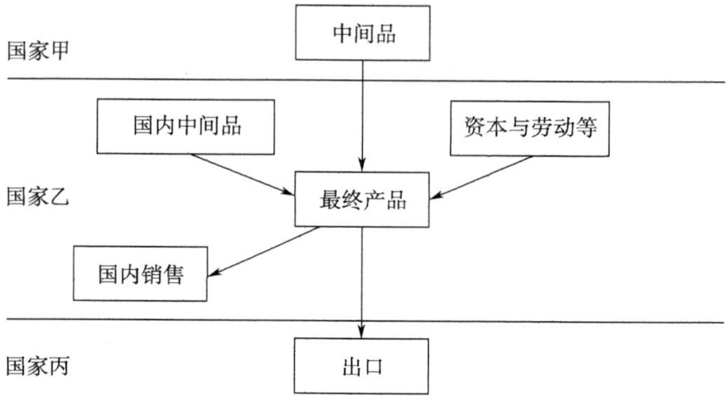

图 1-1　全球价值链分工生产模式

资料来源：Yi. Can Vertical Specialization Explain the Growth of World Trade?［J］. Journal of Political Economy，2003：（111）.

可以看到，全球价值链视角下的国际贸易已经有了相当明确的定义。针对全球价值链分工体系参与程度的大量研究主要是对全球价值链视角下的国际贸易进行核算的。由于这种贸易具有大量的中间品反复跨越一国国境的特点，使用传统口径统计的一国全球价值链贸易额将包含很多重复计算的部分。因此，本书详细讨论了全球价值链视角下的国际贸易的多种核算方法和主要核算结论。在实证研究方面，根据所需数据可得性我们使用了增加值贸易、中间品贸易、垂直专业化贸易、加工贸易等多个指标，其目的均是为了在不同层面上度量全球价值链视角下的国际贸易。当然，不同核算指标有着不同的侧重点。例如中间品贸易和垂直专业化贸易侧重于反映参与全球价值链分工生产的程度，增加值贸易则侧重于核算全球价值链上生产产品的增加值分布和贸易利益。

另一方面是劳动力的相关概念界定。参与全球价值链分工对劳动力的影响主要包括对劳动力就业需求产生的效应和对劳动力收入产生的效应两个方面。国际贸易对劳动力就业需求的影响又可以分为对总量的影响和对结构的影响。其中，劳动力就业结构可以分为年龄结构、性别结构、产业（行业）结构、技能结构、地区结构等等。本书主要研究了全球价值链视角下的国际贸易对劳动力就业的产业（行业）结构、技能结构和地区结构效应。劳动力就业的产业（行业）结构是指劳动力在第一、二、三产业的分布情况；行业结构是指劳动力在各产业细分行业中的分布情况。劳动力就业的技能结构是指高技能劳动力与（中）低技能劳动力在就业人口中的占比情况，而高、低技能劳动力主要根据劳动力受教育程度来进行划分。劳动力就业的地区结构主要是指参与全球价值链分工对我国东部、中部和西部地区的劳动力就业结构的影响。参与全球价值链分工也对劳动力收入效应施加影响。劳动力收入效应可以分为收入水平效应和收入分配效应。收入分配效应主要体现在不同国家、地区、性别、产业（行业）、技能和职业等等的劳动力之间可能存在的收入差距。本书关注的是参与全球价值链分工对我国不同地区、产业、技能和职业的劳动力之间收入的差异性影响。其中，地区、产业、行业和技能的划分方法与前面所述相同，不同职业定义为资本收入者和劳动收入者两类。本书根据中国居民收入调查数据（CHIP）的划分方法，将就业身份为雇主或自营劳动的劳动者视为资本收入者，就业身份为雇员或家庭帮工的视为劳动收入者。

第三节 研究思路和内容结构

一、研究思路

全球价值链作为一个参与国家众多且融合大量产品生产链条的国际分工生产网络，本身就是一个相当复杂多变的经济学课题，围绕这一课题的许多研究领域都有待发展和完善。本书主要关注对参与全球价值链分工程度及贸易利益等进行准确核算这一问题。准确测算全球价值链视角下的国际贸易有助于我们了解当前国际贸易的真实状况以及各国在全球价值链上所处地位、贸易利益等重要的信息。对这一问题的研究也是分析参与全球价值链的经济效应的基础。参与全球价值链的经济效应是多重的，本书侧重分析参与全球价值链分工体系对劳动力的影响，包括对劳动力需求数量、需求结构、收入水平、收入分配等方面的影响。针对贸易开放或贸易自由化等影响劳动力市场的研究已经相当充分，因此本书的研究思路是在掌握了现有国内外研究进展以及利用多种核算方法对全球价值链视角下的国际贸易进行度量的基础上，详细研究参与全球价值链分工对劳动力需求和收入的影响，进而为如何促使全球价值链视角下的国际贸易活动有利于促进就业和公平的收入分配提供相应的政策建议。在实证研究中，本书采用从宏观到微观、从国家层面到个体层面的思路。本书利用多种核算方法，首先测算主要国家全球价值链视角下的国际贸易额及贸易利得，然后按照整体、分行业、分地区的次序考察我国参与全球价值链分工的程度。在此基础上，本书首先分析不同国家参与全球价值链分工对劳动力就业需求和收入分配的影响，然后针对我国参与全球价值链分工的劳动力市场效应进行实证检验。此外，在实证研究中本书尽量使用不同的核算指标进行检验，以提高研究结果的准确度。

二、内容结构

本书一共包括八章内容。本章首先对本书的选题背景、研究意义、思路、结构安排、研究方法和创新之处等进行简要说明。剩余章节的内容安排（图 1－2）如下。

第二章为文献综述。本章对与选题相关的国内外文献进行搜集、整理、总结和评述，目的是找出相关研究领域的有待完善和补充之处，以及新的研究问题和方向，从而确定后文的研究内容。本章主要包括三小节：第一节分别梳理了全球价值链分工与贸易的理论研究基础以及全球价值链分工体系的影响因素和核算方法；第二节整理了国内外关于参与全球价值链和劳动力就业之间关系的研究成果，包括参与全球价值链分工影响劳动力就业数量、劳动力需求弹性以及劳动力就业结构的相关文献；第三节主要关注现有的研究参与全球价值链影响劳动力收入的相关文献，具体包括全球价值链视角下的国际贸易对劳动力收入水平、收入差距和劳动收入份额的影响。

第三章评述了现有全球价值链视角下的国际贸易核算方法以及有关方法的应用。对全球价值链分工体系上产生的国际贸易进行准确度量是过去 20 年学界研究的一个热点问题，涌现了多种研究思路和度量指标，得到了大量的研究成果，对有关核算方法及应用进行探讨和比较是本书后面部分进行实证研究的基础。本章内容分为三小节：第一节考察了全球价值链视角下的国际贸易核算方法的演进过程和研究意义；第二节评述了利用投入产出表建立的全球价值链视角下的国际贸易的核算指标，包括垂直专业化贸易、增加值贸易等等；第三节讨论了增加值贸易核算方法在全球价值链视角下的国际贸易核算领域的具体应用，包括对双边贸易余额、显性比较优势、全球价值链分工地位等指标的重新核算等。

第四章使用多种核算方法对全球价值链视角下的国际贸易进行统计核算。使用第三章中介绍的多种核算指标和方法，我们能够测算包括我国在内的主要国家参与全球价值链分工体系的程度、分工地位、贸易利益等多项指标。通过对核算结果进行分析比较，我们对全球价值链分工体系的演进程度有了更加直观的了解，同时也检验了不同核算指标的特点。本章内容包括三小节：第一节对全球和我国的国际贸易变化趋势和特点进行描述统计；第二节首先分析了全球价值链分工体系的发展过程，然后对主要国家参与全球价值链分工体系的程度进行测算；第三节在概述我国参与全球价值链分工体系进程的基础上，从多个层面对我国参与全球价值链分工体系的程度与利得进行测算。

第五章为国际贸易影响劳动力就业和收入的理论分析。一国在全球价值链视角下的国际贸易额与传统统计口径下的贸易额通常存在一定的差异，但两类贸易影响劳动力市场的理论基础是一致的，国际贸易理论关于收入分配的理论分析为本书的研究提供了理论基础。本章第一节首先描述了国际贸易影响劳动力就业和收入的一些典型事实。在此基础上，第二节我们分别从传统的古典、新古典贸易理论以及当代的新贸易乃至新新贸易理论角度分析了国际贸易影响劳动力就业的理论依据。本章第三节分析了国际贸易以劳动力需求、技术进步、产业结构和政府等作为渠道进而影响收入分配的传导机制。

第六章实证检验了全球价值链视角下国际贸易对劳动力就业的影响。本章第一节介绍了全球以及我国的劳动力禀赋及就业概况；第二节建立投入产出模型详细分析了使用中间品贸易度量的参与全球价值链分工因素对我国劳动力就业总量和就业结构的影响，并对中、日、韩三国中间品贸易对劳动力就业的影响进行了比较，研究发现三国中间品贸易对劳动力需求和结构的影响存在较大差异；第三节实证考察了我国各省参与垂直专业化分工的程度，并在此基础上实证检验了垂直专业化贸易对我国不同技能劳动力就业需求的影响，结果表明参与垂直专业化分工总体上并未对我国劳动力就业结构产生显著的影响，但对于从事研发活动的高技能劳动力而言，参与垂直专业化贸易显著降低了对这部分劳动力的需求。

第七章主要研究了全球价值链视角下国际贸易对劳动力收入的影响。本章第一节对全球及我国的劳动力收入水平和收入不平等现象进行了概述；第二节基于跨国面板数据检验了参与全球价值链分工对劳动力收入水平的影响以及这种影响在发达国家和发展中国家之间的差异，研究发现参与全球价值链分工显著提升了各国劳动力的收入水平，且发展中国家的劳动力收入提升效应比发达国家更大；第三节对我国参与全球价值链分工对个体劳动力的收入水平及技能收入差距进行了实证检验，在此基础上还对参与全球价值链分工对我国高、低技能劳动力收入差距在不同地区、不同产业以及不同类型收入者之间的异质性进行了检验，结果表明参与全球价值链分工显著提升了我国劳动力的收入水平，同时拉大了高、低技能劳动力之间的收入差距，提高了“技能溢价”。

第八章对全书进行了总结，归纳了理论及实证研究的主要结论，指出了本书研究存在的不足以及进一步研究的方向，此外也提出了本书的政策建议。

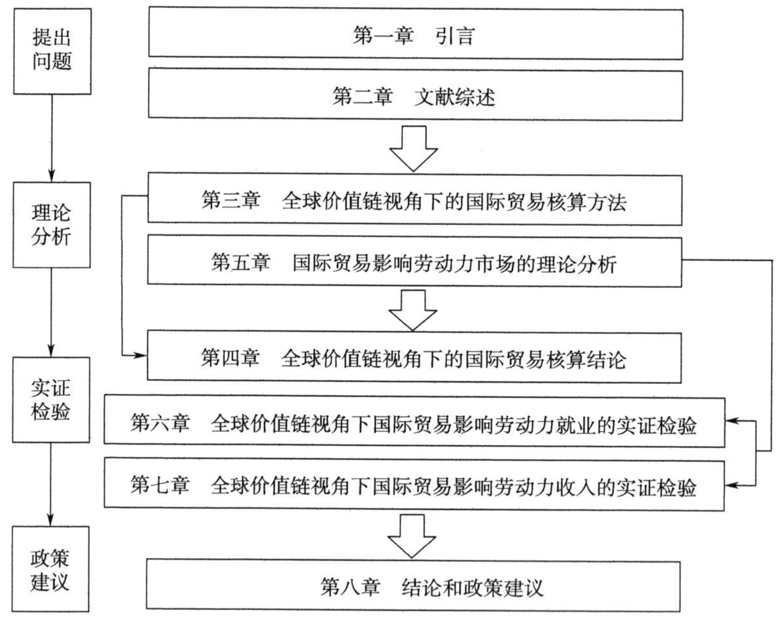

图1－2　思路结构图

第四节 研究方法和创新点

一、研究方法

在对全球价值链视角下的国际贸易进行详细核算的基础上，本书主要研究了参与全球价值链分工对劳动力就业和收入的影响。本书的研究将规范分析和实证分析相结合，以理论分析为基础，以实证研究为主体。具体而言本书采用的研究方法主要有：

第一，文献法和统计描述法。本书的理论和实证研究均建立在充分掌握国内外相关文献，并以全球及我国参与全球价值链分工程度和变化特点的分析为基础。为此，本书第二章详细评述了关于全球价值链分工体系以及参与全球价值链分工影响劳动力就业和收入分配的相关文献。第四章的第一节对全球及我国的国际贸易发展现状及变化趋势进行了统计描述。此外，第六章和第七章中我们分别利用统计数据概括了全球及我国的劳动力市场的变化趋势和特点。

第二，模型构建法和比较分析法。本书运用科学的抽象思维方法，整合国际贸易理论关于贸易自由化影响就业的相关理论，通过构建严谨的数理经济模型来推演经济发展的内在规律。本书第三章详细介绍了针对全球价值链视角下的国际贸易建立的多种核算方法和核算指标，对不同核算方法的优缺点进行了比较分析。第五章在传统和当代国际贸易理论框架下构建理论模型，分析了国际贸易对劳动力就业和收入的影响。

第三，投入产出分析方法。投入产出分析方法能够反映国民经济体系内外不同部分之间相互依存的经济数量关系，是当前分析增加值贸易的主流研究方法之一。本书在对全球价值链视角下的国际贸易进行核算的过程中多次使用投入产出分析方法。在第六章对参与全球价值链分工影响劳动力就业需求的实证研究中也建立了多区域投入产出模型。

第四，计量分析法。本书的实证研究主要采用计量分析方法以检验参与全球价值链分工体系对劳动力就业需求和收入的影响情况。本书第六章和第七章分别使用多种计量回归方法对全球价值链视角下的国际贸易对劳动力需求和收入的影响进行实证检验及稳健性检验。

二、创新点

目前针对全球价值链视角下的国际贸易进行核算涌现了大量的研究成果。同时，国内外针对贸易开放对劳动力需求和收入的影响的文献也并不缺乏。但是，将二者进行结合从全球价值链的视角分析贸易的劳动力需求效应及收入效应的文献为数不多，针对我国的具体情况建立模型并进行详细实证研究的文献仍然比较少见。本书的创新点可以概括为以下几点：

第一，研究视角创新。以往的文献往往针对国际贸易或贸易开放对劳动力需求和收入的影响展开分析。近年来随着全球价值链视角下的国际贸易核算方法的提出，部分文献开始讨论参与全球价值链分工对劳动力市场的影响。本书区别于已有文献，着重分析了参与全球价值链分工对不同国家劳动力需求和收入的异质性影响，并针对全球价值链这一国际分工生产网络，分析了价值链分工地位与劳动力收入之间的关系。在针对我国的研究方面，本书从微观个体层面出发分析了参与全球价值链分工对个体劳动力收入的差异性影响。

第二，理论机制创新。已有文献主要通过建立理论模型分析贸易开放对收入分配的影响。本书在基于国际贸易理论分析参与国际分工对劳动力市场影响的基础上，也对国际贸易影响收入分配的理论机制进行了分析，主要从国际贸易通过劳动力需求、技术进步、产业结构和政府等多个渠道对收入分配产生的影响进行了论述。

第三，对参与全球价值链分工的核算。作为本书实证研究的基础，我们采取多种方法和多个度量指标对不同国家参与全球价值链分工的程度及贸易利得进行了核算。为了适应实证分析使用数据的需要，本书分别核算了主要国家的增加值贸易、中间品贸易、GVC（Global Value Chain，全球价值链）分工地位指数等指标，也对我国整体和不同地区、不同行业的垂直专业化贸易、加工贸易等指标进行了详细的考察。

第四，计量方法的使用。由于实证研究构成了本书的主要内容，相关结论和政策建议均基于实证研究的结果。为了提高研究的准确性，本书在计量方法的使用上做了一定的创新。为了增加样本容量，针对我国的研究使用的是省级面板数据以及居民收入调查的大样本数据。此外，为了考察参与全球价值链分工的技能溢价效应，不同于以往文献使用分组回归方法，本书第七章中利用技能虚拟变量的交互项的方法进行检验，并分别使用了面板数据固定效应模型回归以及分位数回归等不同计量方法。

第二章　文献综述

第一节　全球价值链与国际贸易的相关文献

一、全球价值链与国际贸易的理论研究

（一）基于传统贸易理论框架下的分析

在传统国际贸易理论框架下，学者主要在李嘉图模型和 H－O 模型的基础上开展对全球价值链分工的研究。全球价值链分工生产的基本动因依然是追求比较优势，降低生产成本。只是由于生产分工深入到工序层面，使得相关的理论分析变得更加复杂了。

迪克希特和格罗斯曼（Dixit & Grossman，1982）开发了一个多阶段生产模型，认为产品在不同国家的不同生产阶段是由各国的比较优势决定的。他们考察了要素结构和贸易政策的变化对一国比较优势边际的影响。桑亚尔和琼斯（Sanyal & Jones，1983）根据比较优势原理，建立了一个商品谱模型来解释全球价值链分工模式。他们在模型中采用了半成品商品统一体（continuum of semi-finished）的概念，使用单位劳动需求来衡量比较优势。如果在生产阶段 x，国家 A 对劳动力的相对需求小于国家 B，那么国家 A 将负责产品 $[0, x]$ 阶段生产，国家 B 负责产品 $[x, 1]$ 阶段的生产。

卢峰（2004）利用生产扩张线分析框架对全球价值链分工原理进行了说明。图 2－1 中的直线 X 和 Y 代表两个产品的生产扩张线。其中，产品 X 的扩张线的斜率大于产品 Y，代表产品 X 为资本密集型产品，Y 则为劳动密集型产品。AC 和 BD 分别表示甲国和乙国的等成本线。等成本线的斜率差异表明甲国为资本丰裕国，而乙国为劳动丰裕国。按照标准国际分工理论，甲国在等产量线 X_o 与生产扩张线的切点生产，对应的要素投入情况表明甲国使用了较多的资本要素；同理可以看到乙国在生产时投入了较多的劳动要素。$A'C'$ 显示了如果甲国生产劳动密集型产品 Y 将付出更高的成本；同理 $B'D'$ 显示了乙国生产资本密集型产品 X 时要付出更多的成本。

射线 OS 通过甲乙两国的等成本线的交点 N，因此具有国际分工临近点的经济含义。图 2－2 说明的这一点。技术和要素投入比例不同的三个产品的等产量线 X_1、X_2、X_3 分别与甲国的等成本线 AC 相切于 N_1、N_2、N_3 点，表明在封闭经济条件下这些点均是甲国的均衡配置。依照之前的讨论，产品 X_1、X_2 应在甲国生产，产品 X_3 应在乙国生产。显然，在 CN 区段内与等成本线 AC 的

所有切点的投入比例均为资本密集度高于 OS 线上的资本密集度；在 AN 区段内的所有切点的投入比例均为资本密集度低于 OS 线上的资本密集度。因此，在这个分析框架内，OS 线对根据比较优势进行全球价值链分工而言具有分界点的作用。在不考虑运输成本等交易成本的基础上，使用的要素投入中资本比例较高的产品将由资本丰裕的甲国进行生产；使用的要素投入中劳动力比例较高的产品将由劳动资源丰裕的乙国进行专业化生产。

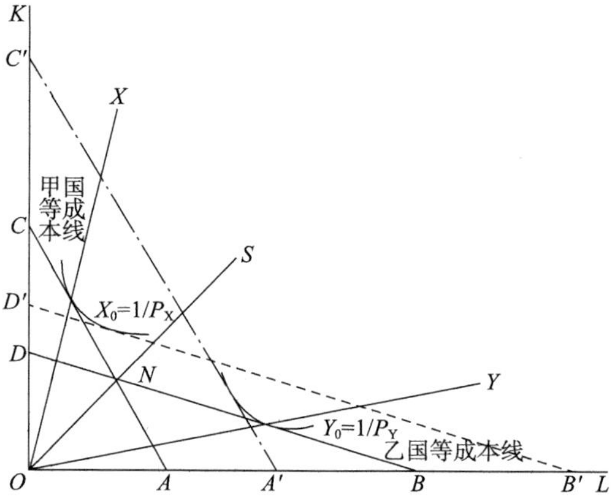

图 2－1　生产扩张线与产品间估计分工

资料来源：卢峰. 产品内分工［J］. 经济学季刊，2004（10）.

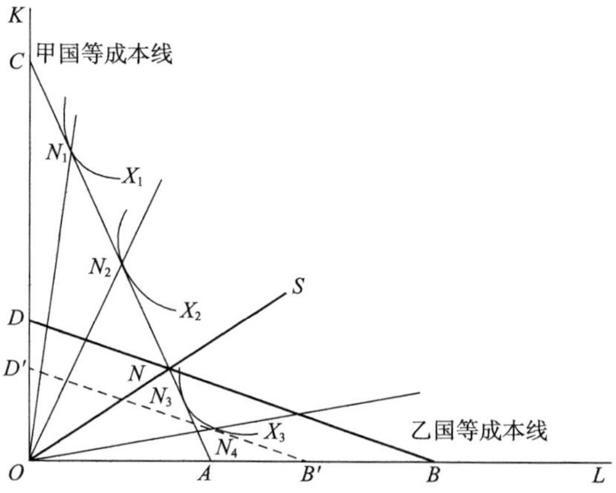

图 2－2　产品内国际分工的分界线

资料来源：卢峰. 产品内分工［J］. 经济学季刊，2004（10）.

琼斯和凯日科夫斯基（Jones & Kierzkowski，1990）根据 H－O 定理建立了一个国际生产分割模型。模型包括的假设条件有：①两个国家，使用两种生产要素：资本和劳动。其中，外国为劳动力要素丰裕国，本国为资本要素丰裕国。②生产一种产品，产品的生产过程可以分割成一个劳动力密集型阶段和一个资本密集型阶段。③两国要素禀赋不发生变化。即使加入实现自由贸易，也不会出现要素价格均等化现象，④不考虑服务连接（service link）的成本。他们认为：按照生产阶段的要素密集度以及国家间要素禀赋的差异，两国将分别专业化生产各自具备丰裕要素的生产环节，即外国专门生产劳动力密集型阶段，本国专门生产资本密集型阶段。迪尔多夫（Deardorff，2001）同样把全球价值链分工纳入 H－O 模型，分析了参与全球价值链分工对要素价格的影响。模型假设如下：①两个国家使用两种生产要素：资本和劳动。其中，北方为资本要素丰裕国，南方为劳动要素丰裕国，并且两国的要素价格不同。②生产一种最终产品，使用一种中间品，该中间品为资本密集型产品，且只能在北方国家生产。③存在服务联系（service link）成本。研究认为，如果全球价值链分工生产带来的生产成本节约足够弥补服务链接成本的话，北方国家将把另外一个阶段转移到南方国家进行生产。此外，如果北方国家的劳动密集生产阶段对南方国家而言是资本密集阶段，全球价值链上的分工生产和贸易生产将促使南北方要素价格的差距减小。

在比较优势以及要素禀赋差异的基础上，学者也将运输成本等因素加入到理论模型中。克鲁格曼和维纳布尔斯（Krugman & Venables，1995）指出，运输成本的下降是全球价值链分工生产迅速发展的一个重要原因。当运输成本降低到某一临界值以下时，会形成以发达国家为中心，发展中国家为外围的生产分工模式。琼斯和凯日科夫斯基（Jones & Kierzkowski，2001）认为服务链接（service links）对于分割的生产模块（fragmented production blocks）的形成十分重要，他们指出规模报酬递增和要素比较优势等因素共同推动了国际生产分工的发展。同时，运输、金融等相关服务行业的技术进步引致的贸易成本降低也极大影响了全球价值链分工生产。木村等（Kimura et al，2009）认为企业选择分工生产需要满足两个条件：①分割到各地区的生产成本低，其决定因素包括各地区工资等要素价格、产业集聚、基础设施、政策环境等；②链接这些地区的服务链接成本不高，包括关税、运输成本、时间成本等。布里奇曼（Bridgman，2012）建立了一个三阶段全球价值链模型，包括原材料、制造业零部件和最终产品。模型表明贸易成本的下降在最大程度上解释了美国全球价值链视角下的国际贸易的增长。作者分析指出，原材料贸易在贸易成本较高的20世纪60年代占据重要地位，这是因为原材料生产更加依赖于资源禀赋。随着过去40年来贸易成本的不断降低，制造业零部件贸易相对于原材料大幅上升。作者认为，全球价值链贸易与制造业贸易相关，两者出口增长均由贸易成本的降低引致。肯尼迪回合后关税下降，制造业贸易迅速上升，中间品贸易在贸易总量中的比重没有发生太大变化，但是中间品贸易开始集中在制造业所需的中间投入上。

（二）基于当代贸易理论框架下的分析

比较优势当然是国际分工体系形成与发展的理论基石，而当代的新贸易理论和新新贸易理论也为解释全球价值链分工现象提供了视角。

规模经济是全球价值链分工生产深入发展的核心动力之一。规模经济包括内部规模经济和外部规模经济：内部规模经济是指随着企业规模的扩大和产出的增加，分摊到每个产品上的成本降低；外部规模经济是指当整个行业规模扩大时，行业内企业的平均生产成本因此下降（克鲁格曼，Krugman，1980）。从规模经济的角度出发，一种产品不同生产过程一般具有不同的规模经济，如果将不同生产工序分配到不同的国家和地区，就有可能在各个生产阶段都实现最优规模经济，从而降低生产成本，实现资源优化配置。

卢峰（2004）针对产品生产中不同工序间规模经济存在差异的情况进行了分析。图2－3显示，假设产品生产共有四道生产工序，每道生产工序的最优规模由生产的成本属性决定，由图2－3左侧四道工序的成本线最低点对应的产出规模体现。水平轴的右半部分用间隔宽度表示不同工序在整个生产过程中的相对数量比重，垂直轴表示各道工序的平均活动成本。在没有进行生产分割的情况下，整个生产过程只能按照某一生产工序的最优规模进行生产。例如，若第一道工序的最优规模决定了整个生产过程的规模，那么其余三道工序就必将在偏离起最优规模的产量水平下生产。图右侧的四边形 *A*、*B*、*C* 分别代表由于没有在最优规模下生产所产生的机会成本最大值。也就是说，一旦开展分割生产，这几个部分的成本就可能得到节省。作者也指出，不同生产工序间可能存在规模经济的差异，也存在要素需求的差异。通常而言，不同工序的要素需求比例决定了全球价值链分工的国别结构，而规模经济则进一步强化了工序的分工结构。

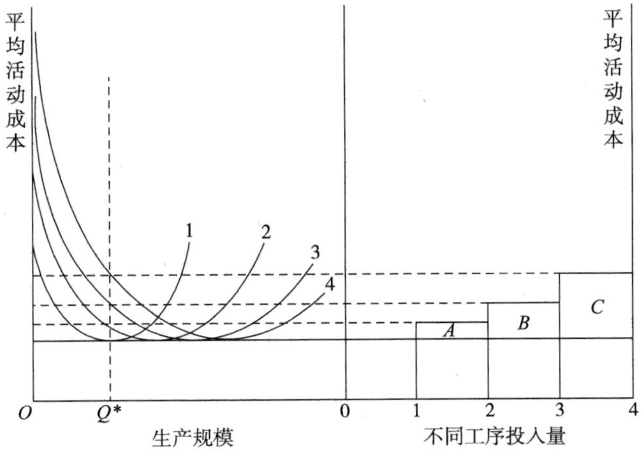

图 2-3　规模经济与全球价值链分工

资料来源：卢峰：产品内分工［J］. 经济学季刊，2004（10）.

在新新贸易理论框架下，学者们探讨了大量异质企业的存在对全球价值链分工生产模式的影响。梅里兹（Melitz，2003）首先分析了企业异质性对产品供给的影响，指出只有生产率高的企业会选择出口，生产率低的企业会选择国内生产。格罗斯曼和赫尔普曼（Grossman & Helpman，2004）建立模型探讨异质性企业在垂直一体化和外包之间的选择问题。研究显示，随着最终产品生产效率的变化，企业将选择不同的形式组织生产。其中，生产效率最高的企业将选择外包，以最大限度降低中间品生产成本以及转移初始成本。格罗斯曼和赫尔普曼（Grossman & Helpman，2005）进一步指出，一体化生产存在较高的固定成本与管理成本，外包则需要付出交易成本。在选择垂直直接投资和跨境外包时，中间品生产商与最终产品生产商间对专有生产能力的供给和需求的差异决定了交易成本的大小。交易成本越大，越可能采用垂直外商直接投资（FDI），即进行一体化生产；如果交易成本较小，那么生产组织方式就更倾向于外包。

国内学者也对全球价值链分工与贸易的相关理论进行了分析。张二震（2004）从要素分工的视角出发指出，本质上，一国的优势要素是该国开展国际分工生产和贸易的基础。作者认为要素分工使得国际分工和贸易的总量增加，同时国际贸易利益在各国之间的分配更加复杂。由于产品生产中使用的要素可能不光来自分工生产的参与国家，最终贸易利益的分配将由分工中的要素质量和数量共同决定。此外，要素的跨国优化配置以及对闲置要素的使用，使得发达国家由于拥有战略性生产要素从而能够在全球价值链分工中处于主导地位，而主要以劳动力、土地等低端要素参与全球价值链分工的发展中国家则在贸易利益分配体系中处于不利地位。曹明福、李树民（2005）从国家比较优势向世界比较优势转化的角度解析了全球价值链分工对全球产量、企业生产和国家福利的影响。作者指出，全球价值链分工与传统国际分工之间最显著的区别在于全球价值链分工打破了传统分工中的国家边界，突出了跨国公司在国际分工和贸易中的主导地位，从而推动国际分工的主体由国家向企业过度。在这种国际分工格局中，国家竞争优势与企业自身的竞争优势出现了一定程度上的分割，表现为企业的竞争优势可以来自世界各国的比较优势，即世界比较优势。此外，全球价值链分工突破了传统的各国比较优势，整合为世界比较优势，建立在世界比较优势基础上的全球价值链分工使得国家利益和企业利益出现分离、分工利益和贸易利益出现分离、经济利益和社会利益出现分离。作者进一步指出，在全球价值链分工体系中，参与国平均生产成本的降低，只是意味着该国从全球价值链的国际分工中获益，并不意味着所有参与国最终都能获益。这是因为，全球价值链分工既有“分工利益”又有“贸易利益”，分工后的价值链环节在整个产品中所占的价格比重与各国的付出相比会出现不平衡（作者将其称为“价格倾斜”），利益分配自然更有利于处于主导地位的发达国家。如果“价格倾斜”度过大，在分工中处于从属地位的国家本应从价值链分工中获取的“分工利益”就会被处于主导地位的国家凭借分工优势在贸易中挤占（曹明福、李树民，2005）。

二、全球价值链分工与贸易的核算及影响因素研究

全球价值链分工与国际贸易的相关实证文献目前已经非常丰富，学者主要从全球价值链分工与贸易的核算、全球价值链分工体系的影响因素、参与全球价值链分工的经济效应等几个方面开展实证研究。关于全球价值链分工体系的经济效应的分析，已有文献主要集中在以下几个方面：一是全球价值链分工与技术进步。国际生产分工带来的技术进步效应主要归因于知识的跨国界流动。全球价值链分工体系以中间产品为载体，每个国家通过利用本国

相对要素比较优势，尽可能地嵌入国际分工体系的某一个环节。当一国加入全球价值链分工体系后，就有机会更快地接触到最新的科技前沿信息，从而有可能学习到新的技术知识，并提升本国的生产能力。在全球价值链分工与技术进步的理论研究方面，学者认为参与全球价值链分工体系是获取技术外溢的途径，全球价值链视角下的国际贸易对一国技术水平的影响受到进口中间品技术水平的影响。在实证分析方面，学者利用衡量全球价值链分工的不同指标测算了全球价值链视角下的国际贸易在各国的技术进步效应。在我国参与全球价值链分工的技术进步效应的文献中，研究主要针对全球价值链分工对制造业生产率、技术进步、产业竞争力以及在国际价值链中的地位等开展。二是全球价值链与经济周期。伯斯坦等（Burstein et al，2008）研究了贸易额在总产出中占比较高的制造业，作者认为在生产中使用的国内外中间投入的替代弹性较小的假定条件下，生产分割引致的制造业贸易与商业周期之间存在显著的正向关联。布里奇曼（Bridgman，2012）建立理论模型来分析在全球经济危机期间，全球贸易大于全球国内生产总值（GDP）的波动是否能够通过垂直专业化贸易得到解释。作者认为1967年至2002年间，全球贸易相对全球经济的波动更大的主要原因是波动相对较小的服务贸易在GDP中的占比越来越高，而垂直专业化贸易事实上减轻了全球贸易的波动。也有学者持相反观点，高斯和易（Kose & Yi，2001）认为由运输成本降低导致的贸易强度的增加，并不能引起经济周期的同步，考虑垂直专业化因素的模型分析也显示贸易强度与经济周期之间的相关关系较弱。实证研究方面，多数学者认为全球价值链视角下的国际贸易是国际贸易影响商业周期同步性的重要组成部分之一。三是全球价值链分工与劳动力。这一议题是本书主要研究的问题之一，我们将在第二节和第三节中对相关文献进行详细的总结和评述。

（一）全球价值链分工与贸易的核算

随着中间品和零部件多次跨越国境，一国出口的最终品中往往包含着进口中间投入，或者本国生产出口到外国加工后复进口的中间投入。国际贸易逐步由以货物贸易为主，转向以增加值贸易（trade in goods）或任务贸易（trade in tasks）为主。建立科学的方法对全球价值链视角下的国际贸易进行准确的度量成为近年来学界、政府以及国际组织关注的重点，相关研究成果颇丰。

20世纪90年代开始，对国际贸易的核算问题由总值贸易逐步转向国际生产分割。早期的相关核算方法主要基于对离岸外包活动的核算。学者最早利用跨国公司从海外分公司进口的中间品份额考察了美国企业的外包情况（劳伦斯，Lawrence，1994；斯劳特，Slaughter，1995）。为了衡量国家以及部门层面的外包情况，芬斯特拉和汉森（Feenstra & Hanson，1996）利用美国统计局数据建立了具有普遍性的外包指标。他们使用行业进口中间投入在行业全部中间投入（除能源投入外）中的比重来衡量外包。这一指标对进口中间投入的核算是较为准确的，但却受到考察经济体规模的影响。一般而言，大国比小国对进口中间投入的依赖程度更低，使用该指标测算的小国外包水平往往高于大国。为此，艾格尔和艾格尔（Egger & Egger，2002）、格奥尔格和戈尔格（Geishecker & Gorg，2008）分别使用进口中间投入在总进口中的比重和进口中间投入在总产出中的比重来度量外包。外包指标能够较好地衡量总产出中的进口中间投入含量。然而，通过对行业使用的投入品加总计算得到的外包指标仍然是比较粗略的计算方法。在使用数据方面，由于这一方法需要的数据难以获得，使得该指标的适用范围较窄。此外，没有区分总产出和出口贸易造成这一方法不能测算出口中的垂直专业化贸易份额。

同一时期，也有学者利用细分的贸易数据，以中间品或零部件贸易作为全球价值链视角下的国际贸易的代理指标。例如，吴和耶茨（Ng & Yeats，2001）首次区分了零部件与最终品贸易的概念，作者使用标准国际贸易分类（SITC）第二版，对东亚生产分工的结果及特点进行了分析。阿思克拉和山下（Athukorala & Yamashita，2006）也使用零部件贸易数据分析了东亚地区参与国际生产份额的水平及决定因素，发现东亚地区零部件贸易对区域贸易增长的重要性远高于北美和欧洲，东亚的零部件贸易在区域内贸易中所占比重远高于世界其他地区的占比。使用零部件贸易是对全球价值链视角下的国际贸易的一种代理衡量方法。这一方法主要用于对零部件总量的计算，由于对于使用哪些零部件缺乏统计和行业划分上的标准，尚无文献使用该方法衡量行业层面的测算。相比之下，投入产出表虽然可以将出口产品准确地分成进口投入和国内投入，但是十分耗费时间（山下，Yamashita，2013），而零部件数据法则显得十分灵活，使用这一方法能够较好地刻画中间产品在不同国家间的流动，并可以具体观测不同种类零部件进出口的变化情况。

2000 年以来，越来越多的学者开始利用投入产出数据对全球价值链视角下的国际贸易进行度量。赫梅尔斯等（Hummels et al，2001）首次明确提出了垂直专业化（Vertical Specialization）的概念和测算方法。按照他们的定义，一国或地区的出口中的垂直专业化份额为该国或地区总出口中的进口中间投入所占份额。一国的垂直专业化份额越高，说明该国参与全球价值链分工的程度越高。这一核算方法简称为“HIY 方法”。赫梅尔斯等（Hummels et al，2001）使用 HIY 方法测算了 14 个经济体的垂直专业化贸易份额，发现这些国家和地区出口中的垂直专业化贸易份额为 21%，从 1970 到 1990 年间增长了约 30%，其中垂直专业化贸易的增长占到出口增长的 30%。

此后学者尝试放松 HIY 方法较为严格的假设条件以实现对垂直专业化测算指标的改进。相关研究中，库普曼等（Koopman et al，2008）和迪恩等（Dean et al，2011）通过拆分投入产出表来改进垂直专业化测算指标，通过将一国投入产出表拆分为一般贸易使用表和加工贸易使用表，以使得垂直专业化贸易的测算方法能够更好地应用于中国、墨西哥等加工贸易在贸易总额中占比较高的经济体。然而这一测算方法仍然存在一些问题，由于我国每五年编制一次投入产出表，该方法无法较为准确地计算历年的垂直专业化水平。此外，由于我国投入产出表与经合组织国家投入产出数据的行业划分标准不同，使用这一方法计算的垂直专业化贸易水平不便于对我国垂直专业化贸易水平进行国际间比较。多丹等（Daudin et al，2011）同样尝试放松 HIY 方法的假定，作者利用 GTAP 数据库考察了一国向世界其他地区出口中间投入用于最终品生产后又进口到本国的国内增加值部分，即分析了为谁生产了什么的问题。越来越多的学者开始研究增加值贸易核算方法。王等（Wang et al，2009）利用世界投入产出表建立了国际投入产出模型，将一国国内增加值分解为直接增加值出口和间接增加值出口，建立了增加值贸易核算方法的雏形。约翰逊和诺圭拉（Johnson & Nogurea，2012）将在一国生产最终在别国消耗的增加值定义为增加值出口，并使用 GTAP 数据库测算了 87 个国家和地区的增加值出口。斯蒂勒（Stehrer，2012）将增加值出口定义为外国的最终需求拉动的本国增加值并利用 WIOD 数据库考察了主要国家的增加值贸易水平。

库普曼等（Koopman et al，2014）整合了已有文献提出的垂直专业化贸易指标与增加值贸易指标，首次提出了一个增加值贸易的测算框架，该核算方法简称 KPWW 方法。该方法可将一国出口分解为“国内含量”（domestic content）和“国外含量”（foreign content）两个部分。其中，“国内含量”又可以分解为最终品出口中的“国内含量”、直接进口国吸收的出口中间产品中的“国内含量”、被转口到第三国的出口中间产品中的“国内含量”以及折返本国的出口中间产品中的“国内含量”四个部分；“国外含量”可以分解为最终品出口中的“国外含量”、中间品出口中的“国外含量”以及返回本国的重复计算的出口中间产品中的“国外含量”三个部分。

在增加值贸易框架下，学者对我国参与全球价值链分工情况进行了大量的研究（表2－1）。马涛、刘仕国（2013）指出，测度增加值贸易的目的体现在以下四个方面：一是辨识国际竞争力和比较优势的来源，更好地反映出口货物中不同国家的实际贡献；二是评估外贸对经济增长和就业的实际影响；三是更深入地审视双边贸易平衡或区域贸易平衡；四是重新审视部分贸易政策工具的经济相关性，因为某国的某项贸易政策可能影响到整个全球价值链。

表2－1　应用增加值贸易核算方法对我国国际贸易测算的相关文献

研究内容	主要结论	代表性作者
编制了2002年中美两国的非竞争（进口）型投入占用产出表	一国出口总额等于出口的完全国内增加值和完全进口额之和，因此非竞争性投入产出表中使用的完全进口额系数就等于垂直专业化贸易份额指标	刘遵义等（2007）
利用改进的HIY方法使用企业层面数据测算中国总体及不同产品类别出口中的国内增加值水平	中国总体出口的国内增加值比重由2003年的53%上升至2006年的60%	Upward等（2012）
整合已有测算指标实现对一国总出口的完全分解，并使用增加值贸易测算了中国与主要国家的双边贸易余额	2004年中国与美国和西欧国家使用增加值贸易测算的逆差较使用总值贸易核算结果分别减少41%和49%	Koopman等（2014）
区分一般和加工贸易使用企业层面数据测算中国企业出口中的国内增加值	中国企业加工贸易出口中的国内增加值占比由2000年的40%上升到2006年的58%	Kee和Tang（2016）
利用国际投入产出数据库和增加值贸易核算方法对我国总体、分行业、分地区的增加值进出口进行测算	传统统计方法高估了我国的出口规模，我国总出口中的国内增加值在提升，同时增加值出口对于国内增加值创造的重要性在不断提高	陈雯、李强（2014）；卫瑞、张文城和张少军（2015）；韩中（2016）；尹伟华（2017）；马盈盈、盛斌（2017）
在KPWW方法基础上构建了地区出口增加值的分解框架并对我国省级出口增加值进行了测算	各省出口价值来源中，本地增加值份额最高，回流增加值份额最低；以增加值出口衡量的各省出口差距明显缩小	苏庆义（2016）

近年来，增加值贸易核算方法被广泛应用于与全球价值链有关的多个议题中。例如，学者在增加值贸易核算框架下建立了度量一国参与全球价值链分工程度与分工地位的相关指标（库普曼等，Koopman et al，2010）。根据这一指标我们能够测算不同国家在全球价值链上的分工地位与参与程度（王岚，2014；周升起等，2014；岑丽君，2015；黎峰，2015；黄灿、林桂军，2017；赵玉焕等，2019）。安特拉斯等（Antràs et al，2012）提出了上游度（Upstreamness）的概念，将一个行业在价值链上的位置定量描述为该行业与最终产品间的加权平均距离。学者根据这一指标对我国在全球价值链上所处位置进行了研究（王金亮，2014；鞠建东、余心玎，2014；戴翔、李洲，2017；王三兴、董文静，2018；龚静、尹忠明，2018；邓光耀、张忠杰，2018；占丽、戴翔和张为付，2018）。使用总值贸易测算的我国与主要贸易伙伴的贸易余额无法准确反映我国在双边贸易中的实际获利情况，为此学者利用增加值贸易核算方法对我国与美国、日本等主要贸易伙伴的双边贸易余额进行了重新测算（张咏华，2013；王岚、盛斌，2014；康振宇、徐鹏，2015；郑丹青、于津平，2016；蔡伟宏、李惠娟，2017；许宪春，余航，2018）。此外，学者也在增加值贸易核算框架下对我国在国际贸易中的显性比较优势、产业竞争力等指标进行了考察（郭晶、刘菲菲，2015；文东伟，2017；王三兴、董文静，2018；徐国庆、戴一鑫和翁润，2018）。

（二）全球价值链分工与贸易的影响因素研究

现有外国文献指出关税水平、运输成本等是影响全球价值链分工体系以及全球价值链视角下的国际贸易发展的因素。经济规模、人力资本、技术水平等是决定一国在全球价值链分工体系中所处地位和贸易利益的重要因素。

按照赫梅尔斯等（Hummels et al，2001）的定义，垂直专业化分工生产需要满足以下三个条件：一是某种最终产品的生产可以分割为两个或者两个以上的连续生产阶段（sequential stages）；二是两个或以上的国家（地区）参与到这一产品的生产增值的过程；三是至少有一个国家在其生产过程中使用了进口的中间投入，并且生产出的产品部分用于出口。由此可知，全球价值链分工体系的形成伴随着中间品和零部件多次进出口一国国境。因此，与最终品贸易相比，全球价值链分工生产与贸易产品的一个特点是存在大量的中间品和零部件跨越国境，这使得全球价值链上分工生产和贸易的产品对关税和运输成本更为敏感。赫梅尔斯等（Hummels et al，2001）指出降低关税水平和运输成本能够深化一国参与垂直专业化分工程度。易（Yi，2003）指出，20世纪60年代到90年代末，全球关税水平降低了约11%，在这期间全球贸易占产值的比重增加了3.4倍，这与传统贸易理论中关于贸易量对关税弹性的认知不符。在关税和非关税壁垒在多数国家和地区已经降低到一定程度后，国际贸易的增长通过垂直专业化贸易模型得到了较好的解释。

随着全球价值链分工体系的深入发展，越来越多的国家和地区加入这一分工体系之中。不同国家在产品生产的不同工序上具有比较优势，各国在分工生产中所能获得的分工和贸易利益不尽相同，在全球价值链分工体系中所处的位置也不同。许多学者针对全球价值链分工地位的影响因素进行了实证检验。例如，豪斯曼等（Hausmann et al，2007）采用出口复杂度指标来度量一国在全球价值链上所处的位置，指出：一国出口产品的复杂度越高，其产品的技术水平也越高，该国在国际分工体系所处的地位越有利，作者实证研究发现国家规模和人力资本水平与各国出口复杂度存在正相关。安特拉斯等（Antràs et al，2012）建立了“上游度”指标用于测算一国不同产业在全球价值链上的相对地位，实证检验显示美国的行业技术密集度与上游度指标呈负向关系。也有学者指出，一国向全球价值链高端攀升的过程实际上就是一国人力资本向创新型人力资本演化的过程（扬等，Young et al，2004）。一国的人力资本水平决定了其技术吸收能力和知识扩散速度。发展中国家由于人力资本积累不足，制约了国家对先进技术的吸收和知识的扩散，限制了发展中国家向全球价值链的高端攀升（凯斯利和科尔曼，Caselli and Coleman，2006）。王和魏（Wang and Wei，2007）使用出口非相似性指数和出口产品单位值来衡量出口产品的技术复杂程度，研究也指出人力资本的积累有助于提升一国的出口复杂度。

国内研究方面，学者对我国参与全球价值链以及影响我国在全球价值链上分工地位和贸易利益的影响因素进行了大量的研究，研究发现劳动力、基础设施、人力资本、外商直接投资、技术水平和自然资源等因素显著影响了我国在全球价值链上所处地位及贸易利得。徐和陆（Xu and Lu，2009）研究指出，我国的出口技术复杂度与来自经合组织国家的外商直接投资密切相关。黄永明和张文洁（2011）采用1996年到2006年间细分商品贸易数据分别测度了我国产品层面和国家层面的出口复杂度，在此基础上实证检验了我国国家层面出口复杂度的影响因素，估计结果显示非熟练劳动力和价格是我国出口复杂度提升的主要推动因素。杨高举和黄先海（2010）认为一国的国际分工地位集中体现在该国出口部门的生产效率和国际贸易获利能力上。为此，作者将增加值率和生产率作为国际分工地位的度量指标，并利用我国高科技产业和企业的数据实证检验了影响我国国际分工地位的因素，结果表明技术创新、物质和人力资本要素的协同性提升是提高我国高技术产业国际分工地位的关键，外商直接投资的溢出效应作用有限。胡昭玲、宋佳（2013）从产品与产品内两个层面，通过研究出口价格的变化分析中国在国际分工体系中的地位，并实证分析了影响出口价格和分工地位的因素，结果表明规模经济、研发投入、良好的融资条件和制度因素以及外商直接投资都能够促进分工地位提升，并且在中、高技术行业，人力资源禀赋对出口价格和分工地位也有正向影响。王孝松、翟光宇和林发勤（2014）基于增加值贸易研究方法计算了我国不同行业贸易的国内增加值，在此基础上结合行业特征数据实证检验我国出口产品技术含量的影响因素，发现教育水平和外商投资企业比重的提高能够显著提升行业技术水平。郑玉、王高凤和姜青克（2017）研究指出我国国内服务价值嵌入总额对我国制造业价值链分工地位的提升具有显著促进作用，而外国服务价值嵌入总额则对我国制造业价值链分工地位有负面影响。冯晓华、陈岚和骆哲翀（2018）利用世界投入产出数据测算1995年到2011年我国高技术制造业出口的国内增加值，研究发现我国高技术制造业出口中国内增加值提升的主要动力来自行业规模经济和比较优势，技术创新的促进作用较为有限。

也有学者使用多国数据进行了实证分析。例如，王永进等（2010）测算了101个国家的出口技术复杂度，在此基础上检验了各国出口复杂度的影响因素，发现基础设施稳健地提高了各国的出口技术复杂度。人力资本、贸易开放与外商直接投资（FDI）也促进了出口技术复杂度的提高，自然资源禀赋则不利于出口技术复杂度的提高。祝树金等（2010）拓展了豪斯曼等（Hausmann et al，2007）的理论框架，实证检验不同国家出口品技术水平的决定性因素，发现资本劳动比、人力资本、研发等变量与出口技术水平具有显著正相关关系，自然资源丰裕不利于出口产品技术升级，但土地资源与制度质量的交互项能够显著促进出口产品的技术水平提升。此外，资本劳动比对出口产品技术水平的正向影响仅在高收入国家组内显著，对于低收入国家组其回归系数并不显著。刘海云、毛海欧（2015）测算了2000—2011年39个国家的全球价值链分工地位指数，并利用面板回归和门槛回归方法考察各国全球价值链分工地位的影响因素，实证研究发现交易费用降低、技术水平提升等因素对各国分工地位有显著正向作用，人力资本在达到门槛水平后才对国际分工地位产生正向影响，而外商直接投资在达到门槛水平后对国际分工地位的正向影响消失。胡昭玲、张玉（2015）在测算了46个国家全球价值链分工地位指数的基础上检验了各国分工地位与制度质量之间的关系，结果表明在一定范围内，制度质量改进显著提升价值链分工地位，且制度质量改进对较低层次制度质量的国家改善分工地位具有更为显著的促进作用。丁小义、程惠芳（2018）测算了1996年到2016年45个国家的产品内分工水平，并采用SYS－GMM进行实证检验，研究发现人力资本投入对高端型产品内分工的提升作用最为显著，发达国家的对外直接投资（OFDI）对高端型产品内分工具有显著促进作用，但低端型分工为主国家的外商直接投资、对外直接投资则反而加剧了“低端陷入”。唐海燕和张会清（2009）针对发展中国家国际分工地位的影响因素开展研究，发现在满足人力资本、服务质量以及制度环境等支持性条件的前提下，参与产品内国际分工对发展中国家价值链分工位置提升有显著促进作用。黄灿、林桂军（2017）考察了22个发展中国家全球价值链分工地位的影响因素，发现研发投入、外商直接投资和自然资源丰裕度与制造业整体全球价值链分工地位显著正相关，制度通过利用自然资源促进分工地位提升。行业层面回归显示，研发投入和外商直接投资对发展中国家电子及光电行业分工地位提升有显著促进作用。

全球价值链分工与国际贸易的影响因素的研究文献的相关内容如表2－2所示。

表2－2　全球价值链分工与国际贸易的影响因素的研究文献的相关内容

研究内容	影响因素	代表性作者
全球价值链分工体系	关税水平、运输成本	Hummels et al.（2001）；Yi（2003）
出口产品技术复杂度、单位产品出口价值、增加值贸易	人力资本、教育水平	Young et al.（2004）；Caselli and Coleman（2006）；Wang and Wei（2007）；Hausmann 等（2007）；唐海燕和张会清（2009）；杨高举和黄先海（2010）；王永进等（2010）；王孝松、翟光宇和林发勤（2014）；丁小义、程惠芳（2018）

续表

研究内容	影响因素	代表性作者
全球价值链分工地位	技术水平、研发投入	祝树金等（2010）；Antràs 等（2012）；杨高举和黄先海（2010）；胡昭玲、宋佳（2013）；刘海云、毛海欧（2015）；黄灿、林桂军（2017）
全球价值链分工地位	外商直接投资、制度质量、基础设施	Xu and Lu（2009）；唐海燕和张会清（2009）；王永进等（2010）；胡昭玲、宋佳（2013）；王孝松、翟光宇和林发勤（2014）；丁小义、程惠芳（2018）
出口技术复杂度、国内增加值	劳动力、资本劳动比、比较优势、规模经济	Hausmann 等（2007）；黄永明和张文洁（2011）；冯晓华、陈岚和骆哲翀（2018）

第二节　全球价值链视角下国际贸易与劳动力就业的相关文献

（一）全球价值链分工与劳动力就业需求

已有文献已经证实了贸易开放对一国的就业需求有着显著的影响。国外研究方面，克鲁格（Krueger，1970）指出对于发展中国家而言，出口导向型的贸易政策有利于本国的就业量增长。雷文加（Revenga，1992）使用美国 38 个制造业部门 1977—1987 年的季度面板数据，就进口竞争对美国制造业就业和工资的影响进行回归分析，结果表明，在研究所涉及的产业和时期内，进口价格下降给美国制造业带来的负向冲击主要是通过就业变动而不是工资变动。格里纳韦等（Greenaway et al，1999）使用英国 167 个制造业部门 1979—1991 年的面板数据进行回归分析，以研究进出口贸易与英国就业下降的关系，发现出口贸易会增加制造业就业数量，进口贸易由于加剧竞争从而对就业产生负面影响。

国内研究方面，大量实证研究以回归分析方法为主，证实了贸易自由化是影响我国就业需求的因素，并且贸易自由化的就业需求效应在行业和地区间存在异质性，进口和出口对就业需求的影响也存在差异。俞会新、薛敬孝

（2002）研究了我国贸易自由化对工业就业的影响，作者对我国 34 个行业 1995—2000 年的数据进行回归，估计结果显示出口导向每增加 1%，劳动需求将增加 0.1%，而进口渗透对劳动需求的影响不显著，贸易自由化对就业总体上没有负面作用。夏先良（2002）研究发现我国进口增长率与就业增长率呈负相关关系，进口每增加 10%，就业增长率将下降 0.6%，出口增长率与就业增长率呈正相关关系但不显著。夏明（2003）依据 1987 年、1992 年和 1997 年的投入产出数据对我国结构转变中的劳动力转移进行了分解分析，发现在影响就业增长的各因素中，消费、投资和出口是增加劳动力需求的因素；技术和包括进口在内的其他因素对就业有负面影响，其中技术因素是降低劳动力需求的最大影响因素。胡昭玲、刘旭（2007）利用我国 32 个工业行业 1998—2003 年的面板数据对工业品贸易的就业效应进行实证研究，结果表明出口对就业有正向拉动作用，出口占国内产值的份额每增加 1%，劳动需求增加 0.19%，进口对就业的总体影响是不确定的。喻美辞（2008）利用 1996—2006年中国工业行业的面板数据实证分析了工业进出口对就业需求的影响，估计结果表明工业品进口会减少对劳动力的需求，工业品出口能够促进就业。分部门估计结果表明，工业品进、出口对就业的影响存在明显的部门差异。范爱军、刘伟华（2008）建立向量自回归（VAR）模型，采用脉冲响应函数及方差分解的方法，对我国出口贸易与三次产业劳动力就业情况进行实证分析，得到出口贸易对我国三次产业劳动力就业贡献率存在显著不同的结论。梁平等（2008）利用 1978—2004 年我国省级面板数据，将我国划分为东、中、西三大区域，考察了对外贸易的就业效应，结果表明出口对国内就业具有显著的正向影响，进口对国内就业的影响存在地区性差异。王燕飞、蒲勇健（2009）将对外贸易划分为农业品和工业品两类贸易，回归结果显示我国对外贸易的发展有利于劳动就业水平的提升；对外贸易结构的改善有利于促进中国农村劳动力向城市转移和优化劳动就业结构。罗知（2012）利用 2000—2007 年面板数据，实证分析了我国工业品贸易、技术进步与就业之间的关系，发现出口通过技术进步和扩大产量对就业产生了显著为正的影响，进口的整体影响为负。魏浩（2013）利用 1992—2007 年我国 33 个工业部门的面板数据实证分析了进出口贸易的就业效应。研究结果表明：从整体来看，出口和进口对我国就业都为正效应，出口的就业效应大于进口的就业效应；不同类型制造业部门的进出口就业效应具有明显的差异性，低技术制造部门的出口就业正效应最大，中等技术制造部门的进口就业正效应最大。宋文飞等（2014）利用2004—2012年工业行业数据，运用门槛回归技术检验了贸易自由化对我国就业的影响，发现贸易自由化对就业的影响面临“结构”性矛盾，表现为资本、技术密集型行业生产率增长对就业的吸纳作用有待挖掘，而劳动力密集型行业逐渐达到饱和。

近年来，随着全球价值链视角下的国际贸易核算方法的不断推进和完善，越来越多的文献针对参与全球价值链分工对就业需求的影响展开研究，学者主要通过区分贸易的中间品和最终品以及利用投入产出、外包等核算方法考察全球价值链视角下的国际贸易与劳动力就业数量之间的关系。周申、李春梅（2006）采用投入产出分析方法建立了贸易结构变化影响就业的偏差分析模型，并对1992—2003年我国工业制成品贸易结构变化对劳动力使用的影响进行了测量。发现我国贸易结构（劳动密集型产品、资本密集型品、自然资源密集型产品）变动导致的出口就业带动能力下降效果要大于进口替代就业减少的效应，即我国贸易结构的变化是不利于就业的。盛斌、马涛（2008）利用动态面板数据模型分析了中间产品贸易对我国工业总体与分部门劳动力需求的影响，研究结果表明中间产品出口增加了劳动力需求，而其进口对劳动力需求变化的影响是负的。此外，中间产品贸易加大了中国制造业就业的风险与不稳定性。吕延方、王冬（2011）基于投入产出法，测算了我国1997—2008年承接外包水平与对外发包水平，并利用广义矩估计方法从微观角度检验了外包对我国主要产业就业的动态效应，结果表明总体上对外发包和承接外包均对我国就业水平有积极影响。王有鑫、赵雅婧和金丽丽（2013）利用投入产出法和LMDI要素分解法，研究了2001—2008年工业品贸易结构变化对我国就业的影响，发现偏向资本密集型行业的出口贸易结构和偏向技术密集型行业的进口贸易结构对就业有利，一般贸易出口结构变化带动了就业，加工贸易出口结构变化减少了就业。席艳乐、王开玉（2015）分析了我国制造业最终品和投入品贸易自由化对企业就业变动的影响，结果表明贸易自由化对不同生产率企业的就业变动的影响存在显著差异。贸易自由化会引起低生产率企业的就业损失和高生产率企业的就业创造，同时导致低生产率企业死亡率上升以及高生产率企业死亡率下降。与投入品贸易自由化相比，最终品贸易自由化对企业就业变动的影响效应更大。李杨、张鹏举和黄宁（2015）分析了服务业参与国际分工对就业数量的影响，结果显示服务出口对就业的影响不显著，服务进口则具有较强的就业替代效应。杨继军、马婕（2018）利用工业企业数据系统考察了外包和发包对我国就业规模和就业结构的影响，结果显示发包会改善我国就业结构但有减少就业总人数的可能性；而接包则会恶化我国就业结构，同时有助于增加我国的就业总人数；对于低技术行业而言，接包能显著增加就业规模，同时对于外资企业的作用效果明显，就经济地理区位而言，东部沿海地区的就业效应受接包的影响较为显著。

（二）全球价值链分工与劳动力需求弹性

随着经济全球化程度的加深，全球价值链分工体系吸纳了越来越多的就业人口参与其中，从而对各国劳动力市场产生了越来越显著的影响。罗德里克（Rodrik，1997）首次通过理论分析证实贸易自由化带来的激烈的市场竞争会增加劳动力需求弹性，外包活动使用国外劳动力代替国内劳动力导致劳动力需求变得更加敏感。一般来说，一国的劳动力需求的弹性越大，外部冲击对该国劳动力市场的影响就越大。对于个体劳动力来说，劳动需求弹性越大，劳动力的议价能力就弱。罗德里克（Rodrik，1997）进一步分析了贸易开放影响劳动力需求弹性的两个渠道：第一个渠道是随着贸易开放程度的不断提高，一国能够获得种类更多、价格更低的中间投入品，从而使得劳动力要素的替代弹性上升，因此也称为“替代效应”；第二个渠道是指贸易开放的程度提高能够增加一国最终产品的需求弹性，从而提高劳动力需求弹性，这一渠道也称为“规模效应”或者“产出效应”。

在全球价值链分工影响就业弹性的实证研究方面，斯劳特（Slaughter，2001）利用美国制造业数据实证检验发现贸易自由化提高劳动力需求弹性的部分证据。布鲁诺等（Bruno et al，2003）估计了部分经合组织国家的动态劳动力需求，研究发现进口渗透增加了英国劳动力的需求弹性，但对其他国家的影响不显著。戈尔格等（Gorg et al，2009）研究发现爱尔兰的跨国公司对劳动力需求弹性高于本土企业，随着跨国公司与本土企业联系不断加强，二者的劳动力需求弹性差距不断缩小。外包是典型的全球价值链上的分工生产活动，学者对外包对劳动力需求弹性的影响进行了实证检验，认为外包提升了劳动力需求弹性。例如，海曾和斯威姆（Hijzen and Swaim，2010）使用经合组织国家行业层面数据检验了外包对劳动需求弹性的影响，结果表明外包提升了劳动需求弹性。福斯特—麦克格雷戈等（Foster - McGregor et al，2016）利用世界投入产出数据库（WIOD）数据，实证检验了40个国家

1995—2009年外包对劳动力需求和需求弹性的影响，结果表明外包降低了劳动需求，特别是对中低技能劳动力的就业需求，提高了劳动力需求弹性。

国内研究方面，现有文献主要利用我国行业及地区层面数据对参与国际分工对我国劳动力需求弹性的影响进行实证检验。周申（2006）采用中国34个工业行业1993—2002年的面板数据，估计了贸易自由化对中国工业劳动需求弹性的影响，研究认为中国工业进口自由化导致了工业劳动需求弹性的显著上升，贸易自由化通过替代效应和产出效应两条途径影响中国工业劳动的需求弹性，替代效应的作用明显强于产出效应。盛斌、牛蕊（2009）利用工业企业数据和固定效应模型从技术水平、受教育程度和趋于水平三个方面研究了贸易开放对劳动力需求弹性的影响及其作用机制，发现贸易和汇率指标对劳动力需求弹性具有非常显著的影响。陈仲常、马红旗（2010）测算了我国27个制造业细分行业的总外包、低技术外包、高技术外包以及服务外包水平，在此基础上建立了我国制造业的动态劳动力需求模型。回归结果显示，制造业总体外包、低技术外包和高技术外包均对就业呈抑制作用。其中，低技术外包和高技术外包的影响水平相当，但低技术外包的就业净效应是高技术外包的将近二倍。魏浩、金晓祺和项松林（2013）利用2001—2010年我国32个工业行业的面板数据，在产出约束、资本约束的视角下，实证分析了对外贸易对我国劳动力需求弹性的影响。回归结果显示，进出口贸易是影响我国劳动力需求弹性的重要因素，出口有利于降低劳动力需求弹性，进口有利于提高劳动力需求弹性。此外，我国出口对资本密集型行业的劳动力需求弹性影响较大，而进口对劳动密集型行业的劳动力需求弹性影响较大。史青、李平和宗庆庆（2014）利用我国2000—2007年工业企业数据，从微观层面分析了出口贸易对劳动力自身需求弹性以及技术工人和非技术工人交叉弹性的影响，结果表明出口强度的增加显著增强了以上两类弹性，显示出口提升了我国劳动力的就业风险。具体地，高科技企业和资本密集型企业的出口降低了交叉弹性，稳定了不同类型劳动力的就业。周申、王奎倩和李可爱（2014）从理论和实证层面分析了外包对我国熟练劳动力和非熟练劳动力需求弹性的影响，研究发现外包能够降低总体劳动力需求弹性，提高熟练劳动力需求弹性，降低非熟练劳动力需求弹性。史青、张莉（2017）分析了我国不同形式外包对劳动力需求弹性及就业的影响，研究发现我国制造业外包水平的提高显著增大了劳动力自身需求弹性和交叉需求弹性，接包的提升作用更明显，制造发包和服务发包对两类弹性影响并不相同；劳动力自身调节可减缓全球化带来的冲击，劳动密集型企业、加工贸易企业所受冲击更为明显。杨继军、袁敏和张为付（2017）利用非竞争型投入产出模型构建了单位增加值的就业效应指标，研究发现传统的以产出为基准计算的就业量低估了国内真实边际产出对就业的拉动作用，即以单位增加值为基准计算的就业效应更大，我国低端技术制造业在融入全球价值链中的就业创造效应最强。

（三）全球价值链分工与劳动力就业结构

在理论研究方面，学者基本认同参与全球价值链分工是影响一国劳动力就业结构的因素。部分文献认为发达国家将生产环节外包到发展中国家将降低发达国家自身对低技能劳动力的相对需求。芬斯特拉和汉森（Feenstra & Hanson，1995）建立了一个外包模型，指出南方国家的股票价格相对于北方国家上涨，或者南方国家的技术水平相对于北方国家提高时，将导致北方国家将生产环节外包到南方国家，从而提升南北方国家的高技能劳动力的相对工资水平。格拉斯和萨吉（Glass & Saggi，2001）分析了发达国家将生产环节外包到一个工资水平较低的国家将降低发达国家低技能劳动力的相对工资的作用机制。他们认为，当外包的技术适应成本越低、发达国家的生产税收提高、发展中国家生产补贴提高或者发展中国家对技术适应环节给予更多的补贴时，将提高外包活动带来的收益，促进技术革新，同时降低发达国家低技能劳动力的工资水平。从福利的变化情况上看，发达国家消费者一方面通过创新活动的增加可以享受到科技含量更高、质量更好的产品；另一方面，总体上的工资水平下降使得购买力出现下降。作者认为，促进福利提高的因素能够抵消不利因素的影响。萨伊克和森尔（Sayek & Sener，2006）建立了一个动态外包模型。高质量的创新产品首先在北方国家问世，后通过外包的方式由南北国家共同生产，最后将完全转移到南方国家生产。作者认为，外包阶段将显著提升北方国家高技能劳动力的相对工资水平，而南方国家高技能劳动力的工资水平只有在外包阶段包含的技术水平高于南方国家自身的技术水平时才会出现。

也有学者提出了不同见解。琼斯和基尔茨科夫斯基（Jones & Kierzkowski，1998、2001）则认为参与全球价值链分工对低技能劳动力需求及工资的影响不可一概而论，一国要素禀赋等条件均可能影响参与全球价值链分工的收入分配效果。徐（Hsu，2011）建立了一个动态产品生命周期模型，认为如果发达国家外包的生产环节相对未外包的生产环节属于高技能劳动力密集型，那么外包将提高国内高技能劳动力的需求和收入，如果属于低技能劳动力密集型，那么外包将提高国内低技能劳动力的需求和收入。

芬斯特拉和汉森（Feenstra & Hanson，1996）指出，由于将低技能的劳动力密集型生产环节转移到发展中国家，离岸外包活动降低了美国低技能劳动力的工资水平，扩大了高低技能劳动力间的收入差距。他们对外包进行了定义并建立了外包的度量指标，回归结果显示 20 世纪 80 年代的外包活动对美国高技能劳动力的工资上涨贡献了 31%—51%。在此之后，许多学者对这一问题开展了实证分析，大多数文献得到与芬斯特拉和汉森（Feenstra & Hanson，1996）一致的结论。例如，斯特劳斯—卡恩（Strauss - Kahn，2002）研究了参与全球价值链分工对法国就业结构的影响，认为参与全球价值链分工降低了对法国低技能劳动力的就业需求，扩大了高低技能劳动力间的收入差距。海德和里斯（Head & Ries，2002）运用日本制造业跨国公司数据实证分析了外包活动对日本就业结构的影响，回归结果显示将生产外包给低收入国家会增加日本高技能劳动力的相对需求。格奥尔格（Geishecker et al，2003）分析了外包对德国就业结构的影响，发现 1991—2000 年外包活动特别是对中东欧国家的外包活动降低了德国低技能劳动力的相对需求。谢和吴（Hsieh & Woo，2005）实证分析了中国香港地区向中国内地的外包活动对香港就业结构的影响，实证结果显示对内地的外包活动能够在较大程度上解释香港本地高、低技能劳动力间工资差距的扩大。海曾等（Hijzen et al，2005）检验了 1982—1996 年英国外包活动对国内就业结构的影响，发现外包活动对英国低技能劳动力的就业需求产生了显著的负面影响。布罗科利尼等（Broccolini et al，2011）实证分析认为 1985—1999 年意大利的货物和服务外包活动扩大了国内高、低技能劳动力间的工资差距。

另一方面，学者也对发展中国家参与全球价值链分工对国内就业结构的影响开展了分析，得到的结论不尽相同。芬斯特拉和汉森（Feenstra & Hanson，1997）发现美国在墨西哥投资建厂提升了墨西哥高技能劳动力的相对需求。他们给出的解释是，发展中国家由于技术水平相对较低，发达国家外包的低技能劳动力密集型生产环节在发展中国家仍属于其高技能劳动力密集型生产环节，因此会提高发展中国家的高技能劳动力的相对需求。爱格和斯蒂勒（Egger & Stehrer，2003）使用中间产品贸易衡量参与全球价值链分工，发现波兰与欧盟发达国家间的参与全球价值链分工促进了国内低技能劳动力相对工资的增长，缩小了高低技能劳动力间的工资差距。

国内文献方面，学者对参与全球价值链分工对我国就业需求进行了经验分析。盛斌和马涛（2008）分析了参与全球价值链分工对我国劳动力就业的影响，认为发达国家对中国的生产外包不断扩大，将大量低端中间产品生产的价值链环节转移至中国，充分利用了中国丰裕而廉价的劳动力资源进行生产，使得中国的中间产品贸易迅速增加。这种贸易模式不仅提高了中国对不同劳动力的需求，而且还改变了劳动力的就业风险和稳定性。他们计算了1996 年和 2005 年中间产品进出口额，并按 BEC 分类划分为 31 个部门。通过建立动态面板模型，实证考察了中间品贸易对就业的影响，发现中间品出口增加了劳动力需求，中间品进口则减少了劳动力需求。

对参与全球价值链分工影响我国就业结构的文献中，王中华等（2009）使用我国各行业熟练劳动力平均工资与非熟练劳动力平均工资之比来衡量收入差距，认为参与垂直专业化分工扩大了我国两种劳动力间的工资差异。更多的学者选择使用高、低技能劳动力就业人数来衡量相对需求的变化。唐东波（2012）利用企业层面的截面数据研究发现参与全球价值链分工总体上没有显著提升我国高技能劳动力的相对需求，但来自经合组织国家的中间品进口份额的上升有利于提升高技能劳动力就业比例。与以上结论不同，唐宜红、马风涛（2008）分析了 1992—2005 年参与全球价值链分工的变化对我国就业结构的影响，发现无论总体还是分部门来看，参与全球价值链分工均显著降低了对我国高技能劳动力的相对需求。臧旭恒、赵明亮（2011）实证检验发现总体以及在中低技术行业中，参与全球价值链分工降低了对我国高技能劳动力的就业需求，在高技术行业中参与全球价值链分工增加了对高技能劳动力的相对需求。黄灿（2014）测算了我国各省垂直专业化贸易份额，在此基础上实证检验了垂直专业化贸易对我国劳动力就业技能结构的影响，发现垂直专业化贸易整体上没有对我国劳动力就业技能结构产生显著影响。程盈莹、赵素萍（2016）使用改进的垂直专业化测度指标，研究了垂直专业化和不同分工类型对我国 1997 年到 2008 年劳动力就业结构的影响，结果显示垂直专业化对我国高技能劳动力就业产生了降低效应但不显著；最终产品出口的国外增加值比例上升使得我国高技能劳动力相对需求下降，而中间产品出口的国外增加值和一国出口中外国附加值的重复计算部分比例的上升显著地提高了我国高技能劳动力的相对需求。全球价值链视角下的国际贸易的一个显著特点是存在大量的中间品和零部件进出口各国国境，因此有学者考察了中间品贸易对我国就业结构的影响。利用投入产出分析方法以及 WIOD 数据测算发现，我国中间品出口对就业结构的影响在入世前后发生了逆转，表现为入世前中间品出口提升了高技能劳动力的相对需求，即中间品出口有助于就业结构改善；入世后中间品出口则降低了高技能劳动力的相对需求反而对低技能劳动力产生了更多的需求，从而不利于就业结构的改善（卫瑞、张少军，2014；黄灿，2016）。蒋庚华、郭沛（2015）考察了进口中间投入对我国货物贸易行业就业结构的影响，发现进口中间投入对我国货物行业中高技术劳动相对就业的影响为正，对中技术劳动相对就业的影响为负。张志明、代鹏和崔日明（2016）利用多区域投入产出模型测算了我国 1995—2009 年 22 个行业的增加值出口及其就业效应，结果显示增加值出口对我国低技能劳动力就业增长的贡献最大，中等技能劳动力次之，高技能劳动力最小。吴云霞、马野驰（2018）使用世界投入产出数据检验了我国参与全球价值链对我国行业内高、中和低技术劳动者间的就业结构差距的影响，结果表明，我国在全球价值链的参与率提升将拉大全行业高技术劳动者与低技术劳动者间的就业差距，同时缩小中技术劳动者与低技术劳动者就业差距。全球价值链前向参与率扩大了高、中、低劳动者就业差距，而后向参与率则缩小了就业差距。以上就业结构效应在货物贸易行业中成立，在服务业中，我国在全球价值链的参与率缩小了高、中、低劳动者就业差距。在使用外包作为全球价值链视角下的国际贸易的代理指标的研究中，张志明（2016）研究认为总体上我国离岸服务外包具有技能偏向型特征，使得离岸服务外包有助于高技能劳动力就业同时抑制了低技能劳动力就业。进一步地，离岸服务外包的就业结构效应具有显著的承接国异质性，表现为由发达国家承接的离岸服务外包对中高技能劳动力就业具有显著的促进作用，而由发展中国家承接的离岸服务外包与其恰好相反。杨继军、马婕（2018）利用持续存活的工业企业数据考察了外包的两个方面：发包和接包对于我国就业规模和就业结构的影响。实证结果显示发包会显著改善就业结构，但有减少就业总人数的可能性；而接包则会恶化就业结构，同时有助于增加我国的就业总人数。

表 2－3 总结了现有的实证分析参与全球价值链分工的就业结构效应的文

献。可以看出，目前对参与全球价值链分工的就业结构效应研究主要针对发达国家和地区，缺乏对发展中国家的研究，少数针对发展中国家特别是针对我国的实证分析并未得到统一的结论。

表2-3 关于参与全球价值链分工的就业结构效应的实证文献汇总分析

作者	研究对象	GVC衡量指标	主要结论
Feenstra and Hanson（1996）	美国	外包	外包降低了低技能劳动力的就业需求，扩大了高低技能劳动力的工资差异
Strauss-Kahn（2002）	法国	外包	同上
Head and Ries（2002）	日本	外包	同上
Geishecker（2003）	德国	外包	同上
Hsieh and Woo（2005）	中国香港	外包	同上
Hijzen et al.（2005）	英国	外包	同上
Broccolini et al.（2011）	英国	外包	同上
Feenstra and Hanson（1997）	墨西哥	外包	同上
Egger and Stehrer（2003）	波兰	中间品贸易	中间品贸易降低了高低技能劳动力的工资差异
唐宜红、马风涛（2008）；臧旭恒、赵明亮（2011）；黄灿（2014）；程盈莹、赵素萍（2016）	中国	VSS	垂直专业化贸易在整体或区域上降低了对我国高技能劳动力的相对需求
王中华等（2009）	中国	VSS	垂直专业化贸易扩大了高低技能劳动力的工资差异
唐东波（2012）	中国	VSS_{upward}	垂直专业化贸易没有显著影响就业结构
卫瑞、张少军（2014）；蒋庚华、郭沛（2015）；黄灿（2016）	中国	中间品贸易	中间品对我国不同技能劳动力的就业需求有着差异化影响
张志明、代鹏、崔日明（2016）	中国	增加值出口	增加值出口对我国低技能劳动力就业增长的贡献最大，中等技能劳动力次之，高技能劳动力最小
吴云霞、马野驰（2018）	中国	GVC参与率	GVC参与率的提高扩大了我国高、低技术劳动者就业差距，缩小了中、低技术劳动者就业差距

续表

作　　者	研究对象	GVC 衡量指标	主要结论
李占国、符磊和江心英（2014）；张志明（2016）；杨继军、马婕（2018）	中国	外包	外包对我国劳动力就业的技能和行业结构具有显著影响

第三节　全球价值链视角下国际贸易与劳动力收入的相关文献

参与全球价值链分工是影响一国劳动力收入的因素之一。关于全球价值链视角下的国际贸易的劳动力收入效应可以从对劳动力收入水平、收入差距以及收入份额等几个方面的影响进行分析。其中，已有文献对参与全球价值链分工对劳动力收入差距的研究又可以分为对劳动力国别收入差距、技能收入差距、产业收入差距、地区收入差距以及性别收入差距等多个层面的研究。

（一）全球价值链分工与劳动力收入水平及收入差距

关于全球价值链分工与劳动力收入之间关系的研究目前已经较为充分。爱格等（Egger et al，2001）的模型考察了1990—1998年外包和外商直接投资对奥地利制造业劳动生产率和工资的影响，结果表明外包对于奥地利资本密集型产业劳动生产率的促进较大，而对低技术劳动密集型产业的影响则不明显。巴德汉（Bardhan，2006）分析了1998—2005年印度承接服务外包对其工资收入的影响，分析表明外包促使印度工资水平获得整体提高。古尔东（Gourdon，2006）建立了一个引力模型，使用75个国家的数据分析了贸易开放对基尼系数的影响，结果显示对于那些拥有充裕的受过高等教育劳动力的国家而言，贸易开放能够降低收入不平等，对于那些拥有充裕的未受过高等教育的国家而言，贸易开放则会扩大收入不平等的程度。因此，人力资本拥有量较少的国家应当实施更为积极的普惠教育政策，从而使得贸易开放带来的收益惠及更多的人。朱和特雷弗勒（Zhu & Trefler，2005）认为北方国家将技术相对落后的产业转移到南方国家，而这些产业对于南方国家而言是技术相对先进的，因此国际贸易提高了南方国家的技术水平并扩大了高、低技能劳动力之间的收入差距。梅斯基和维瓦雷利（Meschi & Vivarelli，2008）利用1980—1999年65个发展中经济体的数据研究发现，与发达国家间的贸易将恶化发展中国家的收入分配状况。盛斌、牛蕊（2009）利用我国31个工业部门1998—2006年的面板数据检验了外包及与其相关联的外商直接投资对全要素生产率、平均工资和要素收入分配变动的影响，结果表明外包和外商直接投资显著促进了中国工业部门全要素生产率与工资水平的提高。陈恭军、田维明（2012）利用1998—2010年我国省级面板数据构造计量模型分析了扩大农业贸易开放对农民收入水平的影响，估计结果显示农业贸易开放对农村居民收入的影响存在区域差异，外向型农业发达地区和沿海外向型经济发达地区，农村居民纯收入增长速度明显快于内陆相对封闭地区。农业出口贸易扩大、农产品生产价格提高、实施国内农业支持政策以及非农产业发展都对提高农村居民收入水平产生了积极作用。李瑞琴（2015）分析了产品内贸易对我国工业技术进步和收入水平的影响，实证分析表明，如果国际产品内贸易发生在劳动密集型行业，则会给这些行业的技术进步和劳动者收入水平的提高带来负面的影响；而如果国际产品内贸易发生在技术密集型行业，则将会提升这些行业的技术水平，并使这些行业劳动者的收入水平得到改善。也有学者认为国际贸易并未对劳动力收入产生显著的提升效应。邵敏、包群（2011）利用工业企业数据库数据，以“出口企业转型”为研究视角，考察了出口贸易对就业与工资的影响，发现企业的出口行为没有显著提升员工收入。

随着贸易自由化的深入发展，在越来越多的国家中出现了不同类型劳动力之间的工资差距不断加大的现象。发达经济体和发展中国家的高技能劳动力与低技能劳动力之间的工资差距扩大，而贸易开放被认为是造成这一现象的原因之一。国际贸易理论中的赫克歇尔—俄林定理（H－O定理）和斯托尔珀—萨缪尔森定理（S－S定理）为贸易自由化与收入分配之间关系的研究奠定了理论基础。根据定理内容，贸易开放将增加发展中国家的丰裕要素——低技能劳动力工资，从而缩小高、低技能劳动力间的工资差距。为了解释实证结果与理论背离的原因，学者开展了大量的研究，通过逐步放松理论的假设条件并将国际贸易在产品结构差异纳入研究之中，取得了大量的研究成果。

随着全球价值链的形成和深入发展，国际分工与生产呈现碎片化的特点。离岸外包的发展使得各国国际贸易产品中中间品所占比重不断提高。芬斯特拉和汉森（Feenstra & Hanson，1996，1997）最早建立了离岸外包的理论模型，检验了外包与不同国家技能工人相对工资之间的关系，研究发现发达国家将低技能劳动力密集型生产环节外包到发展中经济体，导致发达国家高技能劳动力的相对工资提高。发展中国家由于与发达国家之间的技术水平存在较大差距，承接的外包在本国属于高技能劳动力密集型生产环节，因此外包也能够提高发展中国家高技能劳动力的相对工资。阿西莫格鲁（Acemoglu，1998）建立中间品贸易模型，认为在知识产权完全受保护的条件下，发达国家得以完全利用发展中国家的劳动力资源，因此外包会缩小工资差距；在知识产权未能得到完全保护的条件下，发达国家的技术开发会通过价格效应提升高技能工人的工资水平从而扩大工资差距。发展中国家通过技术模仿也能采用较高技术的分工生产，因此发展中国家的工资差距也会扩大。大量针对外包与技能工资差距的实证文献均证实了二者之间的因果关系［斯特劳斯—卡恩（Strauss - Kahn，2002）；海德和里斯（Head & Ries，2002）；格奥尔格（Geishecker，2003）；谢和吴（Hsieh & Woo，2005）；布罗科利尼（Broccolini et al），2011］。

国内研究方面，学者首先对我国承接国际外包的就业结构效应进行了研究。陈银娥、魏君英（2010）使用了1997—2007年中国服务业外包和三次产业就业结构及工资水平等时间序列数据，分析了对外服务承接和对外服务发包对我国就业结构及工资水平的影响，研究发现总体上服务外包对我国就业结构和工资水平存在正的净效应，其中对外服务承接影响更为明显。徐毅（2011）检验了国际外包对我国熟练劳动力与非熟练劳动力工资差距的影响，结果表明外包降低了我国相对丰裕的非熟练劳动力的相对工资。熊宇（2011）使用我国1999—2008年21个省份（自治区、直辖市）的面板数据检验了承接外包对工资差异的影响，结果表明承接全球价值链高端环节的外包、研发投入、高技术产品进出口、经济发展水平都会影响工资差距。姚洁、张亚斌和雷日辉（2012）分析了国际外包影响发达国家及发展中国家熟练劳动力与非熟练劳动力之间工资差距的理论机制，在此基础上运用我国工业行业面板数据实证检验了外包对我国工业行业总体及分部门工资差距的影响，结果表明外包显著扩大了我国工业行业熟练劳动力与非熟练劳动力之间的工资差距，且外包对劳动力资源密集型部门和中等技术部门的工资差距影响效应相对更强。孙文杰（2014）在分析了承接国际外包对我国行业工资差距的影响机制的基础上利用 1995—2011 年行业面板数据实证检验了参与全球价值链分工和承接国际外包对我国行业工资差距的影响，结果表明承接国际外包通过资源重组、技术进步、劳动力技能需求升级等效应带动了我国制造业行业工资不断上涨。具体地，承接工业外包对我国资本密集型产业工资的拉动效应更大，而承接国际服务外包对我国劳动密集型产业的工资拉动效应更大。全球价值链分工拉大了我国劳动密集型行业与资本密集型行业之间的工资差距。郭沛、李亚成（2016）实证研究了承接离岸服务外包对我国不同技能劳动者工资差距的影响，结果显示我国承接离岸服务外包扩大了不同技术劳动者的工资报酬差距，我国承接服务行业离岸服务外包对不同技术劳动者工资报酬差距的作用大于其所承接的货物贸易行业离岸服务外包。进一步地，我国承接的来自美国的离岸服务外包对高技术劳动力与中技术劳动力之间工资报酬之间差距的影响最大，来自东亚的离岸服务外包对中技术劳动力与低技术劳动力之间工资报酬之间差距的影响最大。

随着越来越多全球价值链视角下的国际贸易核算方法的提出和完善，学者利用垂直专业化分工、增加值贸易、全球价值链分工地位等相关测算指标对参与全球价值链分工对劳动力工资收入和工资差距开展分析。在使用垂直专业化分工的研究方面，王中华、王雅琳和赵曙东（2009）运用我国工业行业面板数据，实证分析了我国参与国际垂直专业化贸易的工资收入差距效应，研究发现垂直专业化是影响我国工资收入差距的因素，垂直专业化程度的加深会扩大我国工业行业熟练劳动力与非熟练劳动力之间的工资收入差距。薛莉、王中华（2010）实证分析了我国参与国际垂直专业化分工的工资收入差距效应，发现垂直专业化扩大了我国工业行业熟练与非熟练劳动力之间的工资差距。赵明亮、臧旭恒（2011）分析了垂直专业化分工对中国熟练劳动力和非熟练劳动力工资收入的影响机理，并就垂直专业化分工对中国熟练劳动力和非熟练劳动力工资收入差距产生的影响进行了实证分析，研究发现参与垂直专业化分工总体上降低了我国熟练劳动力与非熟练劳动力之间的工资收入差距。

近年来更多学者使用增加值贸易相关核算指标检验了我国参与全球价值链分工对工资差距的影响，实证研究得到的结论并不一致。胡昭玲、李红阳（2016）从全球价值链分工位置角度考察了参与国际分工对我国不同技能劳动力之间工资差距的影响，结果显示我国多数行业的分工位置越来越接近初始投入品阶段，分工位置下滑导致不同技能劳动力之间的工资差距扩大。周昕（2017）分析全球价值链分工对高技术劳动力相对工资的影响，研究结果表明参与全球价值链分工总体上提高了我国制造业高技术劳动力相对工资。徐国庆、黄繁华和蒋佩晔（2018）测算了2000—2014年我国增加值出口情况，并建立计量模型分析了我国行业间工资差距和行业内不同技术层次工人工资差距的影响因素，结果显示出口国内增加值扩大了我国行业间和行业内工资差距。

也有学者研究发现，参与全球价值链分工缩小了我国高、低技能劳动力之间的工资差距。林玲、容金霞（2016）利用世界投入产出表以及社会经济统计账户中的数据计算了多个国家全球价值链参与度和国内工资收入差距水平，以此研究各国参与全球价值链分工对本国工资收入差距的影响，结果显示积极参与全球价值链分工有利于缩小各国高、低技能劳动力的工资差距。高运胜、王云飞和蒙英华（2017）基于KPWW核算方法测算了1995—2011年我国13个制造业与12个服务业的垂直专业化指数，并实证分析了嵌入全球价值链程度对我国工资收入差距的影响，结果表明随着我国制造业和服务业参与国际垂直专业化分工程度提高，我国熟练和非熟练劳动力的工资差距在逐步缩小。郭沛、秦晋霞（2017）运用世界投入产出数据实证检验了参与全球价值链分工对我国各行业熟练、非熟练劳动力工资差距的影响，研究发现全球价值链长度指数对我国整体行业熟练、非熟练劳动力之间工资差距的影响为负，即价值链长度的延长缩小了我国熟练、非熟练劳动力之间的工资差距。此外，也有学者指出，参与全球价值链分工对我国劳动力工资差距的影响存在异质性。赵晓霞、胡荣荣（2018）研究了我国在全球价值链中的参与度对处于价值链中不同地位的劳动力工资差异的影响，研究发现对于在全球价值链中处于较高地位的行业，价值链的参与度对工资差距有放大效应；对于在全球价值链中处于较低地位的行业，价值链的参与度对工资差距具有一定的收敛效应。秦明旭、陈健（2018）认为嵌入亚太价值链与中国制造业收入差距之间呈现U形关系：随着亚太价值链嵌入程度深化，其对制造业收入差距的影响逐渐由负转正。冯晓华、方福前和骆哲翀（2018）指出，参与垂直专业化分工对我国劳动力工资差距的影响存在地区差异：省内垂直专业化在缩小各省技能溢价和低技能劳动间工资差距的同时扩大了我国北部和东南沿海省份高技能劳动间的工资差距。

参与全球价值链影响我国劳动力收入差距的部分文献相关内容如表2-4所示。

表2-4 参与全球价值链影响我国劳动力收入差距的部分文献

作者	GVC衡量指标	主要结论
徐毅（2011）；姚洁、张亚斌和雷日辉（2012）；孙文杰（2014）；郭沛、李亚成（2016）	外包	外包显著拉大了我国高技能劳动力与低技能劳动力之间的工资差距
王中华、王雅琳和赵曙东（2009）；薛莉、王中华（2010）；赵明亮、臧旭恒（2011）	垂直专业化	垂直专业化程度的加深会扩大我国熟练劳动力与非熟练劳动力之间的工资收入差距
胡昭玲、李红阳（2016）；周昕（2017）；徐国庆、黄繁华和蒋佩晔（2018）	增加值出口；全球价值链分工地位	参与全球价值链分工扩大了我国不同技能劳动力之间的工资差距，也扩大了我国行业间和行业内工资差距
林玲、容金霞（2016）；高运胜、王云飞和蒙英华（2017）；郭沛、秦晋霞（2017）	垂直专业化；增加值出口	参与全球价值链分工缩小了不同技能劳动力之间的工资差距
赵晓霞、胡荣荣（2018）；秦明旭、陈健（2018）；冯晓华、方福前和骆哲翀（2018）	全球价值链参与度、垂直专业化	参与全球价值链对我国劳动力工资差距的影响在不同行业、不同价值链嵌入程度和不同地区之间存在异质性

（二）全球价值链分工与劳动力收入份额

针对贸易开放影响劳动力收入这一课题的相关文献除了分析贸易开放对劳动力收入差距的影响之外，也对贸易开放对劳动力收入份额的影响开展了大量的研究。大量实证研究表明主要经合组织国家以及一些发展中国家的劳动收入份额自20世纪80年代开始出现下降（克鲁格，Krueger，1999；哈里森，Harrison，2002；罗德里格兹和贾亚德夫，Rodriguez & Jayadev，2010）。为此，学者对劳动收入份额的影响因素进行了详细的分析。

罗迪克（Rodick，1997）指出，贸易开放主要通过两个渠道影响劳动力市场：一是影响一国高技能劳动力与低技能劳动力的相对需求。由于发展中国家在国际分工中主要参与劳动力密集型生产环节的生产活动，发达国家与发展中国家之间开展的贸易降低了发达国家对本国劳动力的需求。二是本国劳动力特别是低技能劳动力可能会被其他国家的劳动力替代。由于需求减少，发达国家的低技能劳动力需求曲线向内移动从而降低其平均收入并增强了就业的风险。哈里森（Harrison，2002）建立了一个不完全竞争的理论模型分析了经济全球化对劳动收入份额的影响。在作者的研究框架下，企业和劳动力就超额利润进行议价，谁的议价能力更强谁就能够获得更多的利润。由于劳动力的重置成本比资本的重置成本更高，从而导致资本相对于劳动力有着更强的议价能力。此外，经济全球化使得汇率对劳动收入份额有负面作用。格斯西纳（Guscina，2006）指出发展中国家国际贸易的增加对发达国家的劳动收入份额有负面影响。迪克鲁斯和马雷克（Decreuse & Maarek，2008）指出，一方面外商直接投资的技术外溢效应有助于提升东道国企业的劳动生产率，从而减少企业对劳动力的需求，降低劳动力的工资收入；另一方面外资企业进入东道国，在本土劳动力市场上创造了更多的就业机会，增加了劳动力需求，从而提升了劳动力收入份额。

在我国劳动收入份额随时间下降已经成为一个不争的事实。大量研究表明我国的劳动力收入份额自1995年以来一直呈下降趋势（罗长远，2008；李稻葵等，2009；陈宇峰等，2013；文雁兵、陆雪琴，2018）。无独有偶，这一阶段也是我国对外开放程度不断深化的时期。学者研究发现全球价值链分工是影响劳动收入份额的因素之一。姜磊、张媛（2008）利用1996—2006年我国省级面板数据实证检验了国际贸易对劳动分配比例的影响，估计结果表明出口对劳动收入份额产生了正面影响，进口则产生了负面影响。肖文、周明海（2010）将劳动收入份额按照行业进行分解研究，发现贸易模式的转变是我国劳动收入份额下降的主要原因。白重恩、钱震杰（2010）利用我国省级面板数据，对1985—1995年和1996—2003年的劳动收入份额的影响因素进行回归分析，结果表明国有经济的比重以及税负水平对两个时期的劳动收入份额都有显著的影响，而经济开放程度和金融发展水平对1996—2003年的劳动收入份额有显著的正向影响。李坤望、冯冰（2012）探讨了对外贸易开放程度增加对我国工业劳动收入占比下降中所起的作用，在控制了劳动收入占比与对外贸易的联立关系后，作者发现进口贸易对劳动收入份额的作用显著为负，出口贸易则表现出弱负向作用。

余淼杰、梁中华（2014）使用我国制造业贸易企业层面1998—2007年的面板数据利用倍差法分析了贸易自由化对我国企业劳动收入份额的影响。实证结果显示，在我国制造业企业面临的劳动成本上升的背景下，贸易自由化通过提高资本品、中间投入品和技术的可获得性，降低了一般进口企业的劳动收入份额。李卓、李智娟（2014）实证检验了我国对外贸易对劳动力收入水平的净效应，在控制了经济发展水平、产业结构、所有制构成、技术进步等因素之后，结果显示对外贸易有利于资本而非劳动力，我国以加工贸易为主的进出口结构抑制了劳动收入报酬的提升。戴小勇、成力为（2014）分析认为出口扩张与外商直接投资使劳动要素对最终产品利益分配权的相对地位下降，将导致劳动收入份额降低。作者利用我国1999年到2007年的工业企业数据，使用倾向得分匹配模型实证检验，结果表明企业出口使劳动收入份额下降4.2%，使劳动收入份额增长率下降9.3%，外商直接投资使劳动收入份额下降4.8%，使劳动收入份额增长率下降5.4%。刘美秀等（2015）利用我国2000—2006年工业企业数据、海关数据及关税等匹配数据研究了贸易自由化对我国劳动力工资及其份额的效应，结果表明中间品和最终品的关税削减能够提高企业工资水平，最终品关税的削减会导致企业工资份额的下降。吴国锋、谢建国（2015）基于1978—2012年我国省级面板数据实证分析了对外贸易对我国劳动收入份额的影响，发现对外贸易使我国劳动收入份额下降，并且出口和进口贸易对劳动收入份额的提高均起抑制作用。作者认为这是因为：一方面，我国的出口产品以资本密集型产品为主，这背离了我国自身的比较优势；另一方面，以资本密集型中间产品进口为主的加工贸易加剧了中国的结构性失业。李宏兵、陈岩和李毅（2015）利用1998—2012年跨国行业面板数据通过固定效应和系统GMM方法，实证检验了全球及分国别的制造业行业进口对我国劳动收入占比的影响，实证结果显示进口贸易对劳动收入占比呈现出显著的负效应，即进口贸易扩张降低了劳动收入占比且这种影响在不同国家间呈现明显差异。西欧和美国的负效应最为明显，而东盟和金砖国家的影响次之，日韩两国的影响则最小。张晓磊、谢建国和张二震（2016）采用我国和160个国家和地区之间14年的进口贸易数据构建引力模型，研究了我国劳动收入份额与进口贸易之间的关系，结果显示我国劳动收入份额每提升1%，将引起进口下降1.97%—4.61%。詹舒琴、杨君（2018）基于全球价值链嵌入的视角测算我国制造业的全球价值链嵌入水平，并实证检验了其对劳动收入份额的影响，结果显示全球价值链嵌入水平的提高是造成我国劳动收入份额下降的重要因素，且与价值链前向参与率相比，后向参与率对劳动收入份额的负面影响更加显著。吴晓怡、邵军（2019）使用2004年到2009年工业企业数据实证分析了出口参与对中国制造业企业劳动收入份额的影响，结果表明我国制造业劳动收入份额处于较低水平，出口使得企业层面劳动收入份额提高，且这种影响具有滞后性。具体地，出口使我国东部、中部和东北地区的制造业企业劳动收入份额提升；出口对劳动收入份额的提升效应集中在中小企业和劳动力密集型企业。

贸易开放除了直接影响就业市场从而作用于劳动收入份额之外，也通过技术进步效应影响劳动收入份额。阿西莫格鲁（Acemoglu，2002）指出，经济全球化与国际贸易通过技术进步效应作用于劳动收入份额。具体而言，劳动收入由劳动生产率决定，技术进步能够改变劳动生产率进而影响劳动收入份额。国际贸易引致的技术进步是有偏而非中性的，偏向性技术进步使得劳动收入份额发生变化。国内研究方面，冯其云（2013）运用空间面板计量方法研究中国2001—2010年贸易开放、技术进步与劳动收入份额之间的关系，研究发现贸易开放对劳动收入份额具有正影响，技术进步则表现为负影响。徐圣、黄先海（2017）构建了一个两国、三种商品、三个部门的理论模型，研究发现贸易开放对劳动收入的比重产生了两种效应：要素价格效应和技术进步效应。在不考虑技术进步的情况下，要素价格效应会使劳动力相对充裕的国家贸易开放，增加该国劳动力收入的比重；在考虑技术进步效应的情况下，要素价格效应与技术进步效应共同发挥作用，此时技术进步效应会降低要素价格效应对劳动收入比重的正向作用，甚至造成逆转。在实证研究中，作者利用我国1987—2015年29个省级单位的数据研究，发现在引入劳动节约型技术进步变量后，由于剔除了劳动节约型技术进步对劳动收入比重的负影响，贸易开放对劳动收入比重的影响变为显著为正。

第四节　本章小结

本章我们首先梳理了全球价值链分工与国际贸易的相关文献，包括全球价值链分工体系与贸易的理论研究、参与全球价值链分工的动因与全球价值链视角下的国际贸易核算方法的相关研究。在经济全球化的大背景下，全球价值链的形成与深入发展有着坚实的理论基础与依据。大量理论和实证文献表明，关税、运输成本等是影响全球价值链深入发展的因素，人力资本、研发投入、外商直接投资、资本劳动比、基础设施等变量则对一国在全球价值链上的分工地位与贸易利益有着显著的影响。随着参与这一分工体系的经济体不断增多，全球价值链视角下的国际贸易在各国国际贸易总量中所占的比重不断提高。对这类以分工生产为目的的国际贸易的准确核算成为学界和国际机构的研究热点。从中间品贸易和外包开始，对全球价值链视角下的国际贸易的核算方法不断演进。随着增加值贸易核算体系的建立以及多个投入产出数据库的出现，我们能够越来越准确地刻画不同国家在全球价值链分工体系上的贸易量、贸易额、双边贸易余额以及贸易利得等多个指标。在此基础上，全球价值链参与程度、分工地位、上游度等多个度量指标得以建立并得到了广泛的应用。近年来针对全球价值链分工体系核算方法的研究不断涌现，研究结论层出不穷。对代表性的核算方法和数据库进行整理和评述是进一步开展全球价值链领域相关问题研究的基础。本书第三章和第四章将详细阐述全球价值链分工贸易的核算方法和主要的核算结论。

参与全球价值链分工的经济效应是学者长期以来关注的问题。与贸易开放的经济效应一样，参与全球价值链分工对一国经济的影响主要表现在对经济增速、技术进步、劳动力市场、商业周期、产业结构等多个方面。本书主要关注的是参与全球价值链对劳动力的影响。整理相关文献，本章分别从参与全球价值链分工对劳动力就业和劳动力收入两个方面详细评述了国内外相关文献。参与全球价值链分工对劳动力就业的影响可以分为对劳动力就业数量、劳动力就业需求弹性（就业风险）以及劳动力就业结构等三个方面。从参与全球价值链分工对劳动力就业数量的影响上看，一国的就业数量效应在行业和地区间存在异质性，此外增加值进口和出口对就业需求的影响也存在差异；从参与全球价值链分工对劳动力就业需求弹性的影响上看，大多数研究认为全球价值链视角下的国际贸易能够提升劳动力就业需求弹性；从参与全球价值链分工对劳动力就业结构的影响上看，相关研究主要分析了全球价值链分工对各国熟练劳动力和非熟练劳动力相对就业需求的影响。研究结果普遍表明，参与全球价值链分工的就业结构效应受参与分工生产环节的技术水平影响，此外就业结构效应在发达国家和发展中国家中也存在较大差异。

综上，全球价值链分工生产的主要特征之一是将发展中国家特别是新兴经济体纳入全球价值链中（鲍德温，Baldwin，2012），参与全球价值链分工贸易在广大发展中国家的经济效应值得探讨，而相关问题的研究特别是对就业结构的研究仍是一个较为薄弱的环节。作为全球最大的发展中国家，中国参与经济全球化的程度已经相当高，而目前为止，对参与全球价值链分工对中国就业结构影响的研究仍然较少，相关实证分析甚至得出了相反的结论。正如张亚斌、艾洪山（2010）指出，中国参与全球价值链分工的规模和速度领先于大多数国家和地区，但目前对参与全球价值链分工影响中国收入分配的深入分析还很缺乏。为此，本书在第六章对这一问题进行研究，希望能够对全球价值链分工体系与劳动力市场这一议题提供更多的事实依据和有益拓展。

参与全球价值链分工对劳动力收入的影响可以细分为对劳动力收入水平、收入差距以及对劳动力收入份额的影响等几个方面。从参与全球价值链分工对劳动力收入水平和收入差距的影响上看，多数研究表明贸易开放能够提高一国的劳动力收入水平。针对收入差距的研究方面，国内外多数研究证实全球价值链分工程度与高、低技能劳动力之间的收入差距成正比，但也有研究得出相反的结论。从参与全球价值链分工对劳动力收入份额的影响上看，参与全球价值链分工一方面通过就业需求效应影响劳动收入份额，另一方面也通过偏向性的技术进步效应影响劳动收入份额。实证研究的主要结论是当前全球范围内的劳动力收入份额下降与参与全球价值链分工有着密切的关联。

个体劳动者的收入受到经济增速、开放程度、所处地区、所在行业等外部宏观因素的影响，但不同劳动者之间的收入差距更与劳动者自身的年龄、技能、素质等微观个体因素密切相关。受到数据可得性的限制，目前绝大多数研究国际贸易对劳动力收入差距的影响的文献均忽略了劳动者个体特征上的异质性。为此，本书在第七章中通过结合宏观与微观层面的数据来研究参与全球价值链分工对我国劳动力的收入水平和收入差距的影响。

第三章　全球价值链视角下的国际贸易核算方法

20世纪70年代以来，随着经济全球化的深入，国际生产分工体系经历了重要的变化。当前，国际生产分工体系的一个主要特征是：以往在同一国家或地区进行的最终产品生产被逐步分解，不同的工序和生产阶段被分配到不同国家和地区。在这一过程中伴随着大量的中间品贸易，形成了由多个国家和地区的厂商共同参与的国际分工生产体系（International Fragmentation of Production）。这种分工形式被认为是20世纪后期兴起的第二次经济全球化浪潮的一个显著的特征。易（Yi，2003）指出，20世纪60年代到90年代末，全球关税水平降低了约11%，在这期间全球贸易占产值的比重增加了3.4倍，这与传统贸易理论中关于贸易量对关税弹性的认知不符。在关税和非关税壁垒在多数国家和地区已经降低到一定程度后，国际贸易的增长通过垂直专业化贸易核算方法以及在此基础上发展起来的增加值贸易框架得到了较好的解释。

第一节　核算方法的演进过程与研究意义

一、全球价值链分工核算方法的演进过程

随着经济全球化的深入发展，全球范围内的贸易与投资活动日趋频繁，越来越多的国家和地区参与到国际分工生产网络中，全球价值链逐步形成。全球价值链将发达国家和大多数发展中国家纳入到国际分工生产体系中来。伴随全球价值链出现的是全球范围内的中间品和零部件贸易大量开展，跨国公司取代了少数国家，逐步成为目前国际分工的主导力量。随着国际分工深入到产品工序层面，以及分工主体的日趋多元化，国际分工的特征和态势不断出现的变化，这对国际分工格局和国际产业发展均产生了重要的影响。以新加坡、韩国、中国香港等为代表的新兴经济体（地区）首先参与到全球价值链分工体系中去，利用自身的比较优势，积极承接发达国家外包的生产阶段，在全球价值链上的地位逐步提升，同时实现自身产业结构由劳动密集型向资本和技术密集型转变和升级。与此同时，非洲和中亚等地的许多发展中国家则错过了经济全球化带来的发展机遇，仍然从事着传统产品贸易，逐渐被垂直专业化分工体系边缘化。在这一过程中，区域经济一体化的浪潮又促进了各国参与垂直专业化分工体系的步伐。在欧盟（EU）、北美自贸区

（NAFTA）之外，大量的双边和多边贸易协定的签署进一步降低了分工贸易的成本。

在这一过程中，国际贸易的内容发生了深刻的变化。随着中间品和零部件多次跨越国境，一国出口的最终品中往往包含着进口中间投入，或者本国生产出口到外国加工后复进口的中间投入。国际贸易逐步由以货物贸易为主，转向以增加值贸易（trade in goods）或任务贸易（trade in tasks）为主。建立科学的方法对全球价值链视角下的国际贸易进行准确的度量成为近年来学界、政府以及国际组织关注的重点，相关研究成果颇丰。

对国际贸易的核算问题由总值贸易转向对全球价值链分工贸易的度量始于20世纪90年代。在这一阶段，相关核算方法主要基于学者对离岸外包活动的核算。作为全球价值链视角下的国际贸易活动的主体，跨国公司通过离岸外包把一些非核心的生产环节转移到海外完成，将公司内部资源集中在高附加值的生产环节上面，从而实现节约成本、提高生产效率、增强企业竞争力等目标。学者度量离岸外包的方法并不相同，其共同点是建立在对进口中间投入进行核算的基础上。劳伦斯（Lawrence，1994）和斯劳特（Slaughter，1995）分别利用跨国公司从海外分公司进口的中间品份额考察了美国企业的外包情况。由于采用跨国公司数据建立的外包指标难以衡量一国总体及不同部门的外包水平，芬斯特拉和汉森（Feenstra & Hanson，1996）利用美国统计局数据建立了更加具有普遍性的外包指标，并测算了美国1972年到1990年的外包水平。他们使用行业进口中间投入在行业全部中间投入（除能源投入外）中的比重来衡量外包。该指标使用的数据以进口为基础，在标准产业分类（SIC）编码四位项下共450个制造业细分行业。按照这一指标，一国的行业外包程度用行业进口中间投入在行业全部中间投入中的比重表示。具体地，假设一个国家有n个行业，每个行业在生产过程中使用的中间投入分别来自进口和本国生产，外包指标的表达式为：

$$OS_k = \frac{\sum_j M_{jk}^I}{\sum_j D_{jk}^I + M_{jk}^I} = \frac{M_k^I}{D_k^I + M_k^I} \tag{3.1}$$

式中，M_{jk}^I 为 k 行业从外国 j 行业进口的中间投入品；D_{jk}^I 为 k 行业使用的从本国 j 行业生产的中间投入；$M_k^I = \sum_j M_{jk}^I$ 表示 k 行业使用的全部进口中间投入；$D_k^I = \sum_j D_{jk}^I$ 代表 k 行业使用的全部国内生产的中间投入；分母（$D_k^I + M_k^I$）代

表 k 行业使用的中间投入总额。

这一指标对进口中间投入的核算是较为准确的，但却受到考察经济体规模的影响。一般而言，大国比小国对进口中间投入的依赖程度更低，使用该指标测算的小国外包水平往往高于大国。为此，艾格尔和艾格尔（Egger & Egger，2002）、格奥尔格和戈尔格（Geishecker & Gorg，2008）在芬斯特拉和汉森（Feenstra & Hanson，1996）工作基础上做了一些改动，分别使用进口中间投入在总进口中的比重和进口中间投入在总产出中的比重来度量外包。事实上，利用行业进口中间投入数据衡量一国参与全球价值链分工的程度是一个比较粗略的核算方法。由于没有区分总产出与出口贸易，使得该方法无法测算出口中包含的进口投入份额，并且进口中间投入数据的获取难度也使得该指标的适用范围较窄。因此，针对外包的研究更多地从企业和产品层面开展。

这一时期，也有学者基于对零部件产品的核算从产品层面考察了不同国家在全球价值链上的关联程度。零部件贸易核算方法的核心环节在于对零部件产品的分类与识别。吴和耶茨（Ng & Yeats，2001）首次明确区分了零部件与最终品贸易的概念。他们使用标准国际贸易分类（SITC）第二版，对东亚生产分工的结果及特点进行分析。在吴和耶茨（Ng & Yeats，2001）基础上，阿思克拉和山下（Athukorala & Yamashita，2006）使用零部件贸易数据分析了东亚地区参与国际生产份额的水平及决定因素。他们定义的零部件贸易使用了 SITC 第三版分类标准中 SITC 五位分类的 225 种零部件产品，包括 168 种属于 SITC 第 7 大类和 57 种属于 SITC 第 8 大类。由于多数国家海关的进出口数据使用 HS（编码协调制度的简称，亦称海关编码）编码进行统计，本书通过 HS1996 与 SITC 第三版的对照表，将 225 种零部件产品转换为 HS6 位编码下的 308 种零部件产品，列于附件。SITC 第三版中，第 7、8 大类中的零部件贸易占作者考察时期全球贸易的 70% 左右。不过，SITC 第 7、8 大类中并未包含所有的零部件产品。其中，服装、家具制造、皮革制造业等包含有大量的外包业务，但这部分零部件产品并未包含在 SITC 第 7、8 类中。此外，目前生物制药、机器制造、钢铁制品、软件等行业也包含了越来越多的国际生产分割，而这些行业也都分布在 7、8 类以外，使得核算方法的准确性受到影响。阿思克拉和山下（Athukorala & Yamashita，2006）的分析显示，在东亚地区，零部件贸易对区域贸易增长的重要性远高于北美和欧洲，东亚的零部件贸易在区域内贸易中所占比重远高于世界其他地区的占比。此外，将零部件贸易从全部贸易数据中分离后，数据显示，与东亚区域外的贸易是东亚地区贸易增长的重要动力，这是因为东亚地区基于垂直一体化的贸易增长依赖于与区域外的最终产品贸易，并且这种依赖程度在不断增加。

相较于基于一国或多国投入产出表计算的全球价值链贸易指标，使用零部件贸易数据是对国际生产分割的一种代理衡量方法（阿思克拉和山下，Athukorala & Yamashita，2006）。然而，一方面使用投入产出表的计算方法只适用于少数国家或者特定年份；另一方面中国等国家统计局提供的投入产出表为竞争性投入产出表，即没有区分各部门使用的国内与进口中间投入。这使得学者在计算时需要建立较为严格的假定，如假定进口与国内中间使用之比等于进口与国内最终使用之比（平新乔等，2006）。此外，我国投入产出表每隔五年编制一版，这使得应用该方法计算我国的垂直专业化水平具有一定的局限性。相比之下，使用零部件贸易指标的度量方法在数据的获取上更为容易，也更易进行不同国家或地区间的比较。零部件贸易度量利用中间品和零部件数据度量全球价值链视角下的国际贸易，其方法建立在对产品所属部门或类别进行划分的基础上，是一个较为粗略的核算指标。由于对于使用哪些零部件缺乏统计和行业划分上的标准，使用该方法进行行业层面的度量也存在困难。此外，这一核算方法的主要缺陷在于无法将进口和出口中包含的中间投入联系起来，而仅从进口、出口或产出的角度考察了中间品和零部件占比情况。随着投入产出核算方法的建立和推广，这一方法已经逐步被取代。我们将在后文中详细地介绍基于一国及多国投入产出表建立的全球价值链分工贸易的核算方法。表 3－1 列出了全球价值链分工贸易核算方法的演进过程中的主要文献及研究内容。

表 3－1　全球价值链分工核算方法的主要研究文献

代表性作者	核算方法	研究内容
Feenstra & Hanson（1996）	利用细分行业的进口数据建立外包指标	利用美国统计局数据建立了更加具有普遍性的外包指标并测算了美国 1972 年到 1990 年的外包水平
Egger & Egger（2002）	改进的外包指标	使用进口中间投入在总进口中的比重测算外包水平
Geishecker & Gorg（2008）	改进的外包指标	使用进口中间投入在总产出中的比重测算外包水平

续表

代表性文献	核算方法	研究内容
Ng 和 Yeats（2001）	零部件贸易的核算指标	东亚地区国际分工的程度及特点
Athukorala Yamashita（2006）	包含225种零部件的全球价值链分工核算指标	东亚地区国际分工的程度及特点
Hummels et al.（2001）	垂直专业化贸易指标（VS和VSS）	测算了13个经合组织国家和3个非经合组织国家的垂直专业化贸易份额
Dean 等（2011）	将投入产出表拆分为一般贸易使用表和加工贸易使用表，建立区分一般与加工贸易的垂直专业化贸易指标	测算了中国1997和2002年的垂直专业化贸易份额
Upward 等（2012）	建立修正的垂直专业化贸易指标	使用企业层面数据测算了2000年到2007年我国总体及不同产品类别的垂直专业化指标
Koopman 等（2014）	利用国家间投入产出表，建立了增加值贸易核算框架	测算了多个国家和地区2004年的增加值出口额，实现了对总出口的完全分解
Wang 等（2014）	将增加值贸易核算框架延伸至双边、行业及多边行业层面	测算了40组国家35个行业1995—2011年的增加值贸易水平
Wang 等（2017）	考察增加值贸易中的要素内容以及增加值贸易与GDP增长之间的联系	测算了2000年到2014年的44个国家、56个行业的全球价值链参与程度

二、全球价值链分工核算方法的研究意义

全球价值链视角下国际贸易核算方法的核心是对各国在参与的生产环节中所获增值的核算。垂直专业化贸易（Vertical Specialization Trade）和在此基础上提出的增加值贸易（trade in value added）方法均是从投入产出的角度，对各国参与全球价值链分工生产的贸易利得进行核算。这一研究方向正在成为国际贸易统计方法革新的一个主要发展方向。使用投入产出模型开展贸易增加值核算具有一些独特的优势，最显著的是投入产出表根据产品的具体用

途来划分中间投入品与最终产品，这使得我们更易区分中间投入品的来源。

研究并深入发展增加值贸易核算方法能够较好地解决传统国际贸易统计中存在的问题。在传统的国际贸易统计框架下，总量贸易由全部双边贸易流量加总得到，由于中间产品和隐含服务在不同国家和地区间多次流入流出，对其重复计算的结果是对贸易额及贸易差额的严重夸大。随着全球价值链的深入发展，一国生产产品中来自其他国家和地区的中间投入品在其出口产品中所占比重越来越高，这使得传统统计口径越来越难以真实地反映出口产品对一国经济发展做出的实际贡献。通过新的贸易核算方法对一国出口产品的增加值进行分解，能够帮助人们更好地理解一国在国际贸易中的获利情况与产品的真实国际竞争力。此外，增加值贸易核算方法强调了中间投入品在生产和贸易中的前后关联，因而反映的不仅是各个国家和地区不同行业的产品内分工程度，也能够体现企业主体和上下游关联企业的发展水平和生产效率。

对全球价值链分工贸易的准确核算对我国也有着重要的现实意义。当前，我国是世界上货物贸易规模最大的国家，与许多国家和地区之间存在着密切的经贸往来，并长期保持着较高的货物贸易顺差。在这样的现状下，我国近年来与主要贸易伙伴国家间的贸易摩擦日益激烈。仅 2016 年一年，我国就遭遇贸易摩擦案 117 起。面对错综复杂的对外贸易环境和关系，传统的对外贸易核算方法受到了越来越多的重视甚至是质疑。我国入世以来加工贸易迅速发展，而加工贸易的主要形式（进口中间品经加工后出口）是一种典型的垂直专业化贸易形态（卢峰，2004）。因此，建立更为合理的加工贸易核算和评估体系，一方面有助于我国深入理解对外贸易的利益分配情况，另一方面也能够更为真实地考察我国对外贸易的国际影响与贸易平衡问题。

开展增加值贸易核算也具有显著的政策意义。随着越来越多的国家和地区嵌入全球价值链分工体系，跨境生产模式对各国的对外贸易和投资活动的影响越加深远，并对经济增长、就业、产业升级等提供新的机遇和挑战。由此，对增加值贸易核算体系的深入研究也将对各国的外贸、产业及就业政策产生深刻的影响。例如，各国政府在制定贸易政策的时候，如果考虑到各国的进口中可能会包含本国的贸易增加值，即一国出口中的国内增加值可能通过进口复进口到国内，就会意识到保护主义甚至是“以邻为壑”的贸易政策可能给自身带来不利影响。尽管增加值贸易统计方法并不会更改一国对世界其他国家和地区的整体贸易失衡，但却可以具体统计一国与不同贸易伙伴国的具体顺差和逆差关系。在总值贸易统计下，两国间的双边贸易余额往往被夸大了，依据这样的统计结果可能导致一国政府对不同的贸易伙伴国实施不合理的贸易政策措施。此外，根据总值贸易统计数据计算得到的衡量一国外贸竞争力的指标（如显性比较优势等）可能对一国外贸部门的实际实力造成错判。罗德里克（Rodrick，2006）建立了一国出口产品复杂度指标并使用我国的贸易数据进行测算发现，我国出口产品的技术复杂度已经无法用传统的贸易理论进行解释。事实上，在增加值贸易核算框架下，我们发现我国虽然大量出口高技术产品，但竞争优势仅限于加工组装环节，能够获得的贸易利益十分有限。最后，对增加值贸易核算方法的研究，还有助于各国政府和国际机构对全球价值链分工体系对劳动力就业和环境的影响进行深入分析。目前，从增加值贸易视角分析各国二氧化碳等温室气体的排放情况以及不同技能劳动者的就业情况均取得了一定的进展。随着增加值贸易核算框架的不断发展和完善，国际贸易对经济增长和环境变化的影响也必将得到更加充分的研究。

第二节 基于投入产出表的核算方法

一、投入产出表与投入产出数据库

（一）投入产出表

投入产出分析方法最早由经济学家瓦西里·里昂惕夫（Wassily Leontief）于1936年提出。投入产出分析方法能够反映国民经济体系内外不同部分之间相互依存的经济数量关系。在不同历史时期，投入产出分析均发挥着重要的作用。近年来，随着全球价值链的形成与深入发展，产品生产过程跨越多个国家和地区的现象愈发普遍，最终产品的价值也随之分散。传统国际贸易统计方法只考察不同国家的进出口总值，无法准确地描述全球价值链分工生产过程以及不同国家的真实贸易利得。投入产出分析方法能够细致地统计和描述不同经济体在全球价值链上的获利情况。近年来，该方法已经成为分析全球价值链上的经济活动的热门研究方法，受到国内外学者的广泛重视与应用。

一国投入产出表可以分为竞争型与非竞争型投入产出表两大类型，主要区别在于对进口产品的处理上。对于竞争型投入产出表，各部门在生产中使用的中间投入并未区分是本国生产还是来自别国进口，而是假定二者之间存在完全替代关系；非竞争型投入产出表则将中间投入区分为国内生产部分和进口部分，两者间存在不完全替代关系。通常在利用投入产出表核算全球价值链上的分工和贸易活动时，需要使用非竞争型投入产出表（表3－2）。

表3－2　非竞争型投入产出表

<table>
<tr><td rowspan="3" colspan="2">投入</td><td>中间使用产生</td><td colspan="3">最终使用产出</td><td rowspan="3">国内总产出或进口</td></tr>
<tr><td colspan="4">部门</td></tr>
<tr><td>1，…，n</td><td>最终消费支出</td><td>资本形成总额</td><td>出口</td></tr>
<tr><td rowspan="2">中间投入</td><td>国内生产</td><td></td><td></td><td></td><td></td><td></td></tr>
<tr><td>进口</td><td></td><td></td><td></td><td></td><td></td></tr>
<tr><td colspan="2">增加值</td><td></td><td></td><td></td><td></td><td></td></tr>
<tr><td colspan="2">总投入</td><td></td><td></td><td></td><td></td><td></td></tr>
</table>

编制非竞争型投入产出表的关键是编制进口产品使用矩阵。通常，对进口产品分解的方法包括以下几种：第一，假设同一行业的国产产品与进口产品是同质的，在此基础上可将一国的进口产品按照中间投入、资本形成与最终消费的比例进行拆分；第二，按照商品名称及编码协调制度（HS编码）的分类数据，参考投入产出的相关资料来确定进口产品的分配比例；第三，以HS编码的分类数据为基础，对照HS编码与按照国际贸易商品的主要最终用途或经济类别的BEC（Classification by Broad Economic Categories，大类经济类别分类）分类表来确定进口产品的分配情况。

伴随全球价值链的深入发展，一种产品的生产工序不断细化且不同的生产工序分布到不同的国家和地区，国际范围内的中间品贸易迅速发展。在传统贸易统计中以总值贸易为基础的统计数据已经无法准确地反映各国参与国际分工的实际情况。为此，国际机构开始建立以增加值贸易为基础的统计框架和数据库。世界贸易组织前总干事帕斯卡尔·拉米（Pascal Lamy）于2011年表示：应以各国进出口贸易中的国内增加值变化作为国际贸易的统计标准。在这一背景下，国家间投入产出模型得到了广泛的应用和发展。以两国间投入产出表为例（表3－3），此表基于两国间投入产出模型，反映了两国间各部门之间的相互联系。

表3-3 两国间投入产出表

投入		中间使用产出		最终使用产出		总产出
		A国	B国	A国	B国	
中间投入	A国					
	B国					
增加值						
总投入						

(二) 主要投入产出数据库

基于投入产出分析的增加值贸易核算方法在近年来迅速发展。与此同时，全球投入产出数据库也在不断发展。官方机构对大型投入产出数据库的努力完善有效放松了对核算方法的数据限制，在很大程度上促进了增加值贸易核算方法的深入发展，为进一步深入研究提供了条件。目前，在国际上影响力较大的主要是以下五个投入产出数据库。

1. OECD-WTO投入产出数据库。经合组织的全球投入产出数据库开发较早，自20世纪90年代以来不断维护和更新，逐步将越来越多的国家和地区纳入到数据库之中。目前，经合组织的国际投入产出数据库囊括了将近50个国家和地区的投入产出表，其中包含了33个经合组织官方成员国。2013年，经合组织与世界贸易组织联合发布了全球贸易增加值数据库（TiVA）。该数据库依据库普曼等（Koopman et al，2014）的增加值贸易研究框架，测算了40个国家18类产品的增加值贸易相关指标。

2. 世界投入产出数据库（WIOD，World Input-Output Database）。该数据库由欧盟资助开发，以各国官方国内统计数据为基础，包含了27个欧盟成员国和13个其他主要贸易国①的35个行业59种产品1995—2011年的数据。具体地，WIOD数据库提供了世界投入产出表（WIOT）、国际供给和使用表

① 世界投入产出表中的40个国家（地区）包括：欧盟地区：奥地利、比利时、保加利亚、塞浦路斯、捷克、德国、丹麦、西班牙、爱沙尼亚、芬兰、法国、英国、希腊、匈牙利、爱尔兰、意大利、立陶宛、卢森堡、拉脱维亚、马耳他、荷兰、波兰、葡萄牙、罗马尼亚、斯洛伐克、斯洛文尼亚、瑞典；北美地区：美国、加拿大、墨西哥；东亚地区：中国、日本、韩国、中国台湾；BRIIAT国家：巴西、俄罗斯、印度尼西亚、印度、澳大利亚、土耳其。

（Int SUTs）、国别供给和使用表（SUTs）。此外，WIOD 数据库还提供了经济社会账户，包括 35 个国家的高、中、低技能劳动力和资本投入数据，以及环境账户，包括气体排放和自然资源投入数据。经济社会账户及环境账户的行业划分与投入产出表一致，为分析增加值贸易对社会经济及环境的影响提供了极大的便利。

3. 联合国贸易和发展组织开发的全球投入产出数据库（UNCTAD-Eora GVCDatabase）。该数据库以各国的供给表和使用表作为主要数据来源。目前，全球投入产出数据库包含了 187 个国家的 25—100 个行业（根据具体国家）1990—2010 年的投入产出相关数据。

4. 日本亚洲经济研究所的亚洲投入产出数据库（AIIOT）。该数据库在亚洲各国或地区投入产出表的基础上，结合调查和贸易数据编制而成。目前，亚洲投入产出数据库涵盖了十个国家和地区，包括日本、韩国、中国、马来西亚、印度尼西亚、菲律宾、新加坡、泰国、中国台湾和美国的 75 个部门 1990、1995、2000 和 2005 年的投入产出数据。

5. 美国普渡大学开发的全球贸易分析数据库（GTAP）。该数据库于 1993 年由普度大学开始开发，定期提供双边贸易数据、国际间贸易往来所需的运输以及贸易保护政策的相关信息。GTAP 数据库建立的一个主要目标是构建贸易的可计算一般均衡模型（CGE），并根据研究需要不断对数据进行调整。目前，最新版本的 GTAP 数据涵盖了 129 个国家和地区的 55 个部门。

二、基于单一投入产出表的核算方法

2000 年以来，利用投入产出数据对全球价值链视角下的国际贸易进行准确核算成为学者们研究的热点。这一核算方法的研究始于赫梅尔斯等（Hummels et al，2001）提出的垂直专业化（Vertical Specialization）概念和测算指标。出口贸易中的垂直专业化份额反映了出口产品中的进口中间投入份额，这一指标越高，说明考察经济体或部门参与全球价值链分工的程度越高。根据 HIY 方法的定义，垂直专业化贸易需要满足以下三个条件：按照赫梅尔斯等（Hummels et al，2001）的定义，垂直专业化分工生产需要满足以下三个条件：一是某种最终产品的生产可以分割为两个或者两个以上的连续生产阶段（sequential stages）；二是两个或以上的国家（地区）参与到这一产品的生产增值的过程；三是至少有一个国家在其生产过程中使用了进口的中间投入，并且生产出的产品部分用于出口。其中，第三点是垂直专业化生产区别于外包的关键。图 3-1 简单概括了垂直专业化模型。

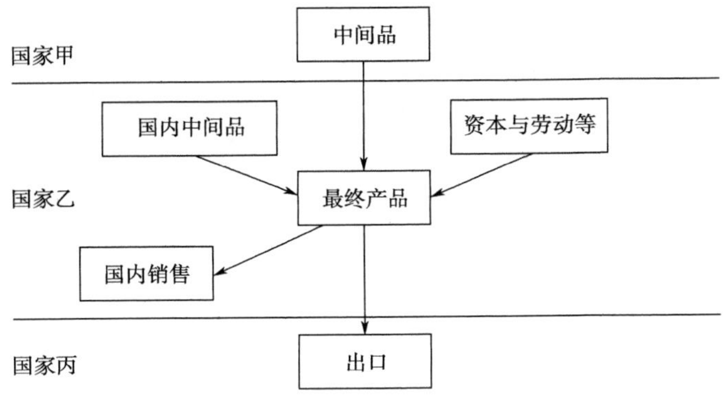

图 3-1　垂直专业化生产模型①

根据以上定义，垂直专业化贸易额（即一国出口中使用的进口中间投入的价值）的表达式为：

$$VS = \left(\frac{\text{进口中间投入}}{\text{总产出}}\right) \times \text{出口} \tag{3.2}$$

上式中等号右边第一项表示了总产出中进口中间投入的贡献，乘以出口即表示出口中包含的进口中间投入所占的价值。一国出口中的 VS 总值可以通过计算各行业出口中的 VS 值后加总得到，即：

$$VS_k = \sum_i VS_{ki} \tag{3.3}$$

式中，k 表示国家，i 表示行业。为了考察 k 国 VS 价值占总出口的比重，将式（3.3）两边除以 k 国总出口得到：

$$\frac{VS_k}{X_K} = \frac{\sum_i VS_{ki}}{\sum_i X_{ki}} \tag{3.4}$$

在具体计算中，需要通过一国的投入产出表，获取一国各行业国内生产

① 图表来源：Yi. Can Vertical Specialization Explain the Growth of World Trade [J]. Journal of Political Economy, 2003: (111).

与进口的中间投入、总产出与出口等数据。垂直专业化份额（VSS）的矩阵表达式如下：

$$\frac{VS_k}{X_k} = \frac{uA^M X}{X_k} \tag{3.5}$$

式中，k 表示国家。u 为 $1*n$ 阶向量，n 表示行业。A^M 是 $n*n$ 阶的进口系数矩阵，矩阵中元素为 a_{ij}，表示生产一单位 j 行业产出，需要从行业 i 中进口 a_{ij} 单位的中间投入，X 为 $n*1$ 阶的出口向量，X_k 为 k 国出口总额。

根据(3·4)式计算出的直接垂直专业化份额被称为直接垂直专业化贸易份额，因为该份额只考虑了出口中直接包含的进口中间投入。如果将间接投入也包含进来，就得到更一般的 VS 份额计算公式：

$$\frac{VS_k}{X_k} = \frac{uA^M【I - A^D】^{-1}X}{X_k} \tag{3.6}$$

式中，I 表示单位矩阵，A^D 为 $n*n$ 阶的国内消耗系数矩阵，矩阵中元素为 d_{ij}，表示 j 行业单位产出使用的来自行业 i 的国内中间投入。$【I - A^D】^{-1}$ 为里昂惕夫逆矩阵，用来反映进口中间品作为原始投入在国内各个部门间循环使用的效果。因此，通过（3.6）式计算得到了为一国总出口中垂直专业化贸易份额的一般公式。这一核算方法被简称为 HIY 方法。

赫梅尔斯等（Hummels et al，2001）利用 HIY 方法测算了 10 个经合组织国家和 4 个非经合组织成员（爱尔兰、韩国、墨西哥和中国台湾）的垂直专业化贸易份额。结果显示，这些国家和地区出口中的垂直专业化贸易份额为 21%，从 1970 到 1990 年间增长了约 30%，其中垂直专业化贸易的增长占到出口增长的 30%。在此之后，许多学者也利用这一核算方法对我国参与全球垂直专业化分工的程度进行了测算，得出我国从 20 世纪 90 年代到 2000 年初的垂直专业化贸易份额逐步增加的结论（张小蒂、孙景蔚，2005；郑昭阳、孟猛，2011）。其中，北京大学中国经济研究中心课题组（2006）的研究第一个采用 HIY 方法和中国投入产出表以及联合国进出口贸易数据对我国的垂直专业化水平进行了测算。他们发现 1992—2003 年中国出口贸易中的垂直专业化比率从 14% 上升至 21.8%。文东伟、冼国明（2010）在对我国制造业的垂直专业化贸易份额测算的基础上进行了国际比较，发现 1995 年到 2005 年间，我国制造业的垂直专业化贸易水平由 0.151 上升到 0.261，增速高达 72.39%，高于绝大多数国家和地区。其中，我国高技术制造业的垂直专业化水平从 1995 年的 0.177 提高到 2005 年的 0.411，增长了 131.5%，高于其他所有国家和地区。

然而，有学者研究指出利用 HIY 方法测算的 *VS* 份额可能低估了我国参与垂直专业化分工的实际水平，这是由于 HIY 方法建立的垂直专业化份额测算指标建立在两个关键假设基础上：一是出口产品与国内销售产品在生产中使用的进口中间投入比例是相同的；二是所有的进口中间投入全部是国外增加值。由于加工贸易项下的进口中间投入通常专用于加工贸易出口产品的生产，如果不考虑贸易方式的差别，HIY 方法计算得到的垂直专业化贸易份额可能低估真实水平。因此，该方法并不适合中国等加工贸易出口占比较高的发展中国家。假设二则不适用于通过进口国转出口的情况。

为此，学者尝试对垂直专业化测算指标进行改进，建立一个适合中国、墨西哥等加工贸易比重较高国家的 *VS* 指标。代表性文献包括库普曼等（Koopman et al，2008）和迪恩等（Dean et al，2011）使用的拆分投入产出表的方法。以上两篇文章放松了 HIY 方法的假定一，将投入产出表拆分为一般贸易使用表和加工贸易使用表，总体垂直专业化贸易份额由加工贸易出口中的份额与一般贸易出口中份额的加权平均得到，其表达式如下：

$$VSshare = \frac{uA^{MD}【I - A^{DD}】^{-1} X^{N}}{X_k} + u\{[uA^{MD}【I - A^{DD}】^{-1} A^{DP} + A^{MP}]X^{P}/x_k\} \tag{3.7}$$

式中，D 代表国内销售，N 代表一般贸易出口，P 代表加工贸易出口。$n \times 1$ 阶出口向量分割为一般贸易出口（X^{N}）和加工贸易出口（X^{P}）。国内消耗系数矩阵 A^{D} 也分割为针对国内销售的系数矩阵 A^{DD} 和针对加工出口的系数矩阵 A^{DP}。

迪恩等（Dean et al，2011）利用我国 1997 和 2002 年的投入产出表分别使用 HIY 方法和（3.7）式对我国垂直专业化贸易份额进行了测算。结果显示，使用 HIY 方法得到我国的垂直专业化贸易份额分别为 17.9% 和 25.4%；使用（3.7）式的分割方法加权平均后得到垂直专业化贸易份额在 1997 年和 2002 年分别上升为 47.7% 和 46.1%，显著高于未区分贸易方式的测算结果。

与HIY的方法相比，区分贸易方式后的*VS*指标对于我国参与垂直专业化分工程度的度量更加准确，但是拆分投入产出表的过程十分复杂，且我国投入产出表与经合组织投入产出数据的行业划分标准不同，使得该方法在适用性上仍然有所欠缺。

此外，我国投入产出表的编制基于竞争型投入产出模型，该模型假定各部门生产过程中消耗的中间投入中进口中间投入与本国生产中间投入之间可以完全替代，从而使用我国投入产出表度量的垂直专业化贸易份额无法反映各生产部门与进口商品间的联系。为了克服这一问题，刘等（Lau et al，2007）编制了中美两国2002年非竞争性投入产出表，认为一个国家的出口总额等于出口的完全国内增加值和完全进口额之和。因此，非竞争性投入产出表中使用的完全进口额系数就等于垂直专业化贸易份额指标。

三、基于国家间投入产出表的核算方法

基于单一投入产出表的HIY核算方法及其改进方法逐渐成为学界研究的热点，学者在测算垂直专业化贸易份额的基础上拓展并建立了更加广泛的增加值贸易（trade in value added，TiVA）定义和核算方法。这一核算方法的建立和推广得益于多个国家间投入产出数据库的开发。目前，包括欧盟资助开发的世界投入产出数据库（WIOD）、联合国贸发会组织开发的数据库（UNCTAD - Eora GVC数据库）、经合组织—世贸组织国家间投入产出数据库（OECD - WTO）、日本亚洲经济研究所的亚洲投入产出数据库（AIIOT）以及美国普渡大学开发的全球贸易分析数据库（GTAP）等多个数据库的建立和完善，为学者逐步深入研究增加值贸易核算和相关问题提供了条件。同垂直专业化方法相比，增加值贸易核算方法侧重于分辨贸易中的本国附加值和外国附加值。增加值贸易核算方法的核心是对出口贸易中包含的国内与国外增加值进行分解。相比于垂直专业化贸易份额只考察各个国家出口最终品中的进口投入水平，增加值贸易核算方法也适用于存在中间品双边贸易的情况。

增加值贸易核算方法的研究同样始于对垂直专业化贸易核算方法缺陷的改进。与库普曼等（Koopman et al，2014）和迪恩等（Dean et al，2011）的研究不同，研究增加值贸易核算方法的学者主要针对如何放松HIY方法的假定二。如前文所述，HIY方法的假定二假设一个国家所有的进口中间投入全部是国外增加值。然而在现实中，全球价值链视角下的国际贸易中

普遍存在着一国进口的中间投入中同时包含了外国和本国增加值的情况。为此，王等（Wang et al.，2009）利用世界投入产出表建立了国际投入产出模型，将一国国内增加值分解为直接增加值出口和间接增加值出口，建立了增加值贸易核算方法的雏形。多丹等（Daudin et al.，2011）同样尝试放松 HIY 方法的假定二，他们使用 GTAP 数据库考察了一国出口向世界其他地区出口中间用于最终品生产后又进口到本国的国内增加值部分，即分析了为谁生产了什么的问题，他们将这一指标其称为 VS1*。约翰逊和诺圭拉（Johnson & Nogurea，2012）将在一国生产最终在别国消耗的增加值定义为增加值出口（value-added export），并用增加值出口在一国出口总额所占比重（VAXratio）来衡量贸易中的增加值成分。他们使用 GTAP 数据库测算了 87 个国家和地区的 VAXratio。然而，由于 GTAP 数据库没有对进口中间品和最终品加以区分，使得使用该数据库仍然无法准确度量增加值贸易。斯蒂勒（Stehrer，2012）基于约翰逊和诺圭拉（Johnson & Nogurea，2012）的测算方法，利用 WIOD 数据库考察了主要国家的增加值贸易水平。他将增加值出口定义为外国的最终需求拉动的本国增加值，增加值进口定义为本国最终需求对国外增加值的拉动，基于增加值进出口计算得到的增加值定义为增加值贸易。

随着多个核算指标的建立，各指标间的内在联系如何成为一个问题。较好地解决这一问题的是库普曼等（Koopman et al，2014）的研究。他们通过将不同测算指标进行整合，首次提出了一个增加值贸易的测算框架，并将垂直专业化贸易测算方法归纳到这一框架之中。具体地，假定有 G 个国家，每个国家有 N 个行业。一国的总出口可以分解为 9 个部分的线性组合：

$$
\begin{aligned}
E_{s*} = &\left\{V_s \sum_{r\neq s}^{G} B_{ss} Y_{sr} + V_s \sum_{r\neq s}^{G} B_{sr} Y_{rr} + V_s \sum_{r\neq s}^{G} \sum_{t\neq s,r}^{G} B_{sr} Y_{rt}\right\} + \\
&\left\{V_s \sum_{r\neq s}^{G} B_{ss} Y_{sr} + V_s \sum_{r\neq s}^{G} B_{sr} A_{rs}(I - A_{ss})^{-1} Y_{ss} + V_s \sum_{r\neq s}^{G} B_{sr} A_{rs} (I - A_{ss})^{-1} E_{s*}\right\} + \\
&\left\{\sum_{t\neq s}^{G} \sum_{r\neq s}^{G} V_t B_{ts} Y_{sr} + \sum_{t\neq s}^{G} \sum_{r\neq s}^{G} V_t B_{ts} A_{sr} (I - A_{rr})^{-1} Y_{rr}\right\} + \\
&\sum_{t\neq s}^{G} V_t B_{ts} A_{sr} \sum_{r\neq s}^{G} (I - A_{rr})^{-1} E_{r*}
\end{aligned}
\tag{3.8}
$$

式中，E 代表总出口，s 代表出口国，r 代表进口国，t 代表第三国。A 为投入产出矩阵，B 为里昂惕夫逆矩阵，V 为直接增加值系数，Y 为最终品消费。按照先后次序，（3.8）式包含的 9 个部分分别代表的内容如表 3－4 所示。

表 3－4　一国总出口的增加值分解

(1)	最终品出口增加值
(2)	中间品出口增加值
(3)	通过进口国出口到第三国的中间品出口增加值
(4)	最终品中出口复进口的中间品增加值
(5)	中间品中出口复进口的中间品增加值
(6)	重复计算的出口中间品增加值
(7)	出口中的外国最终品增加值
(8)	出口中的外国中间品增加值
(9)	重复计算的进口中间品增加值

根据以上分解式，可以定义如下：

国内出口增加值（VT）＝（1）＋（2）＋（3）

本国出口复进口的中间品增加值（$VS1^*$）＝（4）＋（5）＋（6）

出口中的国外增加值（VS）＝（7）＋（8）＋（9）

由表 3－4 可见，KPWW 方法通过将中间品多次跨境造成的重复计算部分分解出来，得到的出口增加值是一个净值。公式（3.8）中的第（4）部分即为多丹等（Daudin et al.，2011）定义的 $VS1^*$。通过将总出口分解为不同增加值与重复计算部分，库普曼等（Koopman et al，2014）建立的增加值核算框架在数量上实现了对总出口的完全分解，同时为传统的总值贸易统计方法与增加值贸易统计方法间搭建了桥梁，使得增加值贸易核算方法与传统的标准贸易统计方法下核算得到的指标能够被纳入到一个统一的核算框架之中。

运用 KPWW 方法，学者对我国的增加值出口情况进行了核算。韩中（2016）结合增加值贸易方法和 WIOD 数据库的核算结果显示，我国总出口中国外成分所占比例为 21.77%，高于美国、日本等发达国家，其重复计算项的比例为 24.53%。北美地区、欧盟地区是中国增加值出口的主要吸收地，发达国家和金砖国家的国内最终需求对中国 GDP 的拉动效应显著。尹伟华（2017）同样运用 WIOD 数据库对我国制造业出口贸易增加值进行了分解，发现我国制造业出口中国内增加值占比呈先降后升趋势，以最终品出口的国内增加值占主要地位，而以中间品出口的国内增加值上升趋势明显，表明中国制造业正从全球价值链低端向中高端攀升。苏庆义（2016）将KPWW国家层面的出口价值来源的分解框架引申到国家内部地区层面，并借鉴HIY方法以及约翰逊和诺圭拉（Johnson & Nogurea，2012）剔除的相关概念进行了分析，构建了地区出口增加值的分解框架，并对我国省级出口增加值进行了测算。

四、深入行业和企业层面的核算方法

（一）行业层面的增加值贸易核算方法

KPWW方法搭建了增加值贸易核算方法的框架，但对增加值贸易的核算仍然存在改进空间。例如，KPWW方法使用联合国BEC（Broad Economic Category）分类标准进行统计分类，该分类标准可以根据海关HS六位编码的贸易数据识别来自不同国家和地区的产品。然而，由于BEC分类中部分产品同时归属中间品和最终品，使用这一划分标准仍然存在问题。另一个问题是KPWW方法在国家层面对出口总值进行了分解，但这一方法并不适用于行业层面。为此，王等（Wang et al，2014）尝试了在KPWW方法的基础上建立适用于双边、行业乃至双边行业层面的增加值核算方法。

韩中（2016）运用KPWW方法测算了我国细分行业增加值出口的规模及水平，发现我国传统出口规模较小的农业、狩猎业、林业及渔业、采掘业和服务行业通过将行业产出用于制造业行业产品的生产，从而实现本行业的增加值出口，其增加值出口规模位居行业前列。焦炭、精炼石油及核燃料加工业、电气、光学设备制造业、基本金属及金属制品业、化学原料及化学制品业总出口中的国外增加值比重较高。尹伟华（2017）运用WIOD数据库对我国制造业行业出口增加值进行了分解。WIOD数据库中涉及19个制造业行业，作者参考《欧盟经济活动分类统计标准第一版》将其划分为四大类，结果显示，2000—2014年，我国低技术制造业出口中的国内增加值占比最高且上升趋势明显，高技术制造业出口中的国内增加值最低，中低技术和中高技术制造业出口中的国内增加值均表现出下降趋势。

（二）企业层面的增加值贸易核算方法

如前所述，垂直专业化贸易和增加值贸易等利用投入产出数据建立的测算指标往往更适合以一般贸易为主的经济体。我国加工贸易长期以来在进出口贸易中占据较高份额，编制与拆分投入产出表的工作又十分复杂。因此，也有学者在HIY方法基础上利用企业层面的微观数据，建立一国总体、行业以及产品层面的贸易核算方法。

艾博沃德等（Upward et al，2012）同样在HIY方法的基础上，利用企业层面数据测算了2000年到2007年我国总体及不同产品类别出口中的国内增加值水平。测算公式如下：

$$VS = M^p + \frac{M^o}{Y - X^p} \times X^o \tag{3.9}$$

式中，VS 代表一国的垂直专业化贸易额。M^p 和 M^o 分别代表加工贸易和一般贸易进口额，X^p 和 X^o 分别代表加工贸易和一般贸易出口额。一般而言，加工贸易进口的中间品专用于加工贸易出口产品的生产，因此将加工贸易进口直接归为 VS 的一部分。对于一般贸易项下的进口品，首先根据联合国《经济大类分类标准》（BEC）的分类标准，对应产品的HS编码进行识别，从而得到一般贸易项下的进口中间品。表3－5显示了BEC分类标准中的中间品。同时，按照HIY的方法，假定一般贸易中的进口中间品在出口产品和国内销售中使用的比例等于一般贸易出口与国内销售的比例，这样可以得到一般贸易出口中使用的进口中间投入。由于无法准确地衡量一般贸易进口中间品在出口产品与国内销售产品的生产中使用的比例，使用这一方法测算的垂直专业化贸易份额仍然可能存在一定的偏误。

表3－5　BEC分类标准的中间产品

中间品编码	内容
111	食品和饮料，初级，主要用于工业
121	食品和饮料，加工，主要用于工业
21	未另归类的工业用品，初级
22	未另归类的工业用品，加工
31	燃料和润滑剂，初级
322	燃料和润滑剂，其他
42	资本货物（运输设备除外）及其零配件，零配件
53	运输设备及其零配件，零配件

当一个企业的全部产出都用于出口时（ $Y = X^o + X^p$ ），利用艾博沃德等（Upward et al，2012）计算得到的垂直专业化贸易额与 HIY 方法计算得到的 *VS* 额是相等的；而当企业的加工贸易额（ $M^p + X^p$ ）在企业贸易总额中所占的比重越大，艾博沃德等（Upward et al，2012）方法计算得到的 *VS* 越高于 HIY 方法计算得到的 *VS* 水平。利用以上核算方法，艾博沃德等（Upward et al，2012）计算发现我国总体出口的国内增加值比重由 2003 年的 53% 上升至 2006 年的 60%。

纪和唐（Kee & Tang，2016）使用我国 2000—2007 年企业层面数据，对一般贸易和加工贸易进行区分，考察了 2000 年至 2006 年我国企业出口中的国内增加值占比水平，发现企业加工贸易出口中的国内增加值占比（DVAR）由 40% 上升到 58%。在此基础上，作者实证分析了我国出口中国内增加值占比的影响因素，发现贸易自由化和外商直接投资的增加显著提升了我国出口中的国内增加值并降低了国内投入品的价格。

与垂直专业化贸易和增加值贸易核算方法相比，利用企业层面数据的核算方法脱离了对投入产出表的依赖，能够计算企业和产品层面的国内增加值，有助于识别企业在参与全球价值链分工活动中的异质性问题。此类核算方法的短处在于对数据的要求十分严格：在获取企业细分贸易数据的同时，还需要获取企业其他指标的数据。如艾博沃德等（Upward et al，2012）的方法需要使用企业产出数据，纪和唐（Kee & Tang，2016）的方法需要使用企业收入、利润、工资及资本投入等数据。此外，这一方法使用 BEC 分类标准划分进口产品，同样存在增加值贸易核算方法面临的产品归属问题。

第三节　增加值贸易核算方法的应用

一、对贸易额和贸易平衡情况的再核算

利用增加值贸易核算方法能够更真实地刻画各国在全球价值链上的地位以及对全球价值链的依赖程度。与传统口径下使用总值贸易数据得到的结论相比，增加值贸易统计口径下的双边贸易余额在国家和行业层面均产生了较大变化。

约翰逊和诺圭拉（Johnson & Nogurea，2012）测算了 2001 年 87 个国家和

地区间的增加值贸易额并与传统统计口径下的进出口额进行了比较，发现美国与北美自由贸易区（NAFTA）成员间的增加值出口额明显低于出口总额。此外，美国对韩国、新加坡和中国台湾等的增加值出口额均较出口总额降低了30%到50%。增加值贸易额与进出口贸易额间的差别造成的一个直接结果是使用不同核算指标得到的双边贸易余额有很大不同。2001年，传统统计口径下中美贸易顺差为730亿美元，日美贸易顺差为480亿美元；增加值贸易统计口径下的中美、日美贸易顺差均在600亿美元左右。这主要是因为美国对中国的增加值进口额较进口总额显著减少，而对日本的增加值进口额则较进口总额显著增加。库普曼等（Koopman et al，2014）也使用增加值贸易测算方法考察了不同国家的双边贸易平衡情况。研究发现中国、日本与美国、欧盟国家间的贸易余额发生了较大变化。例如，与使用进出口总值计算结果相比，2004年使用增加值贸易衡量的中国与美国、西欧国家间的贸易逆差分别减少了41%和49%；日本与美国、西欧国家间的贸易顺差分别扩大了40%和31%；韩国与美欧的顺差则显示了与日本类似的变化。

作为贸易大国，中国多年来积累的大量贸易顺差一直是学界和政府部门关注的焦点。随着新的核算方法的出现，学者也对中国在国际分工体系中的利益得失进行了重新计算。例如，张等（Zhang et al，2012）使用2008年我国区分贸易方式的进出口数据测算了我国115个制造业行业出口中的进口附加值含量，发现加工贸易出口迅速增长的行业往往在出口中包含了较高份额的进口附加值。鉴于我国加工贸易出口在出口总值中占比约为50%，使用总值贸易统计的我国贸易顺差被严重高估了，特别是我国对美国的贸易顺差。张咏华（2013）使用约翰逊和诺圭拉（Johnson & Nogurea，2012）的方法，利用WIOD数据库测算了中国的增加值出口并分析中美贸易失衡问题。研究发现与传统贸易统计方法相比，增加值贸易核算方法总体上缩小了中美贸易失衡程度，缩小幅度达46%。王岚、盛斌（2014）使用增加值贸易核算方法测算了1995—2009年中美双边贸易和双边贸易利益情况。结果表明，中美两国的贸易差额与贸易利益间存在着严重错配，中国在中美双边贸易中的获利能力在逐步减弱，这一点在机电行业体现得尤为明显。康振宇、徐鹏（2015）同样利用增加值贸易测算方法核算了1995—2011年中日双边贸易收支情况，发现增加值贸易核算方法下的双边贸易更趋于平衡，双边贸易重要性对中国而言在下降，对日本而言则在上升。

表 3-6　基于增加值贸易核算方法的贸易额统计

文献作者	研究内容	主要结论
Noguera & Johnson（2012）	测算了 2001 年 87 个国家和地区间的增加值贸易额并与传统统计口径下的进出口额进行了比较	美国与 NAFTA 成员间的增加值出口额明显低于出口总额，对韩国、新加坡、中国台湾等的增加值出口额均较出口总额降低了 30% 到 50%
Koopman et al. （2014）	测算了不同国家的双边贸易平衡情况	增加值贸易统计口径下中国对美、欧的顺差减少，日、韩对美、欧的顺差加大
王岚、盛斌（2014）	利用增加值贸易方法核算 1995—2009 年中美双边贸易和双边贸易利益情况	中国在中美双边贸易中的获利能力在逐步减弱且在机电行业体现得尤为明显
康振宇、徐鹏（2015）	利用增加值贸易方法核算中日贸易收支情况	中日双边贸易更趋于平衡，双边贸易重要性对中国而言在下降，对日本则在上升
郑丹青、于津平（2016）	利用增加值贸易方法对中美双边贸易增加值构成及利益分配进行了重新测度	传统贸易统计相比增加值贸易方法高估了中美双边贸易失衡 25% 左右，贸易利益分配越发不利于中国

陈继勇等（2016）比较了增加值贸易核算方法与海关统计方法的中国对外贸易。他们假设世界上只有两个开放型国家 C 和 W。贸易流程是：W 首先向 C 同时出口最终品 a 和中间品 b；其次，国家 C 消费进口的全部最终品 a，并利用中间品 b 生产贸易品（$d+b$）并出口到国家 W，同时将中间品 e 出口至 W；最后，W 消费全部（$d+b$），将包含国家 C 中间品价值 e 的最终品（$e+f$）出口至 C。至此，两个国家间分别开展了一个回合包含中间品和最终品的贸易往来，并以最终产品结束。在这一假设框架下，按照海关统计方法，进出口贸易额将忠实于两国之间商品的进出关记录，分别为 $a+b+e+f$ 和 $d+b+e$，因而贸易总额为 $a+d+2(b+e)+f$，贸易差额是 $d-(a+f)$。但如

果依据增加值贸易方法，用于加工贸易折返的中间产品价值将不再计入进出口贸易。以 b 为例，对国家 C 而言它并不是本国生产的，其增加值应归于 W，因而在增加值统计时应从最终产品出口额中减去，即 $d+b-b=d$；对国家 W 而言，这部分要素“去而复返”，并未在 C 国实现增加值，因而应在第一回合出口中予以剔除，即 $a+b-b=a$；同理可作为对 C 国中间折返要素 e 的解释，此时贸易进出口额分别是 $a+f$ 和 d，而相应的贸易额和差额分别为 $a+f+d$ 和 $d-(a+f)$。

表 3－7 列示了两种统计方法下 C 国外贸指标及其比较。

表 3－7　两种统计方法下 C 国外贸指标及其比较

类型	海关统计法	增加值贸易统计法	两种方法的差额
出口	$d+b+e$	d	$b+e$
进口	$a+b+e+f$	$a+f$	$b+e$
贸易总额	$a+d+2(b+e)+f$	$a+f+d$	$2(b+e)$
贸易差额	$d-(a+f)$	$d-(a+f)$	0

资料来源：陈继勇，余罡，葛明：基于增加值贸易视角的中国对外贸易统计研究——兼与海关统计方式比较分析［J］. 世界经济研究，2016（5）.

通过比较两种统计方法的结果发现：两国中间要素折返值之和 $(b+e)$ 同时增大了海关统计方式下的进口和出口额，从而双倍 $2(b+e)$ 增大了贸易总额，但对于贸易差额没有影响（差值为0）。即可以得出以下结论：相对于增加值贸易法，海关统计虽然不会改变一国与世界的贸易差额，但会以相同的绝对额夸大一国的进出口规模。根据这一逻辑框架，陈继勇等（2016）利用 WIOD 数据库核算得到：相对于 1995—2011 年的海关统计均值，增加值进口、出口和贸易总额的均值分别下降了 29.8%、23.8% 和 26.5%，表明海关统计确实高估了实际贸易状况，此外增加值贸易差额与海关统计额相等，说明两种统计方法的差异对贸易差额并不构成影响。

二、对显性比较优势的再核算

在考察某个行业或某种产品是否具有比较优势时，一个常用的测度指标是巴拉萨（Balassa，1965）建立的显性比较优势指标（Revealed comparative Advantage，RCA）。按照定义，RCA 为一个国家某种出口产品占其出口总值的比重与世界该产品占世界出口总值的比重二者之间的比率。

$$RCA_i = \frac{EX_i / EX_t}{EX_{wi} / EX_{wt}} \tag{3.10}$$

上式中，如果 RCA 大于 1，那么某国该产品具有显性比较优势，如果小于 1 则具有显性比较劣势。以往计算 RCA 使用关境或总值统计数据，同时包含了外国增加值（foreign value - added）与重复计算部分。在计算行业层面 RCA 时，也没有区分该行业出口增加值中包含的国内其他部门增加值以及该部门通过国内其他部门间接出口的增加值，这将造成测算结果偏离实际显性比价优势水平。为此，学者尝试将增加值贸易数据用于重新测算显性比较优势。

提默等（Timmer et al，2013）利用 WIOD 数据库测算了 1995 年以来欧盟 27 国的 RCA 指数，发现欧盟国家在机械和交通运输设备的生产中具备显性比较优势，并且这种优势随时间增加。在非耐用品和化学产品的分工生产中欧盟国家的显性比较优势出现下滑，其中化学产品的显性比较优势在金融危机后有所回升。就具体国家而言，1995 年至 2008 年间德国在交通运输产品和非电子类机械制造业产品上的显性比较优势持续扩大；法国、荷兰和爱尔兰、奥地利和瑞典、芬兰、意大利分别在交通运输产品、化学产品、非电子类机械产品、电子及非电子机械产品、非耐用品上具有显性比较优势。库普曼等（Koopman et al，2014）建立了增加值贸易的测算框架，利用各国增加值出口数据重新测算不同国家和行业的 RCA 指数，发现与使用总值贸易计算的 RCA 指数存在不同。例如，美国的铁制品由显性比较劣势产业变为显性比较优势产业；印度的地产和商业服务业则由显性比较优势产业转为显性比较劣势产业。

布雷克曼和马勒惠克（Brakman & Marrewijk，2015）利用 WIOD 数据分别使用总值贸易和增加值贸易数据测算了 1995—2011 年 40 个国家整体和行业层面的 RCA 指数，发现二者之间存在显著的差异。显然，使用增加值贸易测算的 RCA 指数是确认各国各行业比较优势更加准确的指标。

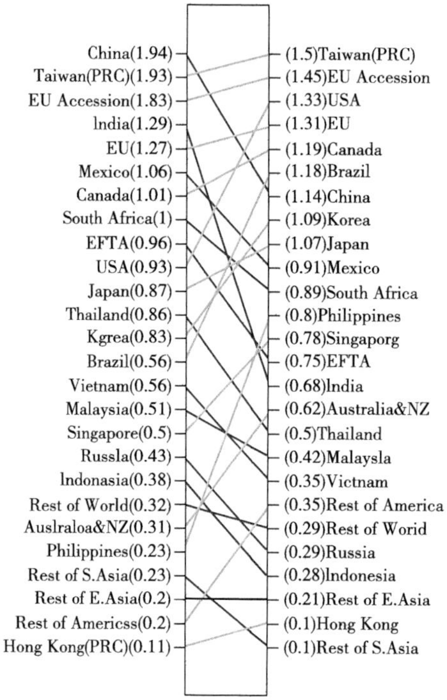

图 3-2[①]

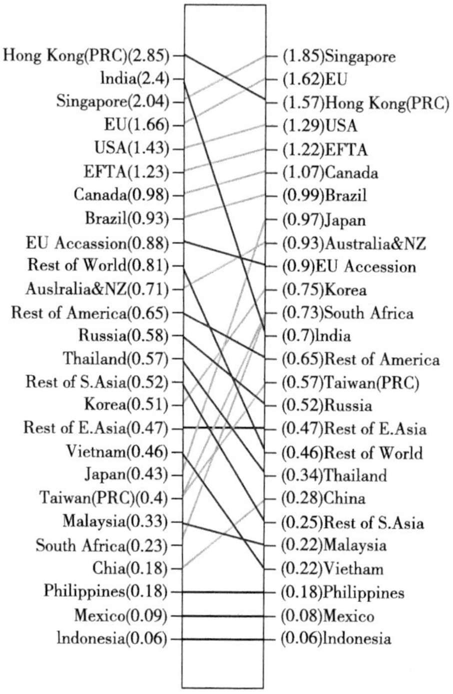

图 3-3[②]

针对我国的研究方面，郭晶和刘菲菲（2015）基于增加值贸易核算方法，测算了我国服务业的国内增加值，并对服务贸易的国际市场占有率指标（IMS）和显性比较优势指标（RCA）进行了修正。结果显示，传统的 IMS 指标和 RCA 指标低估了中国服务业整体的国际竞争力；中国服务业虽然在国际市场占有率上逐年上升，但仍然表现为极强的比较劣势，而且服务业直接出口的比较劣势有恶化的趋势；从细分行业来看，中国批发与零售、旅馆与饭店业具有较高的市场占有率和较强的比较劣势，而其他资本、知识密集型服

①② Koopman, Wang and Wei. Tracing Value-added and Double Counting in Gross Exports [J]. America Economic Review, 2014, 104 (2): 459 – 494.

务行业则表现出很低的市场占有率和极强的比较劣势。文东伟（2017）运用OECD－WTO投入产出数据库，通过考虑企业销售目的地和贸易方式的异质性估计了中国的增加值出口比率，并从增加值贸易角度讨论了我国显性比较优势的动态演变。研究发现：传统的总值贸易统计低估了中国劳动密集型和资本密集型行业的出口竞争力，高估了中国技术密集型行业的出口竞争力，导致明显的比较优势逆转问题。传统的总值贸易统计将中国制造业和技术密集型行业对美国的贸易顺差规模分别高估了60%和85%左右。

三、对全球价值链参与程度及分工地位的测算

一国在全球价值链中所处的相对地位应由其参与国际分工的深度和广度决定，这种地位集中地体现为对外贸易的获利能力（黄先海、杨高举，2010）。现有考察全球价值链分工地位的方法可大致分为两类：一类是基于出口产品构成或技术含量的视角研究全球价值链分工地位。例如，王和魏（Wang & Wei，2008）、唐海燕和张会清（2009）使用出口相似度指标衡量价值链位置，通过比较发展中国家与先进国家的出口结构来反映一国与全球价值链高端环节的相对距离。豪斯曼等（Hausmann et al，2007）建立出口复杂度指标测算我国出口产品中技术含量，邱斌等（2012）、刘维林等（2014）、蒲红霞（2015）利用该指标考察全球价值链嵌入对我国制造业行业国际分工地位的影响。另一类是基于出口增值能力和价值链嵌入位置的视角研究全球价值链分工地位。王孝松等（2014）、胡昭玲和张咏华（2015）使用出口增加值指标衡量我国在全球价值链上的分工地位。库普曼等（Koopman et al，2014）提出了一个增加值贸易的测算框架，在数量上实现了对总出口的完全分解。在这一框架下，库普曼等（Koopman et al，2010）进一步构建了反映一国在全球价值链上的参与程度与分工地位的指标：

$$GVC\_\ Participation_i = \frac{IV_i}{E_i} + \frac{FV_i}{E_i} \tag{3.11}$$

$$GVC\_\ Position_i = Ln\left(1 + \frac{IV_i}{E_i}\right) - Ln\left(1 + \frac{FV_i}{E_i}\right) \tag{3.12}$$

式中，IV_i代表i国总出口包含的间接国内附加值，即i国通过将中间品出口，经进口国加工再出口到第三国而实现的增加值出口；FV_i代表i国总出口中包含的国外附加值；E_i为以增加值核算的总出口。其中，$GVC\_\ Participation$ 指

标越大，表明一国参与全球价值链分工程度越高。*GVC_ Position* 指标的建立思路是：处于全球价值链上游的国家更多地为其他国家提供中间品，其间接增加值出口比率会高于国外增加值比率；反之，处于全球价值链下游的国家更多地使用进口中间品，其国外增加值比率会高于间接增加值比率。因此，*GVC* 分工地位指数越大表明一国在全球价值链上所处地位越高，指数越小则表明一国在全球价值链上所处地位越低。全球价值链分工地位指标的内涵在于，一方面从贸易对经济增长贡献的角度，刻画了出口部门对国内增加值贡献的差异，国际分工地位越高的出口部门，对经济增长的贡献越大，而国际分工地位越低的出口部门，对于经济增长的贡献越小。另一方面，从贸易增长的动力角度，较低的国际分工地位意味着，出口国的出口增长更多建立在中间产品进口的基础之上，属于外源性贸易增长模型，而较高的国际分工地位意味着，出口国的出口增长更多建立在国内生产能力基础之上，属于内生性贸易增长模型（黎峰，2015）。与出口相似度和出口复杂度指标相比，基于增加值视角的全球价值链分工地位指标同时考虑了一国作为中间品出口方和进口方在全球价值链上的相对重要性。同时，多个国家间投入产出数据库的建立为我们测算并比较不同国家的全球价值链分工地位提供了便利。

王岚（2014）测度了我国制造业各行业的国际分工地位，探讨了融入全球价值链分工对中国制造业国际分工地位的影响。研究发现我国制造业的国际分工地位经历了先下降后上升的轨迹。周升起等（2014），岑丽君（2015），黄灿、林桂军（2017）运用 WIOD 数据库和全球价值链分工地位指标测算了发展中国家的 *GVC* 分工地位水平，发现发展中国家在全球价值链中的分工地位总体上显著低于发达国家，*GVC* 分工地位指数排名靠前的发展中国家往往属于某些自然资源丰裕的国家，广大发展中国家仍然面临着实现国际分工地位提升的挑战。赵玉焕等（2019）测算了我国 2000—2014 年整体和分行业全球价值链参与程度、生产长度和所处位置等指标，指出我国整体行业后向参与度远高于前向参与度，两者均呈现“M”型演变趋势并于 2012 年之后下降；整体行业参与 *GVC* 分工的位置居于下游，呈“N”型变动趋势并在 2012 年后回升；制造业 *GVC* 参与度更深，而服务业 *GVC* 分工位置更高；高技术行业的 *GVC* 参与度和位置都高于中低技术行业，光电设备等高技术行业前向参与度有所提高。

四、对全球价值链上相对位置的测算

安特拉斯和左（Antras & Chor，2012）建立了一个核算某一产业在全球价值链上相对位置的工具称为产业上游度指标。他们以投入产出方法为基础，对美国426个行业的上游度进行了测算。根据他们的测算方法，一个行业在全球价值链上的位置可以用该行业与最终产品间的加权平均距离来衡量。

$$U_i = 1 \times \frac{F_i}{Y_i} + 2 \times \frac{\sum_{j=1}^{N} \widehat{\mu_{ij}} F_j}{Y_I} + 3 \times \frac{\sum_{j=1}^{N} \sum_{k=1}^{N} \widehat{\mu_{ik}} \widehat{\mu_{kj}} F_j}{Y_i} + 4 \times \frac{\sum_{j=1}^{N} \sum_{k=1}^{N} \sum_{l=1}^{N} \widehat{\mu_{il}} \widehat{\mu_{lk}} \widehat{\mu_{kj}} F_j}{Y_i} + \cdots \tag{3.13}$$

式中，$\widehat{\mu_{ij}}$代表生产1单位价值的j所需要用到的行业i的产出，F_j代表j行业产出中被用于最终消费的部分，Y_i代表行业i的总产出。3.13式中等号右边的每一项都对应着与最终消费品距离不等的全球价值链生产环节。其中，权重为每一项中的分数部分，代表行业i的产出中被用于对应位置上的比例，指数1、2、3等代表距离。加总后得到的U_i代表行业i的上游度，即行业i的产出与最终消费之间的加权平均距离。

安特拉斯等（Antras et al.，2012）也使用另外一种路径求解上游度水平，作者指出产业销往相对上游产业的产品越多，自身所处的位置就越接近上游。按照这一定义，产业i的上游度等于：

$$U_{1i} = 1 + \sum_{j=1}^{N} \frac{d_{ij} Y_j}{Y_i} U_{1j} \tag{3.14}$$

式中，d_{ij}代表1单位价值的产业j产品所需的产业i的产品价值。Y_i和Y_j分别代表i产业和j产业的总产出价值。$\frac{d_{ij} Y_j}{Y_i}$代表被产业j采购的产业i的产品价值占其总产出价值的比重。

王金亮（2014）利用上游度指标测算并比较了我国和欧美国家的产业上游度及制造业上游度，发现我国产业在全球价值链上的平均位置较低且较为分散，低端产业在价值链上的地位大大低于欧洲和美国。此外，我国制造业产业在全球价值链上的整体水平较低。鞠建东、余心玎（2014）基于我国的行业上游度指标和海关贸易数据，对我国在全球价值链中的贸易角色进行了定量分析，并考察了我国进、出口单位价值差异与行业上游度之间的关系。研究发现，我国在全球价值链上所处的位置、出口产品的种类均与发达国家相似，但我国出口的产品属于低值产品，且这一现象在价值链的下游体现得尤为明显。刘辉煌、吕雪丽（2018）在安特拉斯等（Antras et al.，2012）的研究基础上测算我国各行业的中间投入贡献上游度，进而构建一国行业平均上游度指标并与欧美日等国进行比较，研究发现我国制造业的中间投入贡献上游度及国内价值链质量低下，亟待转型升级。

第四节　本章小结

最近几十年间，国际生产分工越来越细化。这主要是由于信息、通信和技术（ICT）的发展使得生产过程在细分后的分散管理和协调成本大大降低了（鲍德温，Baldwin，2012）。这使得跨国公司可以将生产过程细分到不同的国家和地区，从而更加充分地利用全球范围各地成本优势从而降低产品的生产成本。在这种分工生产体系下，国际贸易中出现了大量的中间品和零部件贸易，特别是中间品和零部件的重复贸易。世界主要贸易机构（WTO、UNCTAD等）明确指出传统的官方数据已经不能反映全球经济贸易的真实情况。为了准确刻画全球价值链分工体系上的国际贸易情况，政府部门、学界和国际机构为此开展了大量研究。本章中，我们梳理了20世纪90年代以来相关核算方法的主要研究成果，对不同核算指标的动态演进进行了剖析，分析了核算方法间的区别与联系并总结了新的核算方法在分析贸易问题中的应用情况。可以看到，全球价值链视角下的国际贸易核算方法逐渐由一国转向多国多部门，由总值贸易核算转向对贸易增加值的分解。增加值贸易核算体系实现了对垂直专业化贸易前提假定的放松，并在总值贸易与增加值贸易统计方法间建立了联系。目前，增加值贸易核算体系的相关研究仍在进行中，研究在理论、实证乃至政策等方面均有待深入发掘。

在理论层面，对全球价值链视角下国际贸易核算方法还需要进一步完善，如研究建立适用于双边、行业乃至双边行业层面的增加值贸易核算方法等。这一方面需要方法上的创新，另一方面也有赖于相关数据库的建立和完善。例如提高中间品统计数据的精确性，改善关于进口品中间使用和最终消费分配比例的相关假定，更好地衔接国际与国内贸易统计指标，以及解决各国的贸易指标与国民经济指标在统计方法上的差异等等。王直、姚为群（2012）指出，未来的增加值贸易核算方法要以国民账户核算体系为基础，完善建立在国家以及部门层面上统一的统计体系框架，从而科学、合理地将出口总值分解为包括服务在内的每个生产环节上的增加值，在技术上要通过 BEC 分类与 HS 六位税号贸易数据对应，建立一个数据库可扩展的时间序列数据库，以便在在全球生产链基础上，应用里昂惕夫（Leontief）投入产出矩阵，建立一张全球跨国投入产出表。此外，目前关于全球价值链分工贸易的理论研究集中在以增加值贸易核算体系为代表的测算方面，对于全球价值链分工格局的形成基础与动因、贸易利得的传导机制等问题的理论研究仍然较少。

在实证层面，应当将企业乃至产品层面数据与增加值贸易核算方法有效结合，研究跨国公司在全球价值链上的获利情况。跨国公司作为全球价值链分工的主体，通过其全球布局将生产链在全球范围内进行布局。现有文献针对典型的全球价值链上产品在多个国家和地区分工生产的过程进行了案例分析，如有学者（Xing & Detert，2010）以苹果手机为例分析了贸易统计如何夸大了中美贸易逆差。利用新的核算方法考察跨国公司在全球价值链体系中的获利，以及参与分工生产的东道国的获利情况仍有待进一步的研究。目前，基于增加值核算方法，学者对全球价值链视角下的贸易统计、贸易平衡、显性比较优势等问题进行了再研究，而对于全球价值链分工格局下国际贸易的影响因素、利益分配、经济效应、与经济周期的关系等问题仍有待进一步检验。本书将在第四章、第五章和第六章中针对参与全球价值链分工对劳动力市场以及劳动力收入水平和收入分配问题进行详细的探讨。

在政策层面，在全球价值链视角下设计新的政策理念和措施来促进全球价值链贸易的深入发展。这需要研究构建一个合理的贸易政策体系和对政策评估的相关指标。此外，在区域经济一体化深入发展的背景下，如何在新的政策制定过程中基于全球价值链贸易开展区域、多边及双边谈判等问题也需要深入思考。

第四章　全球价值链视角下的国际贸易核算结论

第一节　国际贸易统计

一、全球贸易概况和度量

随着经济全球化的深入发展，垂直专业化分工和贸易在全球范围内广泛开展，将发达国家和大多数发展中国家纳入到国际分工生产体系中来。伴随这一国际分工特征出现的是全球范围内的中间品和零部件贸易大量开展，一种产品的生产过程被分散到不同的国家和地区，跨国公司取代了少数国家，逐步成为目前国际分工的主导力量。随着国际分工深入到产品工序层面，以及分工主体的日趋多元化，国际分工的特征和态势不断出现变化，这对国际分工格局和国际产业发展均产生了重要的影响。不同国家在全球价值链分工体系上处于不同的分工地位，在分工生产活动中获得的利益存在巨大的差异。以新加坡、韩国、中国香港等为代表的新兴经济体和地区首先参与到全球价值链分工体系中去，利用自身的比较优势，积极承接发达国家外包的生产阶段，在国际分工体系中的地位逐步提升，同时实现了自身产业结构由劳动密集型向资本和技术密集型转变和升级。与此同时，非洲和中亚等地区的许多发展中国家则错过了经济全球化带来的发展机遇，仍然从事着传统产品贸易，逐渐被全球价值链分工体系边缘化。在这一过程中，区域经济一体化的浪潮又促进了各国参与垂直专业化分工体系的步伐。在欧盟（EU）、北美自贸区（NAFTA）之外，大量的双边和多边贸易协定的签署进一步降低了分工贸易的成本。时至今日，全球价值链分工体系已经改变了国际贸易的本质，国际贸易由以产品贸易为主转向以任务贸易为主，这一发展态势对全球及不同国家和地区的贸易核算提出了挑战，学界和国际机构为此开展了大量的研究，力求能够准确刻画各国在全球价值链上的分工贸易与利得情况。

从总值贸易上看，全球贸易额自 2000 年以来取得了较高的增长速度。图 4 -1显示，全球进出口额由 1996 年的 54 360 亿美元增长到 2017 年的 180 240 亿美元，年均增速达 13.8%。从变化趋势上看，2008 年爆发的美国次贷危机演变为全球性的金融危机对全球贸易产生了显著的不利影响，全球贸易额在 2008 年至 2010 年间出现下降。近年来，全球贸易保护主义的抬头使得全球贸易增速于 2014 年以来再次放缓。

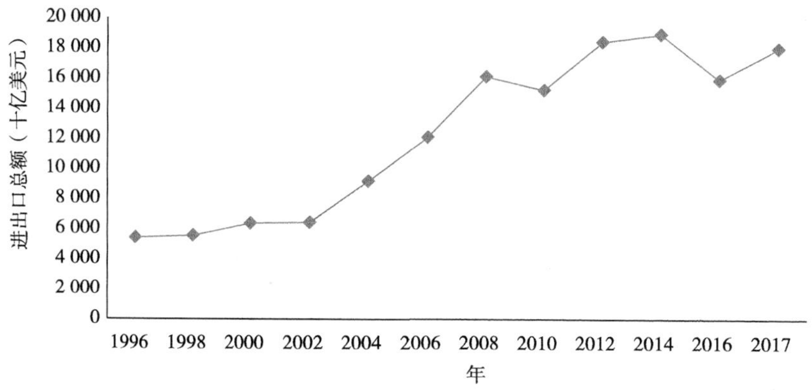

图 4 -1　1996—2017 年全球进出口总额

数据来源：UNCTAD 数据库.

从全球贸易的区域分布上看，1996 年到 2010 年期间，全球进口贸易金额最高的地区为欧洲，但其进口占全球总进口的比重在这段时间内呈波动中下降趋势，占比值由 1996 年的 43.9% 降至 2010 年的 38.7%。2010 年以来，亚洲和欧洲的进口总额十分接近。亚洲区域的进口额占全球总进口的比重在 1996 年至 2017 年间由 29% 上升为 37.8%，进口占比高于欧洲，也是所有地区中唯一进口占比随时间增加的地区。过去几十年间，亚洲经济体在全球贸易中扮演着越来越重要的角色，同时也表明欧洲和亚洲在国际市场上存在着此消彼长的关系。1996 年到 2000 年美洲的进口贸易逐年上升，2000 年以来则呈缓慢下降趋势，进口占比由 2000 年的 26.8% 下降至 2017 年的 21.4%。非洲和大洋洲的进口占比在过去 20 年中并未发生较大的变化（图 4 -2）。全球不同地区的出口情况显示，1996 年至 2010 年间全球最主要的出口地区为欧洲，其次为亚洲和美洲。2010 年起亚洲取代欧洲成为全球最大的出口地区，亚洲地区的出口占比在 2017 年达到 41.2%。鲍德温（Baldwin，2012）认为，参与全球价值链分工体系的经济体可以分为总部经济体（headquarter economies）和工厂经济体（factory economies）。总部经济体出口的产品中使用的进口中间投入较少，相比而言工厂经济体出口产品中则包含了大量的进口中间投入。经过长期的发展，世界范围内主要形成了三大工厂：北美、欧洲和亚洲。其中，美国是北美工厂中的总部经济体；德国是欧洲工厂中的总部经济体；日本则是亚洲工厂的总部经济体。参与垂直专业化分工的发展中国家基本都是工厂经济体。通过传统统计口径下的进出口核算可以看到，在进入 21 世纪以来，亚洲工厂在国际贸易中的重要性不断提升，已经成为全球最主要的分工生产网络（图 4－3）。

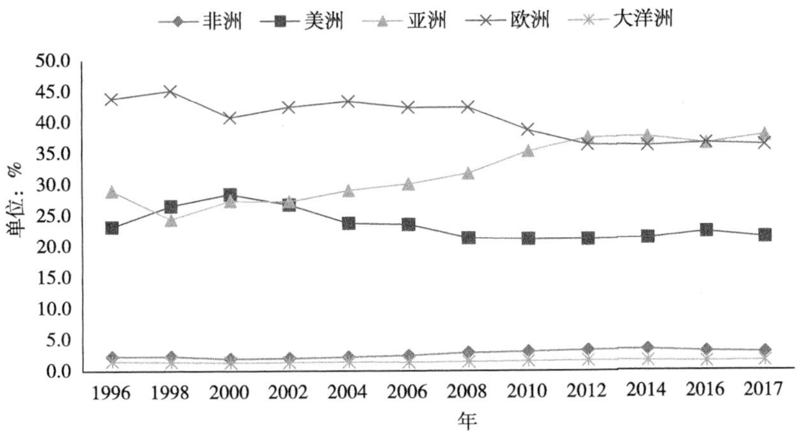

数据来源：UNCTAD 数据库.

图 4－2　全球主要区域进口占比

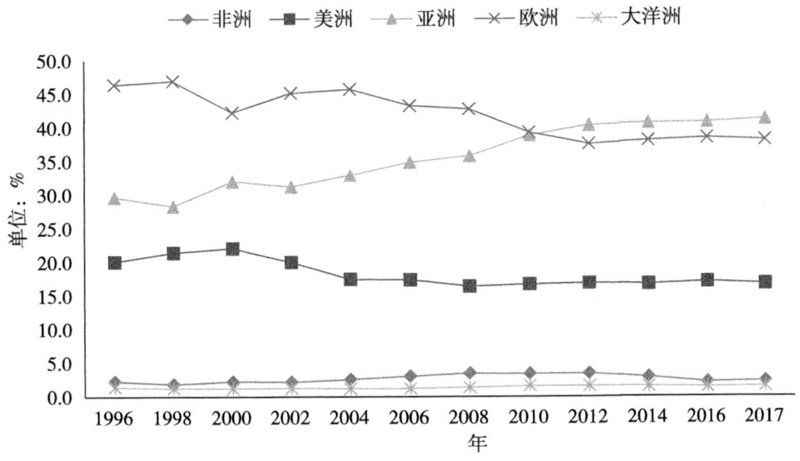

数据来源：UNCTAD 数据库.

图 4－3　1996—2017 年全球主要区域出口占比

从贸易的主要产品类别上看，表4－1显示全球农产品贸易额由2007年的9 640亿美元增加到2017年的16 100亿美元；制造业产品贸易额由2007年的84 310亿美元增加到2017年的115 570亿美元；能源类产品贸易额由2007年的23 420亿美元减至2017年的21 170亿美元。农产品、制造业产品和能源类产品的年均进出口增速分别为5.3%、3.2%和－1%。

从个体国家上看，表4－2显示了1996年和2017年全球进出口贸易额排名前20位的国家和地区及进出口额在总进口和总出口额中的占比情况。在全球225个国家和地区中，排名前20位的贸易经济体1996年出口和进口总额分别占全球出口和进口总额的81.4%和80.2%，这两项指标在2017年分别降为72.2%和72.1%。长期以来，全球对外贸易的分工生产高度集中在少数国家和地区，但集中程度随着时间呈现出下降趋势。从主要贸易经济体的地理分布上看，欧洲、亚洲和北美是开展全球贸易最主要的区域。其中，亚洲经济体在全球贸易中占据了越来越重要的地位。无论从进口还是出口数据来看，中国都是过去20年来贸易增长最快的国家。1996年，中国的进口和出口占比均排在十名以后，到2017年中国已经超越美国跃居全球第一大出口国和第二大进口国。与此同时，亚洲地区的中国台湾、印度和阿联酋等均经历了国际贸易的快速发展，目前已经成为世界范围内主要的贸易经济体。

表4－1　2007—2017年全球主要产品进出口额　　单位：十亿美元

年份	2007	2008	2009	2010	2011	2012	2013	2014	2015	2016	2017
农产品	964	1 160	1 373	1 199	1 375	1 680	1 671	1 747	1 781	1 594	1 610
制造业产品	8 431	9 722	10 638	8 519	10 166	11 703	11 764	12 157	12 536	11 682	11 557
能源类产品	2 342	2 725	3 612	2 330	3 077	4 134	4 188	4 151	3 844	2 474	2 117

数据来源：UNCTAD数据库。

表4－2　1996年和2017年全球主要国家进出口占比　　单位:%

1996年				2017年			
地区	出口	地区	进口	地区	出口	地区	进口
美国	12.5	美国	16.1	中国	12.6	美国	13.5
德国	10.5	德国	9.0	美国	8.7	中国	10.3
日本	8.2	日本	6.9	德国	8.4	德国	6.5

续表

1996 年				2017 年			
地区	出口	地区	进口	地区	出口	地区	进口
英国	5.7	法国	5.6	日本	4.0	英国	3.9
法国	5.1	英国	5.4	荷兰	3.6	日本	3.8
意大利	5.0	意大利	4.1	中国香港	3.2	法国	3.6
中国香港	4.0	加拿大	4.0	法国	3.1	中国香港	3.4
加拿大	3.6	中国香港	3.4	韩国	3.1	荷兰	3.1
荷兰	3.5	荷兰	3.2	意大利	2.9	加拿大	2.6
比利时	3.4	比利时	3.1	英国	2.6	韩国	2.5
韩国	3.0	中国	3.0	比利时	2.5	意大利	2.5
中国	2.6	韩国	2.7	加拿大	2.4	墨西哥	2.5
新加坡	2.5	新加坡	2.6	墨西哥	2.3	比利时	2.3
西班牙	2.0	西班牙	2.4	新加坡	2.1	印度	2.2
墨西哥	1.9	墨西哥	1.8	瑞士	1.9	西班牙	1.9
瑞士	1.8	俄罗斯	1.5	西班牙	1.8	新加坡	1.8
马来西亚	1.7	瑞典	1.5	俄罗斯	1.8	瑞士	1.7
泰国	1.6	瑞士	1.4	中国台湾	1.8	中国台湾	1.4
奥地利	1.6	马来西亚	1.3	阿联酋	1.7	阿联酋	1.4
瑞典	1.2	澳大利亚	1.3	印度	1.7	土耳其	1.2
总计	81.4	总计	80.2	总计	72.2	总计	72.1

数据来源：UN Comtrade 数据库.

表 4－3　2000—2014 年全球中间品出口额及出口占比

	2000	2002	2004	2006	2008	2010	2012	2014
中间品出额（十亿美元）	2 867	2 844	4 030	5 197	6 734	6 516	7 598	7 989
中间品出口占比（%）	52	50	51	52	53	53	65	65

数据来源：WTO International Trade Statistics.

最近几十年间，国际生产分工越来越细化。这主要是由于信息、通信和技术（ICT）的发展使得生产过程在细分后的分散管理和协调成本大大降低了

（鲍德温，Baldwin，2012）。在这一发展趋势下，跨国公司可以将生产过程细分到不同的国家和地区，从而更加充分地利用全球范围各地成本优势从而降低产品的生产成本。随着全球价值链分工体系的形成与深入发展，国际贸易中出现了大量的中间品和零部件贸易，特别是中间品和零部件的重复贸易。等世界主要贸易机构（WTO、UNCTAD）明确指出传统的官方数据已经不能反映全球经济贸易的真实情况。许多学者注意到使用中间品贸易数据在理论和实证上的重要意义，因此致力于对这一贸易现象的刻画提供方法。表4－3显示了2000年到2014年全球中间品出口额以及中间品出口额在全球非能源出口额中的占比情况。可以看到，中间品出口额在2000年以来逐年增长，由2000年的28 670亿美元上升至2014年的79 890亿美元。从中间品出口占比上看，全球中间品出口自2000年来始终占据全部非能源出口的一半以上。从趋势上看，2000年以来占比缓步上升，2009年受到经济危机影响降至51%，在2011年重新增加至55%，到2014年进一步增加至65%。

国际贸易统计初步反映了全球贸易的发展情况。全球价值链分工体系的不断完善促使总值统计口径下的全球进出口额在过去二十年以来实现了高速增长，这种增长在很大程度上由参与全球价值链分工的发达国家和新兴经济体完成，欧洲、亚洲特别是东南亚以及北美是当前最主要的三个区域生产网络。在这一发展态势下，以中间品和零部件贸易为代表的全球价值链视角下的国际贸易在总值贸易中占据了越来越大的比重。

二、对外开放进程中的中国国际贸易

（一）中国对外开放进程

中国通过参与国际分工生产网络，与世界各国进出口大量的产品，并通过这种贸易方式与不同国家和地区的生产产生关联效应。目前，中国在国际分工体系中扮演着较为重要的角色，在全球价值链上的分工地位逐步提升。然而，以生产垂直分工为主导的全球价值链的形成始于20世纪60年代，中国在1978年党的十一届三中全会上确定实施对外开放政策以后才开始逐步放开对进出口贸易的限制并参与国际分工生产活动。大体上，中国国际贸易的发展进程可以分为以下四个阶段：

1. 第一阶段（1978—1987年）。1978年党的十一届三中全会后，中国政府作出了实行改革开放的重大决策。中国政府开始打破国有企业垄断进出口贸易的局面，将国际贸易经营权下放到各省，提高地方政府和企业经营国际贸易的自主权和积极性。同时，为促进沿海地区的经贸发展，1979 年党中央、国务院决定批准建立深圳、珠海、汕头和厦门四个经济特区，并大力发展来料加工、来样加工和来件装配业务，在经济特区内对加工产品的进出口贸易实行免税优惠政策。这一阶段中国初步建立了关税和非关税壁垒体系，地方政府和企业开始积极参与国际贸易，加工贸易在沿海地区有了快速发展。

在这一阶段，中国对外开放的地区逐步由经济特区向沿海、沿江、沿边地区扩展，贸易自由化范围不断扩大，初步形成了从沿海到沿江再向内陆地区推进的开放格局，同时政府也实施了一系列鼓励外商投资的举措。1984 年中国开放了沿海港口城市，从北至南包括大连、秦皇岛、天津、烟台、青岛、连云港、南通、上海、宁波、温州、福州、广州、湛江和北海等 14 个大中港口城市；1985 年中国将长江三角洲、珠江三角洲和闽南三角区划为沿海经济开放区。在此期间，中国香港、中国台湾等地区以及东南亚国家的劳动密集型制造业由于本地生产成本的上升大量地转移至内地，直接促进了中国加工出口贸易的大幅提升。1986 年 7 月 10 日中国驻日内瓦代表团大使钱嘉乐代表中国政府正式提出申请，恢复中国在关贸总协定中的缔约方地位。

2. 第二阶段（1988—1992 年）。1988 年中国的经济发展战略重点从发展资本密集型企业的内向发展战略转向重点发展劳动力密集型的外向型发展战略。国务院发布了《关于加快和深化对外贸易体制改革若干问题的规定》。根据规定，中国开始推行外贸承包经营责任制，主要做法包括由地方政府以及全国性的外贸总公司向国家承包出口创汇，允许地方和外资企业按照规定留成外汇，同时允许自由使用并开放外汇调剂市场。1990 年国务院发布《关于进一步改革和完善对外贸易体制若干问题的决定》，进一步加大了企业自主开展国际贸易经营的自主性和灵活性，促进了国际贸易的发展。

1992 年邓小平同志南方谈话进一步推动了中国的对外开放进程。东部沿海省份先后涌现出一批出口创汇的重点企业。在这一时期中国对外开放的步伐逐步由沿海向沿江及内陆和沿边城市延伸。基本上形成了“经济特区—沿海开放城市—沿海经济开放区—沿江和内陆开放城市—沿边开放城市”的对外开放格局。1990 年上海浦东被设立为经济技术开发区，并实行经济特区相关政策。1991 年，开放丹东、满洲里、绥芬河、珲春等 4 个北部口岸，并相继在上海外高桥、天津港、深圳福田、沙头角等沿海重要港口设立保税区，积极实施相关政策，加快发展报税加工、报税仓储和转口贸易。1992 年，中国开放武汉、九江、芜湖、黄石、岳阳、重庆等 6 个沿江城市和三峡库区。同年，开放呼和浩特、长春、哈尔滨、石家庄等 4 个省会城市，同时开放黑河、满洲里、二连浩特、珲春、绥芬河、伊宁、塔城、博乐、瑞丽、畹町、河口、凭祥、兴东等 13 个沿边城市。鼓励沿边城市发展边境贸易，加强与周边国家的经贸合作。同年，开放郑州、太原、长沙、南昌、兰州、西宁、银川、西安、成都和贵阳等 11 个内陆省会城市。至此，中国基本形成了全方位的对外开放区域格局。

3. 第三阶段（1993—2001 年）。在国际贸易发展的第三阶段中，中国政府开始外汇体制改革，1994 年开始取消双轨汇率制，实行单一的以市场供求为基础的、有管理的人民币浮动汇率制度。同时，政府进一步加快外贸企业经济机制的完善，逐步按照“产权清晰、责权明确、政企分开、管理科学”的方针对国有进出口公司进行股份制改革试点，以进一步激励企业开展国际贸易。此外，政府完善了出口退税制以充分发挥出口退税在出口领域的促进作用，降低进口产品关税及非关税壁垒，并完善了对进出口贸易宏观管理的经济和法律手段，除了少数涉及国计民生的商品以外，国家不再对进出口企业下达计划性指令。随着中国开放程度的不断提高，中国的货物贸易特别是加工贸易额迅速增长。1995 年加工贸易出口额达到 737 亿美元，首次超越一般贸易出口额的 714 亿美元，加工贸易成为中国最主要的贸易方式。

这一阶段也是中国申请加入世界贸易组织后的关键时期。为了加快“入世”的步伐，中国逐步降低进口产品关税和非关税壁垒，推动国际贸易开放体制与国际接轨并完善贸易开放政策，为加入世界贸易组织做好了准备。在完成多轮入世谈判后，1999 年 11 月 15 日中美双方就中国加入世界贸易组织达成协议，意味着中国与美国就此正式结束双边谈判。2001 年 6 月，中国先后与美国和欧盟就中国“入世”问题达成全面共识。同年 7 月，世界贸易组织成员国就中国加入世界贸易组织问题达成一致。2001 年 12 月 11 日中国完成了长达十余年的“入世”谈判，正式加入了世界贸易组织。

4. 第四阶段（2002 年以后）。按照“入世”承诺，中国开始逐年降低或取消关税等贸易壁垒。2001 年中国的平均关税水平为 15.88%，到 2005 年降至 9.9%，2010 年进一步降至 9.8%，同时取消了多种产品的进口限额和配额许可证。2010 年中国履行完毕加入世界贸易组织的所有承诺。

“入世”以来，中国的国际贸易取得了巨大的成就。中国的国际贸易特别是出口贸易迅猛增长。2001 年，中国贸易总额首次突破 5 000 亿美元，2004 年突破 1 万亿美元，2016 年中国贸易总额达到 4.26 万亿美元。中国对外开放逐步由区域性向全方位转变，开放的领域也由货物贸易向服务贸易扩展；市场准入程度进一步提高，市场环境不断改善，相关法律法规日趋规范和完善。进入 21 世纪以来，中国作为亚洲地区的代表性发展中国家在全球价值链分工体系中的表现十分突出。在这一阶段，中国参与国际分工的特征表现为逐渐摆脱了简单的加工贸易，在贸易内容上开始出现既出口又进口大量的中间品。现阶段的中国开始成为亚洲地区乃至全球生产网络上重要的零部件供应商。

在这一阶段，中国外贸企业面对的国际形势也更为复杂多变。2008 年全球经济危机以来，主要发达国家市场复苏缓慢，进口需求长期乏力，同时贸易保护主义抬头，中国遭遇了更多的贸易摩擦，连续多年成为全球反倾销、反补贴调查的首要目标国。同时，随着东南亚、非洲等发展中国家融入国际分工和我国国内劳动力成本上升，中国在传统劳动密集型产业上的比价优势正在逐步丧失。2018 年美国对我国发起贸易战，特朗普政府先后以国家安全、技术转让和知识产权等为由对华贸易开展“232”“301”调查，前次调查以 2018 年初对钢铝产品征收 10%—25% 惩罚性关税告一段落，后次调查则自 2018 年 4 月起逐步升级：4 月 3 日美贸易代表办公室宣布根据“301”调查结果将对原产中国的 1 333 种进口商品加征 25% 关税，7 月 6 日开始正式实施，对价值 340 亿美元的中国商品加征 25% 关税，8 月 8 日对另额外价值 160 亿美元的中国商品加征 25% 关税。截至 2018 年 8 月底，美国已对来自中国的价值 500 亿美元进口商品加征 25% 关税，对额外价值 2 000 亿美元进口商品拟加征 10% 关税，征税范围恐将占全部中国对美出口价值的一半。美国作为中国的第一大出口国，两国间贸易战的爆发和持续势必对中国国际贸易的发展带来挑战。

（二）中国的自由贸易区战略

当前中国国际贸易领域实施的一项重要战略是自由贸易区战略。作为中国新一轮对外开放的重要内容，加快实施自由贸易区战略的最终目标是寻求地区和全球经济共享繁荣，不断增进人民福祉。中国在入世后与多个国家和地区签订了一系列自由贸易协定，为中国在全球价值链分工体系中的深入发展和贸易利益提升创造了有利条件。中国共产党第十七次全国代表大会上首次把自由贸易区建设上升为国家战略，党的十八大提出要加快实施自由贸易区战略，党的十八届三中全会提出要以周边为基础加快实施自由贸易区战略，形成面向全球的高标准自由贸易区网络。自此，中国的自贸区战略进入了快速发展的新阶段。

目前，中国已经签署自贸区协议并生效的自贸区（FTA）共15个，涉及23个国家和地区。其中，多边自由贸易区1个，即中国—东盟自贸区；中国与发达国家建立的双边自由贸易区6个，包括中国—新加坡自贸区、中国—瑞士自贸区、中国—冰岛自贸区、中国—新西兰自贸区和中国—澳大利亚自贸区；中国与发展中国家建立的双边自由贸易区5个，包括中国—巴基斯坦自贸区、中国—智利自贸区、中国—秘鲁自贸区、中国—哥斯达黎加自贸区和中国—马尔代夫自贸区；以及内地与香港和澳门更紧密经贸关系安排。此外，中国正在谈判中的自贸区8个，包括《区域全面经济伙伴关系协定》（RCEP）、中国—海合会自贸区、中日韩自贸区、中国—斯里兰卡自贸区、中国—以色列自贸区、中国—挪威自贸区、中国—毛里求斯自贸区、中国—摩尔多瓦自贸区等。中国正在研究的自贸区9个，包括中国—哥伦比亚自贸区、中国—斐济自贸区、中国—尼泊尔自贸区、中国—巴新自贸区、中国—加拿大自贸区、中国—孟加拉国自贸区、中国—蒙古自贸区、中国—巴拿马自贸区和中国—巴勒斯坦自贸区①。

中国也积极同“一带一路”沿线国家和地区建立自由贸易区。2013年中国国家主席习近平在出访中亚和东南亚国家期间首次提出了“一带一路”倡议。“一带一路”是“丝绸之路经济带”和“21世纪海上丝绸之路”的简称。根据这一宏伟倡议，中国将在陆地上依托国际大通道，以沿线中心城市为支撑，以重点经贸产业园区为合作平台，打造新亚欧大陆桥、中蒙俄、中国—中亚—西亚、中国—中南半岛等国际经济合作走廊，在海上以重点港口为节点，共同建设通畅安全高效的运输大通道。从国际上看，“一带一路”沿线涉及的国家和地区多达65个（表4-4）。在中国国内，丝绸之路经济带涵盖新疆、重庆、陕西、甘肃、宁夏、青海、内蒙古、黑龙江、吉林、辽宁、广西、云南、西藏等13个省（直辖市、自治区），21世纪海上丝绸之路涵盖上海、福建、广东、浙江、海南等5个省（直辖市），总计中国18个省级单位涵盖

① 关于中国自贸区建立情况的信息详见中国自由贸易区服务网（http：//fta. mofcom. gov. cn）。

其中。目前，中国已经倡议发起了亚洲基础设施投资银行和丝路基金，并启动中巴经济走廊建设。可以看到，中国正在逐步建立立足周边、辐射“一带一路”、面向全球的自由贸易区网络。伴随自贸易区战略和“一带一路”倡议的深入实施，中国将有越来越多的机会参与国际经贸规则的制定、争取全球经济治理制度性权力，这必将有助中国在新一轮的经济全球化进程中更好地维护和扩展自身的发展利益，不断向全球价值链的高端攀升，实现由贸易大国向贸易强国的转变。

表4-4 “一带一路”沿线国家和地区

区域	国家（地区）
东亚	新加坡、马来西亚、印度尼西亚、缅甸、泰国、老挝、柬埔寨、越南、文莱、菲律宾和蒙古
西亚	伊朗、伊拉克、土耳其、叙利亚、约旦、黎巴嫩、以色列、巴勒斯坦、沙特阿拉伯、也门、阿曼、阿联酋、卡塔尔、科威特、巴林、希腊、塞浦路斯和埃及的西奈半岛
南亚	印度、巴基斯坦、孟加拉国、阿富汗、斯里兰卡、马尔代夫、尼泊尔和不丹
中亚	哈萨克斯坦、乌兹别克斯坦、土库曼斯坦、塔吉克斯坦和吉尔吉斯斯坦
独联体	俄罗斯、乌克兰、白俄罗斯、格鲁吉亚、阿塞拜疆、亚美尼亚和摩尔多瓦
中东欧	波兰、立陶宛、爱沙尼亚、拉脱维亚、捷克、斯洛伐克、匈牙利、斯洛文尼亚、克罗地亚、波黑、黑山、塞尔维亚、阿尔巴尼亚、罗马尼亚、保加利亚和马其顿

（三）中国国际贸易度量

1. 中国国际贸易概况。作为全球最大的发展中国家和第一大货物贸易国①，中国在国际分工生产网络中扮演了重要的角色。20世纪80年代，中国开始通过加工贸易方式加入全球价值链。由表4-5可以看到，随着中国改革开放进程的逐步深入，中国货物贸易在20世纪80年代到90年代末逐步增长。1985年中国货物进出口总额52亿美元，其中出口总额274亿美元，贸易逆差148亿美元；1990年中国货物进出口总额增加至1 154亿美元，出口总额621亿美元，实现贸易顺差88亿美元；1998年货物进出口总额达到3 240亿美元，出口总额1 837亿美元，贸易顺差进一步扩大至434亿美元。2001年中

① 2013年中国首次超越美国成为全球第一大货物贸易大国，2016年中国贸易增速有所下降，美国重新成为全球第一大货物贸易国，中国排名第二位。根据UNCTAD最新的国际贸易数据，2017年中国进出口总额再次超越美国，再次成为全球第一大货物贸易国。

国加入世界贸易组织，此后中国的货物贸易特别是出口领域出现了飞跃式的发展。2001 年中国国际贸易进出口总额首次突破4 000 亿美元；2004 年突破1 万亿美元；2014 年中国货物进出口总额达到 4. 3 万亿美元，其中出口总额 2. 34 万亿美元，贸易顺差3 831 亿美元；2016 年货物贸易额有所回落，进出口和出口总额分别为4. 26 万亿美元和2. 3 万亿美元，贸易顺差3 328 亿美元；2017 年中国货物贸易回稳向好，全年进出口总额 4. 87 万亿美元，比 2016 年增长 14. 2%，扭转了此前连续两年下降的局面。其中出口 2. 55 万亿美元，增长 10. 8%，进出口差额 2 239 亿美元，贸易顺差进一步收窄。在当前阶段，中国参与国际分工生产的程度已经相当深入，为世界其他国家和地区提供大量产品，成为聚集着多条全球价值链的“世界工厂”。

与货物贸易迅猛发展和长期保持贸易顺差的情况相比，中国服务贸易在发展速度和水平上存在着较大的差距。1985 年中国服务贸易进出口总额 696 亿美元，在总值贸易额中占比仅为 7%；2016 年服务贸易进出口总额达到 8 142亿美元，在总值贸易中占比 19%。在主要发达国家，服务贸易在总值贸易中的占比均高于货物贸易，而中国服务贸易长期占比较低。这主要是由于中国服务业的国际竞争力较弱，服务贸易长期处于逆差状态。由表 4 – 6 可见，中国自 20 世纪 90 年代中期以来，服务贸易出口额始终低于进口额且服务贸易逆差呈逐年扩大的态势：1990 年中国服务贸易顺差 16 亿美元；2000 年服务贸易逆差58 亿美元；2010 年服务贸易逆差增加至220 亿美元；2016 年服务贸易逆差创下新高，达到2 246 亿美元。这主要是因为近年来中国服务业规模持续扩大，随着供给侧结构性改革的深入发展以及制造业转型升级，高端的生产性服务业需求增长很快。

表 4 – 5　1985—2017 年中国货物贸易进出口额　　单位：亿美元

年份	进出口总额	出口额	出进口差额
1985	696	274	– 148
1990	1 154	621	88
1992	1 655	849	43
1994	2 366	1 210	54
1996	2 899	1 511	123
1998	3 240	1 837	434

续表

年份	进出口总额	出口额	出进口差额
2000	4 743	2 492	241
2002	6 208	3 256	304
2004	11 546	5 933	320
2006	14 219	9 690	5 161
2008	25 633	14 307	2 981
2010	29 740	15 778	1 816
2012	38 671	20 487	2 303
2014	43 015	23 423	3 831
2016	42 628	22 978	3 328
2017	48 681	25 460	2 239

数据来源：UNcomtrade 数据库.

表 4 – 6　1985—2016 年中国服务贸易进出口额　　单位：亿美元

年份	进出口总额	出口额	出进口差额
1985	52	29	6
1990	98	57	16
1992	183	91	– 1
1994	322	164	6
1996	430	206	– 18
1998	504	239	– 26
2000	660	301	– 58
2002	855	394	– 67
2004	1 337	621	– 95
2006	1 917	914	– 89
2008	3 045	1 465	– 115
2010	3 624	1 702	– 220
2012	4 706	1 905	– 896
2014	6 043	2 222	– 1 599
2016	8 142	2 948	– 2 246

数据来源：UNCTAD 数据库.

过去几十年中国国际贸易的快速增长在全球范围内引起关注。中国与美国等国家和地区双边、多边的贸易不平衡使得中国不断受到贸易摩擦的困扰。从生产分工国际化的视角出发，我们发现按照传统统计口径得到的贸易数据掩盖了中国出口的实际价值。通过对全球价值链视角下的国际贸易进行测算，我们可以看到中国出口产品价值与出口产品附加值间存在着明显的差异。邢和德特尔特（Xing & Detert，2010）以苹果手机为例分析了贸易统计如何夸大了中美贸易逆差。由于苹果手机在中国组装并出口到美国，按照美国海关统计，属于中国出口到美国的产品。然而，中国组装的苹果手机使用的元件和设计都是从美国、日本等国进口的。一部苹果手机的批发价为 178.96 美元，来自中国的附加值仅占3.6%，即6.5 美元。2009 年，中国向美国出口的苹果手机价值 20.2 亿美元，然而按照中国出口的附加值计算，仅有 7 350 万美元。显然，尽管中国向世界其他国家和地区出口了大量的产品，实际获得的贸易利益并没有统计数据显示的那么多。

中国的主要贸易伙伴在过去二十年中发生了一些变化。1996 年，排名前 20 位的贸易伙伴的总出口和总进口在中国出口和进口总额中的占比分别为 86.9% 和 77.3%；2016 年，这两项指标分别降为 74.6% 和 64.8%。从出口目的地来看，1996 年出口占比超过 1% 的仅有中国香港、日本、美国等 13 个经济体，2016 年排名前 20 位的出口目的地出口占比均超过了 1%。这些变化显示了中国在深入经济全球化的过程中，与越来越多的国家和地区开展了国际分工生产与交换，贸易伙伴趋于多样化。虽然排名顺序有所变化，1996 年和 2016 年，美国、中国香港和日本都是中国排名前三位的出口目的地，韩国、日本和美国是排名前三位的进口来源地。从贸易伙伴的地理分布上看，亚洲和欧洲集中了中国绝大多数的主要贸易伙伴。在这两个地区之外，美国、加拿大和澳大利亚与中国的贸易联系也较为紧密。

表 4-7　1996 年和 2016 年中国与主要贸易伙伴进出口占比情况　　单位：%

1996 年				2016 年			
国家（地区）	出口	国家（地区）	进口	国家（地区）	出口	国家（地区）	进口
中国香港	21.8	日本	21.0	美国	18.4	韩国	10.0
日本	20.4	美国	11.6	中国香港	13.7	日本	9.2
美国	17.7	韩国	9.0	日本	6.2	美国	8.5

续表

1996 年				2016 年			
国家（地区）	出口	国家（地区）	进口	国家（地区）	出口	国家（地区）	进口
韩国	5.0	中国香港	5.6	韩国	4.5	德国	5.4
德国	3.9	德国	5.3	德国	3.1	澳大利亚	4.5
新加坡	2.5	俄罗斯	3.7	越南	2.9	马来西亚	3.1
荷兰	2.3	新加坡	2.6	印度	2.8	巴西	2.9
英国	2.1	澳大利亚	2.5	荷兰	2.7	瑞士	2.5
法国	1.3	意大利	2.3	英国	2.7	泰国	2.4
意大利	1.2	加拿大	1.9	新加坡	2.1	越南	2.3
俄罗斯	1.1	印度尼西亚	1.6	马来西亚	1.8	俄罗斯	2.0
澳大利亚	1.1	马来西亚	1.6	俄罗斯	1.8	新加坡	1.6
加拿大	1.1	法国	1.6	澳大利亚	1.8	沙特阿拉伯	1.5
印度尼西亚	0.9	泰国	1.4	泰国	1.8	法国	1.4
马来西亚	0.9	英国	1.4	墨西哥	1.5	南非	1.4
泰国	0.8	巴西	1.1	印度尼西亚	1.5	印度尼西亚	1.4
阿联酋	0.7	瑞典	1.0	沙特阿拉伯	1.4	英国	1.2
比利时	0.7	比利时	0.8	菲律宾	1.4	智利	1.2
菲律宾	0.7	瑞士	0.7	加拿大	1.3	加拿大	1.2
西班牙	0.7	荷兰	0.7	意大利	1.3	菲律宾	1.1
总计	86.9	总计	77.3	总计	74.6	总计	64.8

数据来源：UN Comtrade 数据库.

图 4－4 显示了 2017 年中国出口市场及出口占比情况。海关数据显示，美国作为中国的第一大出口国，中国对其出口占比增加至 19%。欧盟、港澳台地区和东亚也是中国主要的出口目的地，2017 年中国对三个区域的出口占比分别为 16.4%、14.4% 和 12.3%。值得注意的是，2018 年 7 月 6 日美国正式开始对 340 亿美元的中国产品加征 25% 的关税，开始迄今为止经济史上规模最大的贸易战，可能对中美经贸关系产生长远而深刻的影响。2017 年全年对美出口占我国总出口的 19%，对港澳台地区出口占我国总出口的 14.4%。若计入由港澳台转口的输美贸易额（粗略估计占我国总出口的 6%），美国市

场实际贡献了我国近1/4的出口外需。我国2017年全年总出口2.26万亿美元，对美实际出口5 600亿美元（含转口贸易），假设没有加征关税事件扰动，中国对美出口正常增长4%[①]，2018年全年将对美出口5 800亿美元，截至7月初加征关税前已累计出口2 800亿美元，下半年还剩3 000亿美元空间。若加征关税措施全部落地，按15%的加权税率计，美将对华征收450亿美元的关税，参照经验测算值中国出口价格弹性约为-1.16，这意味着出口将减少520亿美元。

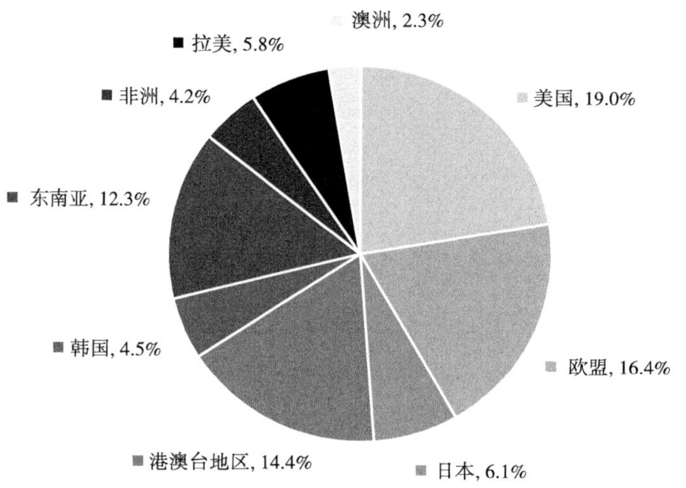

数据来源：万得数据库。

图4-4　2017年中国出口市场及出口占比

2. 中国国际贸易结构。我国最初主要通过加工贸易的形式切入国际分工生产。加工贸易的主要形式为进口中间品经加工后出口，是一种典型的垂直专业化贸易形态（卢峰，2004）。自20世纪90年代以来，中国加工贸易实现了巨大的发展。加工贸易出口额由1985年的33亿美元上升到2016年的7 112亿美元，增长了约216倍。同一时期，一般贸易出口额由237亿美元增长到9 880亿美元，增长了约47倍。加工贸易出口增速远超过一般贸易出口的增长

① 4%为过去5年的平均增长率。

速度。加工贸易出口的高速增长主要集中在1995—2005年这10年间。1995年开始，中国加工贸易出口额为737亿美元，一般贸易出口额为714亿美元，加工贸易出口额首次超过一般贸易出口额。此后，两者差距逐年拉大。2004年加工贸易出口达到3 280亿美元，一般贸易出口额为2 436亿美元，加工贸易出口比一般贸易出口高出844亿美元，在中国出口总额中占比达到55%。在加工贸易迅速发展的过程中，中国特别是加工贸易集中的东部沿海地区的能源、劳动力和土地等生产要素的大量消耗造成了资源日益稀缺，生产成本不断提高。在劳工成本、土地容量和环保标准等因素的影响之下，企业开始将生产从东部地区移往内陆省份甚至菲律宾、泰国等生产成本低廉的东南亚国家。另一方面，为实现优化出口商品结构、促进贸易平衡、推进加工贸易升级，实现外贸增长方式的转变和社会经济的可持续发展等目标，中国在2005—2007年间对出口政策作出了一系列重大调整，包括多次出台取消部分产品出口退税的政策；下调部分产品出口退税率用以限制“两高一资”产品出口；推出限制加工贸易发展的《加工贸易限制类目录》；对列入限制类的商品实行银行保证金台账实转管理等措施。调整的结果是中国自2005年开始出口快速增长势头回落，东部地区特别是加工贸易集中的省份出口受到实质性影响。2012年以来，一般贸易出口重新超越加工贸易出口额，两者之间的差距逐步拉大。2016年，一般贸易出口额11 231亿美元，加工贸易出口额7 112亿美元，分别占出口总额的66%和34%（图4－5）。

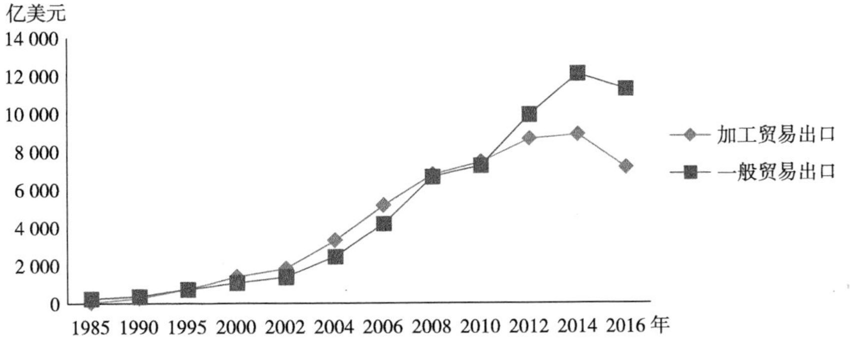

数据来源：国家统计局网站.

图4－5 1990—2016年中国一般与加工贸易出口情况

从进出口商品的结构来看，中国过去20年来进出口商品均以工业制品为主，初级产品为辅。其中，工业制品出口占总出口的比重由1996年的85.48%上升至2017年的94.99%，工业制品进口占总进口的比重由1996年的81.68%下降至2017年的72.22%。以上变化趋势主要是因为中国自20世纪90年代以来不断扩大对外开放程度，发挥自身比较优势发展劳动密集型工业，出口了越来越多的工业制品。与此同时，随着本国制造工业制成品国际竞争力不断提升，为了提供生产和居民生活所需的初级产品，中国进口产品中工业制品的比例逐步下降，初级产品的比例逐步上升。中国进出口额最高的工业制品是机械及运输设备，该商品出口占中国总出口比重由1996年的23.38%上升到2017年的46.92%，进口占总进口比重由1996年的39.45%增加至2017年的41.43%。出口额最高的初级产品为食品及活动物，出口占比由1996年的6.77%下降至2017年的2.91%。进口额最高的初级产品是非食用原料，进口占比由1996年的7.71%上升至2017年的12.76%，其次为矿物燃料、润滑油及有关原料，进口占比由1996年的4.95%上升至2017年的11.12%。

表4-8　中国主要进出口商品

商品类型	1996		2017	
	出口占比（%）	进口占比（%）	出口占比（%）	进口占比（%）
初级产品	14.52	18.32	5.01	27.78
食品及活动物	6.77	4.09	2.91	3.10
饮料及烟草	0.89	0.36	0.17	0.38
非食用原料	2.68	7.71	0.62	12.76
矿物燃料、润滑油及有关原料	3.93	4.95	1.28	11.12
动、植物油脂及蜡	0.25	1.22	0.03	0.42
工业制品	85.48	81.68	94.99	72.22
化学成品及有关产品	5.88	13.04	5.81	10.34
按原料分类的制成品	18.87	22.61	16.74	7.68
机械及运输设备	23.38	39.45	46.92	41.43
杂项制品	37.36	6.11	25.24	7.94
未分类的其他商品	0.01	0.47	0.27	4.84

数据来源：《中国统计年鉴》。

表 4 – 9　1997—2016 年中国出口商品结构

年份	初级产品出口占比	工业制成品出口占比	劳动力密集型出口占比	资本品出口占比
1997	0.131	0.869	0.660	0.340
1998	0.112	0.888	0.629	0.371
1999	0.102	0.898	0.604	0.396
2000	0.102	0.898	0.576	0.423
2001	0.099	0.901	0.546	0.452
2002	0.088	0.912	0.519	0.479
2003	0.079	0.921	0.484	0.514
2004	0.068	0.932	0.465	0.533
2005	0.064	0.936	0.453	0.544
2006	0.055	0.945	0.451	0.547
2007	0.050	0.947	0.447	0.551
2008	0.054	0.946	0.442	0.556
2009	0.053	0.947	0.426	0.573
2010	0.052	0.948	0.419	0.580
2011	0.053	0.947	0.433	0.565
2012	0.049	0.951	0.446	0.553
2013	0.049	0.951	0.448	0.551
2014	0.048	0.952	0.459	0.540
2015	0.046	0.954	0.451	0.548
2016	0.050	0.950	0.442	0.555

数据来源：国家统计局网站.

中国东部沿海省份凭借较为发达的经济基础及地理优势等因素，长期在中国进出口中占据主要份额。由表 4 – 10 可见，2000 年至 2005 年间，东部地区出口占全国出口比重由 92.1% 逐步上升至 92.7%，自 2006 年以来占比水平在波动中下降，2017 年东部地区出口占全国出口总额的比重降至 85.2%。相反，中西部地区的出口贸易占比在 2005 年前表现为下降趋势，自 2006 年起表现为波动中上升，到 2017 年占比达到 14.8%（中部占比 8.6%，西部占比 6.2%）。中部和西部地区出口的“逆势”而上，逐步改变着中国的国际贸易格局。中国东部沿海地区自20世纪90年代以来大量吸引外商企业投资建厂，承接国际制造业产业链的转移，加工贸易出口成为主要出口方式。在这一过程中，东部地区的能源、劳动力和土地等生产要素的大量消耗造成了东部地区资源日益稀缺，生产成本不断提高。在劳工成本、土地容量和环保标准等因素的影响之下，企业开始将生产从东部地区转出。与此同时，为实现优化出口商品结构、促进贸易平衡、推进加工贸易升级，实现外贸增长方式的转变和社会经济的可持续发展等目标，中国在2005—2007年间对出口政策作出了一系列重大调整，包括多次出台取消部分产品出口退税的政策；下调部分产品出口退税率用以限制“两高一资”产品出口；推出限制加工贸易发展的《加工贸易限制类目录》；对列入限制类的商品实行银行保证金台账实转管理等措施。调整的结果是我国自2005年开始出口快速增长势头回落，东部地区特别是加工贸易集中的省份出口受到实质性影响，而限制目录对中西部地区实施区别对待，为出口产业向中西部地区的梯度转移提供了机会。因此，在成本和政策因素的双重驱动下，东部地区出口企业开始逐步将生产转向内陆地区，显著带动了中西部地区出口的迅速增长。随着区域贸易格局的进一步变化，中西部地区将在未来中国对外贸易领域扮演更加重要的角色。此外，人民币汇率的不断升值对于以一般贸易出口为主的内陆地区而言反而有价格增加因素，且内陆要素成本也有较大回旋空间消化（裴长洪，2009）。

以下从具体省份来看1997年和2017年中国各省份的进出口额及占比情况。进出口额1997年位于全国前五位的省份（含自治区、直辖市，下同）分别是广东、北京、上海、江苏和福建。这五个省份的进出口额占全国进出口总额的比重高达71.4%，其中出口额占比67.6%，进口额占比76.2%。其中又以广东省在中国对外贸易中的地位最为突出，其进出口贸易额占全国进出口总额的比重将近40%。贵州、甘肃、宁夏、西藏和青海为进出口贸易额最少的五个省份，五省进出口总额占全国进出口总额的比重仅为0.5%，其中出口占比0.6%，进口占比0.4%。2017年广东、江苏、上海、浙江、北京的进出口额位列全国前五位。五省市进出口总额占全国进出口总额的67.6%，出口总额占全国总出口额的67.4%，进口总额占全国总进口额的67.8%。其中，广东省的出口额达到6 228.7亿美元，占全国总出口额的27.5%；进口额达到3 838.1亿元，占全国进口总额的20.8%，进出口占比较该省1997年水平大幅下降，但仍是唯一进出口额占全国进出口额比重超过20%的省级单位。西部地区的贵州、宁夏、甘肃、西藏和青海的进出口额排名靠后，五省份2017年贸易额占全国贸易总额的比重还不足0.5%；同样位于西部地区的重庆和四川的贸易额占全国进出口总额的比重3.2%，1997年这两个省级单位的进出口额占全国的比重仅为1%。可见，中国国际贸易的发展在不同地区间存在很大差距，表现为进出口贸易以东部为主，中西部地区的外贸份额较小；在同一区域内，国际贸易的分布也是相当不均衡的，进出口贸易集中在少数几个省级单位。

表4-10 2000—2017年中国三大区域①出口占比情况 单位:%

年份	2000	2001	2002	2003	2004	2005	2006	2007	2008
东部	91.6	92.1	92.3	92.3	92.5	92.7	92.3	91.6	90.4
中部	5.4	5.2	4.8	4.8	4.6	4.6	4.8	5.2	5.9
西部	3.0	2.7	2.9	3.0	2.9	2.8	2.9	3.2	3.7
年份	2009	2010	2011	2012	2013	2014	2015	2016	2017
东部	91.8	90.7	89.7	86.6	86.6	85.2	86.2	87.2	85.2
中部	4.8	5.5	5.6	7.1	6.5	7.0	7.0	7.0	8.6
西部	3.4	3.8	4.7	6.3	6.9	7.8	6.8	5.8	6.2

数据来源：历年《中国统计年鉴》。

表4-11 1997年中国省级单位进出口额及占比 单位：万美元

	进出口总额	占比	出口总额	占比	进口总额	占比
广东	13 004 734	0.399 9	7 453 952	0.407 8	5 550 782	0.389 9
北京	3 038 852	0.093 5	961 103	0.052 6	2 077 749	0.145 9
上海	2 979 998	0.091 6	1 506 897	0.082 4	1 473 101	0.103 5
江苏	2 362 899	0.072 7	1 409 624	0.077 1	953 275	0.067 0
福建	1 818 909	0.055 9	1 026 480	0.056 2	792 429	0.055 7
山东	1 764 399	0.054 3	1 096 569	0.060 0	667 830	0.046 9
辽宁	1 490 552	0.045 8	915 645	0.050 1	574 907	0.040 4

① 按照国家统计局的划分标准，东部地区包括辽宁、北京、天津、河北、山东、江苏、上海、浙江、广东、福建、广西和海南等12个省份；中部地区包括内蒙古、吉林、黑龙江、山西、河南、江西、湖南、湖北和安徽等9个省份；西部地区包括四川、重庆、云南、贵州、陕西、甘肃、宁夏、新疆、青海和西藏等10个省份。

续表

	进出口总额	占比	出口总额	占比	进口总额	占比
浙江	1 424 222	0. 043 8	1 008 533	0. 055 2	415 689	0. 029 2
天津	1 033 137	0. 031 8	524 387	0. 028 7	508 750	0. 035 7
河北	410 328	0. 012 6	323 902	0. 017 7	86 426	0. 006 1
湖北	320 471	0. 009 9	192 075	0. 010 5	128 396	0. 009 0
广西	286 631	0. 008 8	227 924	0. 012 5	58 707	0. 004 1
黑龙江	246 456	0. 007 6	130 872	0. 007 2	115 584	0. 008 1
安徽	237 752	0. 007 3	154 783	0. 008 5	82 969	0. 005 8
海南	192 684	0. 005 9	79 901	0. 004 4	112 783	0. 007 9
湖南	189 342	0. 005 8	144 697	0. 007 9	44 645	0. 003 1
河南	189 107	0. 005 8	128 071	0. 007 0	61 036	0. 004 3
吉林	185 359	0. 005 7	93 233	0. 005 1	92 126	0. 006 5
四川	182 301	0. 005 6	127 529	0. 007 0	54 772	0. 003 8
陕西	173 109	0. 005 3	122 814	0. 006 7	50 295	0. 003 5
云南	167 893	0. 005 2	113 511	0. 006 2	54 382	0. 003 8
重庆	166 310	0. 005 1	75 562	0. 004 1	90 748	0. 006 4
山西	134 062	0. 004 1	112 812	0. 006 2	21 250	0. 001 5
江西	133 239	0. 004 1	111 394	0. 006 1	21 845	0. 001 5
新疆	112 366	0. 003 5	56 978	0. 003 1	55 388	0. 003 9
内蒙古	107 301	0. 003 3	65 540	0. 003 6	41 761	0. 002 9
贵州	62 924	0. 001 9	44 421	0. 002 4	18 503	0. 001 3
甘肃	47 844	0. 001 5	35 940	0. 002 0	11 904	0. 000 8
宁夏	22 603	0. 000 7	18 616	0. 001 0	3 987	0. 000 3
西藏	17 558	0. 000 5	3 742	0. 000 2	13 816	0. 001 0
青海	12 860	0. 000 4	11 659	0. 000 6	1 201	0. 000 1

数据来源：《1998 年中国统计年鉴》.

表 4－12　2017 年中国省级单位进出口额及占比　　单位：万美元

	进出口额	占比	出口额	占比	进口额	占比
广东	100 668 000	0. 245 1	62 287 000	0. 275 2	38 381 000	0. 208 2
江苏	59 078 000	0. 143 8	36 303 000	0. 160 4	22 775 000	0. 123 5

续表

	进出口额	占比	出口额	占比	进口额	占比
上海	47 619 000	0.115 9	19 364 000	0.085 6	28 255 000	0.153 2
浙江	37 790 000	0.092 0	28 679 000	0.126 7	9 111 000	0.049 4
北京	32 402 000	0.078 9	5 857 000	0.025 9	26 545 000	0.144 0
山东	26 455 000	0.064 4	14 704 000	0.065 0	11 751 000	0.063 7
福建	17 102 000	0.041 6	10 492 000	0.046 4	6 610 000	0.035 9
天津	11 292 000	0.027 5	4 356 000	0.019 2	6 936 000	0.037 6
辽宁	9 960 000	0.024 3	4 487 000	0.019 8	5 473 000	0.029 7
河南	7 763 000	0.018 9	4 703 000	0.020 8	3 060 000	0.016 6
四川	6 810 000	0.016 6	3 755 000	0.016 6	3 055 000	0.016 6
重庆	6 661 000	0.016 2	4 260 000	0.018 8	2 401 000	0.013 0
广西	5 788 000	0.014 1	2 809 000	0.012 4	2 979 000	0.016 2
安徽	5 403 000	0.013 2	3 060 000	0.013 5	2 343 000	0.012 7
河北	4 986 000	0.012 1	3 136 000	0.013 9	1 850 000	0.010 0
湖北	4 634 000	0.011 3	3 049 000	0.013 5	1 585 000	0.008 6
江西	4 434 000	0.010 8	3 249 000	0.014 4	1 185 000	0.006 4
陕西	4 020 000	0.009 8	2 454 000	0.010 8	1 566 000	0.008 5
湖南	3 603 000	0.008 8	2 317 000	0.010 2	1 286 000	0.007 0
云南	2 345 000	0.005 7	1 147 000	0.005 1	1 198 000	0.006 5
新疆	2 057 000	0.005 0	1 763 000	0.007 8	294 000	0.001 6
黑龙江	1 895 000	0.004 6	521 000	0.002 3	1 374 000	0.007 5
吉林	1 854 000	0.004 5	442 000	0.002 0	1 412 000	0.007 7
山西	1 719 000	0.004 2	1 020 000	0.004 5	699 000	0.003 8
内蒙古	1 388 000	0.003 4	488 000	0.002 2	900 000	0.004 9
海南	1 038 000	0.002 5	437 000	0.001 9	601 000	0.003 3
贵州	816 000	0.002 0	579 000	0.002 6	237 000	0.001 3
宁夏	504 000	0.001 2	365 000	0.001 6	139 000	0.000 8
甘肃	483 000	0.001 2	171 000	0.000 8	312 000	0.001 7
西藏	86 000	0.000 2	43 000	0.000 2	43 000	0.000 2
青海	65 000	0.000 2	42 000	0.000 2	23 000	0.000 1

数据来源：《2018 年中国统计年鉴》.

第二节 主要国家参与全球价值链分工的核算结论

一、全球价值链分工体系的发展与国际分工格局变化

在全球价值链分工模式下，各个经济体专业化于产品生产的某一个或几个特定环节，使得最终产品在完成之前，存在中间产品的多次跨境流动，而最终产品的生产涉及的价值增值环节越多，涉及的中间品跨境流动的频率也越高，统计意义上的全球贸易额和贸易增速也就越高。因此，全球价值链的深入发展将使得全球贸易总量不断提高。对于参与价值链分工的经济体而言，其贸易增量与其参与全球价值链分工的程度和嵌入价值链的位置密切相关。通常而言，一国融入全球价值链分工体系中越低端的位置，由此表现出来的出口贸易增长效应就越明显；反之，一国融入全球价值链分工体系中越高端的位置，那么由此表现出来的出口贸易增长效应也就相对较弱。当然，其内在的理论逻辑其实很简单，因为越是价值链下游的生产环节和阶段，其生产阶段的完成及其出口，所内含的进口中间环节和阶段也就越多，从而在统计意义层面上的“出口”规模也就越大（戴翔，2016）。伴随着全球价值链分工模式的发展和深化，国际贸易的本质发生了变化。根据经济学原理，国际贸易是指商品和服务跨越国境的交易，其本质是国内分工的国际化。在传统的国际贸易统计口径下，国际贸易的目的是为了实现“最终产品”价值而进行的国际分工和产品跨境流动。然而，在全球价值链分工体系下，贸易的本质演变成为为完成最终产品的生产而进行的中间品、零部件等的跨境流动现象，国际贸易的目的是为了完成全球价值链上的下一阶段的生产。因此，在新的国际分工模式下，国际贸易由生产和消费环节的纽带逐步演变为确保产品全球分工生产而产生的跨国流动。

20 世纪 60 年代以来，全球分工和贸易形势发生了深刻的变化，主要表现为产品的价值增值环节被不断细化分解，并按照不同生产环节的要素禀赋要求被分散到具有不同要素禀赋优势的国家和地区中。这使得不同国家间的专业化分工生产更多地体现在全球价值链分工体系上的某一个或几个特别环节上。这一分工模式的形成和发展给全球贸易带来了深刻的影响。到目前为止，全球价值链分工体系仍在不断的演进和发展中，其形成、演进和深入发展主

要经历过以下几个阶段：

1. 第一阶段（1960—1979 年）。全球价值链分工生产体系最初兴起于发达国家。20 世纪 60 年代，美国等发达国家间已经开始了垂直专业化分工。例如，早在 1965 年，美国和加拿大就签署了"加—美汽车产品贸易协议（The Canada-United States Automobile Products Trade Agreement）"，又称"美加汽车同盟（Auto-pact）"，协议规定对"原始设备部件"（original equipment parts）实行自由贸易。与此同时，随着海外国家生产成本的降低，以及部分零部件生产技术的标准化，美国政府也开始将部分零部件产品的生产转向低成本的国家。最初，美国企业向拉丁美洲的墨西哥等国家展开外包，但由于投资环境差，后选择了亚洲。20 世纪 60 年代中期，美国开始在新加坡投资建厂，比较有代表性的包括两家美国半导体公司（National Semiconductors 和 Texas Instruments）。这也成为亚洲垂直专业化生产网络的起点。然而，这一阶段中国经历了长达十年的"文革"，失去了加入这一进程的机会。

到 20 世纪 70 年代末，随着新加坡的劳动力成本逐渐升高，在新加坡的跨国公司开始逐步向成本更低的亚洲其他国家转移生产能力，包括马来西亚、菲律宾、泰国等国。新加坡开始升级为区域的元件设计和服务中心，一些跨国公司也和当地融合，转变成新加坡的公司（阿思克拉和山下，Athukorala & Yamashita，2006）。与此同时，日本的汽车行业也开始向东南亚国家投资。

2. 第二阶段（1980—1999 年）。随着冷战的结束，国际政治格局发生了巨大的变化，越来越多的国家都开始把注意力集中到经济发展和综合国力的提升上，经济全球化程度进一步提高。与此同时，以信息通讯技术和互联网技术为核心的新一轮科学技术革命使世界市场的各个组成部分的时间距离和空间距离都相对缩短，为全球性的贸易、投资和金融业务的开展提供了最为便捷的手段，从而使经济全球化发展到了一个崭新的阶段和前所未有的高度。20 世纪 80 年代中期及以后，亚洲地区经济体在全球价值链生产网络中的地位逐步上升，世界范围内的跨国公司纷纷来到亚洲投资设厂。继日本、新加坡、马来西亚和印度尼西亚等国之后，中国、韩国、泰国等国纷纷加入亚洲生产网络，亚洲生产网络首先在东亚地区形成（安多，Ando，2006）。中国在这一阶段开始实施对内改革和对外开放，通过加工贸易方式逐步加入亚洲价值链分工体系。

20 世纪 80 年代发展中国家使用零部件主要的来源地是发达国家。进入

20世纪90年代后，新兴经济体之间的零部件贸易有了快速发展。在亚洲地区，“亚洲工厂”在这一时期开始形成（林桂军等，2014）。东亚地区在这一时期形成了密集的垂直专业化生产网络，包括中国在内的东亚主要经济体的零部件贸易在总体贸易增长中的重要性远高于世界平均水平以及其他主要地区的水平；同时东亚国家间开展的零部件贸易占比远高于东亚各国与世界其他地区间零部件贸易的占比（阿思克拉和山下，Athukorala & Yamashita，2006）。垂直专业化贸易在东亚的形成主要是因为东亚国家与地区间经济发展水平的差异以及要素间存在异质性。

3. 第三阶段（2000年至今）。进入21世纪以来，全球贸易经历了高速发展。1950年至1970年间全球出口贸易的年均增长率约为7.5%，1970年至1990年间的年均增长率约为11.5%，2000年到2016年的年均增长率达到了13.9%。全球贸易的高速发展与全球价值链的分工演进具有高度的一致性，越来越多的国家和地区参与到全球价值链分工体系之中，中间品和零部件贸易在全球贸易中所占的比重不断提升。2008年爆发的全球金融危机在一定程度上阻碍了全球价值链分工体系的深入发展。金融危机以来，发达经济体的经济复苏乏力，全球贸易在2009年以来进入低速增长通道。同时，在新一轮科技革命推动下，产业创新速度加快，由此推动了全球价值链的结构性变化。这主要表现在：在信息化网络化条件下，全球价值链由封闭转向开放；全球价值链中欧美国家跨国公司的主导地位逐步被打破，在一些产业领域，其占据的附加值较高的两端地位正在被发展中国家的企业占领；在开放式创新的推动下，各国在全球价值链上的固化状态已经被打破，发展中国家进行梯度性转移和攀升成为常态（洪银兴，2016）。在这一背景下，许多发达国家提出了再工业化战略，力图以先进制造业为核心，抢占战略新兴产业的制高点，目的是在新技术、新产业上建立新的竞争优势，并在接下来的全球价值链分工体系构建中占据有利地位。对于发展中国家和新兴经济体而言，尽管加入全球价值链分工体系的时间较发达国家晚，但2000年以来特别是国际金融危机以后，发展中国家在全球价值链分工体系中扮演了越来越重要的角色，一些国家和地区逐步在全球价值链中实现产业升级和技术赶超。

二、主要国家参与全球价值链分工的测度结论

（一）基于增加值核算方法的测度

根据本书第三章中介绍的增加值贸易核算方法（KPWW方法），利用世

界投入产出数据库（WIOD）提供的2011年世界投入产出表（WIOT），可将一个经济体的总出口分解成以下9个部分：①最终品出口增加值；②中间品出口增加值；③通过进口国出口到第三国的中间品出口增加值；④最终品中出口复进口的中间品增加值；⑤中间品中出口复进口的中间品增加值；⑥重复计算的出口中间品增加值；⑦出口中的外国最终品增加值；⑧出口中的外国中间品增加值；⑨重复计算的进口中间品增加值。表4－13中显示了这9个部分占一国总出口的比例，以考察一国总出口中不同项目所占的比例情况。表4－14在一国总出口完全分解的基础上，通过对总出口9个组成部分的线性组合计算得到了不同的增加值贸易指标。

其中，最终品出口增加值、中间品出口增加值和通过进口国出口到第三国的中间品出口增加值的和为一国的国内增加总值（DVA）；出口中的外国最终品增加值、出口中的外国中间品增加值和重复计算的进口中间品增加值的和为一国的外国增加值（FVA）。可以看到，所有考察经济体出口贸易中的国内增加值占比的平均水平为68.8%，外国增加值占比的平均水平为30.3%。发展中国家的国内增加值占比总体低于发达经济体。美国、日本、英国、加拿大和中国等国家的国内出口增加值显著高于世界平均水平，表明这些经济体参与全球价值链分工生产的程度较高，是全球价值链上生产的中间品或最终品的主要出口来源地。BRIIAT国家总出口中的国内增加值占比普遍高于世界平均水平，这主要是因为自然资源丰裕度对一国制造业在全球价值链中分工地位的高低有着重要影响（周升起等，2014；黄灿、林桂军，2017）；巴西、俄罗斯、印度尼西亚、印度和澳大利亚等经济体均为某些自然资源丰裕的国家，各国作为自然资源类中间品的出口国获得了较高的国内增加值。多数国家出口增加值中的中间品出口增加值占比高于最终品出口增加值占比，但中国、印度等少数几个国家出口的最终品增加值占比高于中间品增加值。这主要是因为一方面中印作为人口大国，具有广阔的国内市场，许多全球价值链上的产品将产品的最终生产环节放在中国和印度这样的国家，从而更加接近消费人口；另一方面，作为发展中国家和新兴经济体，中国和印度与发达国家的技术水平仍然存在不小的差距，同时两国具备大量的中等技能劳动力，这使得两国参与全球价值链分工生产的模式表现为：从发达国家进口高技术的核心零部件并在本国完成最终品的生产，再出口到世界其他国家和地区。因此，两国出口中的中间品增加值占比要低于最终品增加值占比。

表 4－13　世界主要国家（地区）总出口分解　　单位:%

出口分解	①	②	③	④	⑤	⑥	⑦	⑧	⑨
欧盟地区									
奥地利	20.47	35.53	9.15	0.22	0.15	0.23	11.09	12.32	10.83
比利时	17.15	28.70	7.44	0.23	0.16	0.36	15.72	15.98	14.26
保加利亚	22.51	35.09	7.60	0.04	0.03	0.03	12.35	13.63	8.72
塞浦路斯	29.13	38.14	5.49	0.02	0.01	0.00	10.41	11.34	5.47
捷克	19.18	25.44	8.27	0.16	0.16	0.32	18.54	14.00	13.92
德国	28.12	33.63	7.63	1.24	0.82	1.30	11.19	8.98	7.09
丹麦	23.74	31.56	6.96	0.22	0.13	0.25	13.72	16.01	7.41
西班牙	28.13	33.34	7.94	0.33	0.32	0.24	11.98	10.64	7.07
爱沙尼亚	20.40	38.24	7.99	0.04	0.03	0.04	10.70	13.18	9.38
芬兰	15.04	41.07	9.11	0.11	0.10	0.10	8.72	15.15	10.58
法国	29.09	32.83	7.96	0.68	0.47	0.45	12.32	9.10	7.11
英国	24.05	43.24	9.52	0.75	0.54	0.31	8.42	7.48	5.70
希腊	23.71	45.19	6.65	0.06	0.07	0.01	7.33	11.88	5.10
匈牙利	19.83	26.23	7.71	0.08	0.05	0.14	18.37	14.15	13.44
爱尔兰	18.80	32.01	4.47	0.04	0.03	0.08	17.23	19.16	8.18
意大利	32.69	30.97	8.21	0.43	0.35	0.27	11.59	8.93	6.55
立陶宛	24.31	34.98	6.64	0.08	0.04	0.04	10.91	13.69	9.32
卢森堡	7.51	26.41	4.73	0.02	0.01	0.04	10.91	13.69	9.32
拉脱维亚	25.37	42.03	7.76	0.10	0.06	0.05	7.87	10.13	6.64
马耳他	17.84	36.02	6.48	0.00	0.00	0.00	11.54	17.51	10.60
荷兰	20.77	30.69	8.04	0.40	0.23	0.62	14.60	13.60	11.04
波兰	25.95	29.90	9.26	0.18	0.17	0.21	13.58	10.62	10.13
葡萄牙	27.00	36.34	8.40	0.18	0.17	0.21	13.58	10.62	10.13

续表

出口分解	①	②	③	④	⑤	⑥	⑦	⑧	⑨
罗马尼亚	26.37	39.60	9.83	0.10	0.11	0.05	8.92	8.49	6.53
斯洛伐克	21.11	26.67	9.84	0.11	0.08	0.15	17.69	11.09	13.25
斯洛文尼亚	24.52	30.08	8.80	0.03	0.02	0.03	15.46	11.21	9.85
瑞典	20.62	38.46	8.50	0.19	0.15	0.21	11.29	12.12	8.46
北美地区									
美国	25.17	46.26	7.61	2.78	2.57	0.69	5.44	5.94	3.53
加拿大	21.01	50.93	6.47	0.58	0.47	0.31	7.47	9.20	3.56
墨西哥	23.54	39.24	6.05	0.44	0.42	0.27	14.43	11.04	4.57
东亚地区									
中国	35.66	32.41	7.40	0.61	1.35	0.81	9.77	7.29	4.72
日本	28.77	42.37	10.36	0.64	0.56	0.28	4.88	7.72	4.42
韩国	19.44	32.23	7.44	0.15	0.18	0.28	11.09	18.73	10.45
中国台湾	11.88	31.32	9.04	0.11	0.06	0.31	9.34	22.37	15.59
BRIIAT 国家									
巴西	23.70	52.31	11.56	0.21	0.27	0.06	3.43	5.42	3.04
俄罗斯	8.13	68.26	16.42	0.49	0.37	0.13	0.61	3.13	2.46
印度尼西亚	15.43	59.00	10.37	0.13	0.36	0.09	4.48	6.64	3.51
印度	35.44	35.41	7.04	0.13	0.20	0.08	11.99	6.55	3.15
澳大利亚	11.80	62.96	10.72	0.32	0.34	0.11	2.10	7.64	3.99
土耳其	32.02	36.14	9.13	0.25	0.16	0.08	9.72	7.19	5.29
其他国家	17.60	47.79	7.59	1.82	2.91	1.29	7.56	8.19	5.24
世界平均	22.51	38.03	8.23	0.36	0.36	0.25	10.63	11.82	7.81

数据来源：韩中．全球价值链视角下中国总出口的增加值分解［J］．数量经济技术经济研究，2016（9）．

表 4－14　世界主要国家（地区）增加值贸易的统计指标　　　单位：%

	DVA 比例	FVA 比例	VS1 比例	VS1* 比例	DC 比例	重复计算比例	垂直贸易比例
欧盟地区							
奥地利	65.16	34.24	24.13	0.60	65.76	34.84	58.37
比利时	53.30	45.95	20.58	0.75	54.05	46.70	66.54
保加利亚	65.20	34.70	21.38	0.09	65.30	34.80	56.08
塞浦路斯	72.75	27.22	17.25	0.03	72.78	27.25	44.47
捷克	52.89	46.47	21.20	0.64	53.53	47.11	67.66
德国	69.38	27.26	23.14	3.36	72.74	30.62	50.40
丹麦	62.26	37.15	19.47	0.60	62.85	37.74	56.61
西班牙	69.41	29.70	21.66	0.90	70.30	30.59	51.36
爱沙尼亚	66.63	33.26	24.13	0.11	66.74	33.37	57.39
芬兰	65.23	34.45	25.51	0.32	65.55	34.77	59.96
法国	69.87	28.52	21.96	1.60	71.48	30.13	50.49
英国	76.81	21.59	29.47	1.60	78.41	23.19	51.06
希腊	75.56	24.30	19.93	0.14	75.70	24.44	44.24
匈牙利	53.77	45.96	19.23	0.27	54.04	46.23	65.19
爱尔兰	55.28	44.57	13.65	0.15	55.43	44.72	58.23
意大利	71.87	27.07	21.78	1.06	72.93	28.13	48.85
立陶宛	65.93	33.91	19.46	0.15	66.09	34.07	53.37
卢森堡	38.66	61.28	12.94	0.07	38.72	61.34	74.22
拉脱维亚	75.15	24.64	24.19	0.21	75.36	24.85	48.83
马耳他	60.34	39.65	18.34	0.01	60.35	39.66	57.99
荷兰	59.50	39.24	22.73	1.26	60.76	40.50	61.97
波兰	65.11	34.32	23.83	0.56	65.68	34.89	58.15
葡萄牙	71.75	27.91	22.14	0.35	72.09	28.25	50.05
罗马尼亚	75.79	23.94	25.63	0.26	76.06	24.21	49.58
斯洛伐克	57.63	42.03	25.22	0.34	57.97	42.37	67.25
斯洛文尼亚	63.40	36.53	22.53	0.08	63.47	36.60	59.60
瑞典	67.58	31.88	24.23	0.55	68.12	32.42	56.10
北美地区							
美国	79.04	14.91	27.73	6.05	85.09	20.96	42.64

续表

	DVA 比例	FVA 比例	VS1 比例	VS1* 比例	DC 比例	重复计算比例	垂直贸易比例
加拿大	78.41	20.23	20.54	1.35	79.77	21.59	40.77
墨西哥	68.83	30.03	17.73	1.14	69.97	31.17	47.76
东亚地区							
中国	75.47	21.77	20.08	2.76	78.23	24.53	41.85
日本	81.50	17.02	26.36	1.48	82.98	18.50	43.38
韩国	59.12	40.27	19.32	0.61	59.73	40.88	59.60
中国台湾	52.24	47.29	21.61	0.47	52.71	47.76	68.90
BRIIAT 国家							
巴西	87.57	11.89	30.04	0.54	88.11	12.43	41.94
俄罗斯	92.81	6.19	52.72	1.00	93.81	7.19	58.91
印度尼西亚	84.79	14.63	30.85	0.58	85.37	15.21	45.47
印度	77.89	21.69	18.79	0.42	78.31	22.11	40.49
澳大利亚	85.48	13.74	33.77	0.78	86.26	14.52	47.51
土耳其	77.30	22.21	24.80	0.50	77.79	22.70	47.01
其他国家	72.99	20.99	27.59	6.02	79.01	27.01	48.58
世界平均	68.77	30.26	23.36	0.97	69.74	31.23	53.62

注：VAX 比例、VS 比例、VS1* 比例、DC 比例、重复计算比例、垂直贸易比例均由表 4－13 中的列①至列⑨计算而得。其中，DVA 比例＝①＋②＋③；FVA 比例＝⑦＋⑧＋⑨；VS1* 比例＝④＋⑤＋⑥；DC 比例＝①＋②＋③＋④＋⑤＋⑥；重复计算比例＝④＋⑤＋⑥＋⑦＋⑧＋⑨；垂直贸易比例＝VS1 ＋ VS。

表 4－15 进一步显示了 2005 年到 2016 年全球主要地区出口中的国内增加值比重情况。首先，从各地区国内附加值比重的变化趋势上看，东亚地区出口的国内增加值占比由 2005 年的 77.1% 上升至 2016 年的 81.6%，提高了 4.5 个百分点，是各地区中国内增加值占比提升最快的。东盟、北美、中南美洲和世界其他地区的国内增加值占比在考察时段内也有不同幅度的提升。欧盟和欧洲的国内增加值占比由 2005 年的 77.9% 和 78.8% 分别下降至 2016 年的 75.7% 和 76.6%。这表明东亚地区整体在全球价值链上的获利能力有所提升，东亚国家在全球价值链分工体系上占据了越来越重要的位置。其次，从各地区出口的国内增加值占比数值上看，中南美洲 2016 年国内增加值占比达到

90.1%，是考察地区中占比最高的。一个可能的原因是中南美洲的多个国家都属于自然资源丰裕的国家，如阿根廷、巴西、智利等等。这些国家出口产品中资源密集型产品占比较高，而资源密集型产品由于生产环节相对较少且需要的中间投入不多，产品的国内增加值比重比多数制造业产品更高。北美地区 2016 年出口中的国内增加值占比为 89.7%。与中南美洲不同，北美三国中的美国和加拿大虽然也拥有较多的自然资源禀赋，但根据表 4-13 中的出口分解可以看到，美国和加拿大的中间品出口增加值占比相当高（2011 年美国和加拿大中间品出口增加值占比分别为 46.26% 和 50.93%），这表明两国是全球价值链上主要的中间品出口国，并且通过中间品出口获得了较高的贸易利得。相反，欧洲和欧盟国家出口的国内增加值占比较低的一个主要原因是欧洲各国的中间品出口增加值相对较低。这可能是因为这些国家在全球价值链上参与分工生产的产品种类和份额都低于美国和加拿大。

表 4-15　2005—2016 年全球主要地区出口中的国内增加值比重　　单位:%

	2005	2006	2007	2008	2009	2010	2011	2012	2013	2014	2015	2016
东盟	64.0	64.6	65.4	65.2	67.5	67.2	66.6	66.7	66.9	66.7	67.0	67.7
东亚	77.1	75.8	75.6	74.9	78.4	76.8	75.2	76.1	76.5	77.5	80.5	81.6
欧盟	77.9	76.2	75.7	74.7	77.7	75.1	73.5	73.3	74.0	74.4	75.4	75.7
北美	88.6	87.9	87.7	86.4	89.4	87.9	86.4	86.5	87.2	87.6	89.1	89.7
欧洲	78.8	77.4	76.9	76.2	78.5	76.4	75.2	75.2	75.5	75.9	76.5	76.6
中南美洲	87.5	87.9	88.0	87.4	90.1	89.7	89.4	89.1	88.9	88.6	88.4	90.1
其他地区	86.7	86.5	85.9	86.1	87.3	87.3	86.8	86.9	86.9	87.0	87.0	88.1

数据来源：OECD-WTO（TiVA）数据库.

（二）对全球价值链分工地位的测度

增加值贸易核算方法的核心是对一国出口中包含的国内与国外增加值进行分解。库普曼等（Koopman et al.，2014）提出了一个增加值贸易的测算框架，在数量上实现了对总出口的完全分解。在这一框架下，库普曼等（Koopman et al.，2010）进一步构建了反映一国全球价值链分工地位的指标：

$$GVC\_\ Position_i = Ln\left(1 + \frac{IV_i}{E_i}\right) - Ln\left(1 + \frac{FV_i}{E_i}\right) \tag{4.1}$$

式中，IV_i代表 i 国总出口包含的间接国内附加值，即 i 国通过将中间品出口，经进口国加工再出口到第三国而实现的增加值出口；FV_i代表 i 国总出口中包含的国外附加值；E_i 为以增加值核算的总出口。该指标的建立思路是：处于全球价值链上游的国家更多地为其他国家提供中间品，其间接增加值出口比率会高于国外增加值比率；反之，处于全球价值链下游的国家更多的使用进口中间品，其国外增加值比率会高于间接增加值比率。因此，GVC 分工地位指数越大表明一国在全球价值链上所处地位越高，指数越小则表明一国在全球价值链上所处地位越低。

世界贸易组织与经合组织基于增加值贸易核算方法及各国投入产出表，测算并于 2013 年首次发布了增加值贸易数据（TiVA）。2018 年 TiVA 数据库公布的最新增加值贸易数据涵盖了 64 个经济体 36 个行业，覆盖年份包括 1995 年、2000 年、2005 年以及 2008 年到 2016 年。此外，根据世界投入产出数据库（WIOD）提供的投入产出数据和贸易数据也可用于测算增加值贸易。我们按照公式（4.1）利用 TiVA 数据测算了多个经济体的全球价值链分工地位指数。表 4－16 和表 4－17 分别显示了部分发达经济体和部分发展中经济体的测算结果。

发达经济体中，澳大利亚、新西兰、日本和美国等国家的全球价值链分工地位指数较高，斯洛伐克、爱尔兰、马耳他和卢森堡等经济体在全球价值链上的分工地位较低。2016 年全球价值链分工地位最高的经济体为澳大利亚，GVC 分工地位指数为 0.254，地位最低的经济体为卢森堡，GVC 分工地位指数为 －0.976。由此可见发达经济体内部的不同国家在全球价值链上所处的地位存在很大的差异。发展中国家中，中国、巴西、俄罗斯、阿根廷和印度尼西亚的分工地位指数较高，匈牙利、越南、柬埔寨和墨西哥的分工地位指数较低。其中，我国的全球价值链分工地位指数由 1995 年的 －0.034 上升至 2016 年的 0.312，指数提升幅度是所有考察发展中国家中最高的。

制造业部门中，电子及光学设备行业被证实是目前参与全球价值链分工水平最高的行业之一（王岚，2014；王直等，2015）。为此我们也测算了部分发展中国家电子与光学设备行业的 GVC 分工地位指数。由表 4－18 可见，总体上发展中国家的电子及光学设备行业的 GVC 分工地位指数始终为负，且显著低于制造业总体分工地位，说明发展中国家在电子及光学设备行业生产过程中使用了较多的进口中间投入，主要从事的是加工装配或外包等低附加值环节。从具体国家来看，考察发展中国家中仅克罗地亚、中国和匈牙利的电子及光学设备行业在全球价值链上的分工地位呈上升趋势，且多数发展中国家该行业的 GVC 分工地位指数为负，在全球价值链上所处的地位不高。

表 4－16　1995—2016 年部分发达经济体的 GVC 分工地位指数

	1995	2000	2005	2008	2009	2010	2011	2012	2013	2014	2015	2016
澳大利亚	0. 243	0. 175	0. 201	0. 177	0. 194	0. 179	0. 163	0. 238	0. 214	0. 218	0. 236	0. 254
新西兰	0. 186	0. 115	0. 211	0. 173	0. 221	0. 214	0. 212	0. 224	0. 237	0. 222	0. 215	0. 230
美国	0. 226	0. 209	0. 194	0. 170	0. 192	0. 176	0. 161	0. 188	0. 202	0. 203	0. 211	0. 212
加拿大	0. 037	－0. 004	0. 047	0. 034	0. 050	0. 032	0. 028	0. 089	0. 108	0. 087	0. 059	0. 079
奥地利	0. 061	0. 013	0. 003	－0. 012	0. 034	0. 010	－0. 007	－0. 065	－0. 060	－0. 054	－0. 021	－0. 031
丹麦	0. 064	－0. 001	－0. 014	－0. 091	－0. 030	－0. 031	－0. 059	－0. 085	－0. 091	－0. 078	－0. 089	－0. 065
比利时	－0. 033	－0. 075	－0. 039	－0. 123	－0. 042	－0. 030	－0. 084	－0. 162	－0. 156	－0. 154	－0. 138	－0. 141
芬兰	0. 078	－0. 020	－0. 046	－0. 063	－0. 004	－0. 022	－0. 061	－0. 043	－0. 030	－0. 012	0. 013	0. 027
法国	0. 171	0. 109	0. 112	0. 102	0. 143	0. 117	0. 100	0. 069	0. 073	0. 077	0. 076	0. 070
德国	0. 192	0. 129	0. 107	0. 061	0. 101	0. 069	0. 040	0. 060	0. 067	0. 071	0. 062	0. 073
希腊	0. 155	－0. 019	0. 016	－0. 049	0. 024	0. 017	－0. 004	－0. 053	－0. 039	－0. 053	0. 005	0. 042
冰岛	0. 154	0. 121	0. 089	0. 076	0. 044	0. 035	0. 005	0. 032	0. 043	0. 056	0. 078	0. 119
爱尔兰	－0. 190	－0. 331	－0. 308	－0. 354	－0. 317	－0. 356	－0. 365	－0. 304	－0. 301	－0. 351	－0. 318	－0. 357
意大利	0. 187	0. 167	0. 147	0. 100	0. 156	0. 105	0. 087	0. 092	0. 111	0. 118	0. 110	0. 110
卢森堡	－0. 363	－0. 558	－0. 593	－0. 703	－0. 607	－0. 668	－0. 686	－0. 844	－0. 864	－0. 947	－1. 014	－0. 976
荷兰	0. 074	0. 090	0. 136	0. 128	0. 140	0. 123	0. 130	－0. 016	－0. 018	－0. 024	－0. 051	－0. 030
挪威	0. 032	0. 036	0. 046	0. 054	0. 070	0. 063	0. 063	0. 080	0. 080	0. 079	0. 074	0. 079

续表

	1995	2000	2005	2008	2009	2010	2011	2012	2013	2014	2015	2016
葡萄牙	0.039	-0.016	-0.039	-0.073	0.002	-0.045	-0.059	-0.045	-0.047	-0.042	-0.030	-0.029
英国	0.122	0.131	0.119	0.088	0.086	0.053	0.029	0.087	0.096	0.119	0.133	0.114
捷克	-0.016	-0.159	-0.218	-0.191	-0.165	-0.236	-0.246	-0.182	-0.174	-0.196	-0.188	-0.171
斯洛伐克	-0.046	-0.257	-0.357	-0.305	-0.235	-0.279	-0.291	-0.327	-0.330	-0.313	-0.292	-0.298
斯洛文尼亚	-0.069	-0.134	-0.162	-0.124	-0.039	-0.095	-0.122	-0.150	-0.141	-0.141	-0.121	-0.119
西班牙	0.151	0.041	0.045	0.019	0.083	0.042	0.011	0.062	0.075	0.075	0.078	0.095
瑞典	0.031	-0.001	-0.015	-0.049	0.006	-0.008	-0.007	0.024	0.053	0.046	0.064	0.069
瑞士	0.135	0.073	-0.001	0.049	0.071	0.060	0.062	-0.032	-0.051	-0.009	-0.006	-0.030
马耳他	-0.493	-0.564	-0.366	-0.403	-0.320	-0.263	-0.190	-0.793	-0.751	-0.671	-0.600	-0.602
以色列	0.043	0.064	0.005	-0.001	0.047	0.035	0.012	-0.027	0.000	-0.018	-0.004	0.011
日本	0.297	0.282	0.240	0.195	0.240	0.215	0.198	0.197	0.178	0.165	0.187	0.221
韩国	0.104	-0.020	-0.054	-0.204	-0.120	-0.148	-0.188	-0.203	-0.163	-0.122	-0.063	-0.024
塞浦路斯	-0.023	-0.045	-0.060	-0.098	-0.043	-0.048	-0.046	-0.054	-0.091	-0.104	-0.111	-0.081
中国台北	0.004	-0.048	-0.154	-0.276	-0.157	-0.229	-0.260	-0.264	-0.238	-0.217	-0.131	-0.083
中国香港	0.047	0.131	0.096	0.080	0.108	0.073	0.069	-0.113	-0.117	-0.099	-0.066	-0.025
新加坡	-0.246	-0.343	-0.215	-0.202	-0.268	-0.255	-0.261	-0.292	-0.276	-0.278	-0.234	-0.215

数据来源：根据 OECD－WTO（TiVA）数据库发布数据计算得到.

表 4－17　1995—2016 年部分发展中经济体的 GVC 分工地位指数

	1995	2000	2005	2008	2009	2010	2011	2012	2013	2014	2015	2016
土耳其	0. 229	0. 156	0. 144	0. 099	0. 145	0. 117	0. 077	0. 135	0. 142	0. 154	0. 176	0. 184
阿根廷	0. 310	0. 309	0. 218	0. 206	0. 250	0. 226	0. 218	0. 221	0. 217	0. 237	0. 260	0. 243
巴西	0. 292	0. 283	0. 299	0. 277	0. 300	0. 297	0. 286	0. 247	0. 237	0. 239	0. 242	0. 267
文莱	0. 000	－0. 004	－0. 009	－0. 007	－0. 012	－0. 002	－0. 004	0. 034	0. 015	0. 077	0. 052	0. 039
保加利亚	0. 042	－0. 107	－0. 056	－0. 334	－0. 128	－0. 105	－0. 174	－0. 157	－0. 163	－0. 149	－0. 137	－0. 076
柬埔寨	0. 003	－0. 259	－0. 372	－0. 359	－0. 223	－0. 267	－0. 255	－0. 173	－0. 149	－0. 162	－0. 155	－0. 161
中国	－0. 034	－0. 083	－0. 080	0. 054	0. 074	0. 048	0. 047	0. 231	0. 240	0. 253	0. 287	0. 312
印度	0. 278	0. 243	0. 140	0. 062	0. 097	0. 071	0. 037	0. 055	0. 055	0. 078	0. 121	0. 166
印度尼西亚	0. 151	0. 099	0. 102	0. 107	0. 156	0. 150	0. 129	0. 151	0. 146	0. 158	0. 187	0. 214
马来西亚	－0. 068	－0. 370	－0. 287	－0. 205	－0. 167	－0. 192	－0. 195	－0. 148	－0. 134	－0. 121	－0. 115	－0. 093
菲律宾	－0. 077	－0. 068	－0. 180	－0. 102	－0. 024	－0. 028	0. 030	－0. 006	0. 036	0. 044	0. 013	0. 001
罗马尼亚	0. 124	0. 078	－0. 035	－0. 029	0. 031	0. 066	0. 050	0. 065	0. 091	0. 084	0. 045	0. 065
哥伦比亚	0. 187	0. 190	0. 161	0. 160	0. 170	0. 172	0. 142	0. 174	0. 171	0. 147	0. 163	0. 209
哥斯达黎加	0. 084	－0. 002	0. 007	－0. 026	0. 045	0. 046	0. 036	0. 057	0. 064	0. 061	0. 098	0. 095
克罗地亚	0. 076	0. 071	0. 060	0. 062	0. 105	0. 099	0. 091	0. 069	0. 049	0. 059	0. 044	0. 052
俄罗斯	0. 196	0. 125	0. 194	0. 183	0. 213	0. 209	0. 190	0. 196	0. 198	0. 191	0. 223	0. 249
沙特阿拉伯	0. 065	0. 055	0. 060	0. 029	0. 033	0. 051	0. 054	0. 034	0. 039	0. 057	0. 057	0. 058

续表

	1995	2000	2005	2008	2009	2010	2011	2012	2013	2014	2015	2016
南非	0.231	0.209	0.200	0.104	0.193	0.195	0.157	0.110	0.081	0.081	0.115	0.117
泰国	0.062	−0.054	−0.130	−0.173	−0.081	−0.123	−0.176	−0.151	−0.133	−0.122	−0.075	−0.037
突尼斯	−0.051	−0.023	−0.076	−0.170	−0.105	−0.132	−0.163	−0.109	−0.114	−0.113	−0.069	−0.098
越南	0.038	−0.056	−0.099	−0.160	−0.080	−0.098	−0.131	−0.218	−0.234	−0.247	−0.257	−0.249
匈牙利	−0.010	−0.399	−0.316	−0.285	−0.262	−0.352	−0.349	−0.374	−0.361	−0.367	−0.334	−0.349
智利	0.187	0.060	0.094	0.002	0.080	0.070	0.047	0.119	0.139	0.151	0.140	0.180
爱沙尼亚	−0.129	−0.265	−0.242	−0.084	−0.011	−0.074	−0.102	−0.194	−0.177	−0.161	−0.141	−0.141
墨西哥	0.008	−0.104	−0.081	−0.091	−0.092	−0.110	−0.081	−0.085	−0.087	−0.081	−0.123	−0.110
波兰	0.200	0.086	0.047	−0.001	0.044	−0.010	−0.027	0.026	0.027	0.016	0.018	0.011

数据来源：根据 OECD－WTO（TiVA）数据库发布数据计算得到.

表 4-18 部分发展中国家电子和光学设备行业的 GVC 分工地位指数

	1995	2000	2005	2010	2012	2014	2016
巴西	0.30	0.18	0.23	0.23	0.28	0.28	0.27
克罗地亚	0.15	0.15	0.12	0.14	0.18	0.17	0.17
阿根廷	0.20	0.20	0.11	0.11	0.16	0.14	0.14
智利	0.20	0.08	0.10	0.04	0.15	0.15	0.11
南非	0.16	0.09	0.09	-0.03	0.10	0.08	0.09
俄罗斯	0.14	0.10	0.10	0.06	0.12	0.11	0.07
印度尼西亚	0.05	0.08	0.06	0.02	0.12	0.09	0.05
印度	0.30	0.24	0.13	0.06	0.07	0.08	0.04
罗马尼亚	0.10	-0.03	-0.11	-0.13	-0.01	0.02	0.01
哥伦比亚	0.17	0.10	0.12	0.04	0.02	0.09	0.00
土耳其	0.13	-0.04	0.00	0.03	0.04	0.03	-0.04
文莱	-0.01	-0.02	0.02	-0.28	-0.13	0.12	-0.09
哥斯达黎加	-0.02	-0.15	-0.08	-0.14	-0.07	-0.07	-0.12
保加利亚	-0.16	-0.26	-0.15	-0.44	-0.18	-0.16	-0.21
波兰	0.13	0.02	-0.05	-0.16	-0.11	-0.23	-0.25
塞浦路斯	-0.43	-0.33	-0.40	-0.47	-0.23	-0.32	-0.29
中国	-1.21	-1.22	-0.75	-0.36	-0.33	-0.33	-0.32
墨西哥	-0.35	-0.42	-0.48	-0.53	-0.50	-0.47	-0.42
突尼斯	-0.32	-0.34	-0.48	-0.52	-0.42	-0.39	-0.46
泰国	-0.31	-0.49	-0.55	-0.57	-0.50	-0.48	-0.61
马来西亚	-0.34	-0.96	-0.92	-0.76	-0.64	-0.69	-0.72
匈牙利	-0.31	-0.88	-0.69	-0.62	-0.73	-0.96	-0.90

数据来源：根据 OECD-WTO（TiVA）数据库发布数据计算得到.

第三节　中国参与全球价值链分工的核算结论

在过去的40年间，作为全球最具活力的经济体，我国在全球价值链分工体系中扮演的角色备受关注。自20世纪80年代以来，中国参与分工的程度逐步加深，特别是加入世界贸易组织以来，我国逐步接受了来自发达国家和新兴经济体的产业转移，连续多年成为全球吸引外商直接投资（FDI）最多的经济体。目前，在中国这个平台上聚集了多条全球价值链。我国已经成为许多跨国公司全球布局的主要环节。总体而言，我国参与全球价值链分工的程度已经较深，但在不同行业和产品间存在较大差异。我国在亚洲、北美和欧洲与不同的国家和地区针对不同的产品开展分工生产，逐步形成了现有的我国参与全球价值链分工的发展态势。

一、中国参与全球价值链分工体系的发展进程

中国通过参与全球价值链分工生产网络，与世界各国开展大量的垂直专业化贸易，并通过这种贸易方式与不同国家和地区的生产产生关联效应。目前，中国在全球价值链分工体系中扮演着较为重要的角色，在全球价值链上的地位开始升级。然而，以生产垂直分工为主导的全球供应链的形成始于20世纪60年代，直至20世纪80年代中国才开始加入垂直专业化生产网络。大体上，中国加入的进程可以分为以下几个阶段：

（一）第一阶段（1978—1989年）

1978年党的十一届三中全会后，中国开始实施对外开放政策，国务院颁布了《关于扩大出口增加外汇收入若干问题的决定》。同时，为促进沿海地区的经贸发展，决定中提出了建立深圳、珠海、汕头和厦门四个经济特区，并大力发展来料加工、来样加工和来件装配业务。这一阶段中国加工贸易有了快速发展。

在这一阶段，中国对外开放的地区逐步由经济特区向沿海、沿江、沿边地区扩展，贸易自由化范围不断扩大，初步形成了从沿海到沿江再向内陆地区推进的开放格局，同时也实施了一系列鼓励外商投资的举措。1984年中国开放了沿海港口城市，从北至南包括大连、秦皇岛、天津、烟台、青岛、连云港、南通、上海、宁波、温州、福州、广州、湛江和北海等14个大中港口

城市；1985年中国将长江三角洲、珠江三角洲和闽南三角区划为沿海经济开放区。在此期间，中国香港、中国台湾等地区以及东南亚国家的劳动密集型制造业由于本地生产成本的上升大量转移至内地，直接促进了中国加工出口贸易的大幅提升。

（二）第二阶段（1990—2001年）

在中国，1992年邓小平同志南方谈话进一步推动了中国的对外开放进程。东部沿海省份先后涌现出一批出口创汇的重点企业。在这一时期中国对外开放的步伐逐步由沿海向沿江及内陆和沿边城市延伸。基本上形成了“经济特区—沿海开放城市—沿海经济开放区—沿江和内陆开放城市—沿边开放城市”的对外开放格局。1990年上海浦东被设立为经济技术开发区，并实行经济特区相关政策。1991年，开放丹东、满洲里、绥芬河、珲春等4个北部口岸，并相继在上海外高桥、天津港、深圳福田、沙头角等沿海重要港口批准设立保税区，积极实施相关政策，加快发展报税加工、报税仓储和转口贸易。1992年，中国开放武汉、九江、芜湖、黄石、岳阳、重庆等6个沿江城市和三峡库区。同年，开放呼和浩特、长春、哈尔滨、石家庄等4个省会城市，同时开放黑河、满洲里、二连浩特、珲春、绥芬河、伊宁、塔城、博乐、瑞丽、畹町、河口、凭祥、兴东等13个沿边城市。鼓励沿边城市发展边境贸易，加强与周边国家的经贸合作。同年，开放郑州、太原、长沙、南昌、兰州、西宁、银川、西安、成都和贵阳等11个内陆省会城市。至此，中国基本形成了全方位的对外开放区域格局。

随着中国开放程度的不断提高，中国参与全球价值链分工的程度也进一步提高。其中，加工贸易在1995年出口额达到737亿美元，首次超越一般贸易出口额的714亿美元，成为中国最主要的贸易方式。中国对东亚地区生产网络的形成起到了重要的促进作用。中国并于1991年加入亚太经合组织，积极参与到区域经济一体化的进程之中。

（三）第三阶段（2001年至今）

2001年12月11日中国完成了长达十余年的“入世”谈判，正式加入了世界贸易组织（WTO）。按照“入世”承诺，中国开始逐年降低或取消关税等贸易壁垒。2001年中国的平均关税水平为15.88%，到2010年已降至9.8%。同年，中国履行完毕加入世界贸易组织的所有承诺。在这一阶段中，中国对外开放逐步由区域性向全方位转变，开放的领域也由货物贸易向服务贸易扩展；市场准入程度进一步提高，市场环境不断改善，相关法律法规日趋规范和完善。“入世”以来，中国对外贸易特别是出口贸易迅猛增长。2001年，中国贸易总额首次突破5 000亿美元，2004年突破1万亿美元，2016年中国贸易总额达到4.26万亿美元。进入21世纪以来，以中国、泰国等国为代表的亚洲发展中国家在全球价值链分工体系中的表现十分突出。中国在2000年以后参与全球价值链分工的特征表现为逐渐摆脱了简单的加工贸易，在贸易内容上开始出现既出口又进口大量的中间品。现阶段的中国开始成为亚洲地区乃至全球生产网络上重要的零部件供应商。

同时，贸易自由化与多边贸易体制的形成也促进了全球价值链分工体系的进一步发展。中国在“入世”后与多个国家和地区签订了一系列自由贸易协定，为中国在全球价值链分工体系中的深入发展创造了条件。中国当前对外开放的重要内容之一即为实施自由贸易区战略。中国共产党第十七次全国代表大会上首次把自由贸易区建设上升为国家战略，党的十八大提出要加快实施自由贸易区战略，党的十八届三中全会提出要以周边为基础加快实施自由贸易区战略，形成面向全球的高标准自由贸易区网络。自此，中国的自贸区战略进入了快速发展的新阶段。

二、中国参与全球价值链分工核算的主要结论

（一）基于零部件贸易的核算

吴和耶茨（Ng & Yeats，2001）首次明确区分了零部件与最终品贸易的概念。他们使用标准国际贸易分类（SITC）第二版，对东亚生产分工的结果和特点进行了分析。阿思克拉和山下（Athukorala & Yamashita，2006）使用零部件贸易数据实证分析了东亚地区参与国际生产份额的水平及决定因素。他们使用了标准国际贸易分类（SITC）第三版分类标准中SITC五位分类的225种零部件产品，其中168种数据属于标准国际贸易分类（SITC）第7大类、57种属于标准国际贸易分类（SITC）第8大类。选用标准国际贸易分类（SITC）第三版是因为标准国际贸易分类（SITC）第一版中没有区别零部件贸易，第二版中虽然提供了零部件贸易，但是与最终产品存在大量的重叠。第三版在第二版基础上较好地解决了重叠问题。第三版中，第7、8大类中的零部件贸易占1996—2003年全球零部件贸易的70%左右。因此，借鉴阿思克拉和山下（Athukorala & Yamashita，2006）的方法，本节首先使用零部件贸

易额对中国参与全球价值链分工的程度进行大致测算和分析。由于中国海关贸易数据使用的是 HS 编码，可以根据 HS1996 与 SITC 第三版的对照表，将 225 种零部件产品转换为 HS 六位分类的 308 种零部件产品[①]。2000 年这 308 种零部件贸易额在中国对外贸易中占比 15.2%，略低于 2000 年中国 VS 份额 18%—20% 的水平[②]（平新乔等，2006；文东伟，冼国明，2010）。本节使用中国海关数据库提供的 HS 六位分类的产品进出口数据，考察的时段为 2000—2016 年。

不同国家和地区在全球价值链分工体系中扮演了不同的角色。鲍德温（Baldwin，2012）认为，参与全球价值链的经济体可以分为总部经济体（Headquarter economies）和工厂经济体（Factory economies）。总部经济体出口的产品中使用的进口中间投入较少，相比而言工厂经济体出口产品中则包含了大量的进口中间投入。经过长期的发展，世界范围内主要形成了三大工厂：北美、欧洲和亚洲。其中，美国、德国和日本分别是北美工厂、欧洲工厂和亚洲工厂中的总部经济体。参与全球价值链的发展中国家基本都属于工厂经济体。本节首先计算了中国与三大工厂[③]之间 2000—2016 年的货物贸易和零部件贸易情况。

图 4-6 可见，中国零部件贸易主要与亚洲工厂特别是东亚地区国家间开展。2000 年中国 67% 的零部件贸易与东亚地区国家间开展，2007 年这一数字降至 52%，2016 年进一步降至 42%。郑昭阳、孟猛（2011）利用经合组织投入产出表测算指出，在 1993 年到 2008 年间中国出口转移的国外价值中 50% 以上来源于东亚地区，本节测算的结论与其一致。欧洲工厂是中国在亚洲以外最重要的零部件来源地与目的地。中国与欧盟 27 国间的零部件贸易占比逐步增加，由 2000 年的 15% 增至 2016 年的 23%。中国与北美工厂的零部件贸易额是三大工厂中最低的。图 4-7 显示，中国货物贸易进出口同样主要集中在亚洲工厂国家之间，但与亚洲工厂的货物贸易占比低于零部件贸易占比，说明中国与亚洲国家在全球价值链上有着十分密切的生产关联。

---

① 附录 1 中列出了这 308 种零部件的定义及对应的 HS 编码。

② 由于本文考察的 308 种零部件并未包含全部的零部件产品，测算结果可能较中国零部件贸易的真实水平偏低。

③ 亚洲工厂包含了全部的东亚国家和地区，即日本、中国、NIEs（中国香港、中国台湾、新加坡、韩国）、东盟五国（马来西亚、泰国、印度尼西亚、越南和菲律宾）。欧洲工厂包括欧盟 27 个成员国。北美工厂包括美国、加拿大和墨西哥。

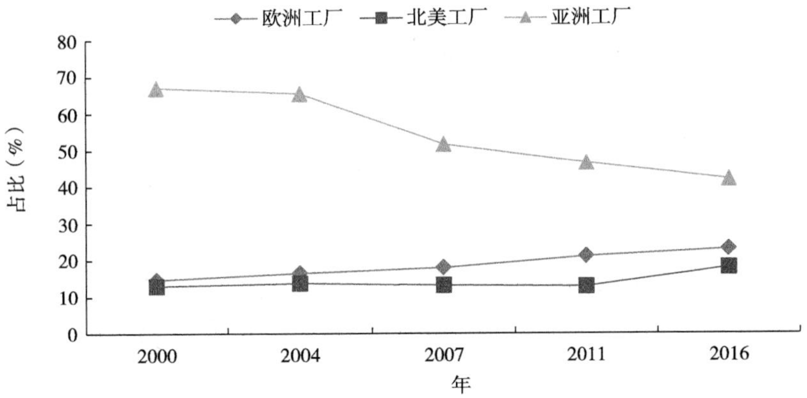

数据来源：UN-comtrade 数据库.

图 4-6　2000—2016 年中国与三大工厂零部件贸易占比情况

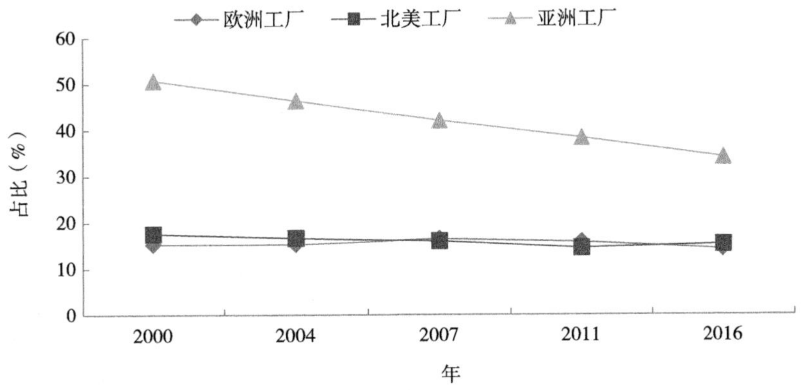

数据来源：UN-comtrade 数据库.

图 4-7　2000—2016 年中国与三大工厂货物贸易占比情况

将 308 种零部件按照所属的 HS 二位分类归类成 15 种产品①，可以在一定

① HS85：电子机械设备及零件，电子通讯设备，音响录音机，电视录像机；HS84：核反应堆、锅炉、机器及机械设备、电脑；HS87：铁道或有轨电车以外的机动车，轮轴配置；HS90：光学、照相、电影、计量、检验、医疗或外科用仪器及设备、精密仪器及设备；HS88：航天器、航空器；HS91：钟表及其零件；HS94：家具，寝具，床垫；灯具及其他照明装置；发光标志、发光铭牌及类似品；活动房屋；HS64：鞋靴，护腿及其类似品；HS61：针织或钩编服饰及服装附件品；HS86：铁道或有轨电车自动机车，轴轮备置，轨道固定装置及配件，信号物；HS96：杂项制品；HS66：伞，阳伞，手杖，鞭子及其零部件；HS73：铁或钢制品；HS65：帽类；HS93：武器、弹药。

程度上反映中国参与全球价值链分工生产的产品类别。表 4 - 19 显示了 2000 年和 2016 年这 15 种产品的零部件进出口额及占比情况。我们发现中国参与全球价值链的产品路径具有如下特征：

第一，中国参与全球价值链分工生产的产品大多集中在高技术行业。2000—2016年，电子机械设备及零件、电子通讯设备、音响录音机、电视录像机（HS85），核反应堆、锅炉、机器及机械设备、电脑（HS84），铁道或有轨电车以外的机动车、轮轴配置（HS87），光学、照相、电影、计量、检验、医疗或外科用仪器及设备、精密仪器及设备（HS90）和航天器、航空器（HS88）等五类产品的零部件贸易额在所考察的全部零部件贸易中所占比重超过了 90%。中低技术及劳动密集型产品的零部件贸易额占比较低。

第二，电子机械设备及零件，电子通信设备、音响录音机、电视录像机（HS85）的零部件进出口额是所有产品中最高的。这一方面是因为此类产品的垂直专业化分工较细；另一方面说明中国在此类产品的生产中融入全球价值链的程度较高。艾博沃德等（Upward et al.，2012）测算了中国 2003—2006 年产品层面的垂直专业化贸易份额，结果显示电子产品是中国垂直专业化贸易份额最高的产品，与本文的分析结论一致。

第三，2000 年中国高技术行业产品的零部件进口额显著高于出口额；2016 年除 HS90 类产品外，其他高技术产品的零部件出口额均高于进口额。这表明中国在高技术产品的分工生产上，由从海外进口零部件、在国内进行加工组装后出口的生产模式逐步转变为同时进出口大量的零部件，在一定程度上说明中国在全球价值链上地位有所提升。

第四，2016 年考察产品的零部件贸易额较 2000 年水平均有显著增长。其中，核反应堆、锅炉、机器及机械设备、电脑（HS84），铁道或有轨电车以外的机动车、轮轴配置（HS87）的零部件贸易额增长最为显著，说明中国在这两类产品上参与全球价值链分工生产的程度出现了快速加深。

第五，中国在纺织、服装鞋帽、家具和杂项制品等传统劳动密集型产品的零部件出口额显著高于进口额，且两者差额在 2016 年较 2000 年水平进一步拉大。这是因为中国长期以来在这些传统劳动力密集型产品的生产上保有竞争优势，在全球价值链上的地位较高。近年来，随着劳动力成本不断提高，中国开始更多地将此类产品的加工生产转移到生产成本更为低廉的国家和地区。

表 4-19　2000 年和 2016 年中国分类零部件进出口额及占比　单位：百万美元；%

HS 编码	2000 年				2016 年			
	进口	占比	出口	占比	进口	占比	出口	占比
85	34 057.0	68.4	14 637.8	52.7	84 869.9	49.7	114 187.9	44.2
84	10 270.6	20.6	8 015.5	28.9	45 881.8	21.0	70 168.8	37.5
87	2 366.0	4.8	2 158.4	7.8	21 157.7	12.4	24 799.9	15.1
90	1 866.7	3.7	1 089.5	3.9	11 901.3	5.5	7 839.2	4.4
88	535.4	1.1	374.0	1.3	2 687.5	1.3	1 529.5	0.7
91	236.2	0.5	272.3	1.0	2 357.6	1.0	1 028.0	0.4
94	137.8	0.3	435.0	1.6	1 682.3	0.9	8 264.6	4.4
64	108.7	0.2	336.1	1.2	474.8	0.4	674.8	0.4
61	75.0	0.2	133.1	0.5	205.9	0.3	2 049.7	0.9
86	67.9	0.1	52.8	0.2	160.3	0.2	2 683.4	1.3
96	51.6	0.1	210.1	0.8	98.3	0.2	145.7	1.0
66	18.0	0.0	26.3	0.1	32.8	0.2	547.5	0.2
73	4.3	0.0	7.1	0.0	10.4	0.0	208.5	0.1
65	3.6	0.0	7.0	0.0	6.4	0.0	342.8	0.1
93	1.7	0.0	2.5	0.0	1.2	0.0	4.2	0.0

数据来源：UN-comtrade 数据库.

结合上文的核算结果，我们可以对中国参与全球价值链的地理路径进行分析。我们希望考察全球价值链在中国的配置情况，并研究中国参与全球价值链的地理路径的特征和变化趋势。为此，我们首先考察了 2000—2016 年中国主要贸易的 15 类零部件产品与三大工厂及三个总部经济体国家之间的贸易占比情况。中国中高技术行业参与全球价值链的地理路径具有以下特征：

第一，中国电子机械设备、电子通讯设备、音响录音机、电视录像机（HS85），核反应堆、锅炉、机器及机械设备、电脑产品（HS84）以及仪器、精密仪器及设备（HS90）参与全球价值链的地理路径主要分布在亚洲工厂内部，日本是中国在这些产品生产中最主要的零部件进口来源地。尽管近年来，这些产品的零部件贸易有向世界其他国家和地区转移的趋势，但与东亚国家间的生产联系仍旧密切。

第二，中国在机动车类产品（HS87、86）和航空航天产品（HS88）参与全球价值链分工生产过程呈现显著的垂直一体化特征，表现为从总部经济体国家进口零部件，经过加工组装等环节再出口到其他工厂经济体国家。欧洲工厂国家是中国机动车类产品（HS87、86）在全球价值链上最主要的贸易伙伴。中国主要在欧洲工厂和亚洲工厂大量进口机动车产品的零部件。其中，来自德国以及日本两国的机动车零部件进口占据了相当大的比重。美国则是中国航空航天产品零部件（HS88）最大的贸易伙伴国。中国由从美国进口航空航天类零部件为主，逐步转为对美国同时进出口相关零部件。东亚国家是中国除美国以外相关零部件出口的另一个重要目的地。

第三，中国武器和弹药产品（HS93）的零部件贸易额相对其他零部件较小。2000 年中国的相关零部件进出口主要集中在世界其他国家和地区，近年来则转为由欧盟国家进口，向美国出口武器和弹药零部件。

中国低技术以及劳动资源密集型行业参与全球价值链的地理路径主要表现为水平一体化特征。首先，中国与欧盟国家间存在大量的钢铁制品零部件贸易。2000 年以来中国的钢铁制品零部件贸易由从欧盟国家进口、向美国出口的分工模式，逐渐转向由东亚进口、向世界其他国家和地区出口的分工模式。其次，中国的鞋靴、护腿及其类似品（HS64），针织或钩编服饰及服装附件品（HS61），伞、阳伞、手杖、鞭子（HS66），帽类（HS65）产品的零部件贸易主要集中在东亚国家，由与东亚国家间大量进出口相关零部件转为从东亚国家进口、向世界其他国家和地区出口相关零部件。再次，中国家具等产品（HS94）的零部件进口同样主要来自东亚地区，相关零部件出口到美国、欧盟、东亚和其他国家和地区的占比则比较平均。最后，中国的钟表（HS96）及杂项制品（HS91）的零部件贸易集中在东亚地区国家。近年来与世界其他国家和地区的相关零部件占比有所上升。

表 4-20　2000 年中国各类零部件与主要国家和地区进出口占比情况　单位:%

HS编码	美国		欧盟		德国		东亚		日本		世界其他地区	
	进口	出口	进口	出口	进口	出口	进口	出口	进口	出口	进口	出口
85	7.3	11.5	13.8	10.0	3.6	2.6	71.7	71.6	26.6	16.5	7.1	6.8
84	11.2	16.9	18.2	15.7	7.3	2.9	56.2	57.3	22.3	10.3	14.3	10.1
87	3.8	30.2	39.2	20.0	32.9	6.6	40.5	31.6	27.0	13.9	16.5	18.2

续表

HS编码	美国		欧盟		德国		东亚		日本		世界其他地区	
	进口	出口	进口	出口	进口	出口	进口	出口	进口	出口	进口	出口
90	9.1	21.1	9.3	11.4	3.8	3.0	76.0	62.7	42.5	31.9	5.7	4.8
88	62.9	9.8	23.1	7.2	2.4	1.0	5.3	70.9	4.0	19.1	8.6	12.1
94	15.2	38.4	47.2	14.8	37.1	5.0	35.6	40.6	5.0	16.5	2.0	6.2
91	0.5	2.9	2.7	2.8	0.1	0.6	58.7	89.0	14.0	19.3	38.0	5.3
64	1.8	9.5	6.4	5.2	0.2	0.1	88.4	70.8	4.0	24.9	3.4	14.6
96	0.4	12.2	0.8	19.7	0.1	8.2	93.1	37.9	40.0	9.7	5.8	30.2
61	0.2	1.2	1.2	3.7	0.0	1.2	85.6	85.6	8.9	6.7	13.0	9.5
86	3.5	37.8	55.5	4.4	22.1	0.5	19.6	14.2	19.4	0.5	21.4	43.6
66	0.6	24.4	0.6	15.4	0.1	6.0	96.4	37.1	1.1	7.9	2.3	23.2
73	3.6	59.8	67.9	19.4	13.9	16.1	27.7	14.5	6.0	3.1	0.8	6.2
65	0.9	12.8	0.6	12.7	0.0	7.4	97.7	44.1	11.4	9.4	0.8	30.3
93	0.0	0.3	1.4	6.1	1.4	0.1	0.0	10.6	0.0	0.0	98.6	83.0

数据来源：UN-comtrade 数据库.

表 4－21　2016 年中国各类零部件与主要国家和地区进出口占比情况　单位:%

HS编码	美国		欧盟		德国		东亚		日本		世界其他地区	
	进口	出口	进口	出口	进口	出口	进口	出口	进口	出口	进口	出口
85	3.6	12.5	10.4	29.6	5.7	8.4	56.1	45.4	18.8	8.9	29.9	12.5
84	8.5	18.8	21.3	17.1	12.2	3.1	47.6	39.0	18.0	7.8	22.6	25.1
87	2.9	25.0	40.5	17.1	29.4	4.8	55.0	24.1	36.7	4.1	1.6	33.8
90	15.3	17.1	23.9	15.9	12.0	4.5	42.3	56.2	23.4	11.1	18.5	10.8
88	34.9	33.2	60.9	26.9	29.4	6.3	2.2	28.9	1.0	7.4	2.0	11.0
94	7.8	33.0	37.1	23.2	21.0	6.9	44.7	21.4	23.4	6.9	10.4	22.4
91	0.4	1.2	1.7	1.8	0.3	0.5	35.6	85.5	21.8	5.8	62.3	11.5
64	2.6	4.3	6.8	7.8	0.9	1.8	72.0	33.1	10.1	0.8	18.6	54.8

续表

HS编码	美国		欧盟		德国		东亚		日本		世界其他地区	
	进口	出口	进口	出口	进口	出口	进口	出口	进口	出口	进口	出口
96	2.5	12.1	4.9	12.2	1.9	4.0	80.7	32.5	53.4	7.6	11.9	43.2
61	0.8	12.2	8.5	13.8	0.7	3.0	65.1	28.8	16.4	1.1	25.6	45.2
86	4.4	31.7	64.0	15.2	41.0	3.5	27.1	6.7	26.1	13.4	4.5	46.4
66	0.9	11.0	7.9	12.9	7.1	2.5	85.2	44.2	0.2	6.7	6.0	31.9
73	1.9	11.4	37.7	21.9	4.0	3.9	50.8	16.4	34.7	0.0	9.6	50.3
65	1.4	12.2	11.3	10.5	0.6	1.5	61.7	17.8	9.1	8.2	25.6	59.5
93	0.0	83.0	92.0	7.6	86.7	0.4	0.0	3.8	0.0	12.7	8.0	5.6

数据来源：UN－comtrade 数据库.

（二）基于垂直专业化指标的核算

垂直专业化分工的生产方式推动着全球贸易分工的转变，有助于各国在不同的生产环节上进行有效的规模生产，利用其比较优势优化全球价值链进而改变了国际贸易形式（杨蕙馨、高新焱，2019）。随着一国参与垂直专业化分工程度的深入，参与国际贸易中间品制造比重的提高，会使得本国经济体更容易受到世界经济波动的影响，一旦受国外不良因素的干扰造成贸易危机的可能性更高（梅冬州、崔小勇，2017）。表4－22显示了我国制造业细分行业的垂直专业化贸易份额以及加工贸易份额。大体上，垂直专业化贸易份额较高的行业加工贸易在行业进出口贸易总额中所占的比重也较高。由于没有区分贸易增加值的来源，加工贸易占比较行业垂直专业化贸易份额值更高。从具体行业来看，通信设备、计算机及其他电子设备制造业、仪器仪表及文化办公用机械制造业、化学工业、电气、机械及器材制造业以及交通运输设备制造业的垂直专业化贸易份额以及加工贸易在考察年份内较高，这些行业具有产品包含众多生产环节且不同环节对生产要素和技术的需求存在差异等特点，属于典型的全球价值链上分工生产的行业。从行业垂直专业化贸易份额随时间的变化趋势来看，我国一些主要的资源密集型以及劳动力密集型行业的垂直专业化贸易份额有所下降，如食品制造及烟草加工业、纺织业、服装皮革羽绒及其制品业、木材加工及家具制造业、造纸印刷及文教用品制造业以及石油加工、炼焦及核燃料加工业等。其他制造业行业的垂直专业化贸易份额则随时间不断提升。

表 4-22 我国制造业行业垂直专业化贸易份额与加工贸易份额 单位:%

行业分类	垂直专业化贸易份额			加工贸易占比		
	2002	2007	2011	2002	2007	2011
食品制造及烟草加工业	5.7	8.2	1.0	19.7	26.2	24.0
纺织业	15.1	13.2	1.0	33.3	19.8	15.0
服装皮革羽绒及其制品业	14.9	12.1	4.0	54.6	35.0	27.0
木材加工及家具制造业	9.7	11.1	4.0	42.9	30.7	21.0
造纸印刷及文教用品制造业	10.9	13.4	11.0	71.8	65.4	59.0
石油加工、炼焦及核燃料加工业	20.5	28.3	13.0	16.6	39.7	72.0
化学工业	14.7	18.7	40.0	41.9	36.0	30.0
非金属矿物制品业	9.1	10.7	11.0	21.5	16.5	12.0
金属冶炼及压延加工业	13.1	19.9	20.0	35.9	17.4	14.0
金属制品业	13.7	16.6	12.0	48.5	32.1	18.0
通用、专用设备制造业	16.7	19.6	22.0	36.1	31.4	43.0
交通运输设备制造业	16.8	20.9	30.0	62.9	51.9	64.0
电气、机械及器材制造业	17.7	22.5	39.0	71.0	61.5	54.0
通信设备、计算机及其他电子设备制造业	34.1	41.3	44.0	91.1	89.5	85.0
仪器仪表及文化办公用机械制造业	27.0	34.6	42.0	87.6	84.8	82.0
其他制造业	11.6	13.0	36.0	57.0	38.9	53.0

数据来源：2002 年、2007 年数据由作者根据海关数据库数据测算得到；2011 年数据来自于：津平，邓娟. 垂直专业化、出口技术含量与全球价值链分工地位［J］. 世界经济与政治论坛，2014（2）.

除了不同行业参与垂直专业化分工的程度和变化趋势存在差异，我国不同地区参与全球价值链的程度也是各异的。东部地区由于经济水平较为发达，交通较为便利，且是我国最早对外开放的地区，东部沿海省份参与国际分工的程度显然要高于内陆广大地区。内陆省份中，中部 6 省与西部地区省份经济结构差别显著，中、西部地区省份的垂直专业化贸易份额也可能存在着差异。然而，由于我国各省（自治区、直辖市）投入产出表所提供的数据与全国投入产出表不同，其使用的流入与流出数据既包括各省的直接进口和出口数据，也包括了省际间流转的数据（即各省、自治区、直辖市之间的进出口）。使用 HIY（2001）方法计算的各省 VSS 指标可能与实际水平存在偏误。因此，这里我们使用艾博沃德等（Upward et al.，2012）的方法进行测算。使用的各省贸易数据来自中国海关数据库，各省产出数据来自各省统计年鉴，我们计算了 2000 年、2003 年、2006 年、2009 年和 2011 年我国各省垂直专业化贸易份额，结果在表 4－23 中显示。

可以看到，我国东部地区 12 个省份的 VSS 指标明显高于同期内陆省份水平①。北京、天津、江苏、广东等省的垂直专业化贸易份额在 2000—2011 年间基本在 50% 以上。河北省的 VSS 指标均低于 20%，是东部地区参与垂直专业化分工程度最低的省份。此外，值得注意的是，浙江省的 VSS 远低于江苏和上海，即浙江省出口产品中的国内附加值是相对较高的。从变化趋势上看，东部大多数省份在 2000 年到 2003 年间 VSS 份额呈上升趋势，在 2006 年到 2009 年出现下滑，到 2011 年有所回升。侧面显示了金融危机对我国中间品进口的负面影响。中部地区省份的垂直专业化贸易份额在 2000 年以来基本低于 30%，但多数省份的 VSS 水平表现出逐步上升趋势，受金融危机的影响程度明显小于东部沿海省份。其中，山西、内蒙古和河南省出口产品中的国外附加值在近年来显著上升。西部地区省份的垂直专业化贸易份额差异较大。四川省的 VSS 指标显著高于西部其他各省，重庆市 VSS 则出现最大幅度的上升。以上两个省市以及陕西、甘肃和云南省的垂直专业化贸易份额在 2011 年均高于 20%；宁夏、青海和西藏 2000 年到 2011 年的 VSS 指标均在 10% 以下。

① 按照国家统计局的划分标准，东部地区包括辽宁、北京、天津、河北、山东、江苏、上海、浙江、广东、福建、广西和海南等 12 个省（自治区、直辖市）；中部地区包括内蒙古、吉林、黑龙江、山西、河南、江西、湖南、湖北和安徽等 9 个省（自治区、直辖市）；西部地区包括四川、重庆、云南、贵州、陕西、甘肃、宁夏、新疆、青海、西藏等 10 个省（自治区、直辖市）。

表 4－23　我国各省（自治区、直辖市）垂直专业化贸易份额　　单位:%

所在地区	省（直辖市、自治区）	2000	2003	2006	2009	2011
东部地区	北京	62.1	69.4	72.8	47.6	56.7
	天津	67.7	70.8	66.7	59.6	66.8
	河北	11.7	14.4	10.9	14.6	17.7
	辽宁	37.7	40.9	44.4	40.8	44.4
	上海	50.3	73.5	70.4	65.6	65.1
	江苏	55.3	67.8	62.1	51.3	49.5
	浙江	21.1	22.6	23.8	23.1	25.6
	山东	30.7	32.9	32.6	29.6	32.9
	福建	37.1	42.7	39.0	43.0	44.6
	广东	65.3	68.6	61.8	52.5	50.7
	广西	16.5	29.4	30.4	32.7	47.3
	海南	24.4	32.6	45.8	43.8	43.9
中部地区	山西	8.0	6.0	16.9	23.0	31.8
	内蒙古	9.2	11.3	11.7	21.9	28.4
	吉林	14.1	15.9	17.1	18.5	20.9
	黑龙江	7.2	9.3	9.5	10.6	17.4
	安徽	22.5	17.1	18.7	15.0	18.3
	江西	16.6	17.6	24.9	27.2	19.7
	河南	22.3	14.7	15.3	15.5	28.0
	湖北	21.9	22.2	25.5	19.9	22.0
	湖南	12.3	12.4	9.9	10.1	12.0
西部地区	重庆	6.8	10.9	13.1	15.5	22.5
	四川	22.4	27.8	24.9	29.3	35.2
	贵州	11.3	16.3	11.2	8.9	10.2
	云南	13.9	12.6	16.2	18.9	21.2
	陕西	18.1	14.9	16.5	16.5	20.3
	甘肃	14.8	13.3	17.8	18.8	20.5
	宁夏	8.0	6.6	4.8	2.7	3.3
	青海	8.0	6.6	4.8	2.7	3.3
	新疆	4.6	4.4	5.4	6.3	10.3
	西藏	6.8	4.7	3.2	1.3	1.7

数据来源：作者根据中国海关数据计算得到.

（三）基于增加值贸易指标的核算

基于第三章中介绍的增加值贸易核算方法，我们可以利用 KPWW（2014）提出的增加值贸易核算框架对一国的出口总值进行分解，从而理清总出口中价值增值的实际来源。利用世界投入产出数据库（WIOD）2017 年最新发布的世界投入产出表（WIOT），可以核算 2000 年至 2014 年全球 43 个经济体的增加值贸易水平。

结合 KPWW 核算框架和王等（Wang et al.，2013）的方法，一个经济体的出口贸易总额可以分解为以下 4 个部分：①国外增加值（FVA），其中包括以最终品出口的国外增加值和以中间品出口的国外增加值；②国内增加值（DVA），即最终被外国吸收的国内增加值；③出口复进口增加值（RDV），这部分增加值先被出口至国外，又隐含在本国从其他国家的进口中返回国内，并最终被本国吸收；④重复计算的中间品增加值（PDC）。在此基础上，我们可以测算 2000—2014 年中国制造业和服务业出口贸易中隐含的各部分增加值及所占比例。

表 4-24　中国制造业出口贸易总额分解结果　　单位：%

年份	FVA	DVA	RDV	PDC
2000	15.49	80.41	0.82	3.28
2007	20.55	72.63	1.21	5.61
2008	19.07	74.19	1.33	5.42
2014	15.13	78.00	2.32	4.55

数据来源：尹伟华．全球价值链视角下中国制造业出口贸易分析——基于最新的 WIOD 数据[J]．经济学家，2017（8）．

中国制造业出口贸易中的外国增加值（FVA）占比表现为先升后降的趋势。2000 年中国制造业出口中的外国增加值占比 15.49%，该值于 2007 年上升至 20.55% 随后逐渐下降到 2008 年的 19.07%，到 2014 年进一步下降至 15.13%，为 2000 年以来的最低水平。这表明中国自入世以来制造业出口中的国外增加值含量越来越高，但在 2008 年全球金融危机之后制造业出口中的国外增加值占比出现了逆转性的下降趋势。这主要是因为受到金融危机的影响，全球经济复苏缓慢，发达经济体增长疲弱、国际大宗商品价格低迷。受此影响，曾经长期领先于经济增长的全球贸易显现出疲态，全球贸易增速连续几年落后于全球 GDP 增速。在国际经济贸易发展形势持续乏力的态势下，贸易保护主义抬头，各国纷纷出台各类保护措施，以维护自身利益，反全球化的浪潮高涨，严重阻碍了全球价值链分工合作的发展。中国制造业出口贸易中的国内增加值（DVA）占比表现出与外国增加值占比截然相反的变化趋势。比值由 2000 年的 80.41% 下降至 2007 年的 72.63%，此后由 2008 年的 74.19% 上升至 2014 年的 78.0%，表明中国制造业在全球价值链分工体系上的参与程度、分工地位在不断提高。

中国制造业出口贸易中的出口复进口增加值（RDV）占比表现为逐步上升趋势。2000 年出口复进口增加值在制造业出口中占比 0.82%，该值在 2007 年和 2008 年分别上升为 1.21% 和 1.33%，到 2014 年进一步上升为 2.32%。上升趋势显示出中国制造业出口的中间品和零部件越来越多地被用于其他国家和地区的出口再生产，并最终由中国从其他国家和地区复进口到国内并被消费。此外，制造业出口中的复进口增加值占比很小，这在一定程度上表明中国制造业在全球价值链上的所处的地位仍属低端，主要从事的是简单加工、组装装配等生产环节，较少参与高附加值的产品研发、设计等高端生产环节，使得中国制造业出口增加值以复进口形式返回本国的比例很低。中国制造业出口中重复计算的增加值（PDC）占比整体表现为上升趋势。该比值由 2000 年的 3.28% 上升至 2014 年的 4.55%，表明中国制造业出口产品在生产过程中存在中间品多次进出国境，参与价值链增值环节的经济体越来越多，分工链条在不断细化。

新版的 WIOD 中制造业涉及 19 个行业。参照经合组织按照《欧盟经济活动分类统计标准第一版》（NACE1）统计分类标准可将全部 19 个行业划分为高技术制造业、中高技术制造业、中低技术制造业和低技术制造业四大类，具体分类如表 4－25 所示。

表 4－25　制造业行业分类

高技术制造业	计算机、电子产品和光学产品制造业
中高技术制造业	化学品及化学制品制造业
	基本医药产品和医药制剂制造业
	电力设备制造业

续表

中高技术制造业	未另分类的机械和设备制造业
	汽车、挂车和半挂车制造业
	其他运输设备制造业
	机械和设备的修理和安装业
中低技术制造业	焦炭和精炼石油产品制造业
	橡胶和塑料制品制造业
	其他金属矿物制品制造业
	基本金属制造业
	金属制品制造业
低技术制造业	饮料和烟草产品制造业
	纺织品、服装、皮革及相关产品制造业
	木材及软木制品、草编制品及编织材料物品制造业
	纸和纸制品制造业
	记录媒介物的印制和复制业
	家具和其他制造业

按照以上分类标准，可分别计算不同技术类别制造业出口贸易的增加值情况。由表 4－26 可见，中国高技术制造业出口中的外国增加值占比高于中高技术制造业、中低技术制造业和低技术制造业，表明中国高技术制造业参与全球价值链分工的程度是所有制造业部分中最高的。不同技术水平制造业出口中的外国增加值占比均呈现先升高后下降的趋势，表现为 2000 年至 2007 年占比提升，2008 年至 2014 年占比转而下降。这说明中国制造业行业参与全球价值链分工程度已经较为深入，2008 年国际金融危机后，全球价值链分工体系的发展受到了阻碍，中国制造业出口中的外国增加值占比出现下降。从中国制造业出口中的国内增加值占比上看，不同技术水平制造业部门的 DVA 水平均超过的 50%，其中低技术制造业中的国内增加值占比最高且呈上升趋势，比值由 2000 年的 85.37% 上升为 2014 年的 89.02%。这显示出中国在低技术制造业部门具有较强的国际竞争力。低技术制造业主要是劳动力密集型部门，中国得以利用自身的劳动力禀赋优势在产品的生产和出口中获取绝大多数的增加值，且随着中国低技术制造业的转型升级，行业出口产品中的国

内增加值含量得以不断提升。

中国不同技术水平制造业出口中的复进口增加值占比均呈上升趋势，再次表明中国制造业的出口增加值越来越多地通过其他贸易伙伴国的出口再生产返回国内并最终用于消费。这在一定程度上表明中国制造业各部门在全球价值链上的分工地位有向高端攀升的态势。不同技术水平制造业出口中的重复计算增加值占比在考察时段内也呈现出明显的上升趋势。这表明中国各个技术水平的制造业部门融入全球价值链的环节越来越细化，参与全球价值链分工的程度不断深化。其中，高技术制造业和中高技术制造业出口中重复计算增加值的占比较高，低技术制造业出口中重复计算增加值的占比相对较低，说明中国高技术制造业参与全球价值链分工的程度要高于低技术制造业。

表 4－26　中国不同技术水平制造业出口贸易总额分解结果　　单位：%

行业	年份	FVA	DVA	RDV	PDC
高技术制造业	2000	23.54	69.23	1.11	6.12
	2007	31.11	57.93	1.49	9.47
	2008	28.85	60.74	1.55	8.86
	2014	19.97	69.29	3.23	7.51
中高技术制造业	2000	13.67	82.19	0.91	3.22
	2007	18.26	75.56	1.31	4.87
	2008	17.15	76.75	1.41	4.69
	2014	13.42	80.35	2.23	4.00
中低技术制造业	2000	11.54	82.62	1.48	4.37
	2007	15.09	75.48	2.16	7.27
	2008	14.71	75.72	2.31	7.26
	2014	13.02	78.12	3.24	5.63
低技术制造业	2000	13.15	85.37	0.33	1.16
	2007	13.95	84.50	0.31	1.23
	2008	12.70	85.73	0.37	1.20
	2014	9.02	89.02	0.82	1.14

数据来源：尹伟华．全球价值链视角下中国制造业出口贸易分析——基于最新的 WIOD 数据[J]．经济学家，2017（8）．

随着中国经济和贸易结构转型升级，服务业规模不断扩大，带动服务贸易进入快速发展期，服务外包发展迅速。离岸服务外包市场多元化趋势日益显现，逐渐从美欧日和香港地区等传统市场拓展至东南亚、大洋洲、中东、拉美和非洲等近200个国家和地区。与此同时，中国与“一带一路”沿线国家服务外包合作快速发展，开始大量承接“一带一路”沿线国家服务外包合同。结合KPWW核算框架和王等（Wang，2013）的方法，利用2017年最新的WIOD数据，可以测算中国服务贸易的出口增加值并对服务贸易出口增加值进行分解。2016年公开发布最新版的世界投入产出数据库（WIOD），涵盖2000年至2014年43个经济体（包括15个主要经济体和28个欧盟成员经济体）、56个产业部门（包括29个服务业和19个制造业）的连续性时间序列数据。

根据前文制造业出口增加值的分解可知，一国出口贸易的总额可以分解为国内出口增加值、外国出口增加值、出口并复进口的增加值以及重复计算的增加值四个部分。其中，国内出口增加值（DVA）又可进一步分解为以下几个部分：①以最终品出口的国内增加值（DVA_FIN）；②直接被进口国吸收的中间品出口的国内增加值（DVA_INT）；③被经过使用向第三国出口所吸收的中间品出口的国内增加值（DVA_INTrex）。

从总量上来看，2000—2014年中国服务业出口贸易中的国内增加值显著小于服务贸易出口总额，表明中国服务业出口已经融入到全球价值链分工体系之中，其出口贸易中隐含着很大一部分外国增加值以及重复计算的部分。从国内增加值的变化趋势上看，我国服务业出口中的国内增加值表现出显著的上升趋势，其值由2000年的451.74亿美元增加到2014年的3 422.2亿美元。从出口国内增加值的具体分解上看，我国服务业出口贸易中以最终服务环节出口的国内增加值、以中间服务环节出口的国内增加值分别由2000年的163.69亿美元、288.05亿美元增加到2014年的1 190.51亿美元、2 231.73亿美元。其中，以中间服务环节出口的国内增加值增速最高。从贸易结构上看，2000—2014年我国服务业出口贸易中的国内增加值占比呈现出先下降后上升的趋势，由2000年的88.3%下降到2007年的84.6%，然后再上升到2014年的88.9%。这主要是由于2008年金融危机以来，全球经济特别是发达经济体的经济增长持续低迷、复苏乏力，伴随贸易保护主义抬头，导致经济全球化以及全球价值链的深入发展受到阻碍。

表 4－27　WIOD 中服务业涉及的行业代码和名称

行业代码	行业名称
28	批发和零售业以及汽车摩托车修理业
29	批发贸易（汽车和摩托车除外）
30	零售贸易（汽车和摩托车除外）
31	陆路运输与管道运输业
32	水上运输业
33	航空运输业
34	运输储藏和辅助活动
35	邮政和邮递活动（邮政和邮递业）
36	食宿服务活动（食宿服务业）
37	出版业
38	视听和广播活动
39	电信业
40	信息科技和其他信息服务业
41	金融服务业（保险和养恤金除外）
42	保险、再保险和养恤金业（强制性社会保障除外）
43	金融保险服务及其附属活动
44	房地产业
45	法律、会计、管理咨询活动
46	建筑、工程、技术测试和分析活动
47	科学研究与发展
48	广告业和市场调研
49	其他专业、科学和技术活动、兽医活动（其他专业、科学和技术活动）
50	行政和辅助活动
51	公共管理与国防、强制性社会保障
52	教育业
53	人体健康和社会工作活动
54	艺术、娱乐、文娱和其他服务业
55	家庭作为雇主的活动；家庭自用、未加区分的物品生产和服务活动
56	国际组织和机构活动

表 4-28　2000—2014 年中国服务业出口贸易增加值总额及结构分解　单位：亿美元

年份	EX	DVA		DVA_FIN		DVA_INT		DVA_INTrex	
		总额	占比（%）	总额	占比（%）	总额	占比（%）	总额	占比（%）
2000	511.46	451.74	88.3	163.7	32.69	204.18	39.92	83.87	16.40
2001	574.88	510.55	88.8	179.5	31.23	236.59	41.15	94.45	16.43
2002	711.40	626.47	88.1	210.9	29.65	296.39	41.66	119.14	16.75
2003	780.76	676.94	86.7	216.1	27.68	329.23	42.17	131.63	16.86
2004	956.45	815.50	85.3	269.7	28.20	385.30	40.28	160.50	16.78
2005	1 124.81	960.35	85.4	316.6	28.15	452.05	40.19	191.70	17.04
2006	1 415.51	1201.7	84.9	408.6	28.86	556.69	39.33	236.44	16.70
2007	1 902.21	1 610.4	84.7	539.6	28.37	759.46	39.93	311.34	16.37
2008	2 488.27	2 135.1	85.8	752.5	30.24	984.79	39.58	397.86	15.99
2009	2 314.54	2 044.9	88.4	708.9	30.63	991.25	42.83	344.69	14.89
2010	2 885.44	2 509.6	87.0	840.8	29.14	1 223.73	42.41	445.13	15.43
2011	3 576.06	3 097.5	86.6	1 047.1	29.28	1 485.66	41.54	564.74	15.79
2012	3 870.14	3 388.2	87.6	1 147.1	29.64	1 649.31	42.62	591.81	15.29
2013	3 703.18	3 252.8	87.8	1 145.1	30.92	1 551.10	41.89	556.63	15.03
2014	3 849.35	3 422.2	88.9	1 190.5	30.93	1 648.45	42.82	583.27	15.15

数据来源：尹伟华．中美服务业参与全球价值链分工程度与地位分析［J］．世界经济研究，2017（9）.

（四）对其他相关指标的研究结论

1. 对显性比较优势的重新测算。在增加值贸易核算框架下，学者尝试利用增加值贸易测算结果重新测算中国的出口竞争力和显性比较优势等指标，力求更为准确地刻画中国不同行业比较优势的动态演变以及在全球价值链上的利益获取情况。

长期以来，中国主要凭借丰裕的廉价劳动力比较优势参与国际分工，在很长一段时间内实现了国际贸易特别是出口贸易额高速增长。然而，入世以来中国的出口产品结构表现出显著的反比较优势特征，即作为一个技术水平相对落后且劳动力资源丰裕的发展中国家，中国大规模出口技术密集型制造业产品。罗德里克（Rodrick，2006）通过建立并测算多国出口产品的技术含量，指出中国过去十年出口产品的高技术含量无法用传统的比较优势理论加以解释，这一现象也因此被称为“罗德里克悖论”（Rodrick Paradox）。

衡量一国比较优势的常用指标是巴拉萨（Balassa，1965）提出的显性比较优势指数（RCA）。在全球价值链分工背景下，使用总值贸易核算的 RCA 指数已经无法反映真实的比较优势。为此，文东伟（2017）使用增加值贸易核算方法重新测算了中国比较优势的动态演变，结果显示：第一，传统的总值贸易统计高估了中国技术密集型行业的出口能力和贸易竞争力，但却低估了农林牧渔业、采掘业、制造业以及劳动密集型和资本密集型行业的出口能力和贸易竞争力；第二，从显性比较优势指数的动态演变来看，中国的农林牧渔业和采掘业以及劳动密集型行业的 RCA 指数呈下降趋势，而技术密集型行业的 RCA 指数则呈上升趋势，表明中国的比较优势逐步由资源能源行业和劳动密集型行业转向技术密集型行业；第三，从不同行业 RCA 指数的数值大小来看，使用总值贸易核算的结果显示中国技术密集型行业的 RCA 指数在2005 年开始都大于2，而传统劳动密集型行业的 RCA 指数在2000 年以后急剧下降；使用增加值贸易核算的结果显示中国技术密集型行业的 RCA 指数仅在0.7 与1.32 之间，呈缓慢上升趋势，而劳动密集型行业的 RCA 指数在 1.20 与 1.75 之间，呈缓慢下降趋势，从2005 年开始中国技术密集型行业和劳动密集型行业的 RCA 指数较为接近，表明中国的比较优势并未发生根本性转变。

仅使用增加值贸易测算中国的显性比较优势指数仍可能存在偏误。这主要是由于中国对外贸易特别是出口贸易的一个显著特征是加工出口所占比重很高。2004 年中国加工贸易出口占货物贸易总出口的比重高达55%，近几年这一比重虽然有所下降但仍维持在一个较高的水平上。与一般贸易相比，加工贸易主要采取从国外进口原材料以及中间品、经加工组装为最终品后再出口到海外的生产方式，与国内生产部门的前向与后向联系较少，生产过程中产生的国内增加值较低。如果将加工出口与一般出口同等对待，即便使用增加值贸易重新核算的显性比较优势指数也无法真实反映出口产品的真实比较优势。田开兰等（2017）在中国科学院与国家统计局合作编制的区分一般与加工贸易的非竞争型投入产出表的基础上对中国出口产品的 RCA 指数进行了重新测算。研究发现，使用增加值贸易指标计算的 RCA 指数显示中国的电子设备和电器设备具有较弱的出口比较优势，但在区分了加工贸易之后，RCA 指数大幅下降，由较弱的比较优势转为明显的比较劣势；中国的农产品的显性比较优势则被低估。表4－29显示了基于国内增加值测算的我国制造业与服务业的显性比较优势指数。我国制造业和服务业的显性比较优势指数在1995—2011年间均呈现上升态势。

表4－29　基于国内增加值测算的中国制造业与服务业显性比较优势

年份	1995	2000	2005	2008	2009	2010	2011
制造业	0.67	0.68	0.72	0.85	0.84	0.84	0.85
服务业	0.98	0.91	0.79	0.79	0.76	0.78	0.79

数据来源：乔小勇、王耕、李泽怡．中国制造业、服务业及其细分行业在全球生产网络中的价值增值获取能力研究：基于“地位—参与度—显性比较优势”视角［J］．国际贸易问题，2017（3）．

2. 对全球价值链分工地位的测算。根据库普曼等（Koopman et al，2014）在增加值贸易框架下建立的全球价值链分工地位指标核算方法，我们测算了我国1995年到2016年总体以及电子和光学行业的GVC分工地位指数。图4－8可见，中国制造业在全球价值链上的分工地位随时间的变化趋势可以分为两个阶段。其中，1995—2005年为第一阶段，在这十年间我国在全球价值链上所处地位有所下降，GVC分工地位指数由1995年的－0.034降低至2005年的－0.08。2005—2016年为第二阶段，在这一阶段我国的分工地位转为逐渐提升态势，GVC分工地位指数在这一阶段由负转正，到2016年达到0.312。这表明我国在加入WTO以前以及入世后的最初几年，在全球分工体系中处于越来越不利的地位。这一阶段虽然我国的进出口贸易额增长较快，但我国主要是通过加工贸易等方式参与国际分工，出口的最终产品中包含了大量的进口中间投入，我国主要从事加工组装等生产环节，实际获得的贸易利益非常有限，在全球价值链分工体系中处于劣势地位。2005年以来，我国的国际贸易从重视出口逐渐转向进出口平衡发展的态势，政府和外贸企业越来越重视贸易产品的技术含量和国内增加值。随着“入世”承诺在2010年全部履行完毕，我国参与全球价值链分工的程度不断加深，所处的地位也不断提升。

如前文所述，电子及光学设备行业被证实是目前参与全球价值链分工水平最高的行业之一（王岚，2014；王直等，2015）。为此我们也测算了1995年以来我国电子及光学设备行业的全球价值链分工地位水平。由图4－8可见，我国电子及光学设备行业的GVC分工地位在考察时段内显著低于制造业整体分工地位，表现为1995—2016年电子及光学设备行业的GVC分工地位指数均为负值。从变化趋势上看，电子及光学设备行业的GVC分工地位指数整体呈上升趋势，指数由1995年的－1.21逐步提升至2016年的－0.32，提升幅度较我国制造业整体地位提升的幅度更大。电子及光学设备行业作为典型的全球价值链上的行业以及高科技行业，我国在行业的分工生产体系中所处地位相对较低，但地位的提升速度较快。

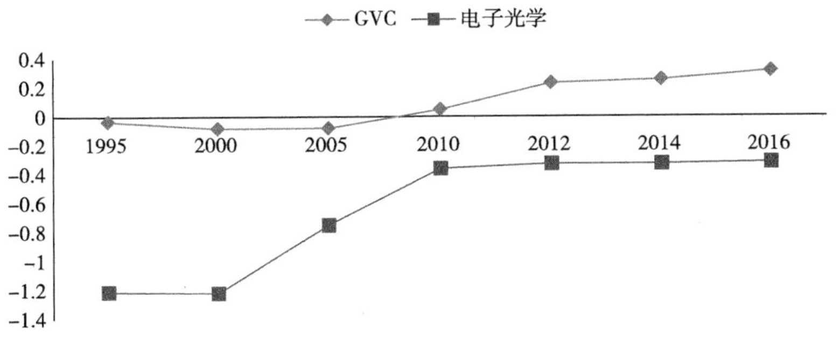

图4－8　1995—2016年我国整体及电子和光学设备行业GVC分工地位指数

3. 对产业在全球价值链上位置的测算。学者通过建立产业上游度指标对各产业在全球价值链上的相对位置进行了测算。表4－30可见，不同产业在其各自生产线上的平均位置有很大差别。制造业产业的上游度水平普遍高于其他产业的上游度水平。从具体行业上看，上游度测算值最小的为邮政业的1.1，最大的为化学工业的8.26。我国制造业产业的平均上游度水平为3.05，标准差为1.68，其他产业的平均上游度水平为2.04，标准差为1.22，制造业产业的上游度水平相对更为分散。

与我国产业的上游度水平相比，安特拉斯等（Antras et al.，2012）测算的美国产业上游度指标的跨度在1与4.65之间，除卢森堡以外的欧洲国家的产业上游度指标的跨度在1与3.92之间。王金亮（2014）通过比较我国与欧洲各国及美国各行业的上游度水平，指出我国产业上游度具有以下几个特征：一是上游度跨度较大；二是价值链上的平均位置较低且较为分散；三是我国最低端产业在价值链上的地位大大低于欧洲和美国；四是我国制造业产业在价值链上整体水平较低。鞠建东、余心玎（2014）基于中国的行业上游度指标和海关贸易数据，以价值链为线索，对中国在全球价值链中的贸易角色进行了定量分析，在此基础上考察了中国的进、出口单位价值差异与行业上游度之间的关系。研究发现中国出口产品的单位价值显著偏低，我国与美国之间出口单位价值的差异在价值链下游尤为明显。总体上，学界对于我国产业在全球价值链上处于低端地位这一判断是正确的。在深入参与全球价值链分工体系的过程中，我国还需要积极推进各个产业向价值链的高端提升。

表 4－30 我国各产业上游度测算

制造业产业名称	代码	上游度	其他产业名称	代码	上游度
化学工业	12	8.26	交通运输及仓储业	27	4.75
金属冶炼及压延工业	14	6.3	批发和零售贸易业	30	4.57
通信设备、计算机及其他电子设备制造业	19	4.83	农业	1	4.27
通用、专用设备制造业	16	3.85	电力/热力的生产和供应业	23	3.97
造纸印刷及文教用品制造业	10	3.35	金融保险业	32	3.1
石油加工、炼焦及核燃料加工业	11	3.28	信息传输/计算机服务和软件	29	2.26
石油和天然气开采业	3	3.15	租赁和商务服务业	34	2.23
交通运输设备制造业	17	3.11	住宿和餐饮业	31	2.16
纺织业	7	2.94	其他社会服务	38	1.68
电气、机械及器材制造业	18	2.84	建筑业	26	1.57
煤炭开采和洗选业	2	2.64	房地产业	33	1.56
金属制品业	15	2.56	废品废料	22	1.34
食品制造及烟草加工业	6	2.38	综合技术服务	37	1.3
非金属矿物制品业	13	2.01	文化、体育和娱乐业	41	1.29
木材加工及家具制造业	9	1.89	水的生产和供应业	25	1.21
金属矿采选业	4	1.81	教育事业	39	1.16
仪器仪表及文化办公用机械制造业	20	1.56	卫生、社会保障和社会福利事业	40	1.12
服装皮革羽绒及其制品业	8	1.53	燃气生产和供应业	24	1.12
非金属矿采选业	5	1.4	旅游业	35	1.11
其他制造业	21	1.37	邮政业	28	1.1

数据来源：王金亮．基于上游度测算的我国产业全球地位分析［J］．国际贸易问题，2014（3）．

第四节　本章小结

本章我们利用投入产出数据库、联合国国际贸易数据库、中国海关贸易数据库等不同国家的进出口数据，利用 HIY（2001）方法、艾博沃德等（Upward et al，2012）方法、零部件贸易方法、加工贸易以及增加值贸易方法等详细考察不同国家总体、不同行业、不同地区参与全球价值链分工的程度与贸易利得，在此基础上本章也对双边贸易余额、全球价值链分工地位以及位置、显性比较优势等指标在全球价值链分工框架下进行了核算。总体上，发达国家参与全球价值链分工的程度更深，在全球价值链上获取的贸易利得更多。美国、日本、英国和加拿大等国家出口增加值中的国内增加值比重显著高于世界平均水平，表明这些经济体参与全球价值链分工生产的程度较高，是全球价值链上生产的中间品或最终品的主要出口来源地。巴西、俄罗斯、印度尼西亚、印度和澳大利亚等国家作为自然资源类中间品的出口国获得了较高的国内增加值。针对我国的核算结果显示，我国出口产品中的国内附加值水平逐年提高，此外，我国在全球价值链分工体系上所处的地位也在提升。分区域的核算表明我国东部地区产品国内附加值开始提高，而相对国内附加值较低的生产环节开始向内陆地区梯度转移。从具体行业来看，我国在电气、机械及器材制造业、通信设备、计算机及其他电子设备制造业、仪器仪表及文化办公用机械制造业以及其他制造业产品生产上，参与全球价值链分工的程度已经较高。作为全球最大的发展中国家，我国在经济全球化进程中获得了巨大的红利。在我国的平台上聚集了来自多个国家的多种零部件产品同时大量的进出口。参与全球价值链分工生产网络使得我国的产品生产种类极为多样化。跨国公司知识和技术外溢效应为我国许多生产环节的生产效率和技术水平提升提供了机会。然而，近年来随着我国劳动力、土地等要素成本的不断上升，以及与其他亚洲发展中国家的在国际市场上的竞争程度不断加剧，也迫使我国积极寻求提升产品附加值、对全球价值链上的产业实现转型升级。

根据本章的研究结论，我们认为我国在深入参与全球价值链分工的过程中可以在以下几个方面着手：首先，实现我国经济发展战略转型升级的前提是对我国当前经济发展模式的正确认识。全球价值链分工强调了中间投入在生产和贸易中的前后关联，因而反映的不仅是一国各行业或地区的产品内分工程度，也体现了企业主体和上下游关联企业的发展水平和生产效率。目前，我国仍处在参与国际分工的初级阶段，参与分工生产的工序和生产阶段的技术含量和附加值有限，与发达国家的生产效率仍存在较大差距，这是影响我国在全球价值链上地位的重要因素，也是我们必须认清的现实。对这一现实的正确认识是判断我国当前经济发展的走势、调整产业结构以及转变增长方式的基础。其次，对不同类型行业在全球生产分工体系中的发展定位的准确把握。我国的增加值贸易处在一个由初级向中级的过渡阶段，初级产品如农业产品等的专业化层次仍然较低，制造业仍有待高速发展，同时生产相关的服务业的发展也处在起步阶段。我国应遵循不同行业的发展规律，针对我国不同行业全球价值链分工的现实情况和国际形势的变化，对不同的行业进行合理规划和定位。对于制造业行业，力争实现发展由数量的扩张转向质量的提升，促进制造业结构的高级化，提升战略部门的科技含量。对于关乎国计民生的农林牧渔等行业，应加大投入和扶持力度。大力发展现代服务业，推进服务业与制造业转型升级的协调发展。再次，做好参与全球价值链分工在我国国内的区域布局，促进不同地区的协调发展。目前，我国东部地区受到劳动力、土地等要素价格提升的影响，在国际分工中的竞争力有所下降，主要体现在近年来相关行业的垂直专业化分工份额有所下降。目前，跨国公司开始逐步将生产由我国东部向内陆省份转移。实现出口产业由东部向内陆省份的梯度转移，对于我国中西部广大地区的经济发展、产业结构调整和劳动力就业等方面均具有重要意义。我国应针对各地区的比较优势，对相关产业在东中西部地区进行合理的布局。

第五章　国际贸易影响劳动力市场的理论分析

第一节　国际贸易影响劳动力市场的典型事实

一、国际贸易对劳动力就业需求的影响

随着国际分工体系的不断演进，一国将产品生产的部分环节和工序转移到更加具有比较优势的国家和地区进行专业化生产，以实现降低生产成本的目的。这种全球范围的分工生产和贸易活动对参与国的产业结构和劳动力市场发展带来了深刻的影响。对于我国而言，随着我国加入世界贸易组织后开放程度的不断深入，国际贸易对我国劳动力市场的影响日益增强。国际贸易对劳动力需求的影响既有数量效应，也存在结构效应。

（一）国际贸易对劳动力就业数量的影响

由图 5－1 可见，除了 2008 年金融危机期间出现回落，我国进出口贸易额与就业人口总数自 2000 年以来均呈快速增长态势且两个指标的变化趋势较为一致。随着我国参与全球价值链分工体系的程度不断加深，国际贸易领域也将吸纳越来越多的就业人口从事相关工作。

图 5－1　2000—2017 年我国进出口总额与就业人口

数据来源：《中国统计年鉴》.

已有文献也证实了我国的贸易自由化和参与全球价值链分工生产对劳动力就业数量产生了显著的影响。多数研究认为，出口贸易显著提升了我国劳动力就业数量，进口贸易对劳动力就业数量的影响则不显著或者为负；与一般贸易相比，加工贸易创造的就业数量较少；与最终品贸易相比，中间品贸易对就业需求的影响较小（表 5－1）。也有一些研究得到了不同的结论，例如陈仲常、马红旗（2011）指出，外包对我国的总体就业效应为负。他们给出的解释是我国制造业的总体外包水平、低技术外包水平以及高技术外包水平的替代效应和生产效应之和大于规模效应，致使就业的净效应为负，对就业整体呈抑制作用。

表 5－1　国际贸易影响劳动力就业数量的部分研究结论

作　者	度量指标	主要结论	劳动力需求效应
俞会新、薛敬孝（2002）	出口导向率、进口渗透率	出口贸易促进就业；进口对就业的影响不显著	出口导向每增加 1%，劳动需求增加 0.1
盛斌、马涛（2008）	中间品进出口	中间产品的出口对中国劳动力需求有显著正效应；中间品进口对劳动力需求有负面效应	出口影响就业的弹性系数：0.8；进口影响就业的弹性系数：－1.52
梁平等（2008）	进出口贸易	出口显著促进了我国劳动力就业；进口贸易对就业影响不显著	出口影响就业的全国弹性 0.0457；东部地区 0.0431；中部地区 0.1134；西部地区 0.0315
陈仲常、马红旗（2011）	外包	外包的整体就业效应为负	总体外包每提高 1%，制造业就业水平下降 0.105%；高技术外包每提高 1%，就业下降 0.046%；低技术外包每提高 1%，就业下降 0.08%
王有鑫等（2013）	一般贸易与加工贸易出口	一般贸易和加工贸易出口均促进就业但以一般贸易为主	2001—2008 年间一般贸易出口带动 1 368.22 万人就业
席艳乐、王开玉（2015）	中间投入与最终品贸易	贸易自由化对企业就业变动存在异质性影响	中间投入与最终品贸易均显著影响就业需求，且最终品贸易的影响效应更大

(二) 国际贸易对劳动力就业结构的影响

国际贸易对一国劳动力市场上就业结构的影响取决于该国参与国际分工生产活动主要使用何种类型的劳动力。根据传统国际贸易理论中的要素禀赋论，发展中国家拥有相对丰裕的低技能劳动力，这使得发展中国家在技术水平较低的劳动密集型生产环节中具有比较优势，而发达国家则在一些技术水平更高的高技能劳动力密集型生产环节中具有比较优势。按照理论预测的贸易模式，在开放条件下发展中国家将出口低技能劳动力密集型产品从而提升本国对低技能劳动力的相对需求；发达国家将出口高技能劳动力密集型产品并增加本国对高技能劳动力的相对需求。

然而，包括中国在内的许多发展中国家参与国际分工的一个结果是提升了本国对高技能劳动力的相对需求，改善了本国的就业技能结构。相关研究认为现实与理论背离的原因可以通过以下几个方面得到解释：一是发达国家转移到发展中国家的生产环节在本国属于低技能生产环节，然而由于发达国家与发展中国家之间存在较大的技术差距，对于发展中国家而言这些生产环节可能需要更多本国的高技能劳动力，因此离岸外包能够提升发展中国家高技能劳动力的相对需求。二是贸易开放产生了有偏的技术进步效应。阿西莫格鲁（Acemoglu，2003）指出，随着贸易开放的深入，发展中国家获取的技术外溢是技能偏向性的（Skill-biased technological change，SBTC），即与低技能劳动力相比，技术进步效应使得发展中国家的高技能劳动力与分工生产环节更为匹配。技术进步效应促进了发展中国家高技能劳动力的就业需求，改变了劳动力就业结构。三是与一般企业相比，出口企业由于需要应对更为激烈的国际市场竞争通常劳动生产率更高，拥有更加先进的设备和更高的技术水平。贸易开放程度的加深将提升出口企业对高技能劳动力的相对需求从而改善国内就业技能结构。

(三) 国际贸易对劳动力收入分配的影响

国际贸易通过增加劳动力需求对劳动力市场上的供求关系产生影响，供求关系的变化决定了劳动力价格的变化。国际贸易对劳动力收入分配的影响具体体现在以下几个方面：

1. 国际贸易在提升劳动者收入水平的同时扩大了高技能劳动力与低技能劳动力之间的收入差距，促进了技能溢价。关于国际贸易对不同技能劳动力收入水平和收入差距的影响在很长一段时期内都是学者研究的热点问题。通常，我们使用两种方法来划分劳动力的技能水平：一是以劳动力的受教育程度作为划分标准，接受了高中及以上（或者大专及以上）教育的劳动力被视为高技能劳动力，获取初中及以下（或者高中及以下）教育的劳动力被划分为低技能劳动力；二是根据劳动力从事的职业类型进行划分，将从事管理、销售、研发、设计等非生产活动的劳动力视为高技能劳动力，从事生产活动的劳动力视为低技能劳动力。鉴于数据的可得性，绝大部分我国学者使用第一种划分方法，研究结果多指出对外贸易是中国收入不平等程度加剧的一个原因。国际贸易由于对不同类型的劳动力的需求产生了不同的影响，从而拉大了不同技能劳动力间的收入差距。潘士远（2007）认为，贸易自由化通过有偏的学习效应推动技术进步更偏向于技能密集型，从而增加对高技能劳动力的相对需求，并扩大高低技能劳动力间的工资差距。徐和李（Xu & Li，2008）利用企业层面数据实证表明贸易开放扩大了我国高、低技能劳动力间的工资差异。宋冬林等（2010）利用1978—2007年时间序列数据，考察我国技能偏向型技术进步的存在性以及不同类型技术进步技能偏向性的差异，发现我国技术进步引致技能型劳动需求增长，进而导致劳动力市场收入结构变化而出现技能溢价。也有部分学者利用微观层面数据开展研究，李磊等（2011），李宏兵、蔡宏波（2013），曾国彪、姜凌（2014），黄灿、闫云凤（2016）等均利用微观数据实证检验了国际贸易对个体劳动力收入的影响，并得到国际贸易有利于提高劳动者收入，同时也扩大了高低技能劳动力间的收入差距的结论。

2. 由于参与国际分工的程度存在差异，国际贸易拉大了中国不同地区之间的收入差距。由于对外开放政策的实施由中国东部沿海地区逐步向中西部内陆省份深入，中国不同地区的对外开放程度存在差异。同时由于国土面积广阔，中国不同地区在地理位置、资源禀赋、经济基础等方面也存在着较大不同，使得对外贸易在东、中、西部地区的发展极为不平衡。国际贸易被认为是地区间经济发展与收入水平差距拉大的原因。改革开放以来，我国逐步形成了经济特区——沿海开放城市——沿海经济开放区——内地的对外开放格局。20世纪80年代中后期，我国制定了沿海地区外向型经济发展战略，加工贸易集中在我国东部沿海省份迅猛发展。1992年邓小平南方讲话后，东部沿海省份先后涌现出一批出口创汇的重点企业。2001 年我国加入世界贸易组织，跨国公司和外商直接投资大规模涌入，东部地区的对外开放程度和范围进一步提高。在这一过程中，内陆地区的国际贸易和投资份额始终较小。2003 年我国提出推动加工贸易转型升级战略，推出了一系列推动东部地区加工贸易转型升级、促进中西部地区承接产业转移的措施。近几年特别是 2008 年金融危机之后，中西部地区的贸易份额有所提升，但与东部省份相比，中西部地区吸收外商直接投资和参与国际分工的程度仍然较低。已有较多学者研究认为国际贸易扩大了我国地区之间的收入差距。例如，王少谨（2007）利用我国省级面板数据考察进出口对收入差距的影响，发现进口提高了地区收入不平等程度，而出口在一定程度上减少收入不平等。鲁晓东（2007）实证研究表明国际贸易拉大了我国地区和行业间的收入差距。谢申祥、王孝松（2011）利用省级面板数据研究发现贸易开放是影响我国地区间收入差距的重要因素。李振等（2015）研究发现“自然”贸易开放度的提高对各地区居民收入不平等有抑制作用，而“政策”贸易开放度的提高却会加剧该地区的贫富差距。

3. 国际贸易加剧了中国城乡劳动力间的收入差距。目前，我国已经成为世界上城乡收入差距最大的国家之一。中国城乡居民人均可支配收入之比在 1978 年为 2.56，此后该比值逐年上升，2009 年城镇居民人均可支配收入是农村居民人均可支配收入的 3.33 倍，达到历史最高值。此后几年的城乡收入之比略有下降，到 2015 年下降为 2.95，2016 年进一步下降为 2.72。魏浩、赵春明（2012）指出，中国城乡收入差距的变化是在改革开放的背景下发生的，这种开放的特征是对内改革、对外开放。从对外来看，我国实施的是外向型的经济发展模式，即积极吸引外资、大力发展加工贸易。在这一发展过程中，中国农村劳动力流动规模日益扩大，从中西部流向东部沿海地区，从农村流向城市，这种大规模、大范围的劳动力转移，不仅为我国城市提供了大量就业，导致农村剩余劳动力大幅度减少，增加了农村居民的收入，还为我国经济发展特别是工业制造业发展、对外贸易特别是加工贸易的发展提供了源源不断的廉价劳动力资源。国际贸易通过就业数量效应、就业质量效应等途径来影响农村劳动力的流动及其就业和工资水平。多数实证研究认为，国际贸易是中国城乡收入差距扩大的一个原因（沈颖郁、张二震，2011；魏浩、耿园，2015）。

表 5－2　中国城乡人均可支配收入和收入比　　单位：元

年份	城镇人均可支配收入	农村人均可支配收入	城乡收入之比
2000	6 280	2 253	2.79
2001	6 860	2 366	2.90
2002	7 703	2 476	3.11
2003	8 472	2 622	3.23
2004	9 422	2 936	3.21
2005	10 493	3 255	3.22
2006	11 760	3 587	3.28
2007	13 786	4 140	3.33
2008	15 781	4 760	3.32
2009	17 175	5 153	3.33
2010	19 109	5 919	3.23
2011	21 810	6 977	3.13
2012	24 565	7 917	3.10
2013	26 955	8 896	3.03
2014	29 381	9 892	2.97
2015	31 790	10 772	2.95
2016	33 616	12 363	2.72
2017	36 396	13 430	2.71

数据来源：历年《中国统计年鉴》.

4. 由于出口企业与非出口企业支付工人的工资存在差异，国际贸易也加大了异质性企业之间工人的工资差距。在微观层面上，出口企业与非出口企业对劳动力支付不同的工资，使得贸易开放对劳动力工资收入的影响存在企业间差异。赫尔普曼等（Helpman et al，2013）研究发现由于出口企业与非出口企业为员工支付的工资存在差异，从而造成了工资的不平等。工人的工资与其劳动强度相关，出口企业支付的平均工资高于非出口企业。他们的研究指出，当前不同技能的劳动力之间的相对需求的变化主要发生在企业内部、部门内部和职业内部，因此不同类型企业之间的工资不平等是造成总体工资不平等的一个主要因素。受到数据可得性的限制，针对中国出口企业与非出口企业对劳动力收入影响的研究目前比较少见。陈波、贺超群（2013）利用工业企业数据研究发现出口企业的销售和利润上升，如果技术工人具有更强的讨价还价能力，那么他们会由于绩效工资的相对上升而拉大与非技术工人的工资差距。

5. 国际贸易导致市场竞争加剧加大了对女性劳动力的歧视，拉大了性别工资差距。中国社科院2016年发布的《人口与劳动绿皮书》中指出，中国性别工资差距正在不断扩大。1990年中国城镇就业人口中，女性平均工资约为男性工资水平的77.5%，而到2010年女性工资只有男性的65.8%。有学者研究指出，国际贸易的竞争机制（特别是进口）加大了对女性劳动力的歧视，贸易自由度的提高扩大了性别工资差距（贝里克等，Berik et al，2004）。梅农和罗杰斯（Menon & Rodgers，2009）运用印度家庭调查数据对印度制造业的性别工资差距进行了测算，研究结果显示贸易开放拉大了印度制造业的性别工资差距。针对中国的研究方面，刘斌和李磊（2014）、魏浩等（2014）使用中国居民收入调查数据（CHIP）研究发现，贸易开放拉大了中国的性别工资差距，女性弱势群体更容易被排除在贸易开放的利益之外。

第二节 国际贸易影响劳动力市场的理论基础

一、传统贸易相关理论

（一）古典贸易相关理论

以亚当·斯密和大卫·李嘉图为代表的古典贸易理论以劳动价值论为基础，假定生产中仅使用劳动力一种要素投入，劳动生产率的差异是比较优势产生的基础。由于只考虑了一种生产要素，古典贸易理论框架只能用于分析贸易伙伴国之间的工资差距。古典贸易理论中，最具代表性的理论分析是李嘉图模型。

假设在封闭经济状态和产品市场完全竞争条件下，在产品生产中仅使用一种生产要素——劳动力 L，生产两种产品 i（$i=1, 2$）。生产两种产品的要素投入分别为 a_{l1} 和 a_{l2}，生产产品的边际替代率不变，即 a_{l1}/a_{l2} 不发生变化。W 为工资率，p_1 和 p_2 为两种产品的价格。那么有：

$$w_1 = p_1/a_{l1} \tag{5.1}$$

$$w_2 = p_2/a_{l2} \tag{5.2}$$

假设生产要素可以在不同产品生产部门间自由流动，那么生产两种产品的劳动工资是均等的，即 $w = w_1 = w_2 = p_1/a_{l1} = p_2/a_{l2}$。在封闭经济状态下，如果产品 1 的相对价格超过其机会成本，那么该国将专业化生产该产品，反之则专业化生产另一种产品。只有当两种产品的相对价格等于机会成本时，该国才会同时生产两种产品。

在开放条件下，假设世界上有两个国家，本国和外国。在双边贸易发生之前，有 $a_{l1}/a_{l2} < a_{l1}^*/a_{l2}^*$，$p_1/p_2 < p_1^*/p_2^*$，这意味着本国在产品 1 的生产上具有比较优势，而外国在产品 2 的生产上具有比较优势。两国的相对工资为：

$$\frac{w}{w^*} = \frac{p_1}{p_1^*}\frac{a_{l1}^*}{a_{l1}} = \frac{p_2}{p_2^*}\frac{a_{l2}^*}{a_{l2}} \tag{5.3}$$

在贸易开放条件下，根据比较优势，本国将专业化生产并出口产品 1，外国将专业化生产并出口产品 2，两国的产品相对价格将均等化，新的国际相对价格将位于自给自足条件下各国相对价格之间，即：

$$p_1/p_2 < p_1^w/p_2^w < p_1^*/p_2^* \tag{5.4}$$

$$a_{l1}/a_{l2} < p_1^w/p_2^w < a_{l1}^*/a_{l2}^* \tag{5.5}$$

在贸易均衡条件下，本国和外国的工资水平分别为：$w_0 = p_1^w/a_{l1}$，$w_0^* = p_1^w/a_{l2}^*$。在开放条件下，两国的工资比率介于贸易前各国生产两种产品的劳动生产率之间。

如果一国可以生产 n 种产品，a_{li} 代表第 i 种产品的劳动力要素投入。假设存在：$\frac{a_{l1}}{a_{l1}^*} < \frac{a_{l2}}{a_{l2}^*} < \cdots < \frac{a_{ln}}{a_{ln}^*}$。两国的相对工资比率为 w/w^*，可知当 $\frac{w}{w^*} < \frac{a_{li}^*}{a_{li}}$ 时，本国将生产产品 i，当 $\frac{w}{w^*} > \frac{a_{li}^*}{a_{li}}$ 时，外国将生产产品 i。也就是说，以 $\frac{w}{w^*}$ 作为分界，本国将生产产品 1 到 i，外国将生产产品 $i+1$ 到 n。在多种产品单一要素的李嘉图模型中，相对工资比率 $\frac{w}{w^*}$ 由劳动力的相对需求决定。因此，要决定相对工资率首先要研究需求情况。如果假设世界上所有人消费所有产品，并且所有人花费在某种产品上的收入占总收入的比例是相同的。假设 $A_{(i)}$ 是消费者消费产品 i 的支出占其总收入的比重，那么全世界消费本国生产产品的总支出占收入的比重为：

$$C_i = A_{(1)} + A_{(2)} + \cdots + A_{(i)} \tag{5.6}$$

那么 $wL = C_i \times (wL + w^* L^*)$，两国的相对工资率为：

$$\frac{w}{w^*} = \frac{C_i}{1 - C_i} \times \frac{L^*}{L} \tag{5.7}$$

可见，本国生产的产品种类 i 越多，面对的产品相对需求越多，本国的相对工资也越高。本国生产产品的种类由本国的劳动生产率的相对优势决定。因此，在多产品模型中，相对工资实际上是由劳动生产率的比较优势决定的。劳动生产率比较优势相对更大的国家将生产更多的产品种类，相对工资也较高，反之则相反。因此，根据李嘉图模型可以得出如果本国的生产技术不具有比较优势就只能出口较少的产品，本国与外国的相对工资差距也会拉大。

（二）新古典贸易相关理论

新古典贸易理论由瑞典经济学家赫克歇尔（Heckscher）和贝蒂·俄林（Bertil Ohlin）共同提出，因此该理论又称为赫克歇尔—俄林或 H－O 理论。这一理论认为贸易模式由各国要素禀赋的差异决定。一国出口其在资源禀赋方面具有比较优势的产品，即在生产中密集使用一国丰裕要素的产品，进口其在资源禀赋方面具有比较劣势的产品。

与古典贸易理论将劳动生产率的差异视为比较优势的来源不同，新古典贸易理论将要素禀赋引入模型，将各国在资源拥有量上的差异视为比较优势的来源。此外，不同于李嘉图模型一种要素（劳动力）投入的假设，赫克歇尔—俄林模型中产品生产使用了两种生产要素，此时国际贸易将对不同要素的所有者的收入分配产生影响。通过将要素市场上的要素供求和要素价格引入国际贸易理论，赫克歇尔—俄林模型首次系统地阐述了国际贸易对要素价格的影响。

基于 H－O 理论，美国经济学家萨缪尔森等人进一步拓展和完善了赫克歇尔—俄林模型，分析了国际贸易对各国生产要素价格的影响，这一定理称为要素价格均等化定理。根据定理，如果两个国家的生产技术相同，那么自由贸易会导致两种生产要素的价格均等化。也就是说，如果在产品生产中使用的是劳动和资本两种生产要素，那么本国的工资与外国的工资相等，本国的租金与外国的租金相等。美国经济学家斯托尔珀和萨缪尔森在总体均衡框架下分析了国际贸易对要素收入分配的影响，1941 年他们在赫克歇尔—俄林模型的基础上提出了斯托尔珀—萨缪尔森（Stopler-Samuelson，SS）定理。根据定理，国际贸易将一国的利益阶层分为受益者和受损者两类，如果一种产品相对于另一种产品价格上升，将导致在这种产品生产中密集使用的生产要素的实际回报率上升，另一种生产要素的实际回报率下降。具体而言，本国出口产品生产中密集使用的生产要素的报酬将提升，而进口产品生产中密集使用的生产要素的报酬会下降。根据定理，发达国家和发展中国家之间开展贸易，劳动力丰裕的发展中国家出口劳动力密集型产品同时进口资本密集型产品，这将导致发展中国家的劳动力价格上升，资本价格下降。如果将劳动力的技能异质性纳入理论框架，那么斯托尔珀—萨缪尔森定理可以用来判定国际贸易对不同技能劳动力间收入差距的影响，即如果一国是高技能劳动力丰裕的国家，那么国际贸易将增加该国高技能劳动力的收入水平，减少低技能劳动力的收入水平，从而扩大不同技能劳动力之间的收入差距。

新古典贸易理论分析了国际贸易对各国不同要素收益的影响，指出从封闭到自由贸易的转变是一种产品价格变化的过程，国际贸易通过在产品市场上影响产品价格进而影响生产要素市场，生产要素的供求关系变化反映在要素的价格上：在一国内部，国际贸易对要素所有者收入的影响取决于该国的要素丰裕程度带来的比较优势；在国际间，国际贸易使得贸易双方的要素价格趋于均等化。新古典贸易理论的一些假设在现实中并不存在。例如生产要素具有充分流动性、生产产品的规模效益不变、生产技术不变、完全自由贸易等。因此，正如人们所见，现实中发达国家与发展中国家的要素价格并未实现均等化。

（三）当代贸易相关理论

随着经济全球化的深入，全球贸易格局和贸易产品的内容在20世纪70年代出现了一些新的变化。这些变化呈现出几个特点：一是在贸易模式方面，发达国家间开始越来越多地开展产业内贸易，并且产业内贸易逐步取代产业间贸易成为主流国际贸易方式；二是伴随着产业内贸易的兴起，传统产业间贸易方式逐步被要素禀赋和要素结构相似的发达国家之间的产业内贸易方式所取代。国际贸易的这一新变化使得传统国际贸易对产业内贸易的基础和模式失去了解释能力。为此，以克鲁格曼等为代表的经济学家提出了以规模经济和不完全竞争为假定基础的新贸易理论框架，开始关注技术进步以及国际贸易对要素收入分配的影响，从而推动了国际贸易理论的发展。

1. 新贸易相关理论。

（1）技术进步与工资不平等。传统贸易理论假设技术进步是外生于贸易开放的。然而，越来越多的学者研究发现，技术进步其实是国家间进行贸易活动的原因之一。理论研究表明，发达国家的技术进步提高了高技能劳动力相对于低技能劳动力的边际生产率，从而提高了高技能劳动力的相对收入水平。

理论研究表明参与国际分工、国际贸易是获取技术外溢的途径。格罗斯曼和赫尔普曼（Grossman & Helpman，1991）建立了一个理论模型，发现中间品贸易能够引致技术外溢。凯勒（Keller，2000）建立模型分析了技术扩散与差异化中间品贸易间的关联，认为一国生产率受到该国进口模式的影响。这主要是因为从技术水平领先的国家进口的中间品技术含量更高，而从技术水平相对落后的国家进口的中间品的技术含量较低。伊顿和科图穆（Eaton & Kortum，2002）指出中间产品贸易可以引致技术外溢，进口高质量的中间产品通过投入产出效应提高进口国的生产率，同时中间品进口国还能够通过模仿进口中间产品逐步提升本国的研发与生产能力。郎（Long，2005）建立了一个不完全外包模型考察了外包与技术外溢间的关系，指出发达国家外包活动往往需要对发展中国家的工人进行培训，由此将对发展中国家产生技术外溢。针对发展中国家，国际贸易特别是进口活动带来的技能偏向型技术进步（skill-biased technological change，SBTC）被认为是导致发展中国家内部收入差距扩大的一个主要原因。阿西莫格鲁（Acemoglu，2002）在 Dixit-Stiglitz 模型的基础上建立了技能偏向型技术进步模型。根据理论模型，技术进步的方向受到两种力量的影响：价格效应和市场规模效应。其中，价格效应是指当产品价格上升时，生产产品所需的技术就存在提升动机；市场规模效应是指随着市场的扩大，技术进步能够获得更大的收益。价格效应促使技术进步偏向一国的稀缺要素，而市场规模效应则促使技术进步偏向丰裕要素。当两种要素的替代弹性较低时，价格效应强于市场规模效应，反之则市场规模效应更强。

假设生产函数是以下形式：

$$Y = F(A_h H, A_l L) \tag{5.8}$$

生产的规模报酬不变，生产过程中使用高技能劳动力 H 和低技能劳动力 L，A_h 和 A_l 分别代表高技能劳动力和低技能劳动力的生产效率。如果存在技术进步使得相对劳动生产率 A_h/A_l 发生变化，那么就说技术进步是有偏的，也可称为存在非中性的技术进步。如果 A_h/A_l 变大，代表技术进步是偏向高技能劳动力的，如果 A_h/A_l 变小则意味着技术进步有利于低技能劳动力。

考虑生产成本最小化问题有：

$$\min w_h H + w_l L \tag{5.9}$$

$$\text{s.t. } F(A_h H, A_l L) \geq Y \tag{5.10}$$

假设要素投入满足：$\overline{H} = A_h H$，$\overline{L} = A_l L$，$\overline{W}_h = w_h / A_h$，$\overline{W}_l = w_l / A_l$。此时高、低技能劳动力之间的替代弹性可以写为：

$$\sigma = -\frac{\mathrm{d}ln(\overline{H}/\overline{L})}{\mathrm{d}ln(\overline{w}_h/\overline{w}_l)} \tag{5.11}$$

设定 $a = A_h/A_l$，$\mathrm{w} = w_h/w_l$，$\rho = H/L$。那么：

$$\sigma = -\frac{\mathrm{d}ln(a\rho)}{\mathrm{d}ln(\frac{w}{a})} \tag{5.12}$$

上式可以进一步改写成：

$$\frac{\mathrm{d}w}{w} = \frac{\sigma - 1}{\sigma}\frac{\mathrm{d}a}{a} - \frac{1}{\sigma}\frac{\mathrm{d}\rho}{\rho} \tag{5.13}$$

根据上式，当 $\sigma > 1$ 时，$a = A_h/A_l$ 增加，即高技能劳动力的生产效率相对增加，说明存在一个技能偏向型的技术冲击，这将促使高技能劳动力的工资上升，扩大高、低技能劳动力之间的工资差距。当 $\sigma < 1$ 时，a 增加，促进低技能劳动力的工资增加，此时高、低技能劳动力之间存在互补关系，高技能劳动力的生产效率提高，代表高技能劳动力的有效供给增加，由于存在互补性，低技能劳动力的需求也会随之扩大，从而促使低技能劳动力的工资提升。当 $\sigma = 1$ 时，上式可写成：

$$\frac{\mathrm{d}w}{w} = -\frac{1}{\sigma}\frac{\mathrm{d}\rho}{\rho} \tag{5.14}$$

此时，技术冲击对高、低技能劳动力的相对工资没有直接影响，只有通过劳动力的相对需求对相对工资产生影响。

国内研究方面，潘士远（2007）构建了一个模型来研究贸易自由化对熟练劳动力与非熟练劳动力工资差异的影响，从而解释发展中国家工资差异之谜。根据作者的分析，在学习效应是有偏的假设基础上，贸易自由化扩大发展中国家工资差异的机制主要有两种：一种是由于技术生产是熟练劳动力密集型的，因此学习效应会导致对熟练劳动力需求的增加从而扩大熟练劳动力与非熟练劳动力之间的工资差异，而这种作用机制是阿西莫格鲁（Acemoglu,

2002）的研究中没有提到的；另一种是有偏的学习效应使技术进步更偏向于技能密集型的，从而进一步增加对熟练劳动力的需求，扩大工资差异。作者认为有偏的学习效应使发展中国家与熟练劳动力匹配的技术知识的生产力水平提升相对较快，从而使得技术进步更偏向于技能密集型。

（2）外包与收入差距。新贸易理论的解释对象为产业内贸易，即一个国家出口一个行业的产品，同时进口这个行业的产品。与传统的产业间贸易相比，在存在规模经济、不完全竞争的行业中通常开展较多的产业内贸易。这一理论的核心内容是：每个国家都会集中资源生产该行业中某几种品牌的产品，以实现规模效益、降低生产成本与产品价格；然后通过互相交换不同品牌的产品，增加消费者的选择范围；这两方面都会提高消费者的福利水平（余智著，2015）。其中，外包作为国际分工深入发展的产物，其本质是一种产品内贸易。

自 20 世纪 70 年代以来，外包（outsourcing）作为一种利用国家或地区间的劳动力成本差异，实现降低生产成本目的的国际经济合作形式开始在国际贸易中兴起。外包的常见形式是发达国家在技术允许的前提下，选择将非核心生产环节外包至发展中国家，利用发展中国家丰裕而廉价的劳动力优势以节约生产成本。随着运输、通信交流技术的不断进步特别是计算机网络技术的发展，外包的成本不断降低，使得发达国家将越来越多的非核心业务外包出去。学者从外包的角度分析了贸易对劳动力市场和收入分配的影响。代表性的研究是芬斯特拉和汉森（Feenstra & Hanson，1996）建立的外包理论模型，他们使用该模型分析了跨国外包对发展中国家劳动者收入的影响。理论分析的核心思想是：由于发展中国家的技术水平与发达国家存在较大差距，外包的非核心生产环节在发展中国家仍属于高技能劳动者密集型①。同时，随着发展中国家劳动者素质和技能的提升，发达国家会逐步将更高层次劳动者需求的生产环节转移至发展中国家。这使得承接外包为发展中国家的高技能劳动者创造了更多的相对需求，从而增加其收入水平并产生技能溢价。

假设模型包含北方的发达国家和南方的发展中国家，国家 i 拥有资本、高技能劳动力和低技能劳动力三种要素禀赋。r_i、q_i 和 w_i 分别为 i 国资本、高技

① Feenstra, Robert C., Gordon H. Hanson. Globalization, Outsourcing, and Wage Inequality [J]. American Economic Review, 1996 (86): 240-245.

能劳动力和低技能劳动力的要素报酬。在初始阶段，要素无法在国家间自由流动，且三种要素报酬在南方和北方国家间存在以下关系：$r_s > r_n$，$\frac{q_s}{w_s} > \frac{q_n}{w_n}$。假设存在最终品 Y，其生产需要一系列的中间投入，z 为中间投入系数且 $z \in \{0, 1\}$。每单位 z 需要使用 $a_h(z)$ 单位的高技能劳动力和 $a_l(z)$ 单位的低技能劳动力。单位投入的生产函数可表达为如下函数：

$$X(z) = [\min\{L(z)/a_l(z), H(z)/a_h(z)\}]^{\theta}[K(z)]^{1-\theta} \tag{5.15}$$

式中，$L(z)$，$H(z)$ 和 $K(z)$ 为生产投入 z 所需的低技能劳动力、高技能劳动力和资本投入。最终品 Y 的生产为柯布道格拉斯生产函数：

$$LnY = \int_0^1 \partial(z) lnX(z) \mathrm{d}z \tag{5.16}$$

假设 $c(w_i, q_i, r_i; z)$ 为生产一单位 x 的最低成本，其表达式如下：

$$c(w_i, q_i, r_i; z) = B[w_i a_L(z) + q_i a_i(z)]^{\theta} r_i^{1-\theta} \tag{5.17}$$

式中 B 为常数。假设 $c(w_i, q_i, r_i; z)$ 中的要素价格固定不变。如图 5－2 中所示，$C_N C_N'$ 和 $C_S C_S'$ 分别代表北方国家和南方郭家的最低成本线，z^* 表示两个成本函数的临界点，此时有：

$$c(w_N, q_N, r_N; z^*) = c(w_S, q_S, r_S; z^*) \tag{5.18}$$

当 $0 < Z < Z^*$ 时，产品技术密集度相对较低，根据要素价格的假设，南方国家在低技能劳动力要素上具有比较优势。因此，南方国家的生产成本低于北方国家，即 $C_S C_S'$ 低于 $C_N C_N'$。此时，北方国家将产品生产外包给南方国家。当 $Z^* < Z < 1$ 时，产品的技术密集度相对较高，北方国家在高技能劳动力要素上具有比较优势。因此，北方国家的生产成本低于南方国家，即 $C_N C_N'$ 低于 $C_S C_S'$。此时，南方国家将产品生产外包至北方国家。

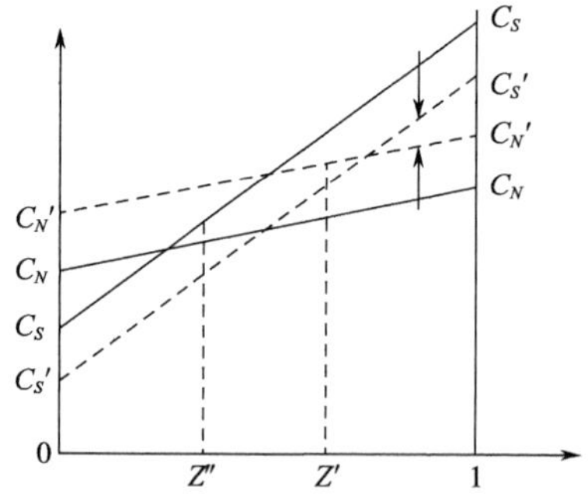

图 5－2　外包示意图

当模型达到均衡时需要市场出清。假设允许技术通过教育、培训等方式在南北国家间流通，那么低技能劳动力就有机会变为高技能劳动力。这意味着各类劳动力供给将随着相对工资的变化而变化。假设 $\frac{\partial\ L_i\left(\frac{q_i}{w_i},V_i\right)}{\partial\ \left(\frac{q_i}{w_i}\right)}\leqslant 0$，$\frac{\partial\ H_i\left(\frac{q_i}{w_i},V_i\right)}{\partial\ \left(\frac{q_i}{w_i}\right)}\geqslant 0$，其中 V_i 是影响劳动力供给的内生向量。根据谢泼特引理，劳动力市场出清时，南方国家低技能劳动力的需求为：

$$L_{s\left(\frac{q_s}{w_s},V_s\right)}=\int_0^{z^*}B\theta\left[\frac{r_s}{W_s\,\partial_{\ L(Z)}+q_z\,\partial_{\ H(Z)}}\right]^{1-\theta}\partial_{\ L(z)}\ x_s\mathrm{d}z \tag{5.19}$$

南方国家高技能劳动力的需求为：

$$H_{s\left(\frac{q_s}{w_s},V_s\right)}=\int_0^{z^*}B\theta\left[\frac{r_s}{W_s\,\partial_{\ L(Z)}+q_z\,\partial_{\ H(Z)}}\right]^{1-\theta}\partial_{\ H(z)}\ x_s\mathrm{d}z \tag{5.20}$$

根据上文的产出方程，可以得到：

$$r_s K_s=[w_s L_s+q_s H_s](1-\theta)/\theta \tag{5.21}$$

令 E 代表最终产出 Y 的全部支出，那么南方国家的投入需求为：

$$x_{s(z)}=\partial\ (z)E/c_{s(z)}\qquad 0<z<z^* \tag{5.22}$$

南方国家高、低技能劳动力的相对需求为：

$$H_{s\left(\frac{q_s}{w_s},z^*\right)}=\frac{\int_0^{z^*}\left[\frac{\partial_{\ H}(z)\partial\ (z)E}{w_s\,\partial_{\ L}(z)+q_s\,\partial_{\ H}(z)}\right]\mathrm{d}z}{\int_0^{z^*}\left[\frac{\partial_{\ L}(z)\partial\ (z)E}{w_s\,\partial_{\ L}(z)+q_s\,\partial_{\ H}(z)}\right]\mathrm{d}z} \tag{5.23}$$

该模型表明，北方国家将技术含量较低的产品外包到南方国家进行生产，而自己生产技术含量较高的产品，提升了本国产品的技术水平，从而增加了本国高技能劳动力的需求，而南方国家由于承包的北方国家的产品在国内仍属于高技能劳动力密集型产品，也会提升本国对高技能劳动力的相对需求。

外包对收入分配的影响受到了学者的广泛关注。格拉斯和萨吉（Glass & Saggi，2001）分析了发达国家将生产环节外包到一个工资水平较低的国家将降低发达国家低技能劳动力的相对工资的作用机制。作者指出当外包的技术适应成本越低、发达国家的生产税收提高、发展中国家生产补贴提高或者发展中国家对技术适应环节给予更多的补贴时，将提高外包活动带来的收益，促进技术革新，同时降低发达国家低技能劳动力的工资水平。塞耶克和森尔（Sayek & Sener，2006）建立了一个动态外包模型。根据模型设定，高质量的创新产品首先在发达国家问世，后通过外包的方式由发达国家和发展中国家共同生产，最后将完全转移到发展中国家生产。作者认为，外包阶段将显著提升发达国家高技能劳动力的相对工资水平，而承接外包的发展中国家高技能劳动力的工资水平只有在外包阶段包含的技术水平高于发展中国家自身的技术水平时才会出现。格罗斯曼和罗斯（Grossman & Rossi，2008）研究指出，尽管外包可以通过提升高技能劳动力的生产效率促进工资提升，但同时也造成了对高技能劳动力需求的减少。徐（Hsu，2011）建立了一个动态产品生命周期模型，认为如果发达国家外包的生产环节相对未外包的生产环节属于高技能劳动力密集型，那么外包将提高国内高技能劳动力的收入，如果属于低技能劳动力密集型，那么外包将提高国内低技能劳动力的收入。

2. 新新贸易相关理论。新贸易理论分析了产业内贸易存在的原因，并对国际贸易和劳动力收入分配间的关系给出了相应的解释，但该理论主要探讨了国家层面上国际贸易对收入分配的影响，没有进行微观层面的分析，且理论模型假定所有企业都是同质的，而现实中企业选择进入或退出某一市场并非随机行为。为了弥补新贸易理论的不足，以麦利茨（Melitz）为首的经济学家们提出了新新贸易理论（new-new trade theory）。

新新贸易理论强调企业之间是存在差异的，这种差异主要体现在劳动生产率上。企业进行生产和出口行为时需要支付一定的固定成本。通常，劳动生产率最高的企业可以支付出口的固定成本，即达到了出口的劳动生产率门槛，能够参与国际贸易带来的竞争，这类企业成为出口企业得以扩大产品销售市场。还有一些企业由于生产效率不足够支付出口的固定成本，无法支付出口的固定成本从而退出国际市场，仅在国内市场上销售产品。当然，还有一些企业由于劳动生产率低下，将被迫退出竞争，被市场淘汰。因此，国际贸易实现了在不同生产率企业间的资源重新配置，行业内的资源配置得到改善，这部分贸易利益是以往的贸易理论没有涉及的。在新新贸易理论的框架下，国际贸易对企业间和企业内的劳动力收入均产生影响。一方面，劳动生产率最高的企业由于出口扩大了市场范围，增加了其对劳动力的需求，出口企业比非出口企业的规模更大、效率更高、支付的工资和福利也更高；另一方面，考虑劳动力的异质性，出口企业由于具备更高的劳动生产率，倾向于雇佣更多的高技能劳动力，而非出口企业由于劳动生产率较低，对劳动力的技能水平要求也较低。

伯纳德和詹森（Bernard & Jensen，1995）使用美国1976—1987年企业层面数据研究了企业出口与绩效之间的关系，发现相对于非出口企业，出口企业在各方面的表现都优于非出口企业。具体而言，出口企业和非出口企业工人的人均工资分别为2.4万美元和2万美元，生产性工人人均工资分别为2.1万美元和1.8万美元，非生产性工人的人均工资分别为3.3万美元和2.9万美元，工人人均福利分别为5 700美元和4 300美元，可见进入出口企业的劳动力收入在统计上显著高于非出口企业。马纳塞和图里尼（Manasse & Turrini，2001）建立了垄断竞争的一般均衡模型，从企业层面上分析了全球化对收入不平等的影响，研究表明在两个同质国家中，全球化导致出口企业中的熟练劳动力收入可能增加或减少，非出口企业的熟练劳动力收入减少。全球化导致的竞争加剧会促进技术进步和生产变革，从而使得企业雇佣更多的熟练劳动力并提升熟练劳动力的相对工资。耶普尔（Yeaple，2005）分析指出出口企业的规模往往更大，更利于使用先进技术，雇佣高技能劳动力并支付更高的工资水平。赫尔普曼和伊茨霍基（Helpman & Itskhoki，2007）在异质性企业模型中引入了生产同质产品和异质产品的两个部门：同质产品部门是完全竞争的，异质产品部门是垄断竞争市场且存在劳动力市场刚性，部门劳动力的工资由工人和企业之间讨价还价决定。因此在这一模型中的同质产品部门中不存在失业而异质产品部门中存在失业。由于参与国际贸易存在一定的固定成本，异质产品部门由于是垄断竞争市场可能选择出口，而同质产品部门由于是完全竞争市场从而无法承担固定成本从而不能出口。国际贸易除了具有固定成本还具有可变成本，随着可变成本的降低，异质性部门的平均利润提升，这将提高异质性部门劳动力的平均工资。此时，异质性部门会吸引更多的劳动力从同质性部门转移进来，但是由于异质性部门存在劳动力的搜索和匹配成本以及劳动力市场存在刚性，这一过程将增加失业的劳动力人数。费尔伯迈尔（Felbermayr et al.，2008）分别考察了可变贸易成本降低、进入新的贸易市场以及固定贸易成本降低对失业的影响。研究发现可变贸易成本降低、进入新的贸易市场均通过选择效应提高企业的平均生产率，而高生产率企业能够给员工提供更高的工资，从而激励劳动力加大搜寻力度并降低失业率。固定贸易成本的降低将促使平均生产率较低的企业也能出口并扩大生产规模，这对平均生产率的影响不确定，对失业的影响也是不确定的。爱格和科瑞克梅尔（Egger & Kreickemeier，2009）指出，国际贸易能够提升高生产率企业的规模和利润，同时消减低生产率企业的规模和利润直至淘汰低生产率企业。这将导致低生产率企业的劳动力转向高生产率的企业寻求就业机会。由于劳动力市场存在刚性，高生产率企业的劳动力需求增加将小于低生产率企业的劳动力转移数量，因此在这一过程中国际贸易增加了失业人口。

当前，国际贸易理论研究的发展趋势是由宏观逐步转入微观，由国家层面逐步转入企业层面。从企业的角度出发对国际贸易与劳动力要素的需求和价格展开分析是未来研究的主要方向。

第三节　国际贸易影响收入分配的传导机制

国际贸易对一国收入分配产生的效果和影响程度在本质上由一国参与国际分工程度和内容决定的。贸易壁垒的降低、贸易自由化程度的提高以及贸易量的增加使得国际贸易能够对一国的经济增长和就业产生更大的影响。按照新古典贸易理论对国际贸易收入分配效应的预测，贸易开放将提升一国在出口中密集使用要素的回报，同时降低一国在进口中密集使用要素的回报。因此，发达国家的国际贸易将提升本国熟练劳动力的相对收入并拉大熟练与非熟练劳动力之间的收入差距；相反，发展中国家的国际贸易将提升本国非熟练劳动力的相对收入并缩小熟练与非熟练劳动力之间的收入差距。然而现实中经济活动的运行要比理论要求的假设条件更加复杂多变。国际贸易可能通过多个渠道来传导其对一国劳动力收入分配的影响。

一、以劳动力需求为渠道

传统理论在讨论国际贸易对要素收入水平和收入分配的影响时，主要是从要素需求和价格角度出发。根据经济学原理，在一国要素禀赋一定的前提下，对某种要素需求的增加将导致要素价格上升。如果国际贸易增加了一国低技能劳动力的相对需求，那么低技能劳动力的工资将提升，高技能劳动力与低技能劳动力之间的工资差距将缩小。反过来，如果国际贸易增加了一国高技能劳动力的相对需求，那么高技能劳动力的工资将提升，高技能劳动力与低技能劳动力之间的工资差距将扩大。大量实证文献证实了这一传导机制，研究发现发达国家通过外包活动将部分生产环节转移到发展中国家，此类国际分工与贸易主要利用的是发展中国家的高技能劳动力，因此发展中国家内高技能劳动力的相对工资提升，不同技能劳动力之间的工资差距扩大（芬斯特拉和汉森，Feenstra & Hanson，1996；谢和吴，Hsieh & Woo，2005；布罗科利尼等，Broccolini et al.，2011）。

国际贸易的收入分配效应除了表现在对不同技能劳动力收入水平的异质性影响之外，也对不同性别劳动力的收入产生了不同的影响。理论研究指出，国际贸易能够促进经济增长，经济增长将为女性提供更好的教育、更好的工作以及更高的工资水平（维希特里希，Wichterich，2009）。此外，一个普遍性的事实是全球劳动力市场上长期存在着就业歧视现象。与女性劳动力相比，企业更加青睐男性劳动力。理论研究认为在一个缺乏竞争的市场上，企业有超额利润去实施歧视：为男性劳动力提供更多的就业机会和更高的工资水平。贸易开放将提升市场竞争程度，在激烈的市场竞争环境下，企业的超额利润下降，这就减少了企业实施歧视行为的可能性，促使企业放弃歧视并对劳动力需求结构进行调整，从而雇佣更多的女性劳动力，这将提升女性劳动力的相对收入并缩小性别收入差距。另一方面，全球范围内女性劳动力总体受教育程度以及技能水平要低于男性劳动力。根据前文，贸易开放增加了发展中国家对高技能劳动力的相对需求从而提升了高技能劳动力的相对工资。鉴于男性是高技能劳动力的主要组成部分，国际贸易将不利于发展中国家的女性增加就业机会，从而降低女性劳动力的相对收入并拉大性别收入差距。因此，我们看到国际贸易对性别工资差距的影响存在正反两方面的影响。多数实证研究指出贸易开放不利于发展中国家女性劳动力的工资收入，并拉大了性别工资差距。

二、以技术进步为渠道

国际贸易也通过技术进步效应影响收入分配。在古典和新古典贸易理论模型中，技术被视为外生变量。很多研究国际贸易的收入分配效应的文献注意到了技术进步对收入分配的重要作用，并在要素禀赋论的研究框架下分析了外生技术进步对收入分配的影响。发达国家的技术进步对高技能劳动力的生产率提升效应高于低技能劳动力，因此技术进步提升了高技能劳动力的相对收入（贝尔曼等，Berman et al，1994）。

随着新贸易理论的发展，相关研究开始从内生技术进步的视角考察国际贸易对收入分配的影响。在经济全球化的背景下，一国获取技术进步不仅依赖自身的研发投入，还在很大程度上依赖于贸易开放和投资活动。国际贸易引致技术在不同国家和地区之间传播和转移，通过技术外溢效应和干中学等方式使得国际贸易成为许多国家提升技术水平的重要因素。对于发展中国家而言，从发达国家进口产品引致的技术外溢效应可能促进本国的技术进步。这种技术进步效应由于偏向扩大高技能劳动力的就业需求成为导致发展中国家收入不平等的重要原因。这种由于技术进步导致的高技能劳动力与低技能劳动力之间收入差距拉大的现象被称为“技能溢价”。此外，资本品、高技术产品与高技能劳动力存在互补性，这使得专业化分工生产此类产品的国家对高技能劳动力产生了更多的需求，获得了更高的回报。技能溢价现象在不同国家间也存在差异。宋冬林等（2010）指出，1973—2003 年欧洲大陆的偏向型技术进步就主要表现为非技能型工人失业，而在美国主要表现为技能溢价或工资不平等。有学者指出由于发展中国家技术水平与新引进的技术之间差距较发达更大，发展中国家贸易开放对技能需求的影响将比发达国家产生更大，从而出现更显著的技能溢价现象并加剧国内不同技能劳动力之间的收入差距（奥康娜和鲁纳提，O’Connor & Lunati，1999）。

三、以产业结构为渠道

国际贸易也通过调整产业结构对收入分配效应施加影响。新贸易理论指出获取规模经济利益是各国开展国际贸易的重要基础。随着进出口贸易额的不断增长，一国的物质资本不断积累，资源配置效率提升，这将促进参与国际分工的相关部门实现产业结构的调整与升级。这种产业结构调整和升级的路径在不同国家之间存在显著的差异。发达国家主要通过扩大出口资本和技术密集型产品获取高额的贸易利益，同时，发达国家进口劳动密集型产品来满足国内需求，在这一过程中通过资本的积累从而实现产业升级。与之相反，发展中国家主要通过出口劳动密集型产品换回资本和技术密集型产品，在资本积累的同时通过技术外溢等效应促进产业结构升级。一国按照贸易理论预测开展国际分工与贸易的模式，专业化生产并出口本国具有比较优势的产品，同时进口本国具有比较劣势的产品。出口产品所在产业的生产规模不断扩大，其他产业的规模则相对缩小。在劳动力供给一定的情况下，规模扩张产业的就业需求增加并能够支付更高的劳动报酬，规模缩小产业的就业需求降低使得一些劳动力失去工作，相关劳动力能够获得工资较少。因此，贸易开放使得一国的产业规模和产业结构发生调整，从而对各个产业就业人口的收入水平产生影响。

四、以政府为渠道

政府作为经济政策的制定者和执行者，对一国的经济发展和对外开放存在长期的影响。与此同时，贸易开放也通过对一国政府施加影响作用于劳动力市场。国际贸易对政府的影响主要体现在对政府进行制度改革以及经济和贸易政策的制定等方面。

一方面，一国的经济制度作为一种特殊的生产关系将直接影响一国的生产关系形成和运行。贸易开放能够促使一国政府吸纳国外先进的经济和管理制度，对本国的制度加以变革和创新，从而在根本上改变本国的经济发展态势和收入分配情况。1978 年党的十一届三中全会作出了实行改革开放的重大决策，逐步形成了从沿海到沿江再向内陆地区推进的开放格局。在不断深入的贸易开放背景下，1985 年邓小平同志提出“一部分地区、一部分人可以先富起来，带动和帮助其他地区、其他的人，逐步达到共同富裕。”① 我国劳动力的收入分配格局因此发生了深刻的变化。另一方面，对外开放程度的不断提高要求一国政府减少政治限制，为国际贸易的发展制定更为恰当的经济和贸易政策等等。在改革开放推进进程中，中国政府不断调整贸易政策，于 1988 年决定将经济发展战略重点从发展资本密集型企业的内向发展战略转向重点发展劳动力密集型企业的外向型发展战略，使得中国劳动密集型产品出口快速增长，带动了大量的劳动力就业。2001 年加入世界贸易组织以后，为了履行入世承诺，我国的贸易政策越发倾向于自由开放，关税和非关税壁垒不断降低，整体平均关税由 2000 年的 15.8% 逐步下降到 2010 年的 9.8%。同一时期，我国的收入不平等现象越发凸显，基尼系数由 2000 年的 0.4 逐步上升至 2017 年的 0.47。可见，贸易开放要求政府提供的配套政策措施对国际贸

① 1985 年 10 月 23 日，邓小平在会见美国时代公司组织的美国高级企业家代表团时首次发表这一观点。

易调节收入分配的机制起着至关重要的作用。

第四节　本章小结

本章我们首先分析了贸易开放影响劳动力就业和收入的理论基础。从古典贸易理论、新贸易理论以及新新贸易理论中关于国际贸易与收入分配的分析可以看到，古典贸易理论由于仅考虑了劳动力一种生产要素，比较适用于分析国际贸易对国家之间劳动力收入差距的影响。新古典贸易理论中的赫克歇尔—俄林定理以及斯托尔珀—萨缪尔森定理对国际贸易的收入分配效应进行了分析，认为一国出口产品中密集使用的要素回报将提高，进口产品中密集使用的要素回报将降低。然而由于理论假设条件较为严格，大量实证研究发现现实中国际贸易的收入分配效应与理论预测不符。为此，学者研究不断放宽假设条件以使得新古典贸易理论能够更加适应国际贸易发展的现实状况。新贸易理论通过将差异化产品、不完全竞争等条件纳入理论框架对产业内贸易、外包等新出现的贸易现象给出了理论上的解释，但在收入分配方面的研究仍然没有超越新古典贸易理论的分析框架。新新贸易理论将分析深入企业层面，从而脱离了传统贸易理论的分析框架，主要针对贸易企业与非贸易企业在对劳动力需求和工资支付上的异质性影响进行了分析。受到数据可得性因素的影响，相关研究还有待进一步探索。因此，目前绝大多数关于国际贸易影响收入分配的文献主要还是以新古典贸易理论作为理论基础。

根据斯托尔珀—萨缪尔森定理，发展中国家通常具有较为丰裕的低技能劳动力资源，因此应当出口低技能劳动力密集型产品并提升低技能劳动力相对收入，降低高低技能劳动力之间的收入差距。然而现实中我们看到许多发展中国家国内的高低技能劳动力收入差距是在不断扩大而非缩减。为此，学者尝试从外包、技术进步等角度进行解释。然而多数研究还是集中在对发达国家的分析上，关于发展中国家贸易开放与收入分配间关系的研究还有待深入。

国际贸易通过多个渠道对劳动力收入水平和收入差距施加影响。本质上国际贸易通过对不同类型劳动力的差异化需求影响劳动力收入。许多发展中国家的技能收入差距扩大本质源自国际贸易和投资对发展中国家的高技能劳动力产生了相对更多的需求。此外，国际贸易也通过影响技术进步、产业结构以及政府的政策制定与制度改革作用于劳动力收入。目前，较多学者对国际贸易通过技术进步效应影响收入分配进行了研究。研究发现发展中国家在国际贸易中获得了技术外溢效应对本国的技术进步产生了有偏的影响，使得发展中国家的技术进步更有利于高技能劳动力的就业与工资提高，产生了所谓的技能溢价现象。针对国际贸易通过产业结构和政府影响收入分配的理论和实证研究相对少一些。发展中国家往往在贸易开放的过程中经历了更为显著的产业结构调整和贸易政策乃至经济制度的变更。因此，针对发展中国家分析国际贸易通过产业结构、政府政策影响收入分配的作用机制具有相当重要的现实意义。

作为全球最大的发展中国家和头号贸易大国，我国自改革开放以来特别是加入世界贸易组织后贸易开放和自由化的程度不断提升，同时国内收入不平等程度也在不断加剧。针对我国国际贸易影响收入分配的研究将为我国新时期的贸易发展和政策调整提供依据，同时也能为其他发展中国家的贸易发展与收入分配问题提供借鉴。在当前全球价值链分工体系形成并且深入发展的背景下，国际贸易本质已经发生变化，其对劳动力需求和收入分配的影响也在发生着变化。为此，我们将在接下来两章中分别对参与全球价值链分工对劳动力就业和收入的影响进行分析。

第六章　全球价值链视角下国际贸易影响劳动力就业的实证检验

第一节　劳动力市场概况

一、全球劳动力市场概况

伴随经济全球化的深入发展，越来越多的国家和地区参与到国际分工生产网络中来，国际贸易在过去几十年中实现了高速增长。1970 年全球贸易在全球国民生产总值中所占的比重约为 20%，到 2010 年这一指标已经接近 50%。国际贸易的高速发展已经将世界各国越发紧密地联系在一起。在这一全球化发展进程中，韩国、新加坡等国家以及中国香港和中国台湾等地区通过开展出口导向型的贸易发展战略实现了经济的高速增长，人均国民生产总值大幅提升。中国、巴西、墨西哥等发展中国家也在逐步开放国内市场的过程中，借助对外贸易促进本国的工业化进程。在这一进程中，国际贸易对全球劳动力市场产生了深刻的影响。与其他生产要素一样，劳动力在全球范围内并不是平均分布的。通常人口众多国家的劳动力资源较人口稀少国家的劳动力资源更为丰裕。除了人口数量因素以外，一国的劳动力丰裕程度还和该国的人口年龄结构、劳动力市场需求情况等因素密切相关。

2017 年全球人口接近 76 亿，其中 60% 的人口位于亚洲地区（45 亿），17% 的人口位于非洲地区（13 亿），10% 的人口位于欧洲（7 亿），9% 的人口位于拉丁美洲和加勒比海地区（6 亿），6% 的人口位于北美洲（4 亿）和大洋洲（4 100 万）。非洲将是未来人口增长速度最快的区域，到下个世纪人口预计达到 45 亿，北美洲和大洋洲的人口也将继续增长；亚洲、欧洲、拉丁美洲和加勒比海地区将出现人口的净减少，其中欧洲在 2030 年人口总数就将低于 2017 年水平，预计减少人口 300 万人，此后人口的净减少不断增加；亚洲、拉丁美洲和加勒比海地区在 2050 年以前人口净增加，到 2100 年将出现净减少，届时两个区域的人口总数将低于 2050 年水平。

根据联合国人口展望报告的预测，到 2030 年全球 15—64 岁劳动年龄人口总数将达到 54. 3 亿，到 2050 年将进一步增加到 58. 9 亿。按照高人口增长率和低人口增长率预测的中国劳动年龄人口占世界劳动年龄人口的比重均呈随时间下降的趋势。目前，我国是劳动年龄人口最多的国家，我国劳动年龄人口占全球劳动年龄总人口的比重约为 20%，这一比重将随时间不断下降，到2050年降至的12%—13%。印度将在2030年左右取代中国成为全球劳动年龄人口最多的国家，届时印度劳动年龄人口占全球劳动年龄总人口的比重将达到19%。巴西、俄罗斯和美国到2050年劳动年龄人口占全球劳动年龄总人口的比重分别为2.38%、1.29%和4.11%，均低于各国目前占比水平。

表6-1　全球劳动年龄人口数量及预测

	世界劳动年龄人口（万人）	中国预测1（%）	中国预测2（%）	印度（%）	巴西（%）	俄罗斯（%）	美国（%）
2010年	452 485	21.72	21.45	17.45	2.91	2.28	4.59
2015年	480 441	20.75	20.73	17.92	2.91	2.08	4.41
2020年	503 178	19.71	19.65	18.34	2.91	1.89	4.29
2025年	524 860	18.69	18.7	18.70	2.85	1.74	4.16
2030年	543 804	17.51	17.65	19.02	2.77	1.63	4.06
2035年	558 567	16.03	16.29	19.30	2.69	1.57	4.04
2040年	570 703	14.62	15.04	19.48	2.61	1.48	4.05
2045年	581 897	13.58	14.25	19.47	2.50	1.39	4.08
2050年	588 781	12.52	13.42	19.41	2.38	1.29	4.11

数据来源：United Nations（Population Division，Department of Economics and Social Affairs）[R]. World Population Prospects，The 2017 Revision.

表6-2显示了七国集团国家1960年到2016年15—64岁劳动年龄人口在总人口中所占比重。1960年七国集团国家中劳动年龄人口占比最低的是加拿大和美国，占比分别为58.6%和60.1%。此后两国的劳动年龄人口占比显示出高度相似的变化趋势：在1960年代的最初几年两国劳动年龄人口占比略微下降；1965年到1985年两国的劳动年龄人口比重快速增长，加拿大和美国的劳动年龄人口比重在20年间分别增长了9.5%和6.0%，美加两国的劳动年龄人口占比在1985年分别达到66.4%和68.5%的历史最高点；1986年到2008年两国劳动年龄占比表现为先下降后上升，在2008年美国和加拿大的劳动年龄人口占比分别上升至67.3%和69.5%，均为两国自1960年以来的最高水平；两国劳动年龄人口在2008年以后均呈下降趋势，到2017年美国劳动年龄人口占比为65.7%，加拿大为67%，在七国集团国家中占比排名前两位。由此可见美国和加拿大的劳动人口在过去的几十年间迅速增加，目前两国的

劳动力资源在七国集团国家中相对较为充裕。德国和意大利两国的劳动年龄人口占比也显示出比较相近的变化特征，表现为两国的劳动年龄人口占比在1960年到1980年代初期呈U型变化趋势；此后两国的劳动年龄人口占比随时间逐步下降，2017年德国和意大利的劳动年龄人口占比分别为65.5%和63.5%。七国集团国家中英国和法国的劳动年龄人口占比在考察时段内的波动幅度相对较小。1960年英国劳动年龄人口占比为65.1%，2017年占比为63.8%，期间劳动年龄人口占比最大值出现在2008年为66.2%，最小值出现在1973年为62.3%。法国劳动年龄人口占比自1960年到1986年在波动中逐步上升，1986年劳动年龄人口占比为历史最高点的66.4%，此后占比逐步下降且2010年以后下降趋势进一步加速，2017年法国劳动年龄人口占比为62.2%，在七国集团国家中仅高于日本。日本作为七国集团国家中老龄化程度最高的国家，1960年以来其劳动年龄人口占比发生了极大的变化，表现为1960—1992年间劳动年龄人口占比表现为上升——下降——再上升的变化趋势。1992年日本劳动年龄人口占比达到69.9%，是至今为止七国集团所有国家中劳动年龄人口占比达到的最高水平。然而日本自1992年以来劳动年龄人口占比不断下降，到2017年劳动年龄人口占比仅60.1%，在七国集团国家劳动力资源最为稀缺。

表6－3为包括中国在内的部分亚洲国家以及墨西哥和巴西等发展中经济体1990年以来15—64岁劳动人口在总人口中所占比重。我们发现根据这些国家的劳动人口占比变化趋势可将其分为两大类：一类是劳动人口占比在考察时段内呈先上升后下降趋势，这类国家有中国、泰国、越南和韩国。其中中国的劳动人口占比下降趋势最为显著。2010年中国劳动人口占比达到考察时段内的最大值74.5%，此后逐步下降，2017年占比降至71.8%。泰国、越南和韩国的劳动人口占比也显示出类似的变化趋势，但与中国相比劳动人口占比的下降速度相对和缓。尽管中国在2010年以后出现劳动人口占比下降，且劳动人口的绝对数量在2013年以后也开始下降，但与其他发展中国家相比，中国的劳动人口在总人口中所占的比例较高。另一类国家的劳动人口占比在考察时段呈持续上升趋势，这类国家包括印度尼西亚、马来西亚、菲律宾、印度、墨西哥和巴西。菲律宾是考察国家中劳动人口占比最低的国家，2017年15—64岁劳动人口占总人口的比例仅为63.5%。

表 6－2　七国集团国家劳动年龄人口占总人口比重　　单位:%

	美国	日本	英国	法国	德国	意大利	加拿大
1992 年	65.63	69.92	64.99	65.84	68.77	68.70	67.82
1993 年	65.57	69.84	64.84	65.69	68.62	68.66	67.71
1994 年	65.58	69.71	64.73	65.55	68.53	68.59	67.66
1995 年	65.66	69.56	64.68	65.43	68.49	68.50	67.67
1996 年	65.71	69.35	64.68	65.34	68.46	68.35	67.67
1997 年	65.85	69.10	64.74	65.25	68.46	68.20	67.77
1998 年	66.04	68.82	64.84	65.18	68.47	68.03	67.92
1999 年	66.24	68.52	64.97	65.13	68.47	67.83	68.10
2000 年	66.42	68.20	65.12	65.11	68.41	67.58	68.28
2001 年	66.62	67.86	65.28	65.03	68.10	67.39	68.51
2002 年	66.77	67.52	65.47	64.98	67.79	67.14	68.70
2003 年	66.91	67.16	65.67	64.94	67.47	66.87	68.88
2004 年	67.07	66.77	65.86	64.93	67.15	66.62	69.06
2005 年	67.25	66.35	66.02	64.92	66.87	66.42	69.22
2006 年	67.24	65.93	66.10	64.89	66.62	66.21	69.35
2007 年	67.27	65.46	66.15	64.87	66.37	66.05	69.45
2008 年	67.31	64.95	66.17	64.84	66.15	65.91	69.50
2009 年	67.30	64.39	66.17	64.73	65.98	65.75	69.47
2010 年	66.86	64.15	65.88	64.77	65.90	65.49	69.35
2011 年	66.77	63.54	65.56	64.47	65.86	65.20	69.12
2012 年	66.66	62.89	65.25	64.08	65.87	64.88	68.87
2013 年	66.52	62.22	64.93	63.64	65.88	64.55	68.58
2014 年	66.35	61.58	64.61	63.19	65.85	64.21	68.25
2015 年	66.15	60.99	64.29	62.80	65.76	63.91	67.87
2016 年	65.94	60.50	64.03	62.48	65.64	63.68	67.46
2017 年	65.67	60.06	63.77	62.20	65.47	63.46	66.99

数据来源：万得数据库.

表6-3 部分发展中国家劳动年龄人口占总人口比重 单位:%

	中国	泰国	印尼	马来西亚	菲律宾	越南	印度	韩国	墨西哥	巴西
1990年	66.70	65.27	59.78	59.29	55.92	56.90	58.24	69.39	56.77	60.61
1991年	66.30	65.76	60.27	59.58	56.10	57.15	58.38	70.04	57.33	61.03
1992年	66.20	66.20	60.73	59.81	56.34	57.41	58.55	70.40	57.86	61.47
1993年	66.70	66.61	61.18	60.03	56.61	57.69	58.75	70.59	58.34	61.93
1994年	66.60	66.99	61.66	60.28	56.89	58.04	59.01	70.81	58.78	62.43
1995年	67.20	67.36	62.19	60.59	57.15	58.50	59.30	71.12	59.18	62.95
1996年	67.20	67.84	62.64	60.94	57.38	58.97	59.55	71.11	59.51	63.44
1997年	67.50	68.29	63.14	61.36	57.59	59.60	59.83	71.31	59.81	63.93
1998年	67.60	68.73	63.66	61.83	57.80	60.35	60.15	71.58	60.09	64.40
1999年	67.70	69.13	64.16	62.33	58.02	61.14	60.50	71.74	60.38	64.85
2000年	70.10	69.46	64.60	62.84	58.27	61.92	60.86	71.70	60.69	65.27
2001年	70.40	69.66	64.77	63.20	58.48	62.90	61.13	71.78	61.00	65.54
2002年	70.30	69.81	64.91	63.66	58.69	63.75	61.44	71.77	61.31	65.82
2003年	70.40	69.91	65.03	64.22	58.92	64.53	61.76	71.80	61.63	66.10
2004年	70.90	70.01	65.16	64.85	59.17	65.36	62.09	71.97	61.94	66.37
2005年	72.00	70.13	65.29	65.51	59.48	66.26	62.44	72.26	62.23	66.62
2006年	72.30	70.58	65.59	65.84	59.90	66.99	62.72	72.21	62.62	66.88
2007年	72.50	70.98	65.83	66.28	60.38	67.79	63.01	72.16	63.00	67.14
2008年	72.70	71.35	66.00	66.56	60.97	68.60	63.32	72.22	63.38	67.42
2009年	73.00	71.67	66.11	67.14	61.61	69.28	63.65	72.41	63.76	67.69
2010年	74.50	71.90	66.18	67.13	61.96	69.77	63.99	73.19	64.30	68.36
2011年	74.40	71.81	66.40	67.66	62.25	70.08	64.30	73.27	64.69	68.65
2012年	74.10	71.73	66.56	68.13	62.53	70.25	64.66	73.34	65.06	68.91
2013年	73.90	71.65	66.69	68.53	62.78	70.30	65.03	73.36	65.42	69.14
2014年	73.41	71.56	66.85	68.88	63.00	70.26	65.39	73.29	65.75	69.35
2015年	72.93	71.44	67.05	69.17	63.20	70.16	65.71	73.13	66.05	69.53
2016年	72.56	71.39	67.15	69.30	63.35	70.00	66.00	72.91	66.26	69.62
2017年	71.82	71.31	67.32	69.39	63.48	69.79	66.23	72.61	66.48	69.70

数据来源：万得数据库.

表6－4显示了部分经合组织国家1990年到2017年历年就业人口数。2017年考察国家中就业人口最多的五个国家依次分别为美国、日本、墨西哥、德国和英国；就业人口最少的五个国家依次分别为冰岛、卢森堡、爱沙尼亚、爱尔兰和芬兰。其中，美国2017年就业人口达到15 333.7万人，是日本就业人口的2.3倍，墨西哥就业人口的2.9倍，是发达经济体中劳动人口最多的国家。冰岛则是考察发达国家中就业人数最少的国家，2017年就业人口仅19.4万人，是美国就业人口的0.13%，日本就业人口的0.3%。图6－1进一步显示了这些国家2017年就业人口较1990年的增长率情况。墨西哥是考察国家中就业人口增长最多的经济体，2017年就业人数是1990年水平的1.24倍。卢森堡、爱尔兰、智利、新西兰、澳大利亚和冰岛等国2017年就业人口较1990年的增长幅度均超过了50%。同时，也有一些国家的就业人口增长缓慢甚至出现了负增长。2017年爱沙尼亚和芬兰的就业人口较两国1990年水平有所下降。此外，希腊、葡萄牙、捷克、日本、丹麦和意大利等国2017年就业人口较1990年水平的增长都没有超过10%。

表6－4　部分经合组织国家1990—2017年就业人口数　　单位：千人

	1990年	1995年	2000年	2005年	2010年	2011年	2012年	2013年	2014年	2015年	2016年	2017年
澳大利亚	7 859	8 189	8 902	9 881	11 022	11 214	11 351	11 457	11 540	11 766	11 973	12 252
奥地利	3 412	3 729	3 741	3 747	4 017	4 052	4 084	4 105	4 113	4 148	4 220	4 260
比利时	3 726	3 715	4 093	4 235	4 489	4 509	4 524	4 530	4 544	4 552	4 587	4 638
加拿大	13 086	13 295	14 760	16 124	16 964	17 221	17 438	17 691	17 802	17 947	18 080	18 416
智利	4 450	5 095	5 414	6 170	7 131	7 487	7 626	7 786	7 903	8 028	8 115	8 276
捷克	4 995	4 908	4 681	4 764	4 885	4 873	4 890	4 937	4 974	5 042	5 139	5 222
丹麦	2 656	2 602	2 722	2 732	2 706	2 703	2 689	2 688	2 714	2 752	2 840	2 816
爱沙尼亚	825	631	585	616	568	603	615	621	625	641	645	659
芬兰	2 493	2 090	2 335	2 401	2 447	2 474	2 483	2 457	2 447	2 437	2 448	2 473
法国	23 064	22 915	24 629	24 984	25 731	25 759	25 804	25 785	26 376	26 424	26 584	26 880
德国	37 218	35 780	36 236	36 362	37 993	38 787	39 126	39 531	39 871	40 211	41 267	41 664
希腊	3 713	3 821	4 088	4 444	4 390	4 054	3 695	3 513	3 536	3 611	3 674	3 753
冰岛	126	142	156	160	166	166	168	173	178	184	190	194
爱尔兰	1 151	1 272	1 692	1 952	1 926	1 888	1 880	1 938	1 989	2 057	2 132	2 194

续表

	1990 年	1995 年	2000 年	2005 年	2010 年	2011 年	2012 年	2013 年	2014 年	2015 年	2016 年	2017 年
意大利	21 215	19 851	21 080	22 407	22 527	22 598	22 566	22 191	22 279	22 465	22 758	23 023
日本	62 495	64 566	64 463	63 562	62 982	62 934	62 797	63 266	63 712	64 015	64 649	65 306
韩国	18 085	20 414	21 173	22 831	24 033	24 526	24 955	25 299	25 897	26 178	26 409	26 725
卢森堡	134	153	181	194	221	225	236	239	246	257	260	272
墨西哥	23 403	32 175	37 594	42 079	46 122	47 139	48 707	49 227	49 415	50 611	51 595	52 341
荷兰	6 275	6 782	7 870	8 111	8 370	8 291	8 345	8 285	8 236	8 319	8 427	8 605
新西兰	1 535	1 686	1 799	2 082	2 157	2 188	2 183	2 227	2 305	2 357	2 466	2 568
挪威	1 992	2 047	2 255	2 283	2 501	2 536	2 585	2 602	2 627	2 641	2 638	2 644
葡萄牙	4 658	4 382	5 041	5 047	4 898	4 740	4 547	4 429	4 500	4 549	4 605	4 757
西班牙	12 870	12 461	15 506	19 207	18 724	18 421	17 633	17 139	17 344	17 866	18 342	18 825
瑞典	4 485	3 986	4 159	4 336	4 524	4 626	4 657	4 704	4 772	4 837	4 910	5 022
英国	26 818	25 489	27 366	28 739	29 125	29 282	29 596	29 954	30 671	31 193	31 628	31 963
美国	118 793	124 900	136 891	141 730	139 064	139 869	142 469	143 929	146 305	148 833	151 436	153 337

数据来源：经合组织数据库.

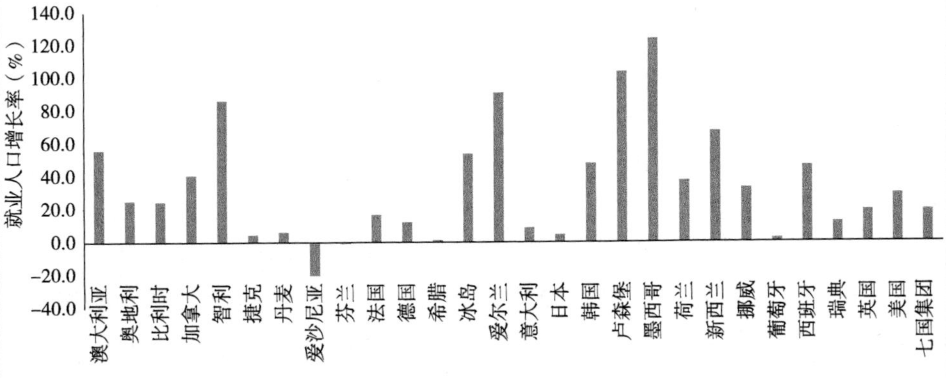

数据来源：经合组织数据库.

图 6-1　部分经合组织国家 1990—2017 年就业人口增长率

二、中国劳动力市场现状与变化趋势

（一）中国劳动市场概况

作为全球人口最多的国家，庞大的人口基数给中国带来了丰裕的劳动力资源和巨大的劳动力市场。1978 年中国就业人口为 4 亿，2000 年就业人口上升为 7.2 亿，2017 年就业人口将近 7.8 亿。中国城镇登记失业人数从 1978 年的 530 万增加至 2016 年的 982 万，失业人数和失业率长期以来维持在一个较低的水平上。丰裕的劳动人口是中国自改革开放以来经济高速增长的一个重要基础。

表 6－5　中国就业人员及城镇登记失业人数　　单位：万人

	1978 年	1990 年	2000 年	2010 年	2015 年	2016 年	2017 年
就业人员数	40 152	64 749	72 085	76 105	77 451	77 603	77 640
城镇登记失业人数	530	383	595	908	966	982	972

数据来源：历年《中国统计年鉴》.

中国自 1978 年改革开放以来经历了长达 30 多年的经济高速增长，国内生产总值年均增速达到了 9.7%，对外贸易年均增速更是达到 16.3%。作为全球最大的货物贸易出口国，中国主要利用自身丰裕且廉价的劳动力资源，大力发展劳动力密集型制造业并出口。劳动力资源是中国开展国际贸易最重要的比较优势之一。同时，参与国际分工生产活动也为劳动人口提供了大量的就业岗位。商务部 2014 年统计数据显示，对外贸易直接和间接带动了 1.8 亿人就业，中国平均每 4 个就业人口中，就有一个人从事和外贸相关的工作。

作为全球人口最多的国家，过多的人口和过剩的劳动力曾经是困扰我国经济和社会发展的一个严峻的问题。然而，随着经济持续多年的快速发展以及人口结构的逐步变化，近年来我国已经由劳动力过剩转向劳动力短缺。图 6－2 显示了我国 2000 年以来就业的基本情况。我国劳动力数量自 2000 年以来在波动中呈逐步上升态势，由 2000 年的 7.4 亿人增加至 2016 年的 8.1 亿人。2017 年我国劳动力总数为 8.1 亿人，较 2016 年减少约 8 万人。我国年末就业人口数量与劳动力数量的变化趋势基本一致。就业人员由 2000 年的 7.2 亿人逐步增加至 2017 年的 7.8 亿人。根据 2019 年国家统计局最新数据，2018 年年末全国就业人员为 77 586 万人，相比 2017 年末的 77 640 万人减少 54 万，为最近多年的首次下降。图 6－3 显示了我国 1982 年以来的劳动参与率。1982 年到 1990 年我国劳动参与率由 78. 14% 上升至 79. 01%，此后劳动参与率呈逐年下降趋势。2000 年我国劳动参与率降至 75. 71%，2015 年进一步降至 69. 73%，2017 年我国劳动参与率为 68. 93%，是 1982 年以来的最低水平。

一个国家拥有的劳动力资源不是恒定不变的。当前我国的劳动力资源优势正在面临挑战。主要表现为人口老龄化导致的劳动人口减少以及劳动力成本的不断上升。过去几十年严格的计划生育政策使得中国出生人口数量迅速下降，中国人口发展长期处于低出生、低死亡、低增长的态势，人口的老龄化难以避免。从老年人口的总量上看，中国 65 岁及以上的老年人从 1982 年的 0. 5 亿上升到 2017 年的 1. 5 亿，30 余年间增加了 1 亿人。而未来 20 年中国老年人口将再增加 1 亿多，2030 年将达到 2. 3 亿，2040 年则会突破 3 亿，并在 2060 年前后达到 3. 6 亿峰值①。从老年人在总人口中的比重上看，中国 65 岁以上老年人比例稳步增长，由 1982 年的 4. 9% 逐渐上升到目前的 10. 8%。人口老龄化意味着中国的劳动力结构开始老化。按照国际一般划分标准，15—64 岁的人口列为劳动人口。中国的劳动人口总量从 1982 年的 6. 3 亿上升至 2014 年的 10 亿，2017 年劳动人口总量比 2014 年减少了 640 万人。从劳动人口在总人口中的比重上看，中国劳动人口比例由 1982 年的 61. 5% 逐步上升至 2010 年的 74. 5%，之后逐年下降，到 2017 年劳动人口占比 71. 8%。当前，中国劳动力人口的数量和比重都出现了下降，与之相应的是中国劳动总抚养比的恶化。人口抚养比是指总体人口中非劳动年龄人口与劳动年龄人口的比例。通常人口抚养比越低，人口红利越高。中国的人口总抚养比显示出先下降后上升的演变趋势，由 1982 年的 62. 6% 下降至 2010 年的 34. 2%，之后又逐步上升，2017 年的总抚养比为 39. 2%。人口红利减少改变了中国劳动力市场上的供求关系，劳动力供给的短缺使得劳动力成本不可避免地上升，这使得我国传统的以廉价劳动力为基础的高经济增速难以维系，同时也对社会保障等诸多方面构成挑战（见表 6－6）。

① 国务院发展研究中心课题组．大国崛起与人力资本战略［M］．北京：中国发展出版社，2017.

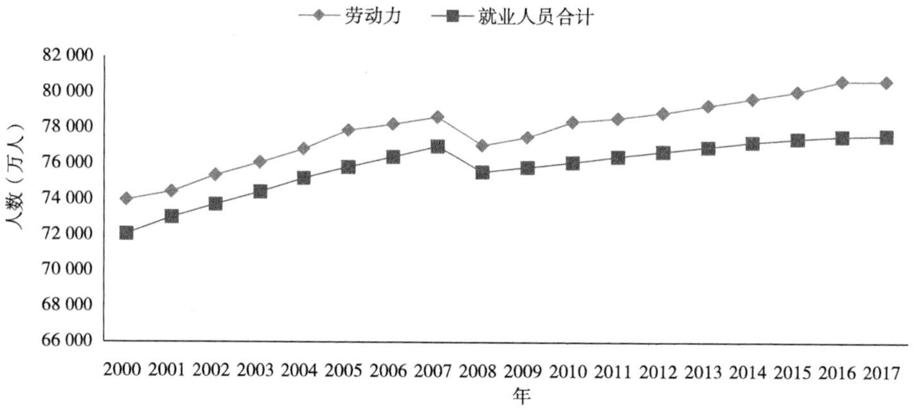

数据来源：《中国统计年鉴》.

图 6－2　2000—2017 年我国就业基本情况

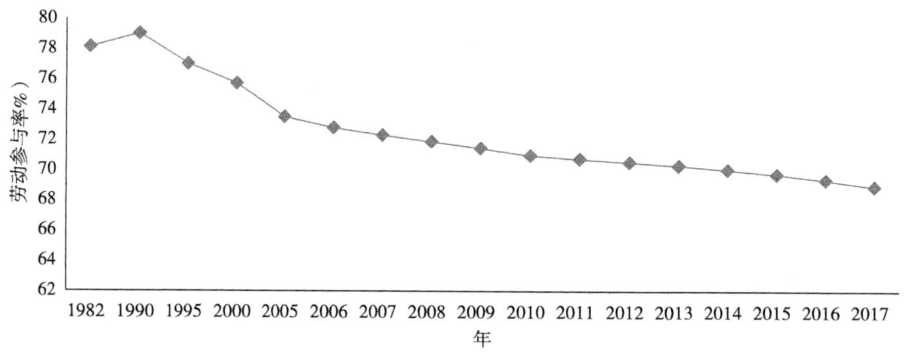

数据来源：CEIC 数据库.

图 6－3　1982—2017 年我国劳动参与率

表 6－6　1982—2017 年我国人口年龄结构

	0—14 岁		15—64 岁		65 岁以上		总抚养比
	人口数（万）	比重（%）	人口数（万）	比重（%）	人口数（万）	比重（%）	
1982 年	34 146	33.6	62 517	61.5	4 991	4.9	62.6
1990 年	31 659	27.7	76 306	66.7	6 368	5.6	49.8

续表

	0—14岁		15—64岁		65岁以上		总抚养比
	人口数（万）	比重（%）	人口数（万）	比重（%）	人口数（万）	比重（%）	
2000年	29 012	22.9	88 910	70.1	8 821	7.0	42.6
2002年	28 774	22.4	90 302	70.3	9 377	7.3	42.2
2004年	27 947	21.5	92 184	70.9	9 857	7.6	41.0
2006年	25 961	19.8	95 068	72.3	10 419	7.9	38.3
2008年	25 166	19.0	96 680	72.7	10 956	8.3	37.4
2010年	22 259	16.6	99 938	74.5	11 894	8.9	34.2
2012年	22 287	16.5	100 403	74.1	12 714	9.4	34.9
2014年	22 558	16.5	100 469	73.4	13 755	10.1	36.2
2016年	23 008	16.7	100 260	72.5	15 003	10.8	37.9
2017年	23 348	16.8	99 829	71.8	15 831	11.4	39.2

数据来源：《中国统计年鉴》.

（二）中国劳动力就业的结构特征与变化趋势

从就业人员所在行业分布上看，我国劳动力就业的产业结构演变基本符合经济发展的一般规律。随着工业化进程的推进，我国第一产业的就业人口和就业份额不断减少。1978年中国第一产业的就业占比高达70.5%，2000年我国第一产业的就业占就业总人数的比重为50%，这一比重在2017年进一步减少至27%。第一产业作为传统产业，吸纳了大量的劳动力资源特别是农村劳动人口。伴随中国经济产业结构的调整升级，第一产业开始向第二产业转型升级，大量的农村劳动力转化为产业技术工人，第二产业吸纳了大量的第一产业剩余劳动力，表现为第二产业就业人口占比从1978年的17.3%增加到2017年的28.1%。2000年以来我国第二产业就业人数呈先上升后下降的倒V字形。表现为2000—2012年第二产业就业人数逐年递增，就业人数在就业总人数中所占比重由23%上升至30%。2012年我国第二产业吸纳就业2.32亿人，达到2000年以来的最高水平。2013—2017年第二产业就业人数逐年递减，就业人数在就业总人数中所占比重由30%下降至28.1%。近年来，中国大力发展服务业和服务贸易，第三产业中的传统服务部分由于就业门槛不高，劳动力需求数量众多，为劳动者提供了大量的就业机会。第三产业的就业人口占比从1978年的12.2%增加到2017年的44.9%，显示服务业已经成为中国目前吸纳劳动力最多的产业。然而目前中国第三产业的发展仍然远远跟不上国际化发展进程，服务贸易的国际竞争力仍然较为薄弱。

在就业的城乡结构方面，中国长期存在着城市和农村两个分割的劳动力市场。这两个劳动力市场主要由户籍管理制度造成，表现为城市劳动力市场上的劳动力人力资本水平和资本回报率普遍较高，而农村劳动力市场的人力资本水平和回报普遍较低。随着中国的城市化和工业化进程加速，农村劳动力市场上产生了大量的剩余劳动力，大批农村劳动人口进入城市劳动力市场，形成了一种介于城市劳动力和农村劳动力之间的群体，即所谓的“农民工”。农村劳动力以农民工的形式向城市劳动力市场的大规模转移使得农村劳动力在就业市场上所占比重不断降低而城镇劳动力的就业比重逐年提高。1978年中国农村劳动力就业比重为76.3%，这一指标在2000年降低为67.9%，2017年进一步降低到45.3%；城镇就业比重则从1978年的23.7%增加到2000年的32.1%，2017年进一步增加到54.7%。同时，户籍制度的存在使得城乡劳动力市场呈分割状态，加剧了城乡劳动力之间的收入差距，进城务工的农村劳动力受到户籍制度的限制，加上人力资本水平和劳动生产率较低，为中国第二、三产业的发展提供了大量的低成本劳动力（表6－7）。

表6－8显示了我国不同年龄段劳动人口中接受不同程度教育人口的占比情况以及平均受教育年限情况。以20—24岁年龄段为例，我们发现该年龄段劳动人口受教育情况具有以下几个特点：第一，平均受教育年限逐步提高。1950年中国20—24岁劳动人口的平均受教育年限是3.31年，2010年该指标上升至8.94年；第二，未上过学和小学学历人口在总劳动人口中所占比例逐步下降。其中，未上过学人口在总劳动人口中所占比例由1950年的38.2%下降至2010年的0.5%，小学学历人口在总劳动人口中所占比例由1950年的48.8%下降至2010年的6.8%。1950年未上过学和小学学历人口在总劳动人口中所占比例高达87%，而2010年该比例降至7.3%，表明没有接受学历教育和仅接受初级学历教育的人口不再是中国劳动力市场上的大多数人。第三，中学和大学学历人口在总劳动人口中所占比例逐步提高。其中，中学学历人口在总劳动人口中所占比例由1950年的11.7%上升至2010年的81.1%，小学学历人口在总劳动人口中所占比例由1950年的1.3%上升至2010年的11.6%。2010年拥有中等或高等学历的人口在总劳动人口中所占比例超过了

90%。其他年龄组的劳动人口受教育情况也表现出近似的特征，表明随着不同层次人力资本存量的相对变化，我国劳动力的技能和人力资本结构逐步实现了梯度升级。

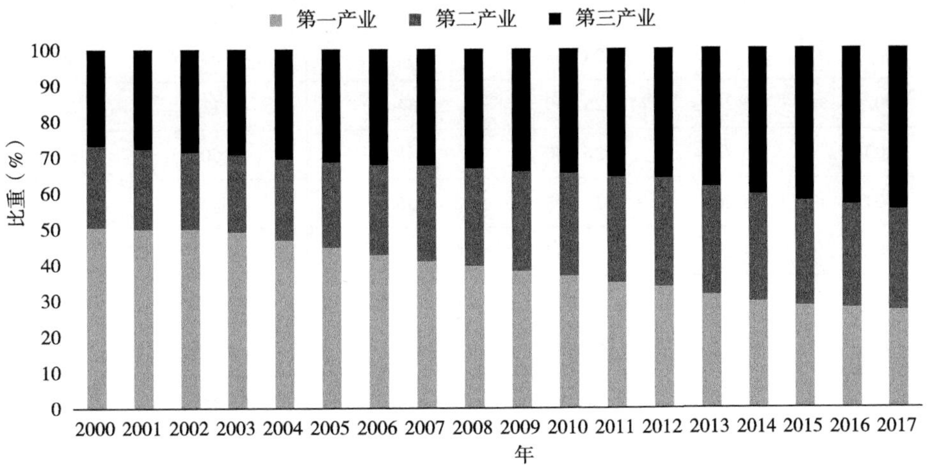

数据来源：《中国统计年鉴》.

图 6－4　2000—2017 年我国三大产业就业人员所占比重

表 6－7　1990—2017 年我国年末就业人员与比重

	就业人员	城镇		乡村	
		就业人员（万人）	比重（%）	就业人员（万人）	比重（%）
1990 年	64 749	17 041	26.3	47 708	73.7
1991 年	65 491	17 465	26.7	48 026	73.3
1992 年	66 152	17 861	27.0	48 291	73.0
1993 年	66 808	18 262	27.3	48 546	72.7
1994 年	67 455	18 653	27.7	48 802	72.3
1995 年	68 065	19 040	28.0	49 025	72.0
1996 年	68 950	19 922	28.9	49 028	71.1
1997 年	69 820	20 781	29.8	49 039	70.2
1998 年	70 637	21 616	30.6	49 021	69.4

续表

	就业人员	城镇		乡村	
		就业人员（万人）	比重（%）	就业人员（万人）	比重（%）
1999年	71 394	22 412	31.4	48 982	68.6
2000年	72 085	23 151	32.1	48 934	67.9
2001年	72 797	24 123	33.1	48 674	66.9
2002年	73 280	25 159	34.3	48 121	65.7
2003年	73 736	26 230	35.6	47 506	64.4
2004年	74 264	27 293	36.8	46 971	63.2
2005年	74 647	28 389	38.0	46 258	62.0
2006年	74 978	29 630	39.5	45 348	60.5
2007年	75 321	30 953	41.1	44 368	58.9
2008年	75 564	32 103	42.5	43 461	57.5
2009年	75 828	33 322	43.9	42 506	56.1
2010年	76 105	34 687	45.6	41 418	54.4
2011年	76 420	35 914	47.0	40 506	53.0
2012年	76 704	37 102	48.4	39 602	51.6
2013年	76 977	38 240	49.7	38 737	50.3
2014年	77 253	39 310	50.9	37 943	49.1
2015年	77 451	40 410	52.2	37 041	47.8
2016年	77 603	41 428	53.4	36 175	46.6
2017年	77 640	42 462	54.7	35 178	45.3

数据来源:《中国统计年鉴》.

表 6-8　我国各年龄组劳动人口受教育情况

	年龄组	人口受教育程度占比（%）				平均受教育年限（年）
		未上过学	小学	中学	大学	
1950年	15—19	19.00	48.50	32.20	0.30	5.22
1950年	20—24	38.20	48.80	11.70	1.30	3.31

续表

	年龄组	人口受教育程度占比（%）				平均受教育年限（年）
		未上过学	小学	中学	大学	
1950 年	25—29	67.80	24.00	7.60	0.60	1.73
1950 年	30—34	80.30	15.60	3.80	0.30	0.96
1950 年	35—39	87.10	10.20	2.50	0.20	0.63
1950 年	40—44	87.30	10.20	2.30	0.20	0.61
1950 年	45—49	90.20	8.10	1.60	0.10	0.46
1950 年	50—54	96.70	2.90	0.40	0.00	0.15
1950 年	55—59	97.60	2.00	0.30	0.00	0.10
1950 年	60—64	98.30	1.40	0.20	0.00	0.07
1960 年	15—19	24.20	38.60	36.80	0.40	5.53
1960 年	20—24	19.40	54.60	24.20	1.80	5.17
1960 年	25—29	34.40	52.60	11.70	1.30	3.47
1960 年	30—34	38.20	48.80	11.70	1.30	3.32
1960 年	35—39	67.80	24.00	7.60	0.60	1.74
1960 年	40—44	80.30	15.60	3.80	0.30	0.96
1960 年	45—49	87.10	10.20	2.50	0.20	0.63
1960 年	50—54	87.30	10.20	2.30	0.20	0.61
1960 年	55—59	90.20	8.10	1.60	0.10	0.46
1960 年	60—64	96.70	2.90	0.40	0.00	0.14
1970 年	15—19	19.00	40.40	40.20	0.40	6.06
1970 年	20—24	10.00	52.40	36.80	0.80	6.26
1970 年	25—29	16.50	57.50	24.20	1.80	5.31
1970 年	30—34	19.40	54.60	24.20	1.80	5.18
1970 年	35—39	34.40	52.60	11.70	1.30	3.47
1970 年	40—44	38.20	48.80	11.70	1.30	3.32
1970 年	45—49	67.80	24.00	7.60	0.60	1.74

续表

	年龄组	人口受教育程度占比（%）				平均受教育年限（年）
		未上过学	小学	中学	大学	
1970 年	50—54	80. 30	15. 60	3. 80	0. 30	0. 96
1970 年	55—59	87. 10	10. 20	2. 50	0. 20	0. 63
1970 年	60—64	87. 30	10. 20	2. 30	0. 20	0. 61
1980 年	15—19	4. 80	32. 80	61. 90	0. 50	7. 82
1980 年	20—24	6. 00	31. 40	61. 70	0. 90	8. 06
1980 年	25—29	8. 80	53. 60	36. 80	0. 80	6. 32
1980 年	30—34	10. 00	52. 40	36. 80	0. 80	6. 26
1980 年	35—39	16. 50	57. 50	24. 20	1. 80	5. 31
1980 年	40—44	19. 40	54. 60	24. 20	1. 80	5. 18
1980 年	45—49	34. 40	52. 60	11. 70	1. 30	3. 47
1980 年	50—54	38. 20	48. 80	11. 70	1. 30	3. 32
1980 年	55—59	67. 70	24. 00	7. 60	0. 60	1. 73
1980 年	60—64	80. 30	15. 60	3. 80	0. 30	0. 96
1990 年	15—19	5. 30	36. 00	58. 20	0. 60	7. 44
1990 年	20—24	6. 10	34. 50	56. 50	2. 80	7. 54
1990 年	25—29	9. 30	28. 00	60. 10	2. 60	8. 28
1990 年	30—34	9. 30	28. 00	60. 10	2. 60	7. 96
1990 年	35—39	18. 50	46. 00	33. 60	1. 90	5. 81
1990 年	40—44	18. 50	46. 00	33. 60	1. 90	5. 81
1990 年	45—49	33. 70	40. 90	22. 80	2. 60	4. 53
1990 年	50—54	33. 70	40. 90	22. 80	2. 60	4. 53
1990 年	55—59	53. 10	32. 90	12. 40	1. 60	2. 79
1990 年	60—64	61. 90	27. 70	9. 40	1. 00	2. 20
2000 年	15—19	1. 00	13. 70	81. 90	3. 40	8. 72
2000 年	20—24	1. 70	17. 20	72. 50	8. 60	8. 65

续表

	年龄组	人口受教育程度占比（%）				平均受教育年限（年）
		未上过学	小学	中学	大学	
2000 年	25—29	2. 30	24. 00	67. 00	6. 70	8. 35
2000 年	30—34	2. 80	29. 10	62. 50	5. 50	7. 99
2000 年	35—39	3. 30	25. 20	66. 10	5. 40	9. 05
2000 年	40—44	6. 00	32. 50	57. 50	3. 90	8. 05
2000 年	45—49	9. 50	45. 20	42. 20	3. 10	6. 80
2000 年	50—54	13. 10	52. 00	32. 00	2. 80	6. 09
2000 年	55—59	20. 10	47. 40	29. 60	2. 90	5. 57
2000 年	60—64	31. 80	45. 00	20. 00	3. 20	4. 56
2010 年	15—19	0. 50	6. 50	89. 60	3. 40	10. 23
2010 年	20—24	0. 50	6. 80	81. 10	11. 60	8. 94
2010 年	25—29	0. 80	8. 60	81. 20	9. 50	8. 68
2010 年	30—34	1. 10	12. 90	79. 60	6. 50	8. 28
2010 年	35—39	1. 70	20. 90	73. 80	3. 60	7. 80
2010 年	40—44	1. 70	20. 90	73. 80	3. 60	7. 79
2010 年	45—49	3. 40	27. 80	66. 70	2. 10	8. 33
2010 年	50—54	3. 40	27. 80	66. 70	2. 10	8. 33
2010 年	55—59	9. 10	48. 30	41. 60	1. 00	6. 56
2010 年	60—64	9. 10	48. 30	41. 60	1. 00	6. 56

数据来源：http：//www. barrolee. com.

为了考察各省和地区的人口与劳动力变化情况，表 6 – 9 我们列出了 2003 年与 2017 年我国 31 个省级单位的人口总数与劳动年龄人口所占比重情况。比较 2003 年和 2017 年我国三大地区的劳动年龄人口占比我们发现，东部和西部地区的占比提高而中部地区的占比出现了下降。东部地区多数省份 2017 年人口较 2003 年水平有所下降，但北京、天津、上海、浙江和广东五省份 2017 年人口较 2003 年水平增加。从劳动年龄人口占总人口的比重上看，由于东部地区是劳动力流入的目的地，多数省份 2017 年劳动人口在总人口中的比重较2003年水平有所上升，仅北京、天津、山东和广西四省份2017年的劳动年龄人口占比较2003年降低。2017年东部地区劳动年龄人口占总人口比重最高的省份是天津，占比达到77.4%，比重最低的省份是广西，占比约为68%。中部地区所有省份2017年人口数都较2003年水平有所下降。其中安徽省2017年人口较2003年减少了1 000万人，为中部地区人口减少最多的省份。从劳动年龄人口占总人口的比重上看，多数省份2017年占比较2003年有所下降，仅山西、黑龙江和湖北省的劳动年龄人口占比有所提升。2017年中部地区劳动年龄人口占比最高的省份是黑龙江，占比达到77%，占比最低的省份是安徽，占比约为67.9%。2017年西部地区除新疆和西藏以外各省总人口均较2003年水平下降。其中四川省2017年人口较2003年减少了1 700万人，为西部地区人口减少最多的省份。西部地区多数省份2017年劳动年龄人口占比较2003年水平有所提高，但四川、重庆、贵州和新疆四省的占比出现了下降。2017年西部地区劳动年龄人口占比最高的省份是陕西，占比达到73.3%，占比最低的省份是贵州，占比约为68.8%。

表6-9　2003年和2017年我国各省总人口与劳动年龄人口比重

	2003年		2017年	
	总人口（千人）	劳动年龄人口占比（%）	总人口（千人）	劳动年龄人口占比（%）
北京	14 070	78.2	17 801	76.6
天津	9 956	75.1	12 778	77.4
上海	16 061	74.8	19 826	75.8
江苏	72 967	71.6	66 100	72.6
浙江	45 934	72.4	46 573	75.3
福建	34 261	70.7	32 221	72.0
广东	77 676	65.4	91 922	75.4
海南	7 939	68.1	7 640	72.0
山东	89 775	72.6	82 502	69.4
辽宁	41 549	75.6	35 969	75.8
广西	47 661	69.3	40 385	68.0
河北	66 569	69.9	62 086	70.2

续表

	2003 年		2017 年	
	总人口（千人）	劳动年龄人口占比（%）	总人口（千人）	劳动年龄人口占比（%）
东部合计	524 418	71.0	515 803	72.8
山西	32 558	74.1	30 550	75.4
内蒙古	23 510	77.7	20 849	75.6
吉林	26 684	77.5	22 424	75.4
黑龙江	37 693	70.0	31 251	77.9
安徽	62 652	69.8	51 658	67.9
江西	41 741	69.4	38 163	68.6
河南	95 029	71.0	79 005	68.3
湖北	59 184	71.7	48 684	71.9
湖南	65 521	69.9	56 647	69.4
中部合计	444 572	71.5	379 231	71.1
重庆	30 713	74.1	25 337	69.3
四川	85 739	72.0	68 609	70.2
贵州	37 933	71.3	29 612	68.8
云南	42 836	66.5	39 709	72.7
西藏	2 638	68.3	2 797	70.3
陕西	36 314	67.0	31 649	73.3
甘肃	25 628	71.4	21 720	72.1
青海	5 225	70.3	4 939	72.1
宁夏	5 650	69.5	5 627	73.2
新疆	18 834	69.8	20 210	69.8
西部合计	291 510	70.4	250 209	71.0

数据来源：《中国统计年鉴》.

第二节　参与全球价值链分工的劳动力就业效应：基于中间品贸易的检验

一、现实背景与相关文献

伴随经济全球化和国际生产分割程度的不断加深，全球价值链逐步形成。在这一分工体系下，一种产品的生产过程被分解成多个环节，各国根据自身在产品某一生产环节的比较优势参与分工，在全球价值链上形成了密切的生产关联。这种分工模式对国际贸易产生了深刻而广泛的影响，一个主要特征是全球范围内中间品贸易不断增加。目前，中间品出口在全球非能源出口中的比重超过了50%（WTO，2013）。在我国，中间品贸易在对外贸易中也占据着重要地位。1995—2014年我国中间品进口占总进口比重由70%上升到75%，中间品出口占总出口比重由45%上升至52%（图6－5）。伴随全球价值链分工程度的不断深入，企业能够在全球范围内更加有效地获取劳动力资源，这一过程将引发就业需求在国家间的重新分配，从而对各国劳动力市场产生深刻的影响。在我国，劳动力密集型产品在出口中长期占据主导地位，为我国中低技能劳动人口提供了大量的就业机会。然而，随着近年来国内劳动力成本提升和国际产业转移的加速，我国在劳动力就业方面的压力越发凸显。分析我国中间品贸易的劳动力市场效应，有助于我们理解参与全球价值链分工模式对我国就业需求和结构的影响，也为我国对外贸易政策的制定和调整提供实证依据。

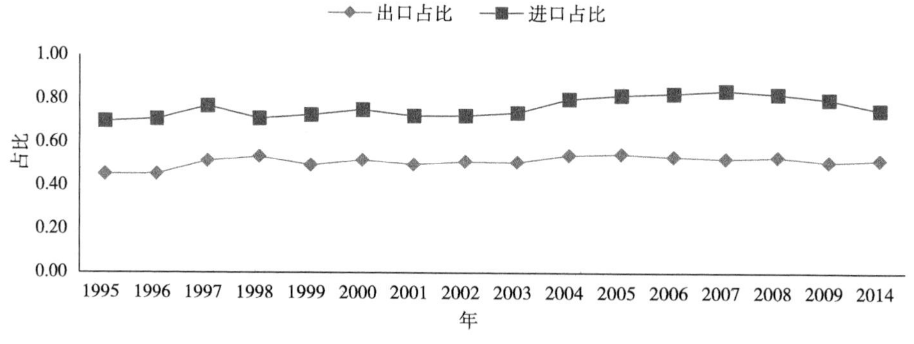

图6－5　1995—2014年我国中间品贸易额在总值贸易中的占比情况

国外较多学者使用外包指标来考察国际生产分割对一国劳动力市场的影响。芬斯特拉和汉森（Feenstra & Hanson，1996）利用行业进口中间投入在行业全部中间投入（除能源投入外）中的比重来衡量外包，认为外包降低了美国低技能劳动力的就业需求和工资水平，扩大了高、低技能劳动力间的收入差距。此后，海德和里斯（Head & Ries，2002）、格奥尔格（Geishecker，2003）、斯特劳斯—卡恩（Strauss - Kahn，2003）、海曾等（Hijzen et al，2005）针对日本、德国、法国和英国的实证分析均得出了类似的结论。此外，陈等（Chen et al.，2012）使用投入产出法考察了我国加工贸易和一般贸易出口对产品国内附加值和就业的影响，结果显示一般贸易出口比加工贸易出口创造了更多就业需求。提默等（Timmer et al，2013）利用多国投入产出模型分析了全球价值链分工生产中使用要素内容的变化情况，发现资本和高技能劳动力提供了更多的增加值，而低技能劳动力提供的增加值呈下降趋势。

国内研究方面，已有较多文献对最终品进出口的就业效应展开分析，主要结论是出口促进了就业需求，进口的就业效应存在行业和区域间异质性（俞会新、薛敬孝，2002；胡昭玲、刘旭，2007；喻美辞，2008；魏浩等，2013）。相比之下，区分中间品和最终品贸易的劳动力市场效应的研究仍然较少。盛斌和马涛（2008）就中间品贸易对我国工业总体和分部门的就业需求的影响进行了研究，发现中间品出口增加了劳动力需求，进口对劳动力需求变化的影响为负。吕延方和王冬（2011）基于日本 RIETI - TID 数据库，利用投入产出法考察了外包影响我国就业的动态效应，发现外包总体上对就业水平有积极影响。周申等（2012）基于投入产出表分析了我国工业制成品贸易结构变化对就业结构变化的影响，认为偏向资本技术密集型产品的贸易结构变动不利于就业，并导致我国的就业结构偏向熟练劳动力。卫瑞和庄宗明（2015）利用世界投入产出数据库（WIOD）和结构分解方法考察了贸易自由化和外包对我国就业需求的影响，1995—2014 年我国总就业和分技能就业均有较大增长，外包总体上不利于我国就业增加。蒋庚华和郭沛（2015）使用 WIOD 数据考察了进口中间投入对我国货物贸易行业就业结构的影响，认为进口中间投入对高技能劳动力相对影响为正，对中技能劳动力影响为负。鲁晓璇等（2018）利用 WIOD 数据，对中间品和最终品进口对中国行业内生产要素报酬的影响进行了实证研究，结果显示中间品进口扩大了高技术劳动与资本和中、低技术劳动在行业内生产要素报酬上的差距，最终品进口缩小了中、低技术劳动与资本和高技术劳动在行业内生产要素报酬上的差距，综上可见，学者已经从不同角度对国际贸易的就业效应进行了分析，但针对全球价值链分工模式的劳动力市场效应的研究还比较缺乏，且研究对象主要集中在制造业，相关研究还有待补充。

本节我们利用 WIOD（World Input - Output Database）数据库提供的多国投入产出数据，建立多区域投入产出模型（MRIO）对我国中间品贸易的劳动力市场效应进行分析。使用 WIOD 数据库我们能够获取国家间投入产出表和进出口数据，以及按照同一行业标准划分的劳动力就业数据，从而能够比较准确地衡量中间品贸易对就业的影响。首先我们考察了我国中间品出口对本国的劳动力市场效应和中间品进口的就业替代效应。在此基础上我们对中间品贸易影响就业结构的行业特征和技能特征进行了较为系统的分析，对现有研究进行了补充。然后我们对中日韩三国中间品出口影响劳动力就业的情况进行测算和比较，以期全面了解三国参与全球价值链分工生产的就业效应。

二、模型与数据

（一）多区域投入产出模型

在多区域投入产出模型（MRIO）中，一个国家的出口可以转化为对其他国家中间产品的投入和最终需求的满足，进口可以转化为其他国家对本国各部门生产的中间投入和产品以最终需求形式的输入（袁志刚、饶璨，2014）。因此该模型能够分析各个国家在全球价值链上分工生产的关联效应，并揭示这一分工生产网络对各国劳动力市场的影响情况。

按照投入产出分析方法，一个国家（地区）的总产出可以表示为：

$$X_i = A_{ii} X_i + Y_{ii} + \sum_{i \neq j} e_{ij} \tag{6.1}$$

式中，X_i 是国家 i 的总产出，可以分为中间消费和最终消费。A_{ii} 为 i 国国内的直接消耗系数矩阵，Y_{ii} 为 i 国国内最终品消费。e_{ij} 为 i 国向 j 国的出口，又可以分解为中间品出口和最终品出口，即：

$$e_{ij} = A_{ij} X_j + y_{ij} \tag{6.2}$$

A_{ij} 是国家 j 从国家 i 进口中间投入的直接消耗系数矩阵，X_j 是 j 国总产出，$A_{ij} X_j$ 为国家 j 从国家 i 进口的中间投入，即国家 i 向国家 j 的中间品出口。y_{ij} 为国家 i 向国家 j 的最终品出口。于是（6.1）式可以表示为：

$$X_i = A_{ii} X_i + Y_{ii} + \sum_{i \neq j} A_{ij} X_j + \sum_{i \neq j} y_{ij} \tag{6.3}$$

将（6.3）式用矩阵形式表示，即 MRIO 模型的基本等式为：

$$\begin{pmatrix} X_1 \\ \vdots \\ X_i \\ \vdots \\ X_m \end{pmatrix} = \begin{pmatrix} A_{11} \cdots A_{1j} \cdots A_{1m} \\ \vdots \quad \vdots \quad \vdots \\ A_{i1} \cdots A_{ij} \cdots A_{im} \\ \vdots \quad \vdots \quad \vdots \\ A_{m1} \cdots A_{mj} \cdots A_{mm} \end{pmatrix} \begin{pmatrix} X_1 \\ \vdots \\ X_i \\ \vdots \\ X_m \end{pmatrix} + \begin{pmatrix} y_{11} + \sum_{i \neq 1} y_{1i} \\ \vdots \\ y_{ii} + \sum_{i \neq j} y_{ij} \\ \vdots \\ y_{mm} + \sum_{i \neq m} y_{mi} \end{pmatrix} \tag{6.4}$$

式中，对角矩阵表示一国国内产品在各部门间的流动，非对角矩阵表示不同国家间产品的相互需求。

在投入产出表中，一国中间品出口增加了总需求从而创造了就业需求；一国中间品进口则增加了进口来源地的需求，在他国创造了就业需求。如果用向量 E_i 表示国家 i 的劳动投入系数，反映国家 i 各行业单位产出需要的劳动力投入数量。I 是单位矩阵，那么 i 国向 j 国出口中间品创造的就业需求可以表示为：

$$L_{ij}^{ex} = E_i (I - A_{ii})^{-1} A_{ij} X_j \tag{6.5}$$

i 国从 j 国进口中间品在 j 国引致就业需求，即 i 国中间品进口对本国就业需求替代可以表示为：

$$L_{ij}^{im} = E_j (I - A_{jj})^{-1} A_{ji} X_i \tag{6.6}$$

（二）数据来源

本文所使用的数据全部来自世界投入产出数据库（WIOD）。该数据库的估算基于国民经常账户的供给端数据，提供了 1995—2014 年包括全球 41 个国家和地区、35 个部门之间的投入产出数据。WIOD 的社会经济账户提供了 1995—2014 年与投入产出数据相匹配的劳动投入数据，以及按教育程度划分的高、中、低技能劳动投入数据①。本文根据《国民经济行业分类》中的行业划分规定，将 WIOD 中的 35 个行业部门进行归类划分：第一产业（农、林、牧、渔业）包括行业 1；第二产业（制造业）包括行业 2—18；第三产业（服务业）包括行业 19—35。根据数据的可得性，本研究考察的时间为 1995—2014 年。

---

① WIOD 的社会经济账户根据国际标准教育分类方法（International Standard Classification of Education，ISCED）划分不同技能的劳动力。低技能劳动力指接受小学教育（第一阶段基础教育）和初中教育（第二阶段基础教育）；中等技能劳动力指接受高中教育和大专教育（非高等教育）；高技能劳动力指接受第一阶段高等教育和第二阶段高等教育。

三、中国中间品贸易的劳动力市场效应分析

（一）中国中间品贸易的就业需求效应

1995—2014年我国中间品贸易的就业需求效应可以划分为三个阶段：第一阶段为1995—2001年，即入世前阶段。在这一阶段，尽管中间品出口在我国总出口中的比重有所提升（图6－5），中间品出口创造就业需求呈现波动状态，中间品替代就业需求则稳中有升。中间品贸易的就业需求拉动并不显著。第二阶段为2001—2007年。自2001年我国“入世”以来，中间品进出口创造就业需求均出现显著提升，并在2007年到达最高水平。其中，进口替代就业的增长速度高于出口：2001年到2007年我国中间品出口为本国创造就业数量增长了将近2倍，中间品进口替代就业数量增长了3倍多。然而，由于出口创造就业数量远高于进口，两者差额在这一阶段逐步拉大。第三阶段为2007年至2014年。这一阶段经历了2008年全球金融危机的爆发，此后全球经济增速显著放缓。外需不振导致我国对外贸易受到了很大的冲击。在劳动力市场上，中间品进出口创造就业的数量在2008—2009年均呈下降趋势，到2014年中间品出口创造就业重新恢复到金融危机之前的水平，但仍低于2007年水平，中间品进出口对就业需求的拉动有所放缓。

表6－10　1995—2014年中国中间品贸易创造就业　　单位：千人

	出口创造就业	进口替代就业	创造就业差额
1995年	49 186.1	4 320.9	44 865.2
1996年	43 593.2	4 166.3	39 426.9
1997年	47 994.7	4 527.2	43 467.5
1998年	45 682.3	4 278.8	41 403.4
1999年	44 875.1	4 952.2	39 922.9
2000年	51 908.6	6 534.8	45 373.8
2001年	48 273.8	6 552.4	41 721.4
2002年	57 274.8	7 964.2	49 310.6
2003年	64 489.1	10 046.1	54 443.0
2004年	73 695.8	12 894.3	60 801.5

续表

	出口创造就业	进口替代就业	创造就业差额
2005 年	78 190.2	14 016.7	64 173.5
2006 年	83 155.7	15 511.1	67 644.5
2007 年	92 349.4	19 811.4	72 538.1
2008 年	76 513.9	18 492.4	58 021.6
2009 年	61 912.6	17 659.0	44 253.6
2014 年	92 308.1	19 730.8	72 577.3

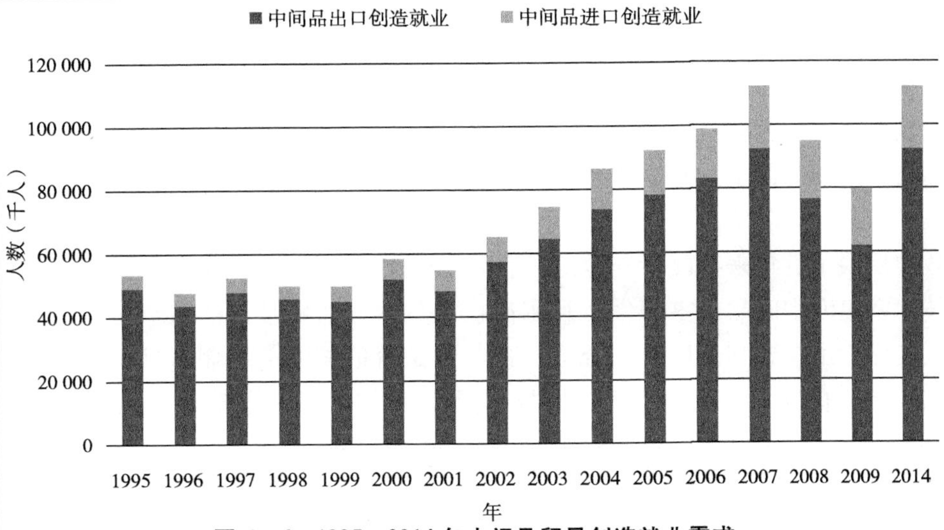

图 6－6　1995—2014 年中间品贸易创造就业需求

（二）中国中间品贸易的就业技能结构效应

中间品贸易的就业技能结构效应显示，我国中间品出口创造就业主要集中在低技能劳动力上，其次是中等技能劳动力，高技能劳动力在就业总人口中所占比例最低。2014 年我国中间品出口创造就业岗位中高、中、低技能劳动力就业分别占比 7.2%、35.3% 和 57.5%。从中间品出口影响就业技能结构的变化趋势上看，中、低技能劳动力就业之间存在替代关系，表现为 1995—2002 年低技能劳动力就业比重逐年降低而中等技能劳动力就业比重逐年提升；2002—2014 年则呈现相反趋势。高技能劳动力就业比重在考察时段内始终低于 10%，但呈上升态势。中间品出口的就业技能结构效应在一定程度上反映了过去几十年中我国贸易结构的变化趋势。自2001年加入世界贸易组织，我国在纺织、服装、玩具、皮革等劳动力密集型产业的比较优势凸显，出口规模激增。这些产业主要利用我国充裕的低技能劳动力供给，通过加工贸易方式嵌入全球价值链，容易被锁定在低附加值的价值链环节。

我国中间品进口的就业结构效应显示，1995—2014年低技能劳动力就业比重逐步降低，中、高技能劳动力就业比重逐步提升。其中，对中等技能劳动力的就业需求在1997年开始高于低技能劳动力，两者差距在此后逐年扩大。随着我国参与全球价值链分工程度的深化，进口中间品的结构也在不断变化，机电、高新技术等资本和技术密集型产品的进口比重逐年提高，使得参与生产活动的中高技能劳动力就业比重逐年提高。

比较中间品进出口的就业结构效应可以看出，入世后大量中间品出口使得我国的就业技能结构逐步恶化，表现为中、高技能劳动力就业比重下滑，低技能劳动力就业比重增加，而中间品进口为来源国创造了越来越多的中、高技能劳动力需求，有助于外国劳动力市场的就业结构优化升级。根据要素禀赋理论，国际贸易可视为国际要素流动的替代品。中间品贸易的就业结构效应反映了近年来我国参与全球价值链分工贸易的模式，即大量进口资本和技术密集型中间品与零部件，利用低技能劳动力禀赋带来的比较优势参与加工装配后出口到其他国家和地区，参与的是价值链的低端制造环节，所获附加值十分有限，不利于实现产业结构与就业结构优化和升级。

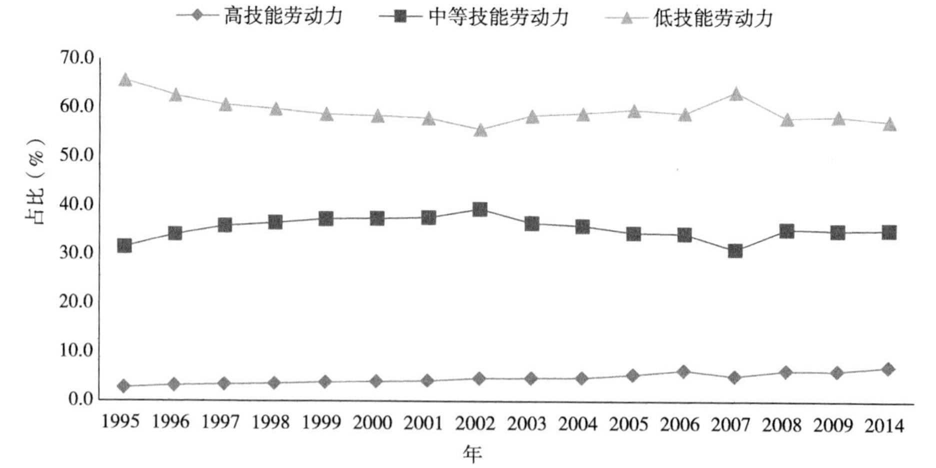

图6-7　1995—2014年中国中间品出口的就业技能结构效应

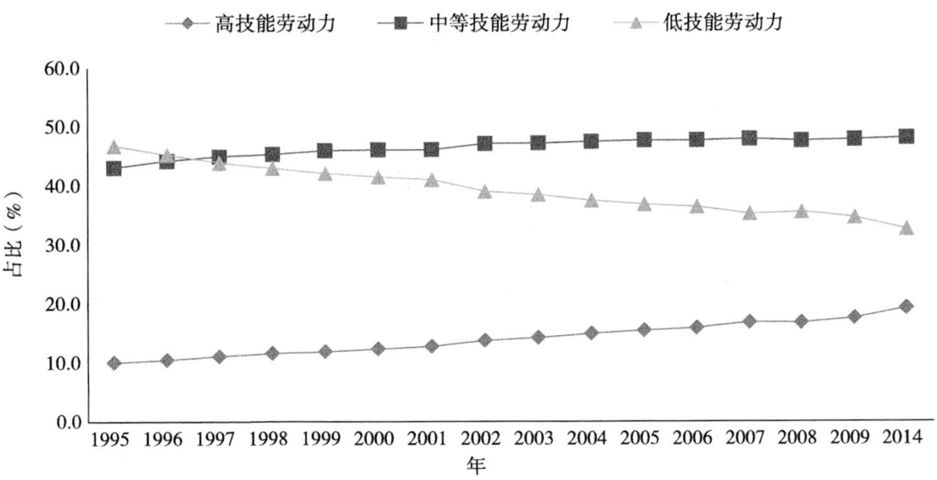

图 6－8　1995—2014 年中国中间品进口的就业技能结构效应

（三）中国中间品贸易的就业行业结构效应

分别考察我国中间品贸易的产业就业效应我们发现：1995—2014 年我国中间品出口创造就业中，第一产业占比在波动中下降，由 1995 年的 34% 下降至 2009 年的 28%；第二产业占比呈 V 字型：1995—2002 年第二产业就业比重在波动中下降，在 2002 年到达最低点后逐步提升，到 2014 年第二产业占比达到最高水平；第三产业占比在 2002 年达到最高水平，占比首次超过 40%，此后有所下降。2002 年作为第二、三产业就业趋势转变的关键年份，表明加入世界贸易组织对我国中间品出口结构带来了极大影响。与第二产业入世后出口大幅增长不同，我国服务业长期以来发展缓慢，服务贸易的国际竞争力较弱，入世后我国服务业中间品出口受到了较大冲击（图 6－9）。我国中间品进口替代就业中第三产业占比在 1995—2007 年逐年提高，2007 年以来占比有所下降，第二产业占比表现为相反趋势（图 6－10）。此外，比较图 6－9和图 6－10 可以看出，1995—2014 年中间品出口创造就业中第二产业（第三产业）占比在 25%—40%（30%—45%），中间进口替代就业中第二产业（第三产业）占比在 50%—65%（35%—50%），表明与服务业相比，我国工业部门的出口对进口中间品的依赖程度更高。

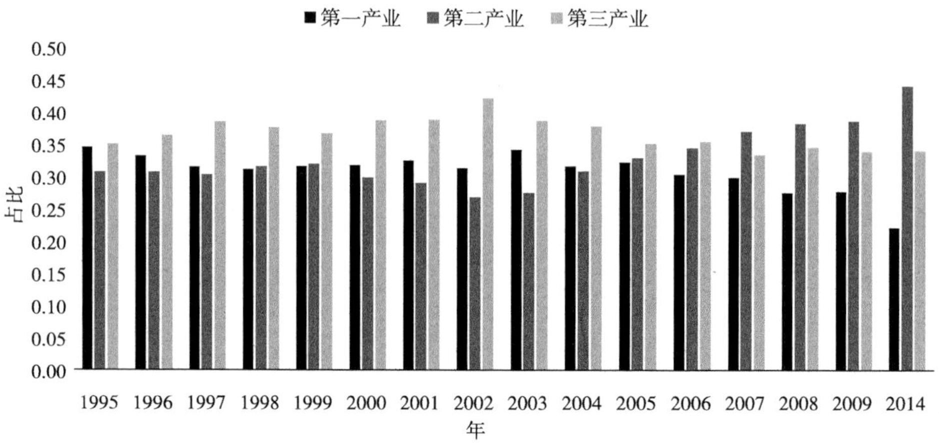

图 6－9　1995—2014 年我国中间品出口的就业产业结构效应

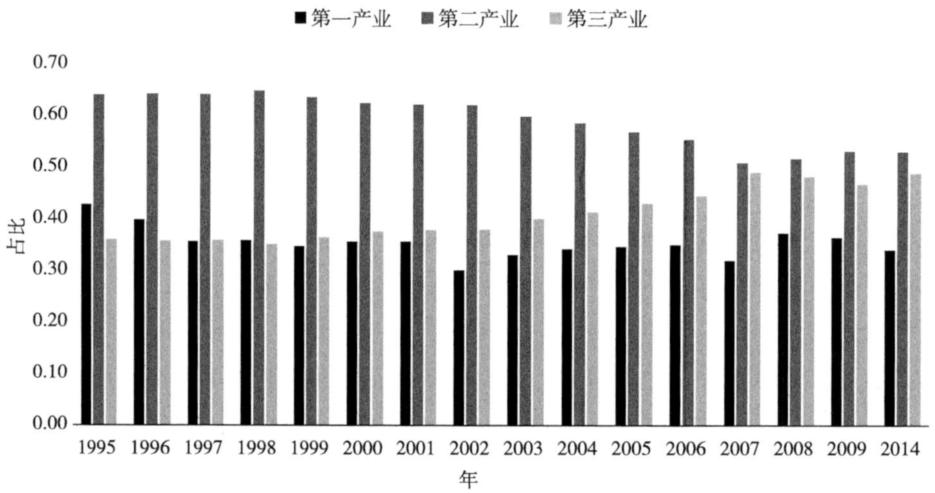

图 6－10　1995—2014 年我国中间品进口的就业产业结构效应

表 6－11 进一步显示了我国 35 个行业中间品贸易创造就业的大体情况。1995—2014 年，中间品贸易创造就业数量最多的行业依次为："农林牧渔业""其他社会社区和个人服务业""除汽车、摩托车外的商品零售业""纺织原料及纺织制品业""电气、光学设备制造业"。其中，"农林牧渔业""其他社会社区和个人服务业"和"除汽车、摩托车外的商品零售业"主要通过中间

品出口创造了大量国内就业需求，这主要归因于三个行业生产中较高的劳动投入系数①，而“纺织原料及纺织制品业”和“电气、光学设备制造业”的中间品出口创造就业和进口替代就业均较多，在一定程度上反映出在这两个行业的分工生产中我国嵌入全球价值链的程度是比较高的。1995—2014年我国中间品出口在总出口中占比为45%—55%，而能源矿产行业②出口创造就业中的中间品所占比重为40%—70%，服务行业出口创造就业中的中间品所占比重为40%—79%。产生这一现象的主要原因是与一般制造业③行业相比，能源矿产行业和服务业的劳动生产率较低，在生产过程中需要更多的劳动投入。中间品出口创造就业数量在各制造业行业均高于中间品进口创造就业数量，“设备租赁及其他商业服务业”和“公共管理、国防及社会保障业”是在考察时段内仅有的进口创造就业数量高于出口的服务业行业。

表6-11　1995—2014年我国中间品进出口分行业创造就业　单位：千人;%

	中间品出口创造就业				中间品进口替代就业			
	1995年	2002年	2009年	2014年	1995年	2002年	2009年	2014年
农林牧渔业	18 253 (39.1)	17 771 (41.9)	17 047 (37.5)	16 420 (35)	1 839 (78.6)	2 371 (76.7)	6 352 (85.8)	9 720 (81.4)
矿产及采掘业	2 084 (63.0)	1 595 (70.1)	1 546 (58.0)	1 529 (52.5)	99 (89.6)	177 (90.9)	560 (95.2)	926 (96.1)
食品、饮料烟草业	342 (23.0)	468 (30.3)	711 (33.3)	998 (36.1)	44 (53.9)	62 (49.4)	168 (62.8)	418 (63.5)
纺织原料及纺织制品业	2 643 (30.7)	2 330 (30.2)	3 619 (31.0)	3 928 (33.1)	441 (82.0)	789 (88.5)	586 (79.6)	671 (75.0)

① 2009年我国各行业中间品出口的平均劳动投入系数为60人/百万美元，“农林牧渔业”、“其他社会社区和个人服务业”和“除汽车、摩托车外的商品零售业”中间品出口的劳动投入系数依次为340人/百万美元、390人/百万美元和330人/百万美元。

② 能源矿产行业包括：矿产业及土石采取业、焦炭炼油及核燃料加工业、化学原料及化学制品业、非金属矿物制品业和基本金属及金属制品业。

③ 一般制造业包括：食品饮料烟草业、纺织原料及纺织制品业、皮革制鞋业、木材软木及其制品业、造纸印刷和出版业、橡胶及塑料制品业、机械设备制造业、电气光学设备制造业、交通运输业、其他制造业及废物回收业和电力、燃气及水的供应业。

续表

	中间品出口创造就业				中间品进口替代就业			
	1995 年	2002 年	2009 年	2014 年	1995 年	2002 年	2009 年	2014 年
皮革制鞋业	336 (26.3)	301 (16.6)	531 (17.3)	782 (14.8)	59 (71.6)	97 (77.9)	101 (71.8)	327 (70.4)
木材、软木及其制品业	435 (43.5)	534 (49.7)	1 218 (51.7)	1 846 (51.8)	89 (89.1)	135 (83.1)	205 (83.6)	466 (85.1)
造纸、印刷和出版业	475 (46.2)	920 (57.1)	1 379 (52.7)	1 914 (52.3)	69 (82.5)	127 (82.3)	198 (84.8)	479 (84.2)
焦炭炼油及核燃料加工业	115 (54.5)	106 (59.1)	171 (59.2)	201 (62.0)	9 (86.5)	17 (85.8)	26 (88.5)	94 (91.0)
化学原料及化学制品业	861 (44.8)	1 079 (56.8)	1 480 (56.3)	1 733 (59.8)	129 (85.9)	278 (87.4)	462 (87.4)	734 (83.2)
橡胶及塑料制品业	883 (50.1)	1 437 (51.4)	2 635 (53.1)	3 894 (56.1)	56 (72.7)	113 (71.4)	239 (78.0)	577 (80.3)
非金属矿物制品业	896 (49.5)	791 (54.6)	637 (60.5)	549 (62.5)	24 (64.2)	110 (79.1)	190 (83.3)	349 (84.9)
基本金属及金属制品业	1 620 (55.6)	1 486 (62.5)	1 716 (57.2)	1 606 (54.7)	223 (73.8)	530 (77.3)	966 (81.3)	1 510 (82.0)
机械设备制造业	761 (42.2)	657 (40.0)	1321 (40.6)	2 079 (45.1)	64 (26.3)	136 (29.7)	315 (42.8)	802 (46.7)
电气、光学设备制造业	1 445 (43.4)	1 843 (45.9)	4 155 (48.5)	9 194 (57.1)	196 (61.8)	676 (67.4)	1 385 (74.9)	3 410 (79.7)
交通运输业	337 (51.2)	420 (57.1)	709 (53.1)	1 410 (58.2)	30 (46.9)	65 (52.8)	178 (52.4)	331 (54.5)
其他制造业及废物回收业	908 (21.2)	881 (16.6)	1 442 (27.7)	1 845 (34.1)	21 (64.6)	70 (60.6)	217 (69.4)	688 (72.5)
电力、燃气及水的供应业	300 (50.7)	382 (55.6)	508 (53.2)	712 (54.2)	22 (72.6)	49 (74.6)	109 (81.6)	251 (80.9)
建筑业	207 (55.1)	278 (62.0)	180 (56.2)	144 (51.4)	25 (45.5)	65 (60.8)	198 (77.3)	380 (80.6)
汽车、摩托车销售和维修；燃料零售业	NA	NA	NA	NA	22 (69.2)	62 (70.1)	137 (76.7)	274 (78.2)

续表

	中间品出口创造就业				中间品进口替代就业			
	1995 年	2002 年	2009 年	2014 年	1995 年	2002 年	2009 年	2014 年
除汽车、摩托车以外的商品批发代售业	730 （42.2）	2 264 （65.3）	2 032 （62.5）	2 310 （55.9）	131 （68.2）	329 （70.4）	699 （77.0）	1 337 （80.5）
除汽车、摩托车以外的商品零售业	1 963 （42.2）	3 746 （40.4）	3 737 （42.7）	4 190 （45.6）	140 （68.4）	347 （70.7）	833 （75.6）	1 285 （78.2）
酒店餐饮业	1 057 （54.2）	1 111 （59.1）	1 497 （51.7）	1 913 （59.5）	77 （70.1）	82 （70.5）	294 （75.6）	612 （77.9）
陆地运输业	1 516 （55.7）	1 866 （59.5）	2 493 （57.4）	3 420 （62.7）	101 （73.4）	261 （75.6）	667 （82.0）	940 （82.8）
水上运输业	507 （70.0）	403 （64.9）	658 （69.1）	783 （72.0）	8 （73.6）	22 （74.9）	45 （80.5）	90 （80.1）
航空运输业	178 （67.3）	207 （64.6）	395 （67.0）	506 （70.1）	9 （81.3）	15 （69.3）	60 （86.8）	177 （89.3）
其他辅助性运输活动	668 （79.2）	334 （75.7）	217 （65.3）	179 （51.2）	40 （78.7）	55 （72.1）	134 （80.0）	306 （79.4）
邮政通信业	558 （61.5）	526 （61.3）	724 （62.5）	994 （67.1）	23 （71.6）	61 （73.5）	137 （80.0）	334 （82.2）
金融业	281 （48.8）	393 （55.2）	499 （53.2）	589 （57.8）	47 （70.8）	107 （73.1）	198 （78.6）	488 （81.3）
房地产业	31 （47.1）	43 （57.1）	57 （52.9）	97 （53.1）	6 （69.4）	14 （71.1）	34 （78.1）	89 （76.4）
设备租赁及其他商业服务业	260 （56.8）	430 （68.4）	662 （64.9）	980 （68.4）	160 （70.9）	488 （73.8）	1 261 （80.7）	2 574 （81.7）
公共管理、国防及社会保障业	33 （55.3）	27 （62.6）	36 （50.5）	71 （55.7）	18 （55.3）	33 （64.1）	158 （88.4）	340 （81.3）
教育业	159 （53.7）	140 （56.7）	221 （54.9）	370 （51.5）	8 （67.6）	25 （69.5）	84 （79.0）	221 （76.9）
医疗卫生和社会工作	24 （48.3）	34 （46.7）	118 （48.9）	183 （47.3）	6 （61.7）	6 （70.9）	21 （74.4）	103 （75.4）

续表

	中间品出口创造就业				中间品进口替代就业			
	1995 年	2002 年	2009 年	2014 年	1995 年	2002 年	2009 年	2014 年
其他社会社区和个人服务业	8 316 (65.0)	12 469 (60.1)	7 558 (57.8)	7 931 (54.9)	77 (71.3)	187 (66.8)	432 (77.9)	933 (78.9)
有雇佣人员的家庭	NA	NA	NA	NA	5 (71.0)	5 (71.0)	12 (76.4)	58 (72.2)

注：括号内数字单位为百分比，表示行业中间品进出口创造就业在行业总进出口创造就业的比重。

四、中间品贸易的劳动力市场效应：基于中日韩三国的比较分析

（一）中日韩三国中间品出口的就业需求效应

在经济全球化的背景下，国际分工深入发展，全球价值链逐步形成。一种产品的生产过程被分解成多个环节，各国根据自身在不同生产环节的比较优势参与分工，在全球价值链上形成了密切的生产关联。在东亚地区，中国、日本和韩国的中间品贸易在三国对外贸易中均占据重要地位，三国中间品出口自20世纪90年代以来均出现了较大幅度的增长（表6－12）。三国中间品出口占比在1995—2014年间均有所提升。2014年中国中间品出口占总出口的比重超过了50%，日本和韩国的占比均超过了60%（图6－11）。随着全球价值链的深入发展，产品生产过程更加有效地在全球范围内分工布局，这一过程引发劳动力就业需求在国家和地区间重新分配，从而对各国的就业市场产生深刻的影响。中国、日本和韩国作为亚洲地区发展中国家、发达经济体和新兴工业国家的代表，测算并比较三国中间品出口的就业效应有助于我们理解不同类型国家参与全球价值链分工对本国劳动力市场产生的影响及差异，也为我国在开放转型背景下的贸易政策选择提供依据。

表6－12　中日韩三国中间品出口额　　单位：亿美元

	1995 年	1997 年	1999 年	2001 年	2003 年	2005 年	2007 年	2009 年	2014 年
日本	3 055.0	2 954.2	2 667.4	2 661.0	3 108.7	4 246.8	5 120.6	4 393.6	5 038.6
韩国	935.4	1 079.6	1 010.1	1 007.2	1 292.7	2 165.1	2 990.6	2 801.4	3 667.6
中国	756.5	992.1	1 077.7	1 445.6	2 467.7	4 772.2	7 058.1	6 792.5	12 180.1

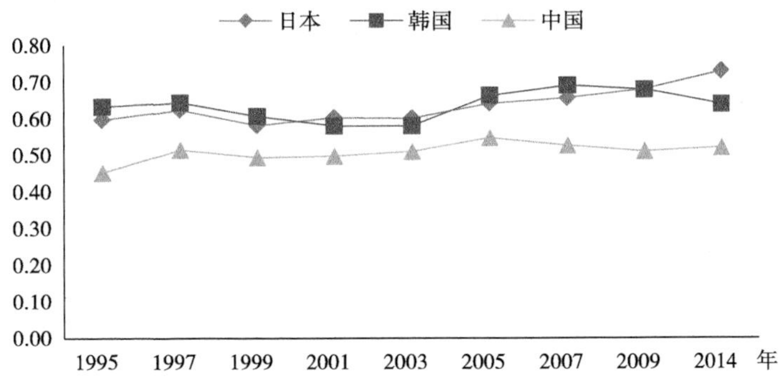

图6-11 中日韩三国中间品出口占总出口比重

表6-13显示了中日韩三国1995—2014年中间品出口创造就业需求情况。首先，从就业数量来看，中国中间品出口在考察时段内创造了最多的就业机会。2014年中国中间品出口为9 230.8万人提供了就业岗位，分别是同期日本和韩国的14.9倍和9.9倍。这一方面是因为中国的中间品出口额远高于日本和韩国，另一方面，中国单位产出的劳动投入系数更高也是形成这一结果的原因①。其次，从变化趋势来看，三国中间品出口创造就业需求在考察时段均有上升。具体地，日本中间品出口创造就业需求在1995—2008年期间在波动中逐步增加，2009年受金融危机影响就业数量出现下降，2014年中间品出口创造就业需求再次增加。韩国中间品出口创造就业需求在考察时段内稳步上升，由1995年的308.9万人增至2014年的931.7万人。中国中间品出口创造就业需求的变化趋势可大致分为三个阶段：第一阶段为1995—2001年的入世前阶段，这一阶段中国中间品出口创造就业需求出现绝对数量的下降；第二阶段为2001—2007年，中国在加入世界贸易组织以后中间品出口创造的就业需求出现大幅提升；第三阶段为2007—2014年，这一阶段经历了金融危机的爆发，全球经济增速显著放缓，中国对外贸易受到了严重的冲击，2008—2009年中间品出口创造就业的绝对数量有所下降，此后逐步增加。再次，从增长率来看，中日韩三国中，韩国中间品出口创造就业数量的增速最快。

① 以2009年为例，日本、韩国和中国的劳动投入系数分别为6人/百万美元、11人/百万美元和51人/百万美元。

1995—2014 年韩国中间品出口创造就业数量增长了 3.0 倍，同期中国和日本分别增长了 1.9 倍和 1.8 倍。韩国中间品出口创造就业需求的快速增长可能源自出口对就业贡献率的提升：2000 年韩国出口贸易对就业的贡献率为 12.1%，2009 年上升为 14.7%（沈万根，2012）。最后，比较三国中间品出口创造就业在总出口创造就业的比重，我们看到日本和韩国的占比分别从 1995 年的 59.1%、56.3% 增加到 2014 年的 64.7%、69%。中国的这一比重在 1995—2014 年间占比始终低于 50%。鲍德温（Baldwin，2012）指出，参与全球价值链的经济体可以分为总部经济体（Headquarter economies）和工厂经济体（Factory economies）。总部经济体的中间品出口占比往往较高，且出口产品中的进口中间品含量较低；而工厂经济体出口中最终品占比更高，且出口产品中包含了较多的进口中间品。中国最终品出口创造就业需求占比显著低于日韩，在一定程度表明中国仍是以工厂经济体的身份参与分工生产，在全球价值链上所处的地位较低。

表 6－13　中日韩三国中间品出口创造就业　　单位：千人

	1995 年	1997 年	1999 年	2001 年	2003 年	2005 年	2007 年	2009 年	2014 年
日本	3 242.1 (59.1)	3 843.0 (61.7)	3 357.9 (57.5)	3 553.6 (59.6)	3 868.0 (59.7)	4 545.0 (63.5)	5 681.4 (65.4)	3 928.5 (66.8)	5 793.2 (64.7)
韩国	3 088.7 (56.3)	3 414.7 (60.5)	3 488.4 (58.6)	3 721.2 (57.4)	4 109.1 (56.5)	6 145.5 (64.7)	7 184.0 (67.4)	7 942.5 (66.3)	9 316.7 (69.0)
中国	49 186.1 (44.2)	47 994.7 (48.9)	44 875.1 (45.6)	48 273.8 (49.7)	64 489.1 (49.7)	78 190.2 (46.4)	92 349.4 (47.1)	61 912.6 (44.3)	92 308.1 (48.6)

注：括号内数字单位为百分比，表示中间品出口创造就业在总出口创造就业的比重。

（二）中日韩三国中间品出口的就业结构效应

1. 中间品出口的就业技能结构效应。日本中间品出口的就业技能结构效应在考察时段内变化不大。1995 年日本中间品出口创造的就业需求从多到少依次为中等技能劳动力、高技能劳动力和低技能劳动力，其中中等技能劳动力就业需求占比达到了 67%，高、低技能劳动力就业需求占比分别为 19% 和 14%；1995—2001 年间，日本中间品出口创造就业中高技能劳动力占比有所提升，中等和低技能劳动力占比在波动中轻微下降；2003—2014 年，日本中间品出口的就业技能结构效应较为稳定，中、高、低技能劳动力就业需求占比基本维持在65%、27%、8%的水平。

韩国中间品出口的就业技能结构效应表现为高技能劳动力占比大幅提升、中等技能劳动力占比逐步降低、低技能劳动力占比显著下降。2005年以来韩国就业技能结构效应趋于稳定，高、中、低技能劳动力占比维持在47%、44%、9%的水平。与日本相比，韩国中间品出口对本国就业技能结构产生显著的提升作用，高技能劳动力就业需求占比在考察时段内上升了约21个百分点。出口结构的快速优化升级是韩国就业技能结构升级的主要原因。20世纪80年代初，韩国出口产品中初级产品已降至10%以下，出口产品以重化工产品为主（刘信一，2006）；20世纪90年代以来韩国出口结构显示出明显的技术密集型产业代替劳动密集型产业的特征（金明玉、翟璐，2011）。中间品出口对高技能劳动力就业需求的大幅提升可以视为韩国出口产品结构升级在劳动力市场上的反映。

中国中间品出口的就业技能结构效应与日本和韩国显著不同。中国中间品出口对低技能劳动力的就业需求最高，其次是中等技能劳动力，对高技能劳动力的就业需求最低：在考察时段内高技能劳动力就业需求占比不高于9%。1995—2001年，中间品出口的就业技能结构效应呈现低技能劳动力占比下降、中等技能劳动力占比提升的趋势。2001—2009年这一趋势出现了逆转。2001年作为趋势变化的关键年份，表明入世后中国中间品出口使得本国的就业技能结构有所恶化，表现为中、高技能劳动力占比下滑、低技能劳动力占比提高。自2001年加入世界贸易组织，中国在劳动力密集生产环节的比较优势凸显，相关产品生产主要利用中国廉价的低技能劳动力降低成本，在国内完成加工装配等生产环节后出口到其他国家和地区。中国在这种分工生产中能够获得的增加值比较有限，因此不利于中国出口结构与就业结构的不断优化升级。2009—2014年我国中间品出口对中、高技能劳动力的就业需求不断提升，对低技能劳动力的就业需求呈下降趋势。中间品出口就业技能结构效应出现变化的一个原因是我国在2005—2007年间对出口政策做出了一系列重大调整，包括多次出台取消部分产品出口退税的政策；下调部分产品出口退税率以限制“两高一资”产品出口；推出限制加工贸易发展的《加工贸易限制类目录》；对列入限制类的商品实行银行保证金台账实转管理等措施。一系列政策措施旨在改善我国的外贸结构，减少低附加值的加工贸易出口，鼓励企业向全球价值链的高端攀升。随着出口产品结构的优化，我国中间品出口吸纳了越来越多的中、高技能劳动力。

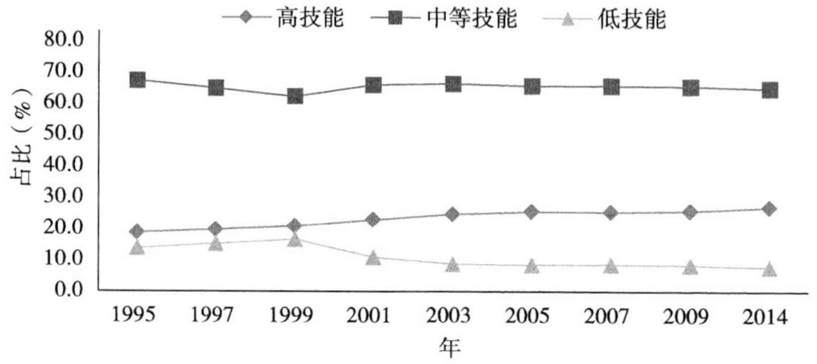

图 6－12　日本中间品出口的就业技能结构

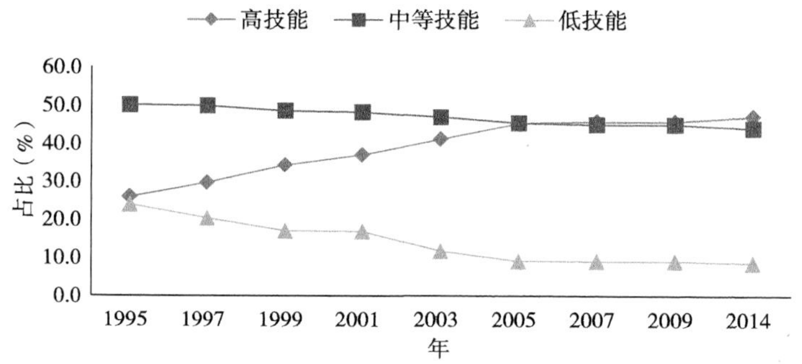

图 6－13　韩国中间品出口的就业技能结构

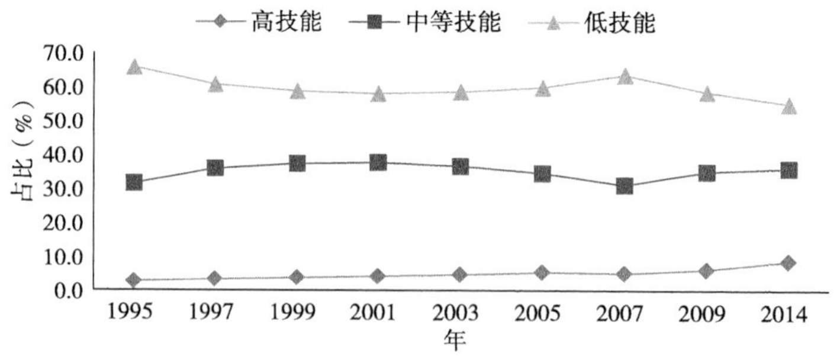

图 6－14　中国中间品出口的就业技能结构

2. 中间品出口的就业产业结构效应。我们进一步比较了中日韩三国中间品出口创造就业的产业结构效应。日本中间品出口创造就业需求集中在第二三产业，第一产业占比最低，在考察时段内稳定在2%左右。从变化趋势来看，日本中间品出口创造就业中第二产业占比由1995年的55%逐步下降至2014年的46%；同期第三产业占比由43%上升到52%，超过了第二产业占比。在考察时段内，日本三大产业单位产出的劳动投入系数变化很小，就业的产业结构变化趋势主要反映了三大产业中间品出口份额的变化。

韩国中间品出口创造就业中第一产业占比在三大产业中最低并呈下降趋势，由1995年的4%降至2014年的2%。与日本相同，韩国中间品出口创造就业的产业结构效应呈现第二产业占比下降、第三产业占比上升的趋势；不同的是韩国第三产业占比在考察时段内始终高于第二产业，且二者之间的差距随时间不断拉大。2014年韩国第三产业就业占比达到77%，远高于第二产业就业占比。一个可能的原因是韩国第二产业的劳动投入系数在考察时段内显著下降，中间品出口规模提升带来的就业增长在一定程度上被劳动投入系数下降引致的就业需求降低抵消了，而第三产业的劳动投入系数显著高于第二产业，在考察时段内的下降幅度也低于第二产业①。

1995年中国中间品出口创造就业中第一产业占比33%，此后占比在波动中下降，到2014年降至24%。中国第一产业就业占比在考察时段内显著高于日本和韩国。这一方面源自三国在产业结构上的差异，另一方面中国第一产业较高的劳动投入系数也是造成第一产业就业占比较高的原因。以2009年为例，中国第一产业单位产出的劳动投入系数为340人/百万美元，是日本的17倍，韩国的8.5倍。1995—2001年，中国中间品出口创造就业中第二、三产业占比显示出与日本和韩国相似的变化趋势，即第二产业占比下降第三产业就业占比上升。这一趋势在入世后出现逆转，2001—2014年，第二产业就业占比由29%上升至43%；第三产业占比由39%降为33%。入世对中间品出口创造就业的产业结构升级效应造成了冲击。这主要是因为中国的第三产业长期以来发展较为缓慢，服务贸易的国际竞争力较为薄弱，而第二产业的中间品出口规模在入世后大幅增长，吸纳了更多的就业人口。

① 韩国第二产业的劳动投入系数由1995年的11人/百万美元下降至2009年的5人/百万美元；第三产业的劳动投入系数由1995年的21人/百万美元降至2009年的14人/百万美元。

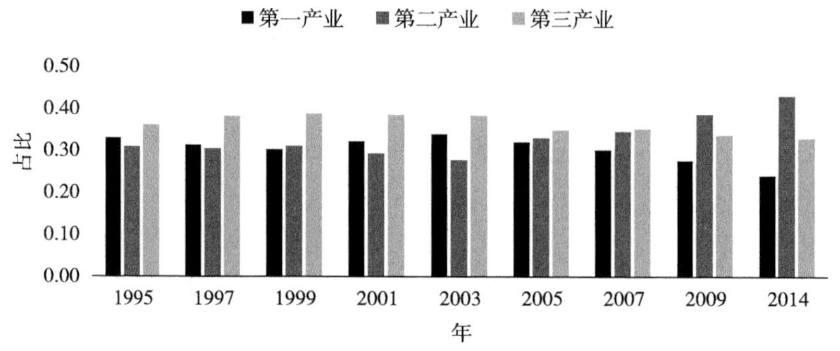

图 6-15　中国中间品出口的就业产业结构效应

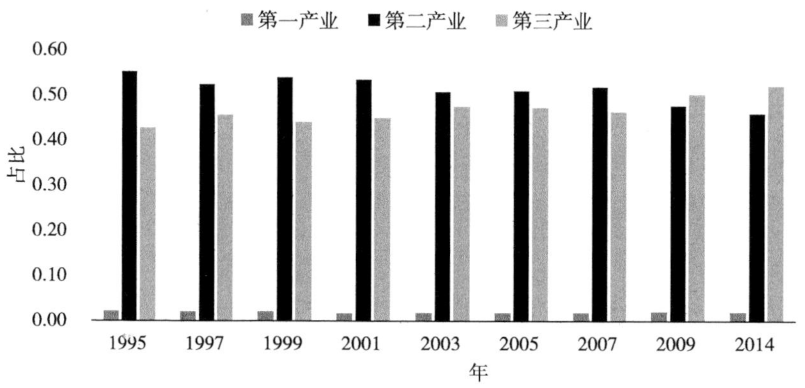

图 6-16　日本中间品出口的就业产业结构效应

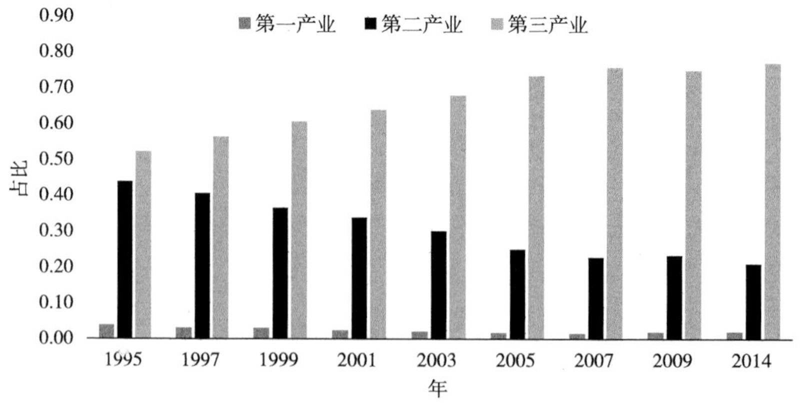

图 6-17　韩国中间品出口的就业产业结构效应

3. 中日韩三国中间品出口就业效应的行业间比较。表 6 - 14 显示了 1995—2014 年中日韩三国中间品出口创造就业需求在 35 个行业中的分布情况。1995—2014 年，日本中间品出口创造就业需求排名前五的行业包括：“基本金属及金属制品业”“电气、光学设备制造业”“交通运输业”“除汽车、摩托车以外的商品批发代售业”，以及“设备租赁及其他商业服务业”。2014 年，日本在“纺织原料及纺织制品业”“皮革制鞋业”“非金属矿物制品业”“机械设备制造业”“电气光学设备制造业”“交通运输业”“其他制造业及废物回收业”“水上运输业和金融业”等 10 个部门的中间品出口创造就业需求较 1995 年水平出现了绝对数量的下降。日本这些行业的劳动生产率在 20 世纪 90 年代已经达到了较高的水平且劳动投入系数在考察时段内较为稳定，就业需求降低的主要原因是这些行业中间品出口规模较 1995 年水平有所下降。

1995 年韩国中间品出口创造就业需求最多的五个行业包括：“纺织原料及纺织制品业”“电气、光学设备制造业”“除汽车、摩托车以外的商品批发代售业”“设备租赁及其他商业服务业”“其他社会社区和个人服务业”。2014 年，“纺织原料及纺织制品业”中间品出口创造的就业需求显著降低，“教育业”成为中间品出口创造就业需求最多的五个行业之一，其他四个行业维持不变。韩国多数行业中间品出口创造就业占总出口创造就业的比重在考察时段内表现为上升趋势。该趋势在教育业、其他社会社区和个人服务业等服务业行业尤为显著，在一定程度上表明韩国服务业行业承接服务外包能力在考察时段内出现提升。

中国中间品出口创造就业需求在 1995 年排名前五的行业分别为“农林牧渔业”“矿产及采掘业”“纺织原料及纺织制品业”“除汽车、摩托车外的商品零售业”“其他社会社区和个人服务业”。2014 年，“电气、光学设备制造业”取代“矿产及采掘业”成为中间品出口创造就业需求最多的五个行业之一，其他 4 个行业保持不变。如前所述，“农林牧渔业”中间品出口创造大量就业需求主要源自中国第一产业较高的劳动投入系数。中国多数行业中间品出口创造就业占总出口创造就业的比重低于日本和韩国。其中，“交通运输业”中间品出口创造就业占比在 1995 年和 2014 年分别为 51.2% 和 54.5%，是中国唯一占比高于日韩的行业。赫梅尔斯等（Hummels et al，2001）认为全球价值链视角下的国际贸易应具备以下特征：一是最终产品经过两个或两个以上连续阶段的生产；二是两个或两个以上的国家参与生产过程并在不同阶段实现价值增值；三是至少有一个国家在其生产过程中使用进口投入品。事实上，中国出口的最终产品中往往包含了大量来自日本和韩国等东亚国家的进口中间投入，这也是日本和韩国多数行业中间品出口占总出口比重较中国更高的原因之一。中国在“交通运输业”中间品出口创造就业比重较高说明该行业中间品出口占总出口的比重较高，行业参与全球价值链分工生产的程度已经较深。

与最终品出口相比，中间品出口为各国创造了更多的就业需求。深入参与全球价值链分工生产有助于缓解各国劳动力市场上的就业压力。首先，我国应加大人力资本投入，努力提升劳动力技能结构。与日本和韩国相比，我国中间品出口为低技能劳动力创造了更多的就业需求。然而，随着我国经济和产业结构转型升级的深入发展，对中、高技能劳动力的就业需求将会大幅提升。为此，我国应加大对教育和相关培训的投入力度，积累人力资本，改善劳动力质量。其次，进一步发展服务行业，提高服务贸易的国际竞争力。日本和韩国的服务业中间品出口为两国创造就业需求和优化就业结构做出了显著的贡献。我国应鼓励企业通过承接服务外包等方式积极承接服务业国际转移，提升服务贸易的国内增加值，从而创造更多的就业需求，特别是高技能劳动力就业需求。

表 6－14　中日韩三国中间品出口的分行业就业效应

	日本			韩国			中国		
	1995 年	2009 年	2014 年	1995 年	2009 年	2014 年	1995 年	2009 年	2014 年
农林牧渔业	68.3 (47.6)	80.8 (59.3)	83.8 (61.3)	123.8 (45.4)	151.3 (46.7)	166.7 (45.9)	18 253 (39.1)	17 047 (37.5)	15 941 (32.7)
矿产及采掘业	9.9 (70.1)	10.7 (78.8)	12.7 (81.8)	4.5 (72.9)	10.3 (76.2)	27.3 (78.7)	2 084 (63.0)	1 546 (58.0)	1 167 (54.7)
食品、饮料烟草业	16.2 (40.1)	22.9 (49.3)	25.9 (52.3)	11.0 (32.4)	17.9 (37.0)	22.3 (39.5)	342 (23.0)	711 (33.3)	778 (33.3)
纺织原料及纺织制品业	111.5 (78.8)	106.9 (78.1)	100.9 (76.8)	298.6 (57.7)	292.7 (60.2)	243.9 (62.7)	2 643 (30.7)	3 619 (31.0)	4 129.6 (31.3)
皮革制鞋业	3.3 (59.6)	2.6 (57.7)	2.1 (54.4)	25.0 (37.9)	12.1 (63.8)	19.4 (61.1)	336 (26.3)	531 (17.3)	617 (14.8)

续表

	日本			韩国			中国		
	1995 年	2009 年	2014 年	1995 年	2009 年	2014 年	1995 年	2009 年	2014 年
木材、软木及其制品业	18.3 (64.3)	21.1 (74.3)	23.2 (75.3)	4.7 (48.9)	13.0 (61.5)	17.9 (64.2)	435 (43.5)	1 218 (51.7)	1 564 (54.9)
造纸、印刷和出版业	79.5 (65.1)	85.9 (71.0)	87.1 (72.9)	51.7 (67.5)	86.1 (72.1)	89.7 (77.3)	475 (46.2)	1 379 (52.7)	1 674 (56.2)
焦炭炼油及核燃料加工业	2.0 (65.1)	2.5 (80.0)	2.4 (82.6)	10.6 (71.9)	29.1 (79.5)	31.2 (81.4)	115 (54.5)	171 (59.2)	186 (61.6)
化学原料及化学制品业	87.8 (71.9)	102.4 (78.9)	110.1 (80.5)	101.0 (75.2)	118.6 (83.9)	121.3 (87.6)	861 (44.8)	1 480 (56.3)	1 891 (59.2)
橡胶及塑料制品业	117.1 (59.2)	164.3 (73.2)	191.0 (79.8)	66.5 (67.1)	134.5 (66.7)	143.2 (61.5)	883 (50.1)	2 635 (53.1)	3 075 (55.8)
非金属矿物制品业	50.0 (74.7)	48.1 (80.1)	41.7 (77.9)	30.0 (69.7)	33.1 (72.3)	33.4 (72.0)	896 (49.5)	637 (60.5)	711 (59.4)
基本金属及金属制品业	393.2 (72.0)	424.2 (78.3)	456.0 (81.3)	148.8 (73.3)	279.1 (74.9)	357.2 (73.9)	1 620 (55.6)	1 716 (57.2)	1 785 (58.1)
机械设备制造业	118.9 (38.7)	107.6 (43.3)	112.9 (45.7)	52.2 (31.8)	135.4 (44.1)	194.4 (50.1)	761 (42.2)	1 321 (40.6)	1 677 (38.9)
电气、光学设备制造业	449.6 (58.9)	431.2 (64.5)	422.5 (63.9)	411.7 (68.9)	554.3 (71.7)	652.3 (72.5)	1 445 (43.4)	4 155 (48.5)	5 288 (51.4)
交通运输业	259.6 (43.9)	234.1 (46.2)	219.2 (45.7)	45.8 (23.8)	166.3 (37.3)	304.4 (42.4)	337 (51.2)	709 (53.1)	1 024 (54.5)
其他制造业及废物回收业	20.4 (38.1)	18.4 (41.3)	17.7 (41.9)	13.0 (25.6)	27.6 (45.5)	32.6 (48.8)	908 (21.2)	1 442 (27.7)	1 442 (27.7)
电力、燃气及水的供应业	22.2 (61.7)	34.1 (69.2)	43.6 (71.3)	10.3 (61.1)	26.7 (69.4)	28.4 (65.1)	300 (50.7)	508 (53.2)	679 (55.6)
建筑业	30.6 (62.5)	56.2 (70.5)	59.4 (73.4)	15.3 (55.3)	25.2 (67.7)	29.3 (71.5)	207 (55.1)	180 (56.2)	157 (54.7)

续表

	日本			韩国			中国		
	1995 年	2009 年	2014 年	1995 年	2009 年	2014 年	1995 年	2009 年	2014 年
汽车、摩托车销售和维修；燃料零售业	21.5 (61.0)	35.0 (69.0)	39.6 (71.4)	6.0 (39.4)	20.3 (67.2)	27.1 (75.4)	NA	NA	NA
除汽车、摩托车以外的商品批发代售业	279.2 (58.5)	428.1 (72.5)	455.3 (76.7)	389.9 (72.0)	610.5 (75.7)	689.0 (76.2)	730 (42.2)	2 032 (62.5)	3 104 (67.8)
除汽车、摩托车以外的商品零售业	80.2 (54.7)	117.4 (64.8)	129.0 (68.1)	72.0 (49.0)	251.2 (57.8)	259.8 (61.2)	1 963 (42.2)	3 737 (42.7)	4 133 (43.1)
酒店餐饮业	132.5 (49.6)	186.4 (60.0)	218.9 (67.2)	56.1 (48.5)	255.9 (57.8)	264.7 (61.3)	1 057 (54.2)	1 497 (51.7)	1 531 (48.2)
陆地运输业	142.5 (60.6)	210.3 (69.2)	245.4 (76.1)	71.4 (69.3)	131.2 (69.3)	167.1 (66.7)	1 516 (55.7)	2 493 (57.4)	2 677 (59.2)
水上运输业	95.3 (72.3)	61.1 (77.6)	57.1 (74.5)	162.4 (78.8)	261.6 (77.2)	349.0 (74.1)	507 (70.0)	658 (69.1)	708 (66.3)
航空运输业	6.4 (61.8)	8.2 (77.8)	9.1 (78.5)	54.2 (70.3)	99.8 (80.3)	124.9 (85.6)	178 (67.3)	395 (67.0)	479 (65.4)
其他辅助性运输活动	53.2 (71.8)	71.7 (78.8)	79.4 (75.9)	53.7 (76.7)	87.0 (73.9)	91.2 (70.4)	668 (79.2)	217 (65.3)	267 (60.8)
邮政通信业	21.0 (63.0)	29.3 (70.6)	32.5 (74.6)	38.9 (48.2)	232.3 (67.8)	369.0 (75.4)	558 (61.5)	724 (62.5)	798 (64.1)
金融业	108.7 (63.9)	104.0 (71.1)	115.0 (75.2)	98.4 (59.3)	172.8 (70.0)	202.9 (74.1)	281 (48.8)	499 (53.2)	539 (55.7)
房地产业	11.5 (62.7)	12.7 (71.6)	13.4 (76.3)	15.4 (54.3)	56.3 (67.9)	69.8 (72.5)	31 (47.1)	57 (52.9)	69.4 (55.6)
设备租赁及其他商业服务业	251.1 (63.1)	506.2 (70.7)	702.7 (77.4)	179.0 (70.4)	740.3 (71.5)	1 213.7 (73.6)	260 (56.8)	662 (64.9)	795 (71.6)
公共管理、国防及社会保障业	10.2 (63.5)	18.6 (71.0)	21.5 (74.3)	6.1 (33.2)	16.5 (56.8)	21.4 (65.2)	33 (55.3)	36 (50.5)	43 (47.2)

续表

	日本			韩国			中国		
	1995 年	2009 年	2014 年	1995 年	2009 年	2014 年	1995 年	2009 年	2014 年
教育业	2.4 (57.8)	6.0 (67.2)	10.5 (69.1)	152.4 (39.7)	873.6 (67.2)	1 349.8 (81.4)	159 (53.7)	221 (54.9)	277 (55.6)
医疗卫生和社会工作	6.7 (56.2)	13.9 (65.8)	34.1 (68.0)	1.8 (56.6)	9.8 (64.8)	22.0 (67.9)	24 (48.3)	118 (48.9)	149 (51.6)
其他社会社区和个人服务业	161.4 (71.5)	165.5 (69.0)	178.1 (69.9)	306.5 (40.7)	2 210.0 (67.1)	3 417.3 (72.7)	8 316 (65.0)	7 558 (57.8)	7 673 (53.7)
有雇佣人员的家庭	NA	NA	NA	NA	NA	NA	NA	NA	NA

注：单位为千人；括号内数字单位为百分比，表示行业中间品出口创造就业在行业总出口创造就业的比重。

第三节 全球价值链视角下国际贸易的就业结构效应：基于我国省级面板数据的检验

作为经济全球化最显著的特征之一，全球价值链分工体系将发达国家和发展中国家纷纷纳入到这一国际生产网络中来。这种国际分工形式将一种商品的生产过程分割为多个连续的生产阶段，每个国家针对某一生产阶段进行专业化生产，由此形成全球范围内的生产网络（赫梅尔斯等，Hummels et al，2001）。易（Yi，2003）研究认为，国际垂直专业化模型能够解释过去二十年中50%以上的全球贸易增长。对于广大发展中国家以及新兴经济体而言，参与垂直专业化分工体系能够引进投资、先进的技术与管理经验，从而促进经济快速发展。然而，如何实现经济的可持续发展，如何实现产业结构调整和升级，如何提高产品附加值等问题，也成为发展中国家面临的重要挑战。其中，劳动力就业结构的调整和升级是核心问题之一。

作为全球最大的发展中国家，中国改革开放三十多年来，凭借劳动力和其他资源的低成本优势以及较优惠的招商引资政策，吸引了众多外商投资企业入驻建厂，形成了规模庞大的加工贸易体系。加工贸易的主要形式——进口中间品经加工后出口正是一种典型的垂直专业化贸易形态（卢峰，2004）。自20世纪80年代以来，随着垂直专业化分工在我国以加工贸易的形式取得长足发展（张小蒂、孙景蔚，2006）。这种专注于大规模加工制造中间产品的垂直专业化出口模式推进了我国制造业的蓬勃发展，逐步提高了我国全球化水平（刘志彪、张杰，2009）。与此同时，我国的就业结构也随之发生着变化。目前，从总量上看我国仍拥有较为充足的劳动力供给，但农民工短缺、大学生就业难等现象反映了就业市场上日益突出的结构性矛盾。随着我国“开放促改革”战略的深入和贸易便利化政策的推广，可以预计我国参与垂直专业化分工的程度将进一步深化，同时参与的方式和角色也将随着产业升级的逐步实现而发生变化。这意味着垂直专业化贸易将对我国经济的众多方面施加持续和深刻的影响。针对垂直专业化贸易对我国就业结构的作用机制、影响程度的相关研究具有很强的现实意义与政策指导价值。本节我们希望对这一问题的研究有所贡献。

目前，对垂直专业化贸易在我国就业效应的实证研究并未得到统一的结果。本文认为现有文献关于垂直专业化贸易对我国就业结构影响的不同结论与高、低技能劳动力的划分方法和使用的数据有关。总体而言，我们认为垂直专业化贸易没有对我国劳动力就业结构产生显著的影响。对于高技能劳动力中的研发人员，垂直专业化贸易对其就业需求有显著的负面影响。在总体回归的基础上，本文进一步探讨了垂直专业化贸易对中国不同区域劳动力就业结构的影响。实证结果表明，垂直专业化贸易对各地区的高低技能劳动力的相对需求影响不显著。在东部地区，参与垂直专业化贸易显著降低了研发人员的相对需求。

本节剩余部分的结构安排如下：相关文献回顾；探讨垂直专业化贸易份额的计算方法；建立回归模型和数据说明，然后对回归结果进行分析；最后总结并给出政策建议。

一、文献回顾

对于垂直专业化分工和贸易，不同学者使用了不同的术语来概括这一现象，如生产分割（琼斯和凯尔兹库斯基，Jones & Kierzkowski，1990），产业内分工（阿尔恩特，Arndt，1997），外包（芬斯特拉和汉森，Feenstra & Hanson，1996、1997），垂直专业化（赫梅尔斯等，Hummels et al，2001）等等。在理论研究方面，学者基本认同垂直专业化贸易是影响一国劳动力就业结构的因素。部分文献认为发达国家将生产环节外包到发展中国家将降低本国对低技能劳动力的相对需求（芬斯特拉和汉森，Feenstra & Hanson，1995；格拉斯和萨吉，Glass & Saggi，2001；塞耶克和森尔，Sayek & Sener，2006）。琼斯和凯尔兹库斯基（Jones & Kierzkowski，1998、2001）则认为垂直专业化贸易对低技能劳动力工资的影响不可一概而论，一国要素禀赋等条件均可能影响垂直专业化贸易的收入分配效果。许（Hsu，2011）建立了一个动态产品生命周期模型，认为如果发达国家外包的生产环节相对未外包的生产环节属于高技能劳动力密集型，那么外包将提高国内高技能劳动力的收入，如果属于低技能劳动力密集型，那么外包将提高国内低技能劳动力的收入。与理论研究不同，实证分析大多证实与发展中国家开展的垂直专业化贸易提高了发达国家和地区高技能劳动力的就业需求。芬斯特拉和汉森（Feenstra & Hanson，1996）指出，由于将低技能的劳动力密集型生产环节转移到发展中国家，离岸外包活动降低了美国低技能劳动力的工资水平，扩大了高低技能劳动力间的收入差距。他们对外包进行了定义并建立了外包的度量指标，回归结果显示 20 世纪 80 年代的外包活动对美国高技能劳动力的工资上涨贡献了 31%—51%。

之后许多学者对这一问题开展了实证分析，大多数文献得到与芬斯特拉和汉森（Feenstra & Hanson，1995）一致的结论①。例如，斯特劳斯—卡恩（Strauss - Kahn，2002）研究了垂直专业化贸易对法国就业结构的影响，认为垂直专业化贸易降低了对法国低技能劳动力的就业需求，扩大了高低技能劳动力间的收入差距。海德和里斯（Head & Ries，2002）运用日本制造业跨国公司数据实证分析了外包活动对日本就业结构的影响，回归结果显示将生产外包给低收入国家会增加日本高技能劳动力的相对需求。格奥尔格（Geishecker，2003）分析了外包对德国就业结构的影响，发现 1991—2000 年间外包活动，特别是对中东欧国家的外包活动，降低了德国低技能劳动力的相对需求。谢和吴（Hsieh & Woo，2005）实证分析了中国香港向中国大陆的外包活动对香港就业结构的影响，实证结果显示对大陆的外包活动能够在较

① 也有学者得出了不同的结论，如赫尔格和德焦里（Helg & Tajori，2005）实证检验了外包对德国和意大利就业结构的影响，发现垂直专业化贸易显著促进了意大利高技能劳动力的相对需求，而对德国高技能劳动力的相对需求则没有产生显著影响。他们认为外包的生产环节、所在行业、外包对象国等因素都可能影响垂直专业化贸易的就业效应，因此发达国家的外包活动不一定会扩大本国高低技能劳动力间的收入差距。

大程度上解释香港本地高低技能劳动力间工资差距的扩大。海曾等（Hijzen et al.，2005）检验了1982—1996年间英国外包活动对国内就业结构的影响，发现外包活动对英国低技能劳动力的就业需求产生了显著的负面影响。布罗科利尼等（Broccolini et al.，2011）实证分析认为1985—1999年间意大利的货物和服务外包活动扩大了国内高低技能劳动力间的工资差距。

另一方面，学者也对发展中国家开展垂直专业化贸易对国内就业结构的影响开展了分析，得到的结论不尽相同。芬斯特拉和汉森（Feenstra & Hanson，1997）发现美国在墨西哥投资建厂提升了墨西哥高技能劳动力的相对需求。他们给出的解释是，发展中国家由于技术水平相对较低，发达国家外包的低技能劳动力密集型生产环节在发展中国家仍属于其高技能劳动力密集型生产环节，因此会提高发展中国家的高技能劳动力的相对需求。爱格和斯蒂勒（Egger & Stehrer，2003）使用中间产品贸易衡量垂直专业化贸易，发现波兰与欧盟发达国家间的垂直专业化贸易促进了国内低技能劳动力相对工资的增长，缩小了高低技能劳动力间的工资差距。

国内文献方面，王中华等（2009）使用我国各行业熟练劳动力平均工资与非熟练劳动力平均工资之比来衡量收入差距，认为参与垂直专业化分工扩大了我国两种劳动力间的工资差异。更多的学者选择使用高低技能劳动力就业人数来衡量相对需求的变化。唐东波（2012）利用企业层面的截面数据研究发现，参与垂直专业化贸易总体上没有显著提升我国高技能劳动力的相对需求，但来自经合组织国家的中间品进口份额的上升有利于提升高技能劳动力就业比例。与以上结论不同，唐宜红、马风涛（2008）分析了1992—2005年垂直专业化贸易的变化对我国就业结构的影响。发现无论总体还是分部门来看，垂直专业化贸易均显著降低了对我国高技能劳动力的相对需求。臧旭恒、赵明亮（2011）实证检验发现总体以及在中低技术行业中，参与垂直专业化贸易降低了对我国高技能劳动力的就业需求，在高技术行业中垂直专业化贸易增加了对高技能劳动力的相对需求。沈春苗（2016）测算了制造业的垂直专业化分工程度和技能偏向性技术进步水平，并利用制造业14个细分行业2001—2011年的面板数据就垂直专业化分工和技能偏向性技术进步的关系进行了实证检验。实证结果显示：垂直专业化分工促进了制造业的技能偏向性技术进步。程盈莹、赵素萍（2016）实证研究了垂直专业化和不同分工类型对中国1997—2008年各行业劳动力就业结构的影响，发现垂直专业化降低了中国高技能劳动力的相对就业，但是这种效应不显著；最终产品出口的国外增加值比例上升使中国高技能劳动力相对需求下降，而中间产品出口的国外增加值和一国出口中外国附加值的重复计算部分比例的上升显著地提高了中国高技能劳动力的相对需求。冯晓华等（2018）利用中国的跨省投入—产出数据对各省制造业的出口增加值进行了分解，发现中国各省主要是通过国内垂直专业化路径参与全球价值链的，其次是省内垂直专业化和国际垂直专业化。省内垂直专业化在缩小各省技能溢价和低技能劳动间工资差距的同时扩大了北部和东南沿海省份高技能劳动力的工资差距；国内垂直专业化在扩大各省技能溢价（北部沿海省份例外）和高技能劳动力工资差距的同时缩小了低技能劳动力的工资差距（东南沿海省份例外）；国际垂直专业化则同时缩小了各省三种技能工资差距（中部省份低技能劳动力的工资差距例外）。赵玉焕等（2019）在测算了我国2000—2014年整体和分行业全球价值链参与程度、生产长度和所处位置等指标的基础上研究认为，不同价值链参与情况对我国就业的影响存在显著的行业异质性。

总结以上文献，我们发现目前对垂直专业化贸易的就业结构效应研究主要针对发达国家和地区，缺乏对发展中国家的研究，少数针对发展中国家的实证分析也未得到统一的结论。垂直专业化分工生产的主要特征之一是将发展中国家特别是新兴经济体纳入到全球价值链中来（鲍德温，Baldwin，2012），参与垂直专业化分工贸易在广大发展中国家的经济效应如何值得探讨，而相关问题的研究特别是对就业结构的研究已成为一个较为薄弱的环节。作为全球最大的发展中国家，中国参与经济全球化的程度已经相当高，而目前为止，对垂直专业化贸易对中国就业结构影响的研究仍然较少，相关实证分析甚至得出了相反的结论。本节希望利用细分的海关贸易数据，实证检验中国参与垂直专业化贸易对我国就业结构的影响并对现有文献得出的不同结论给出一个解释。同时，考虑到中国各地区的经济与贸易发展水平差别很大，我们也分别探讨了垂直专业化贸易在我国不同区域的就业结构效应。

二、我国各省垂直专业化贸易份额

目前学者度量垂直专业化贸易份额主要使用的是赫梅尔斯等（Hummels et al，2001）建立的垂直专业化份额指标（VSS）。根据赫梅尔斯等（Hummels et al，2001）的定义，垂直专业化（VS）贸易表示为一国出口中使用的进口中间投入的价值，即 $VS = \left(\frac{\text{进口中间投入}}{\text{总产出}}\right) \times$ 出口，再除以总出口即为该国的垂直专业化贸易份额，即 $VSS = VS/X$。

在具体计算以上 VSS 指标时，需要利用各国的投入产出表获取各贸易行业国内生产与进口的中间投入、总产出与总出口等数据。然而，使用这一方法计算我国各省的垂直专业化贸易份额时存在以下两个问题：第一，与全国投入产出表不同，我国各省投入产出表中使用的流入与流出数据既包括各省的直接进口和出口数据，也包括了省际间流转的数据（即各省、直辖市、自治区之间的进出口），这导致我们无法利用投入产出表准确地测算各个省份的垂直专业化贸易份额；第二，利用 HIY（2001）方法计算的 VSS 建立在出口产品与国内销售产品在生产中使用的进口中间投入比例相同的假设上。然而，加工贸易项下的进口中间投入通常专用于加工贸易出口产品的生产。如果不考虑贸易方式的差别，按照上述假定计算的垂直专业化贸易份额可能低估实际的 VSS 水平。这一问题在我国尤为显著，加工贸易是我国参与国际垂直专业化分工的主要形式，长期以来加工贸易在我国进出口贸易中占据重要地位，同时地区间的发展极为不平衡①。因此，不区分贸易方式计算的 VSS 很可能与我国各省的真实垂直专业化贸易水平存在偏差②。

为了解决以上问题，本文借鉴艾博沃德等（Upward et al，2012）的方法测算我国各省的垂直专业化贸易份额。艾博沃德等（Upward et al，2012）利用企业层面的数据对 HIY（2001）的测算方法作出调整，不再需要使用一国的投入产出表。与其不同，本文使用省际层面的贸易数据来计算我国各省（直辖市、自治区）的 VSS 指标。公式设定如下：

$$VSS_{it} = \frac{VS_{it}}{X_{it}} = \frac{M_{it}^{p} + \frac{M_{it}^{o}}{Y_{it} - X_{it}^{p}} * X_{it}^{o}}{X_{it}} \tag{6.7}$$

---

① 2000—2007 年间加工贸易出口占我国总出口的比重均超过 50%。2008 年金融危机以来加工贸易出口占比略有下降，但仍超过 40%。此外，加工贸易出口主要集中在我国东部沿海省份。例如，2012 年广东省加工贸易出口占全省出口的 56.6%，而西部地区青海省的这一指标仅为 3.1%。

② 为解决这一问题，库普曼（Koopman，2008）、迪恩等（Dean et al，2011）等学者将我国投入产出表拆分为加工贸易使用的投入—产出表与一般贸易使用的投入产出表，总体 VSS 由加工贸易出口中的 VSS 与一般贸易出口中 VSS 的加权平均得到。迪恩等（Dean et al，2011）的计算结果显示，区分贸易方式后计算的 VSS 比未区分贸易方式计算的 VSS 在考察年份均高 20% 以上。

式中，上标 p 和 o 分别代表加工贸易和一般贸易；下标 i 和 t 分别代表省份和年份；M 和 X 分别代表进出口；Y 代表产出。由于加工贸易项下进口中间投入专用于加工贸易出口产品的生产，因此将加工贸易进口（M_{it}^{p}）直接归类为出口中使用的进口中间投入。对于一般贸易项下的进口品，我们根据联合国经济大类分类标准（BEC）的分类标准，对应产品的 HS 编码逐一进行识别，从而得到一般贸易进口中的中间品（M_{it}^{o}）。此外，按照 HIY（2001）的方法，假定一般贸易进口中间品在出口产品和国内销售产品中使用的比例等同于一般贸易出口与国内销售价值的比例，用一般贸易出口（X_{it}^{o}）乘以这一比例可以得到一般贸易出口中使用的进口中间投入①。将加工贸易与一般贸易出口中使用的进口中间投入相加，就得到垂直专业化贸易总额（VS_{it}），再除以总出口即为 i 省 t 时期的垂直专业化贸易份额（VSS_{it}）。

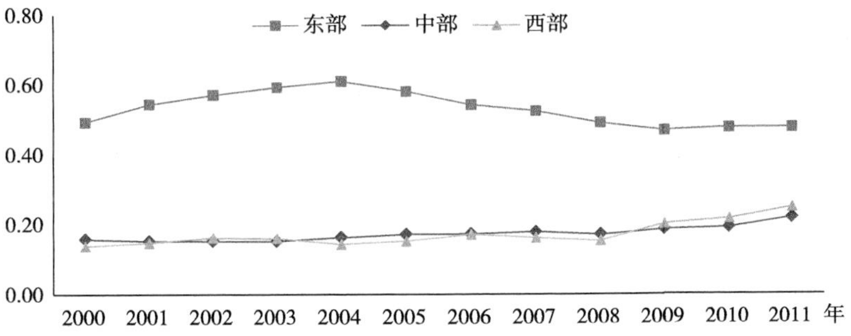

图 6－18　2000—2011 年中国三大区域垂直专业化贸易份额

图 6－18 为根据（6.7）式计算加总得到的 2000—2011 年我国东、中、西部地区②垂直专业化贸易份额。东部地区的 *VSS* 水平在考察时段内均超过 40%，而中西部地区的 *VSS* 水平在 20% 上下浮动。此外，东部地区 *VSS* 的变化趋势主要表现为以 2004 年为分界，由上升转为下降；中西部地区 *VSS* 在

---

① 由于无法准确地衡量一般贸易进口中间品在出口产品与国内销售产品的生产中使用的比例，使用这一方法测算的 *VSS* 指标仍可能存在一定的偏误。

② 按照国家统计局的划分标准，东部地区包括辽宁、北京、天津、河北、山东、江苏、上海、浙江、广东、福建、广西和海南等 12 个省份；中部地区包括内蒙古、吉林、黑龙江、山西、河南、江西、湖南、湖北和安徽等 9 个省份；西部地区包括四川、重庆、云南、贵州、陕西、甘肃、宁夏、新疆、青海、西藏等 10 个省份。

2008年以前在波动中缓慢上升，在金融危机后上升速度明显加快。由此可见，我国不同地区的垂直专业化贸易水平与变化趋势均存在较大差异，针对不同地区分别考察 VSS 就业结构的影响是十分必要的。

三、模型与数据

贝尔曼等（Berman et al.，1994）建立模型实证分析了美国高技能劳动力就业需求相对提升的原因，芬斯特拉和汉森（Feenstra & Hanson，1996）为考察外包对美国就业结构的影响在贝尔曼等（Berman et al.，1994）模型的基础上加入了外包变量。本书在这两篇论文模型的基础上，加入垂直专业化贸易份额变量以考察 VSS 对我国就业结构的影响。为了消除量纲的差异，所有变量均进行对数化处理，最终模型设定如下：

$$\ln SK_{it} = \beta_0 + \beta_1 \ln VSS_{it} + \beta_2 \ln Y_{it} + \beta_3 \ln\left(\frac{K_{it}}{Y_{it}}\right) + \beta_4 \ln R\&D_{it} + \alpha_i + \varepsilon_{it} \tag{6.8}$$

式中被解释变量 SK_{it} 代表 i 省 t 时期高技能劳动力的相对就业量，用高技能劳动力就业人口占全部就业人口的比重来衡量。一般划分高、低技能劳动力的方法有两种：一是按照工作属性划分，非生产型工人为高技能劳动力，生产工人为低技能劳动力；一是按照受教育程度来划分，受过大学（大专）及以上教育的劳动力为高技能劳动力，其他为低技能劳动力。本书分别使用两种划分方法，一方面使用 i 省 t 时期研究与实验发展人员全时当量来度量高技能劳动力就业情况①，另一方面使用 i 省 t 时期大专以上就业人口占就业总数的比例来衡量。VSS_{it} 表示 i 省 t 时期的垂直专业化贸易份额，由（6.7）式计算得到。如果 VSS_{it} 的回归系数为正，意味着垂直专业化贸易提高了对高技能劳动力的相对需求，降低了对低技能劳动力的相对需求，为负则反之。Y_{it} 为 i 省 t 时期的总产出增加值，用来反映市场规模的变化情况。K_{it}/Y_{it} 表示 i 省 t 时期的固定资产存量与总产值的比例，用以刻画资本深化水平。一般而言，如果回归系数为正意味着资本深化与高技能劳动力间存在互补关系，如果回归系数为负，则认为存在资本替代高技能劳动力的现象。$R\&D_{it}$ 为 i 省 t 时期的科研活动经费内部支出总额占总产值的比重。通常研发投入占比越高，对高技

① 受数据可得性限制，非生产型工人中的管理人员、销售人员等没有包含在内。

能劳动力的相对需求越大。α_i 为省份固定效应，ε_{it} 为随机扰动项。

本书根据（6.7）式计算 *VSS*，所需的贸易数据全部来自中国海关数据库。其中进出口数据在 HS 四位编码项下区分为一般贸易与加工贸易两种主要贸易方式，同时区分了进出口所在省份，各省份历年产出数据来自《中国统计年鉴》；各省份历年研究与试验发展人员以及科研活动经费数据来自《中国科技统计年鉴》；各省份历年大专及以上学历就业人口及就业人口总数来自《中国劳动统计年鉴》；各省份历年固定资产投入数据来自《中国统计年鉴》。鉴于西藏自治区被解释变量存在部分数据缺失，最终我们选取全国 30 个省级单位、2000—2011 年共 12 年的面板数据进行实证分析。表 6 – 15 为变量的统计描述。

表 6 – 15　变量的统计描述

	观测值	均值	标准差	最小值	最大值
lnSK^1	360	0.007 4	0.004 3	0.000 8	0.023 2
lnSK^2	360	0.081 3	0.055 7	0.018 8	0.407 5
ln*VSS*	360	0.295 4	0.206 3	0.026 2	0.884 9
ln*Y*	360	6.512 9	1.185 8	3.182 2	8.947 0
ln（*K/Y*）	360	0.123 4	0.044 1	0.048 8	0.299 4
ln*R&D*	360	0.022 1	0.015 9	0.001 8	0.116 1

注：SK^1 代表使用工作属性划分的被解释变量，SK^2 代表使用学历划分的被解释变量。

四、计量结果分析

本书采用 Stata12.0 软件分别使用随机效应模型和固定效应模型进行回归分析，然后使用 Hausman 检验在两种模型间进行选择。通过 Hausman 检验发现各项回归均强烈拒绝原假设，因此使用固定效应模型进行回归，结果见表6 – 16。

表 6 – 16　总体回归估计结果

	(1)	(2)	(3)	(4)	(5)	(6)
ln*VSS*	–0.004 6**	–0.006 7***	0.065 7**	0.017 3	0.070 0**	0.023 2
	(0.002 0)	(0.001 6)	(0.033 0)	(0.025 5)	(0.032 5)	(0.025 5)
ln*Y*		0.000 5***		0.021 4***		0.021 1***
		(0.000 1)		(0.001 8)		(0.001 8)

续表

	(1)	(2)	(3)	(4)	(5)	(6)
lnK/Y		0.009 2***		-0.011 6		-0.022 2
		(0.003 5)		(0.055 9)		(0.055 9)
ln$R$ & D		0.022 0***		0.065 7		0.050 9
		(0.002 6)		(0.042 1)		(0.042 3)
C	0.008 6***	0.001 6**	0.065 1***	-0.070 9***	0.057 2***	-0.073 5***
	(0.000 5)	(0.000 7)	(0.008 3)	(0.011 0)	(0.008 2)	(0.011 0)
R^2	0.016	0.383	0.012	0.424	0.014	0.408
Hausman Test 概率	0.000 0	0.026 1	0.000 0	0.000 0	0.000 0	0.000 0
样本量	360	360	360	360	360	360

注：第（1）（2）列的被解释变量按照工作属性划分，第（3）（4）列的被解释变量按照学历划分。*、**、*** 分别表示在10%、5%、1%的显著性水平上显著；括号内为标准误差。

表6－16第1列中，我们将垂直专业化贸易份额（*VSS*）作为解释变量进行简单回归，结果显示*VSS*估计系数为负，在5%水平上显著，即垂直专业化贸易总体上降低了我国高技能劳动力的相对需求，提高了对低技能劳动力的相对需求。第2列中，我们加入市场规模、资本深化和研发投入等变量进行回归，*VSS*的估计系数仍为负，并在1%水平上显著。具体地，垂直专业化贸易份额每提高1%，高技能劳动力的相对需求会下降0.006 7%。这一结果与唐宜红、马风涛（2008）和臧旭恒、赵明亮（2011）的结论相符。克鲁格曼（Krugman，2008）指出，目前垂直专业化分工中发展中国家承接的主要是技术密集型行业中的低技能劳动力密集型生产环节。为了利用我国丰裕的廉价劳动力资源，发达国家通过外包和外商直接投资等方式将技术含量较低的劳动力密集型生产环节转移到我国以降低生产成本，获取更高的利润，使得我国成为全球供应链上的“世界工厂”。1995年到2005年间，我国垂直专业化贸易份额的增长速度超过绝大多数国家和地区（文东伟、冼国明，2010）。目前，我国的垂直专业化贸易份额已经处在一个较高的水平，少数行业已经能够开展配套零部件的生产。但总体而言，我国参与垂直专业化分工的方式仍然以加工装配为主，依然处在全球价值链的中低端。反映在就业市场上，我国近年来出现企业“用工荒”“蓝领”工人的工资上涨幅度超过“白领”等现象，这一方面是我国劳动力供给结构变化的结果；另一方面也反映出相对

于低技能劳动力，我国参与垂直专业化贸易的制造业企业对高技能劳动力的需求增长是比较有限的。

产值的变化（Y）对就业结构有显著的正面影响，表明随着市场规模的扩大，对高技能劳动力的相对需求会逐步增加。资本深化（K/Y）与高技能劳动力就业之间存在显著的互补关系，资本产出比每增加一个百分点，对高技能劳动力的相对需求将增加0.009 2个百分点。研发经费的增加对高技能劳动力相对需求具有显著的提升作用，考虑到这里使用研究与实验发展人员来衡量高技能劳动力就业水平，这一结果符合预期。

表6－16第3、4列我们使用按照受教育程度划分的被解释变量。简单回归结果显示，*VSS*的估计系数在5%的水平上显著为正，在加入全部控制变量后估计系数为正但失去显著性，即当我们使用拥有大专以上学历的就业人口衡量高技能劳动力时，垂直专业化贸易份额的增加不再对高技能劳动力的相对需求产生显著的负面影响。唐东波（2012）使用受教育程度划分高、低技能劳动力，总体回归结果显示*VSS*对就业结构的影响不显著，本书的分析结论与其一致。此外，市场规模对就业结构的正面影响仍然成立，但资本深化与研发投入项的估计系数不再显著，表明将拥有大专及以上学历的就业人口均视为高技能劳动力时，资本与高技能劳动力间的互补关系不再成立。此外，研发经费的提高对高技能劳动力相对需求的正面影响也不再显著。

通过以上分析结果我们发现一个问题，即分析垂直专业化贸易在我国的就业结构效应受到了高、低技能劳动力划分方法的影响。例如，当本书使用研究与实验发展人员代表高技能劳动力就业人数，以及文献中使用工程技术人员（唐宜红、马风涛，2008）或工业企业科技活动人员（臧旭恒、赵明亮，2011）来衡量我国高技能劳动力就业人数时，尽管使用的数据和计算*VSS*的方法不尽相同，但均得出垂直专业化贸易份额总体上显著降低了对高技能劳动力的相对需求、促进了低技能劳动力相对就业的结论。然而，在本节（以及唐东波，2012）使用获得大专及以上学历就业人口表示高技能劳动力时，*VSS*对高技能劳动力相对需求的显著负面影响不再成立。

那么，垂直专业化贸易对我国就业结构的影响究竟如何呢？芬斯特拉和汉森（Feenstra & Hanson，1996）指出外包不但扩大了发达国家自身高技能与低技能劳动力间的工资差距，同时也使得承接外包活动的发展中国家高低技能劳动力间工资差距加大。他们认为造成这一现象的原因是发达国家外包的低技能生产环节对于技术水平较为落后的发展中国家而言仍属于高技能生产环节，因此这种外包活动将增加对发展中国家高技能劳动力的相对需求，提高其工资水平。然而，芬斯特拉和汉森（Feenstra & Hanson，1996、1997）使用按工作属性划分的高技能劳动力数据中包含了管理人员、销售人员等在内的所有非生产性劳动人员。在使用这一方法衡量我国高技能劳动力的文献中，受到数据可得性限制，文献只考察了科学技术活动相关人员。这部分人数在全部就业人口中的比例相当小。以2011年为例，我们使用的研发人员占我国就业人口的比重为1.1%，大专及以上学历就业人口占比为7.6%，后者比前者多出2 334.4万人。另一方面，研发人员作为高技能劳动力中少数掌握一国最先进技术的劳动人口，其技能水平与从发达国家转移的生产环节所需技能可能并不匹配，垂直专业化贸易对研发人员就业需求的影响与对全部高技能劳动力就业需求的影响可能并不一致。

为了考察这一点，我们在大专以上就业人口中减去研发人员就业数量，即用研发人员以外的高技能劳动力就业人口在全部就业人口中的比例作为因变量①进行回归。回归结果在表6-16中第5、6列显示。可以看到，简单回归情况下*VSS*的估计系数显著为正，在加入全部控制变量后也为正但失去了显著性。这一回归结果与使用大专以上就业人口衡量高技能劳动力的回归结果基本一致。因此，我们认为使用大专以上学历就业人口衡量高技能劳动力的回归结果应该更加具有代表性。总体而言，垂直专业化贸易并未对我国劳动力就业结构产生显著的影响。对于高技能劳动力中的研发人员，参与垂直专业化贸易对其就业需求产生了显著的负面影响。

鉴于我国不同地区的*VSS*水平与变化趋势存在较大的差异，有必要考察不同地区的就业结构受*VSS*的影响程度。本书接下来将各省、直辖市、自治区划分为东、中、西三大地区，分别应用（6.8）式进行回归，结果在表6-17中显示。

回归结果显示各地区高技能劳动力的就业弹性呈现出较大差异。表6-17前三列中，东部各省的就业弹性为-0.0125，数值高于总体回归时的系数绝对值（-0.0067）且在1%水平上显著，中部与西部地区的就业弹性也为负，但数值很小且不显著。这说明垂直专业化贸易主要对我国东部地区的就业结构产生了显著的影响：*VSS*在东部地区降低了对高技能劳动力的相对需求，提

① 这里将研发人员均视为具有大专以上学历，我们认为这是一个比较合理的假设。

高了对中低技能劳动力的相对需求。我国东部沿海省份是跨国公司制造工序和加工技术转移最集中的地区，参与垂直专业化分工水平最高，垂直专业化贸易对东部地区就业结构的显著影响符合预期。近年来，尽管大量的劳动力从中西部地区流入东部，东部地区就业市场上低技能劳动力短缺现象仍十分突出，这可能与东部地区较高的垂直专业化贸易水平密切相关。相反，中、西部地区由于垂直专业化贸易水平较低，对地区就业结构的影响尚不明显。产出增加值（Y）在东部地区的回归系数显著为正，在中、西部地区没有通过显著性检验。研发投入（$R\&D$）在东部、中部地区回归中系数均为正，分别在1%和5%的水平上显著。资本深化（K/Y）主要在中部地区显著地提升了高技能劳动力的相对需求。

分区域回归结果在一定程度上反映了我国贸易与投资的相关政策以及发展模式。改革开放以来，我国逐步形成了经济特区——沿海开放城市——沿海经济开放区——内地的对外开放格局。20世纪80年代中后期，我国制定了沿海地区外向型经济发展战略，加工贸易集中在我国东部沿海省份迅猛发展。1992年邓小平南方讲话后，东部沿海省份先后涌现出一批出口创汇的重点企业。2001年我国加入世界贸易组织，跨国公司和外商直接投资大规模涌入，东部地区参与垂直专业化分工的程度和范围进一步提高。在这一过程中，内陆地区的贸易和投资份额始终较小。2003年我国提出推动加工贸易转型升级战略，推出了一系列推动东部地区加工贸易转型升级、促进中西部地区承接产业转移的措施。近几年特别是2008年金融危机之后，中西部地区的垂直专业化贸易份额有所提升，但与东部省份相比，中西部地区吸收外商直接投资和参与垂直专业化分工的程度仍然较低。

表6－17第4、5、6列使用按受教育程度划分被解释变量进行回归。与总体回归结果类似，使用大专以上学历的就业人口衡量高技能劳动力时，东、中、西部地区的*VSS*估计系数均失去了显著性。其中，东部地区的回归系数为－0.052 7，中、西部地区分别为0.042 7和0.060 4。进一步地，当我们考察研发人员之外的高技能劳动力时，表6－17第7、8、9列显示，三大区域的垂直专业化贸易份额的变化并未对各个区域的高技能劳动力相对需求产生显著的影响。这一结果再次证实了前文的结论，即垂直专业化贸易对我国劳动力就业结构的影响并不显著，对于高技能劳动力中的研发人员，*VSS*在我国东部沿海地区显著降低了这部分劳动力的相对需求。此外，产出增加值（Y）在东、中、西地区的回归系数均显著为正。

表 6-17　分区域回归估计结果

	(1) 东部	(2) 中部	(3) 西部	(4) 东部	(5) 中部	(6) 西部	(7) 东部	(8) 中部	(9) 西部
ln*VSS*	-0.012 5 ***	-0.000 7	-0.000 1	-0.052 7	0.042 7	0.060 4	-0.042 8	0.043 6	0.053 8
	(0.002 8)	(0.001 9)	(0.004 1)	(0.047 0)	(0.027 4)	(0.066 1)	(0.047 3)	(0.027 4)	(0.067 4)
ln*Y*	0.001 4 ***	0.000 1	3.84e-05	0.035 9 ***	0.010 8 ***	0.020 7 ***	0.035 0 ***	0.010 7 ***	0.020 7 ***
	(0.000 2)	(0.000 1)	(0.000 1)	(0.004 1)	(0.002 2)	(0.002 3)	(0.004 2)	(0.002 2)	(0.002 4)
ln*K/Y*	0.001 4	0.026 4 ***	-0.001 3	-0.113 5	0.072 2	0.030 9	-0.119	0.047 5	0.033 8
	(0.006 9)	(0.005 1)	(0.005 1)	(0.117 9)	(0.072 2)	(0.083 1)	(0.118 5)	(0.072 5)	(0.084 5)
ln*R & D*	0.017 7 ***	0.014 8 ***	0.010 2	0.005 6	0.157 3 **	-0.186 4	-0.011 7	0.144 **	-0.141
	(0.003 7)	(0.004 9)	(0.007 3)	(0.062 4)	(0.068 4)	(0.118 8)	(0.062 7)	(0.068 7)	(0.124 4)
C	0.001 0	0.000 6	0.004 5 ***	-0.114 6 ***	-0.039 8 ***	-0.040 9 **	-0.117 ***	-0.041 0 ***	-0.052 5 ***
	(0.001 5)	(0.000 8)	(0.001 2)	(0.026 0)	(0.011 6)	(0.018 8)	(0.026 1)	(0.011 7)	(0.018 9)
R^2	0.507	0.580	0.024	0.469	0.517	0.524	0.448	0.485	0.516
Hausman Test 概率	0.000 0	0.000 0	0.000 0	0.000 0	0.000 0	0.069 3	0.000 0	0.000 0	0.076 0
样本量	144	108	108	144	108	108	144	108	108

注：第（1）（2）（3）列的被解释变量按照工作属性划分，第（4）（5）（6）列的被解释变量按照学历划分。*、**、*** 分别表示在 10%、5%、1% 的显著性水平上显著；括号内为标准误差。

五、稳健性检验

以上分析显示了我国总体和不同区域的垂直专业化贸易对就业结构的影响情况。接下来，我们进一步对回归结果进行稳健性检验。

本书使用 i 时期各省的进口依存度指标（*IMP*）来替代 *VSS* 作为解释变量。贸易依存度作为常用的衡量一国或地区对贸易依赖程度的指标，显示了对外贸易在国民经济中所处地位的变化。贸易依存度分为出口依存度和进口依存度，后者为 i 时期各省的进口额与总产出的比值。与 *VSS* 相似，进口依存度指标（*IMP*）也体现了一国（地区）参与国际分工和贸易时生产环节对进口的依赖。皮尔逊相关系数显示两者的相关系数达 0.77。因此，我们认为进口依存度指标（*IMP*）是 *VSS* 合适的替代变量。与 *VSS* 不同，进口依存度（*IMP*）未对进口产品类别进行细致地区分（中间品、资本品或消费品），其中非生产类消费品和资本品可能对本地就业没有直接的影响，且本土替代类商品的进口还可能对就业有负面影响，因而预期 *IMP* 的回归结果存在正面和负面的折中效应，其显著性和系数值大小可能发生变化。

表 6 - 18 结果证实了我们的预期。与使用 *VSS* 作为解释变量的回归结果相比，替代变量 *IMP* 的回归系数的符号及显著性均没有发生变化，仅回归系数的绝对值存在差异，即解释变量在全国范围和东部沿海地区显著降低了高技能劳动力中研发人员的相对需求，提高了其余劳动人口的相对需求；在中部和西部地区的回归系数符号也为负，但未通过显著水平检验。稳健性检验结果表明，前文分析垂直专业化贸易对我国就业结构的作用机制是成立的，影响程度也是比较稳健的。

表 6 - 18　稳健性检验

	全国	东部	中部	西部
ln*IMP*	-0.006 5 ***	-0.009 7 ***	-0.002 6	-0.005 0
	(0.002 1)	(0.002 8)	(0.010 3)	(0.004 0)
ln*Y*	0.000 4 ***	0.001 3 ***	0.000 1	-3.72e-06
	(0.000 1)	(0.000 3)	(0.000 2)	(0.000 1)
ln*K/Y*	0.009 3 ***	-0.001 9	0.027 1 ***	-0.000 9
	(0.003 5)	(0.007 2)	(0.005 1)	(0.004 7)

续表

	全国	东部	中部	西部
ln*R&D*	0.0230***	0.0208***	0.0147***	0.0120*
	(0.0027)	(0.0038)	(0.0049)	(0.0072)
C	0.0009	-0.0009	0.0006	0.0048***
	(0.0007)	(0.0014)	(0.0008)	(0.0012)
R^2	0.425	0.527	0.673	0.109
样本量	360	144	108	108

注：回归使用按照工作属性划分的被解释变量。*、**、*** 分别表示在10%、5%、1%的显著性水平上显著；括号内为标准误差。

第四节　本章小结

贸易开放对劳动力就业的影响长期以来都是学界和政府关注的议题。在当前全球价值链分工体系形成并深入发展的背景下，国际贸易的本质发生了深刻的变化。研究全球价值链视角下的国际贸易对参与这一分工体系的各国就业需求及就业结构的影响有着很强的现实意义及政策指导意义。为此，本章对我国参与全球价值链分工对劳动力就业需求及就业结构的影响进行实证分析。

我们首先利用 WIOD 数据库建立 MRIO 模型，对我国以及中日韩三国1995—2014 年中间品出口的就业效应进行了测算和比较。主要结论如下：从国家间比较来看，我国中间品出口就业需求拉动显著高于中间品进口的就业需求替代，中间品贸易存在显著的就业需求效应。从就业结构效应来看，入世后我国中间品贸易使得本国就业结构恶化，表现为中、高技能劳动力就业比重下滑，低技能劳动力就业比重提高。从行业就业效应来看，入世前我国中间品贸易创造就业中第二产业占比下降而第三产业占比不断提升，这一趋势在入世后出现逆转。纺织原料和纺织制品、电气光学设备等制造业行业的中间品进出口均创造了大量就业需求，表明这些行业嵌入全球价值链的程度已经较高。从中间品出口创造就业需求上看，三国中间品出口创造就业需求均有所上升，中国中间品出口创造就业数量最多，韩国中间品出口创造就业需求增速最快。从中间品出口创造就业的技能结构效应上看，日本就业技能结构效应在考察时段内较为稳定，以中等技能劳动力为主，其次为高技能劳动力，低技能劳动力就业占比最低；韩国中间品出口对本国劳动力市场就业技能结构的提升产生了显著促进作用，表现为高技能劳动力就业占比在考察时段内大幅提升；中国中间品出口的就业技能结构效应在入世前显示出技能结构提升趋势，该趋势在2001年后出现逆转，显示出入世对我国劳动力市场结构带来冲击。从中间品出口创造就业的产业结构效应上看，日本和韩国的中间品出口创造就业均呈第一产业占比最低、第二产业占比下降、第三产业占比上升的特征，其中韩国第三产业就业占比在考察时段内出现了显著提高；中国中间品出口创造就业中第一产业占比大幅高于日本和韩国，且入世前第二产业就业占比下降、第三产业就业占比提升的趋势在入世后表现为反向变化。从中间品出口创造就业的行业结构效应来看，日本多个行业中间品出口创造就业需求出现了绝对数量的下降；韩国多数行业中间品出口创造就业占总出口创造就业的比重不断上升，该趋势在服务业行业最为显著；中国在“农林牧渔业”、“纺织原料及纺织制品业”、“除汽车、摩托车外的商品零售业”和“其他社会社区和个人服务业”等行业的中间品出口创造了较多就业需求。“交通运输业”是中国唯一中间品出口创造就业占总出口创造就业的比重高于日韩的部门。

针对我国的研究方面，我们利用海关统计数据测算了我国各省级单位的垂直专业化贸易水平，在此基础上利用我国省级面板数据实证检验了参与全球价值链分工对我国劳动力就业技能结构的影响。实证结果显示，垂直专业化贸易总体上并未对我国劳动力就业结构产生显著的影响。对于少数从事研发活动的高技能劳动力而言，参与垂直专业化贸易显著降低了对这部分劳动力的需求。通过测算各省垂直专业化贸易份额（*VSS*），我们发现东、中、西部地区参与垂直专业化贸易的程度及变化趋势存在较大的差异，垂直专业化贸易在东部地区对从事研发活动的高技能劳动力相对需求产生了显著的负面影响，这种影响在我国内陆广大地区尚不显著。资本深化与研发投入占比的增加也是影响高技能劳动力就业的正面因素。

本章的研究结论丰富了对现有关于我国参与全球价值链分工体系影响劳动力就业技能的研究。可以看到，目前多数使用中间品贸易和垂直专业化贸易等指标度量全球价值链参与程度的文献认为参与全球价值链对我国劳动力就业的技能结构总体影响不显著或者有负面影响（唐宜红、马风涛，2008；臧旭恒、赵明亮，2011；唐东波，2012；卫瑞、张少军，2014；程盈莹、赵素萍，2016）。建立我国行业、地区甚至企业层面的增加值贸易核算指标和所需数据库，在准确测度全球价值链参与程度的基础上对劳动力就业结构效应进行分析是未来研究的一个方向。

第七章　全球价值链视角下国际贸易影响劳动力收入的实证检验

第一节 劳动力收入的变化趋势与特点

一、全球劳动力收入的变化趋势与特点

（一）全球劳动力收入变化趋势与特点

从全球范围来看，劳动力收入水平以及变化趋势在不同国家和地区之间存在显著的差异。表 7－1 显示了部分经合组织国家 2001 年到 2017 年的平均工资水平。2001 年经合组织国家中年平均工资超过 50 000 美元的经济体共 3 个，为卢森堡、瑞士和美国。2017 年年平均工资超过 50 000 美元的经济体达到了 8 个，包括卢森堡、瑞士、冰岛、美国、荷兰、丹麦、挪威和奥地利，其中卢森堡、瑞士、冰岛、美国的年均平均工资超过了 60 000 美元。2017 年墨西哥的平均工资为 15 314 美元，约为卢森堡平均工资的 1/4，是考察国家中工资水平最低的。从变化趋势上看，绝大部分经合组织国家的工资水平随时间提高。其中，立陶宛、拉脱维亚、爱沙尼亚和斯洛伐克四个经济体 2017 年的平均工资较 2001 年的涨幅均超过了 35%。也有一些发达国家的工资增长非常缓慢，比利时和以色列两国 2017 年的平均工资较 2001 年水平仅提高了大约 3%，日本和意大利 2017 年的平均工资较 2001 年水平仅提高了 1% 左右。希腊、葡萄牙和墨西哥三国 2017 年的平均工资更是较 2001 年的平均工资水平有所下降，其中希腊的年平均工资由 2001 年的 27 682 美元降低为 2017 年的 26 064 美元，是平均工资下降最多的经合组织国家。

表 7－2 显示了部分经合组织国家 2001 年到 2017 年的年均最低工资水平。2017 年考察国家中卢森堡的最低工资最高达到了 23 777 美元。此外，荷兰、澳大利亚和比利时三国 2017 年的最低工资都超过了 20 000 美元。2017 年最低工资最少的经合组织国家为墨西哥（1 982 美元）。除墨西哥以外，经合组织国家中的发展中国家最低工资水平普遍低于发达国家，2017 年拉脱维亚、哥伦比亚、智利、巴西、俄罗斯等国的最低工资水平均低于 8 000 美元，在经合组织国家中排名靠后。从最低工资随时间的变化趋势上看，拉脱维亚和俄罗斯尽管最低工资在考察国家中排名靠后，但两国 2017 年的最低工资较 2001 年水平分别提高了 2.6 倍和 5.8 倍，是考察国家中最低工资提高幅度最大的。希腊 2017 年的年均最低工资为 11 881 美元，较 2001 年的 12 925 美元有所下

降，也是考察国家中唯一最低工资降低的。根据中国人力资源与社会保障部2018年底公布的全国各地区月最低工资标准情况，我国上海、广东、北京、天津、江苏和浙江这6个省份的最低工资标准超过了2 000元，其中上海排名第一，最低工资达到了2 420元。按照上海的月最低工资计算我国的年均最低工资约为4 283美元，高于俄罗斯的3 600美元，低于巴西的5 067美元，与发达国家之间存在较大的差距。

表7－1　2001—2017年部分经合组织国家平均工资水平　　单位：美元

	2001年	2003年	2005年	2007年	2009年	2011年	2013年	2015年	2017年
澳大利亚	42 311	43 101	45 016	46 558	46 508	49 622	49 649	49 563	49 126
奥地利	45 069	45 855	46 963	47 895	49 521	48 809	49 120	49 695	50 349
比利时	48 222	49 231	48 688	48 659	49 227	49 382	50 363	50 259	49 675
加拿大	38 309	37 902	40 585	42 882	44 162	45 016	46 937	47 673	47 622
智利	20 207	21 191	21 557	21 186	23 188	24 220	25 651	25 748	25 879
捷克	16 315	18 891	20 415	21 870	21 831	22 541	22 290	23 381	25 372
丹麦	41 991	44 030	45 783	47 070	48 861	49 168	49 424	51 126	51 466
爱沙尼亚	12 727	14 719	16 771	21 125	20 673	19 715	20 824	22 840	24 336
芬兰	36 709	37 628	39 782	41 327	42 065	42 872	42 441	42 885	42 964
法国	36 593	37 899	38 983	39 578	40 732	41 472	41 986	42 731	43 755
德国	42 291	42 457	42 380	42 342	42 779	43 703	44 736	46 409	47 585
希腊	27 682	31 565	32 034	32 411	33 423	29 149	26 026	26 336	26 064
匈牙利	17 022	19 537	21 562	21 652	21 073	21 309	20 613	19 929	22 576
冰岛	45 411	45 513	52 385	56 156	42 618	46 774	47 910	51 759	61 787
爱尔兰	39 347	41 043	44 557	46 734	52 075	47 806	45 735	46 561	47 653
以色列	34 033	31 572	31 162	32 779	31 277	31 264	32 022	33 019	35 067
意大利	36 313	36 029	37 181	37 401	37 627	37 394	36 324	36 770	36 658
日本	40 472	39 688	40 687	40 383	39 973	41 567	40 791	40 004	40 863
韩国	27 584	29 559	31 285	32 154	31 948	32 816	33 033	33 424	35 191
拉脱维亚	11 002	11 446	14 425	19 642	18 321	16 988	18 546	21 587	23 683
卢森堡	53 878	54 591	55 564	57 771	59 255	58 817	58 813	61 975	63 062
墨西哥	15 916	16 131	16 325	16 362	16 348	15 458	15 196	15 481	15 314

续表

	2001 年	2003 年	2005 年	2007 年	2009 年	2011 年	2013 年	2015 年	2017 年
荷兰	48 232	49 060	49 939	50 457	52 734	52 668	52 808	53 171	52 877
新西兰	31 153	32 902	34 645	36 920	36 963	37 319	37 614	38 473	40 043
挪威	37 305	39 260	41 679	45 166	46 683	48 897	51 236	51 663	51 212
波兰	21 299	21 503	20 794	21 478	22 671	23 610	23 669	24 680	27 046
葡萄牙	26 498	26 416	26 310	25 921	27 031	26 287	25 668	25 164	25 367
斯洛伐克	15 850	17 046	18 451	20 235	21 125	21 859	21 782	23 026	24 328
斯洛文尼亚	27 513	28 176	30 689	32 368	33 166	34 047	32 506	33 699	34 933
西班牙	36 320	36 489	36 322	36 659	40 717	39 451	38 416	39 339	38 507
瑞典	33 167	33 856	35 568	37 601	38 372	39 085	40 366	41 467	42 393
瑞士	56 435	57 168	57 535	58 746	60 255	60 503	62 516	62 495	62 283
英国	40 036	41 771	42 630	44 897	44 465	43 370	43 154	43 152	43 732
美国	53 244	54 280	55 391	57 420	57 687	58 200	58 412	60 692	60 558
立陶宛	10 091	11 232	13 469	17 403	17 519	18 345	19 608	21 417	24 287

数据来源：经合组织数据库.

表 7－2　2001—2017 年部分经合组织国年均最低工资水平　　单位：美元

	2001 年	2003 年	2005 年	2007 年	2009 年	2011 年	2013 年	2015 年	2017 年
澳大利亚	19 816	20 272	20 795	21 156	21 053	21 105	21 456	21 786	22 235
比利时	20 874	21 031	20 645	20 922	21 870	21 296	21 517	21 325	21 096
加拿大	13 804	13 467	13 608	14 047	15 478	16 077	16 486	16 849	17 407
智利	4 450	4 641	4 862	5 077	5 405	5 635	6 110	6 450	7 086
捷克	5 659	6 878	7 615	8 040	7 483	7 236	7 086	7 890	9 146
爱沙尼亚	3 231	4 156	4 826	5 801	6 357	5 880	6 336	7 768	9 039
法国	17 148	17 662	18 959	19 630	20 013	19 856	20 195	20 469	20 539
希腊	12 925	13 339	13 891	14 636	15 591	14 782	11 554	11 915	11 881
匈牙利	5 713	6 482	6 685	6 847	6 763	6 770	7 914	8 504	10 061
爱尔兰	15 426	15 654	17 497	18 317	18 797	18 499	18 098	18 118	19 307
以色列	11 410	11 203	11 102	11 934	11 557	11 259	11 762	12 496	13 736

续表

	2001 年	2003 年	2005 年	2007 年	2009 年	2011 年	2013 年	2015 年	2017 年
日本	13 193	13 436	13 577	13 975	14 505	15 114	15 640	15 813	n/a
韩国	7 777	8 854	10 344	11 733	12 538	12 646	12 709	14 307	16 116
拉脱维亚	2 208	2 698	2 943	4 202	6 074	6 381	6 110	7 660	7 925
卢森堡	20 681	21 413	21 811	22 092	22 719	22 528	22 331	23 341	23 777
墨西哥	1 799	1 811	1 812	1 817	1 786	1 810	1 821	1 856	1 982
荷兰	22 055	22 520	22 006	22 168	22 697	22 402	22 045	22 180	22 631
新西兰	13 644	14 271	15 162	16 783	17 786	17 472	18 086	19 035	19 839
波兰	6 563	6 733	6 764	7 186	9 061	9 204	10 159	11 204	12 628
葡萄牙	10 750	10 727	10 766	10 961	12 031	12 336	11 971	12 438	13 452
斯洛伐克	5 128	5 761	6 041	6 586	7 141	7 301	7 404	8 365	9 501
斯洛文尼亚	9 641	10 331	10 929	10 901	11 467	13 924	14 013	14 186	14 246
西班牙	13 297	13 034	13 613	14 545	15 327	14 996	12 448	14 693	15 756
土耳其	5 793	6 607	8 981	8 846	8 928	9 284	9 711	10 552	12 295
英国	13 471	14 767	16 371	17 173	17 346	16 913	16 804	17 376	17 989
美国	14 829	14 273	13 445	13 418	16 295	16 433	15 867	15 596	15 080
哥伦比亚	6 032	6 146	6 348	6 556	6 737	6 866	7 180	7 265	7 416
哥斯达黎加	7 386	7 347	7 318	7 462	7 705	8 080	8 288	8 745	8 848
拉脱维亚	4 344	4 450	5 151	5 814	6 176	5 854	7 024	7 333	8 875
巴西	2 591	2 773	3 034	3 651	4 075	4 296	4 781	4 794	5 067
俄罗斯	529	784	953	2 478	3 661	3 279	3 386	3 115	3 600

数据来源：经合组织数据库.

（二）全球劳动力收入差距情况

考察一国国内收入差距情况的一个常用指标是基尼系数（Gini index）。该指标是用来判断各个国家、地区、种族和行业收入分配不均等程度的重要依据。基尼系数值在0到1之间分布，数值越大表示收入差距就越悬殊。根据联合国开发计划署的规定，基尼系数值0.4为收入分配差距的警戒线。如果基尼系数在0.4以内，我们认为收入差距相对合理，如果基尼系数大于0.4，我们认为财富分配非常不均衡。为了考察全球不同经济体劳动力收入分配情况，我们搜集了2008年到2015年多个国家的基尼系数水平（表7-3）。

2015年，考察国家中收入差距悬殊（基尼系数大于0.4）的国家有巴西、哥伦比亚、哥斯达黎加、土耳其和阿根廷，其中巴西和哥伦比亚的基尼系数已经超过了0.5。瑞典、荷兰和挪威三国的基尼系数在考察时段内均在0.3以下，收入分配较为平均。其他国家的基尼系数在0.3到0.4的范围内。可见从全球范围来看，发展中国家内部的收入不平等程度更甚于发达经济体。从变化趋势来看，大多数国家的基尼系数随时间有所降低。2008年到2015年，基尼系数值提高的国家有土耳其、西班牙、希腊、葡萄牙、塞浦路斯、卢森堡、爱尔兰、瑞典和挪威。

表7-3　2008—2015年部分国家基尼系数水平　　单位:%

	2008年	2009年	2010年	2011年	2012年	2013年	2014年	2015年
巴西	54	53.7	n/a	52.9	52.6	52.8	51.5	51.3
克罗地亚	n/a	32.6	32.4	32.3	32.5	32	32.1	31.1
阿根廷	44.5	43.9	43	42.3	41.2	41	41.4	n/a
俄罗斯	41.6	39.8	39.5	39.7	40.7	40.9	39.9	37.7
罗马尼亚	36.4	35.6	35.5	35.9	36.5	36.9	36	35.9
哥伦比亚	55.4	54.5	54.8	53.6	52.9	52.9	52.8	51.1
土耳其	39	39	38.8	40	40.2	40.2	41.2	42.9
哥斯达黎加	48.7	50.6	48.2	48.7	48.6	49.3	48.6	48.4
保加利亚	33.6	33.8	35.7	34.3	36	36.6	37.4	n/a
塞浦路斯	31.7	32.1	31.5	32.6	34.3	37	35.6	34
泰国	40.3	39.6	39.4	37.5	39.3	37.8	37	36
匈牙利	27.5	27	29.4	29.2	30.8	31.5	30.9	30.4
荷兰	29.3	27.9	27.8	27.7	27.6	28.1	28.6	28.2
挪威	27	26.2	25.7	25.3	25.7	26.4	26.8	27.5
瑞士	33.8	32.9	32.6	31.7	31.6	32.5	32.5	32.3
英国	34.1	34.3	34.4	33.2	32.3	33.2	34	33.2
意大利	33.8	33.8	34.7	35.1	35.2	34.9	34.7	35.4

续表

	2008 年	2009 年	2010 年	2011 年	2012 年	2013 年	2014 年	2015 年
法国	33	32.7	33.7	33.3	33.1	32.5	32.3	32.7
西班牙	34.2	34.9	35.2	35.7	35.4	36.2	36.1	36.2
冰岛	31.8	28.7	26.2	26.8	26.8	25.4	27.8	n/a
希腊	33.6	33.6	34.1	34.8	36.2	36.1	35.8	36
瑞典	28.1	27.3	27.7	27.6	27.6	28.8	28.4	29.2
葡萄牙	36.6	34.9	35.8	36.3	36	36.2	35.6	35.5
爱尔兰	30.9	32.7	32.3	32.9	33.2	33.5	31.9	31.8
卢森堡	32.6	31.2	30.5	32.1	34.3	32	31.2	33.8

数据来源：世界银行 WDI 数据库.

与劳动力收入差距密切相关的一个指标是贫困人口数。当前，贫富差距过大以及贫困人口已成为当今世界各国面临的最严峻的社会问题之一。根据世界银行的统计，2015 年全球共有 7.36 亿人生活在贫困中。表 7－4 显示了 2008 年到 2015 年全球不同地区贫困人口在总人口中所占比重情况①。总体上，全球贫困人口占总人口的比重由 2008 年的 18.1% 降低至 2015 年的 10%。从不同地区上看，撒哈拉以南的非洲是全球贫困人口占比最高的地区，2015 年贫困人口占总人口的比重为 41.1%。根据世界银行统计数据，该地区的赞比亚、贝宁、多哥 2015 年贫困人口占总人口的比重分别达到 57.5%、49.6% 和 47.2%。欧洲和中亚地区是贫困人口占比最低的地区，2015 年贫困人口占总人口的比重为 1.5%。从全球贫困人口分布的变化趋势来看，南亚地区、东亚和太平洋地区的贫困人口在 2008 到 2015 年出现了显著下降。其中，南亚地区的贫困人口占比由 2008 年的 29.5% 下降为 2013 年的 16.2%；东亚和太平洋地区的贫困人口占比由 2008 年的 15.1% 下降至 2015 年的 2.3%。表 7－5 进一步显示了 2015 年全球贫困人口的地理分布情况。全球约 7.36 亿贫困人口中有超过 4 亿人分布在撒哈拉以南的非洲，占全部贫困人口的 56.2%。南亚是另一个拥有较多贫困人口的地区，2015 年区域内的贫困人口达到 2.16 亿，占全球贫困人口的 29.4%。

① 根据世界银行的标准，贫困人口的划分标准是每人每天的生活支出低于 1.9 美元。

表 7－4 全球主要地区贫困人口占比 单位:%

	2008 年	2010 年	2011 年	2012 年	2013 年	2015 年
全球	18.1	15.7	13.7	12.8	11.2	10
东亚和太平洋地区	15.1	11.2	8.6	7.3	3.6	2.3
欧洲和中亚地区	2.8	2.4	2.1	1.9	1.6	1.5
拉美和加勒比海地区	6.9	6	5.6	4.7	4.6	4.1
中东和北非	2.7	2.3	2.7	2.7	2.6	5
南亚	29.5	24.6	19.8	18.2	16.2	n/a
撒哈拉以南的非洲	47.8	46.6	45.1	43.8	42.5	41.1

数据来源：世界银行 WDI 数据库.

表 7－5 2015 年全球主要地区贫困人口地理分布情况

	贫困人口（百万人）	贫困人口占比（%）
全球	735.9	100
东亚和太平洋地区	47.2	6.4
欧洲和中亚地区	7.1	1
拉美和加勒比海地区	25.9	3.5
中东和北非	18.6	2.5
南亚	216.4	29.4
撒哈拉以南的非洲	413.3	56.2

数据来源：世界银行 WDI 数据库.

二、中国劳动力收入的变化趋势与特征

（一）中国劳动力收入的总体变化趋势

伴随经济发展水平和对外开放程度的不断提高，中国劳动力收入的总额逐年提升。然而，自 20 世纪 90 年代中期以来我国国民收入中的劳动份额持续下降并保持较低水平，以工资为生的广大劳动者不能平等地分享经济增长果实（余玲铮、魏下海、王临风，2016）。张杰、陈志远和周晓艳（2012）指出，中国制造业企业特殊的出口模式以及作为全球出口产品中价格接受者的

特征和事实，导致了中国制造业企业的出口对企业劳动收入份额增长的抑制效应。首先，中国制造业企业的出口中有相当比例是依附于作为掌握全球营销渠道的发达国家的跨国公司的外包订单的转移所致，作为外包订单接受者的中国出口企业，其产品价格掌握在发达国家的订单发包者手中，由此所引发出作为发达国家的发包者对发展中国家出口企业的“纵向压榨”和“俘获”效应（开普林斯基，Kaplinsky，2004）。其次，发展中国家的出口企业主要是劳动密集型企业所遭受的“纵向压榨”和“俘获”效应，在劳动力供给大于需求的外部条件下，很有可能传递给企业中的劳动者来承受，因此会抑制企业中劳动收入份额增长。最后，对于类似于中国这样的发展中国家，一方面民营企业的发展受到种种政策的歧视（如土地优惠、财政补贴、资本融资通道与成本、政府信用支持等）与各种非市场化进入壁垒的限制，民营企业可能被迫进入竞争程度激烈的劳动密集型行业；另一方面由于劳动保护法制环境的不完善以及劳动相对于资本的弱势地位，在多数为劳动密集型的民营企业中，出口对企业劳动收入份额增长的抑制效应可能更为突出。

总体上我国劳动力收入水平自改革开放以来呈不断上升的态势。2000 年全国居民的人均可支配收入为 3 721 元，其中，城镇居民人均可支配收入 6 256 元,农村居民人均可支配收入 2 282 元。2017 年全国居民的人均可支配收入增加至 25 974 元，较 2000 年水平增长了约 7 倍。其中城镇居民人均可支配收入达到 36 396 元，农村居民人均可支配收入达到 13 432 元。2000 年到 2017 年我国城镇居民和农村居民的人均可支配收入年均增速分别为 21.8% 和 22.1%。迅速增长的人均可支配收入在很大程度上反映出劳动力报酬不断提高的态势（图 7 - 1）。

从就业人口的工资收入来看，图 7 - 2 显示了我国城镇非私营单位就业人员平均工资水平。1995 年我国城镇非私营单位就业人员的平均工资为 5 348 元，2000 年增加至 9 333 元；2001 年城镇非私营单位就业人员的平均工资首次突破万元，达到 10 834 元。此后我国城镇非私营单位就业人员的工资提升速度加快。2006 年城镇非私营单位就业人员的平均工资突破 2 万元；2013 年进一步突破 5 万元；2017 年城镇非私营单位就业人员的平均工资达到 74 318 元。1995—2017 年城镇非私营单位就业人员平均工资的年均增长率为 12.7%。表 7 - 6 进一步显示了城镇非私营单位就业人员平均工资。其中，国有单位就业人员的平均工资由 1995 年的 5 553 元上升至 2017 年的 81 114 元；

城镇单位就业人员的平均工资由1995年的3 934元上升至2017年的55 243元；其他单位就业人员的平均工资由1995年的7 728元上升至2017年的71 304元。其中国有单位就业人员的平均工资上升幅度最大，其次是其他单位。

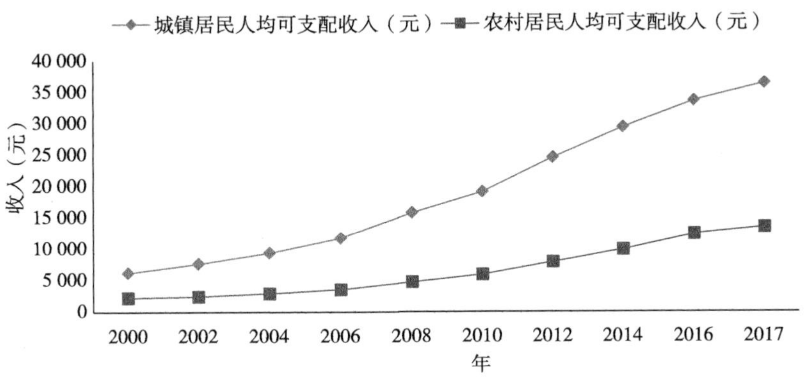

数据来源：《中国统计年鉴》.

图7－1　2000—2017年我国城镇和农村居民人均可支配收入

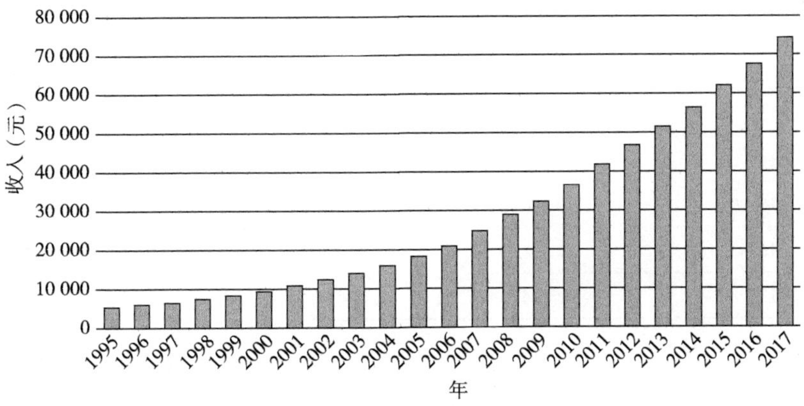

数据来源：《中国统计年鉴》.

图7－2　1995—2017年我国城镇非私营单位就业人员平均工资

表 7 -6　1995—2017 年城镇非私营单位就业人员平均工资　　单位：元

年份	国有单位	城镇单位	其他单位
1995	5 553	3 934	7 728
1996	6 207	4 312	8 521
1997	6 679	4 516	9 092
1998	7 579	5 314	9 241
1999	8 443	5 758	10 142
2000	9 441	6 241	11 238
2001	11 045	6 851	12 437
2002	12 701	7 636	13 486
2003	14 358	8 627	14 843
2004	16 445	9 723	16 519
2005	18 978	11 176	18 362
2006	21 706	12 866	21 004
2007	26 100	15 444	24 271
2008	30 287	18 103	28 552
2009	34 130	20 607	31 350
2010	38 359	24 010	35 801
2011	43 483	28 791	41 323
2012	48 357	33 784	46 360
2013	52 657	38 905	51 453
2014	57 296	42 742	56 485
2015	65 296	46 607	60 906
2016	72 538	50 527	65 531
2017	81 114	55 243	71 304

数据来源：《中国统计年鉴》.

（二）中国的劳动力收入差距现状

在劳动收入份额下降的同时，劳动市场内部的收入分配不均现象也逐渐扩大。国际上用来综合考察居民内部收入分配差异状况的一个重要分析指标是基尼系数。国际上通常把 0.4 作为贫富差距的警戒线，0.4 以上的基尼系数表示收入差距较大，当基尼系数达到0.6时，则表示收入悬殊。通常，与面积和人口较小的国家相比，地理面积广阔、人口众多且自然环境差异较大的国家基尼系数会更高一些。图7－3总结了中国1980年以来全国居民收入基尼系数水平。从2008年金融危机以后，随着中国各级政府采取了惠民生的若干强有力的措施，中国的基尼系数值从2008年最高的0.491逐步地回落到2017年的0.47，但总体上基尼系数始终处在一个较高的水平上，居民收入水平存在较大差距。

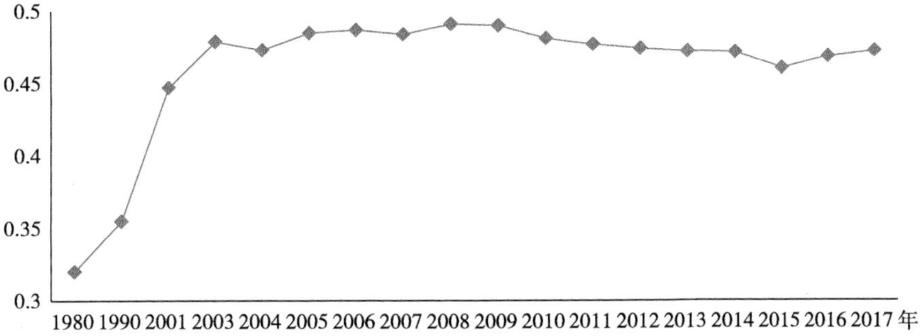

数据来源：国家统计局.

图7－3　中国居民收入基尼系数

我国劳动力收入差距表现出一些明显的结构性特征。这种结构性特征主要体现在劳动力收入在城镇和农村、在不同地区、不同行业的劳动力之间存在着显著的收入差距。

首先，在城乡收入差距方面，表7－7显示了2013年到2017年我国城镇居民和农村居民的人均可支配收入以及工资性收入。考察时段内城镇居民的人均可支配收入和工资性收入始终高于农村居民且收入差距呈扩大趋势。城镇居民的人均可支配收入由2013年的26 467元上升至2017年的36 396.2元；农村居民人均可支配收入由2013年的9 429.6元上升至2017年的13 432.4元。城镇居民和农村居民的人均可支配收入差距呈不断扩大的态势，人均可支配收入差距由2013年的17 037元扩大至2017年的22 964元。与此同时，我国城镇居民和农村居民的工资性收入差距也随时间加大，由2013年的12 965元提高至2017年的16 703元。城镇居民的人均可支配收入中工资性收入所占比重由 2013 年的 62.8% 下降至 2017 年的 61.0%，农村居民的人均可支配收入中工资性收入所占比重由 2013 年的 38.7% 上升至 2017 年的 40.9%。

表 7－7　2013—2017 年中国城镇和农村居民人均可支配收入　　单位：元

		2013 年	2014 年	2015 年	2016 年	2017 年
城镇居民	可支配收入	26 467.0	28 843.9	31 194.8	33 616.2	36 396.2
	工资性收入	16 617.4	17 936.8	19 337.1	20 665.0	22 200.9
农村居民	可支配收入	9 429.6	10 488.9	11 421.7	12 363.4	13 432.4
	工资性收入	3 652.5	4 152.2	4 600.3	5 021.8	5 498.4

数据来源：《中国统计年鉴》.

其次，在地区收入差距方面，表 7－8 显示了我国不同地区居民的人均可支配收入情况。我国东部地区经济发展水平最高，居民人均可支配收入也最高。2017 年东部地区的居民人均可支配收入为 42 989.8 元。中部、西部和东北地区的居民人均可支配收入较为接近，2017 年三地区的居民人均可支配收入分别为 31 293.8 元、30 986.9 元和 30 959.5 元。从人均可支配收入的增速来看，东部、中部、西部和东北地区 2017 年的人均可支配收入较 2013 年水平分别提高了 38.0%、38.1%、38.6% 和 31.7%。西部和中部地区的居民人均可支配收入增长速度均高于东部地区。东北地区居民的人均可支配收入增速最为缓慢，使得东北地区居民的人均可支配收入由 2013 年仅次于东部地区到 2017 年变为人均可支配收入最低的地区。从人均可支配收入的增长率上看，各地区人均可支配收入的增速呈逐步放缓态势。多数年份东部地区的人均可支配收入增长速度是四大地区中最快的。东北地区过去几年的人均可支配收入显著下降，2014 年东北地区该指标为 8.8%，与东部地区持平且略低于中西部地区，2017 年东北地区该指标下降为 6.6%，而其他三大区域的增速都超过了 8%。表 7－9 显示了我国 2017 年各省（自治区、直辖市）居民人均可支配收入以及工资性收入水平。从各省（自治区、直辖市）居民人均可支配收入来看，上海、北京、浙江、天津和江苏的人均可支配收入最高；从工资性收入来看，北京、上海、浙江、天津和广东的工资性收入最高；从工资性收入占人均可支配收入的比重来看，广东、天津、北京、河北和青海的工资性收入占比最高。表 7－10 显示了 2003—2017 年我国各省（自治区、直辖市）城镇非私营单位就业人员平均工资水平。2003 年我国 31 个省份的城镇非私营单位就业人员平均工资均超过 1 万元。其中，北京、上海、西藏、浙江和广东五地城镇非私营单位就业人员平均工资超过了2 万元。2017 年我国所有省份的城镇非私营单位就业人员平均工资都超过 5 万元。其中，北京、上海和西藏三个省级单位的城镇非私营单位就业人员平均工资超过了 10 万元。高工资省份与低工资省份之间的平均工资差距呈不断加大的趋势。2003 年北京与河南省的城镇非私营单位就业人员平均工资差距为14 369元；2017 年两地的城镇非私营单位就业人员平均工资差距增加到76 205元。

表 7 - 8　2013—2017 年我国分地区①居民人均可支配收入

城镇居民人均可支配收入（元）				
	东部地区	中部地区	西部地区	东北地区
2005 年	13 375	8 809	8 783	8 730
2006 年	14 967	9 902	9 728	9 830
2007 年	16 974	11 634	11 309	11 463
2008 年	19 203	13 226	12 971	13 120
2009 年	20 953	14 367	14 213	14 324
2010 年	23 273	15 962	15 806	15 941
2011 年	26 406	18 323	18 159	18 301
2012 年	29 622	20 697	20 600	20 759
2013 年	31 152	22 665	22 363	23 507
2014 年	33 905	24 733	24 391	25 579
2015 年	36 691	26 810	26 473	27 400
2016 年	39 651	28 879	28 610	29 045
2017 年	42 990	31 294	30 987	30 960
城镇居民人均可支配收入增长率（%）				
2006 年	11.9	12.4	10.8	12.6
2007 年	13.4	17.5	16.3	16.6

① 东部地区包括北京市、天津市、上海市、河北省、山东省、江苏省、浙江省、福建省、广东省和海南省；中部地区包括：山西省、河南省、湖北省、安徽省、湖南省、江西省；西部地区包括：内蒙古自治区、新疆维吾尔自治区、宁夏回族自治区、陕西省、甘肃省、青海省、重庆市、四川省、西藏自治区、广西壮族自治区、贵州省、云南省；东北地区包括黑龙江省、吉林省、辽宁省。

续表

	东部地区	中部地区	西部地区	东北地区
2008年	13.1	13.7	14.7	14.4
2009年	9.1	8.6	9.6	9.2
2010年	11.1	11.1	11.2	11.3
2011年	13.5	14.8	14.9	14.8
2012年	12.2	13.0	13.4	13.4
2013年	9.6	9.9	10.2	10.2
2014年	8.8	9.1	9.1	8.8
2015年	8.2	8.4	8.5	7.1
2016年	8.1	7.7	8.1	6.0
2017年	8.4	8.4	8.3	6.6

数据来源:《中国统计年鉴》.

表7-9　2017年我国各省(自治区、直辖市)人均可支配收入及工资性收入

	人均可支配收入(元)	人均工资性收入(元)	工资性收入占比(%)
北京	57 230	35 217	61.5
天津	37 022	23 165	62.6
河北	21 484	13 004	60.5
山西	20 420	11 957	58.6
内蒙古	26 212	13 900	53.0
辽宁	27 835	14 596	52.4
吉林	21 368	10 631	49.8
黑龙江	21 206	10 319	48.7
上海	58 988	34 365	58.3
江苏	35 024	20 399	58.2
浙江	42 046	24 137	57.4
安徽	21 863	11 921	54.5
福建	30 048	17 380	57.8
江西	22 031	12 553	57.0
山东	26 930	15 532	57.7
河南	20 170	10 108	50.1
湖北	23 757	11 831	49.8

续表

	人均可支配收入（元）	人均工资性收入（元）	工资性收入占比（%）
湖南	23 103	11 837	51.2
广东	33 003	23 053	69.9
广西	19 905	9 819	49.3
海南	22 553	13 371	59.3
重庆	24 153	12 604	52.2
四川	20 580	10 014	48.7
贵州	16 704	8 643	51.7
云南	18 348	8 468	46.2
西藏	15 457	7 840	50.7
陕西	20 635	11 254	54.5
甘肃	16 011	8 798	55.0
青海	19 001	11 351	59.7
宁夏	20 562	12 270	59.7
新疆	19 975	10 907	54.6

数据来源：《中国统计年鉴》.

表 7－10　2003—2017 年中国各省（自治区、直辖市）

城镇非私营单位就业人员平均工资　　单位：元

	2003 年	2005 年	2007 年	2009 年	2011 年	2013 年	2015 年	2017 年
北京	25 008	33 660	45 823	57 779	75 482	93 006	111 390	131 700
上海	25 565	31 578	44 976	58 336	75 591	90 908	109 174	129 795
西藏	23 730	26 437	42 820	45 347	49 464	57 773	97 849	108 817
天津	18 511	24 122	33 312	43 937	55 658	67 773	80 090	94 534
浙江	21 116	25 696	30 818	36 553	45 162	56 571	66 668	80 750
广东	20 052	24 122	29 658	36 469	45 060	53 318	65 788	79 183
江苏	15 619	20 885	27 212	35 217	45 487	57 177	66 196	78 267
青海	15 044	18 556	25 318	32 481	41 370	51 393	61 090	75 701
贵州	10 801	14 081	20 254	27 437	36 102	47 364	59 701	71 795
重庆	12 409	16 583	22 965	30 499	39 430	50 006	60 543	70 889
宁夏	12 811	16 973	25 723	32 916	42 703	50 476	60 380	70 298
四川	12 320	15 638	21 081	28 149	37 330	47 965	58 915	69 419
云南	12 629	15 732	19 912	26 163	34 004	42 447	52 564	69 106

续表

	2003 年	2005 年	2007 年	2009 年	2011 年	2013 年	2015 年	2017 年
山东	12 554	16 564	22 734	29 398	37 618	46 998	57 270	68 081
新疆	13 185	15 507	21 249	27 617	38 238	49 064	60 117	67 932
海南	10 396	14 377	19 220	24 790	36 244	44 971	57 600	67 727
福建	14 343	17 190	22 277	28 366	38 588	48 538	57 628	67 420
内蒙古	11 208	15 910	21 794	30 486	41 118	50 723	57 135	66 679
湖北	10 575	13 725	19 548	26 547	36 128	43 899	54 367	65 912
陕西	11 276	14 562	20 977	29 566	38 143	47 446	54 994	65 181
安徽	10 419	15 019	21 699	28 723	39 352	47 806	55 139	65 150
广西	11 611	15 079	21 251	27 322	33 032	41 391	52 982	63 821
湖南	12 002	15 306	21 060	26 534	34 586	42 726	52 357	63 690
甘肃	12 062	14 654	20 657	26 743	32 092	42 833	52 942	63 374
河北	11 105	14 583	19 742	27 774	35 309	41 501	50 921	63 036
吉林	11 048	14 380	20 371	25 943	33 610	42 846	51 558	61 451
江西	10 382	13 524	18 144	24 165	33 239	42 473	50 932	61 429
辽宁	12 921	17 156	22 882	30 523	38 154	45 505	52 332	61 153
山西	10 620	15 473	21 315	28 066	39 230	46 407	51 803	60 061
黑龙江	10 787	13 980	18 481	24 805	31 302	40 794	48 881	56 067
河南	10 639	14 119	20 639	26 906	33 634	38 301	45 403	55 495

数据来源：《中国统计年鉴》.

再次，我国劳动力工资收入差距还表现在不同行业之间。表 7－11 显示了 2005—2017 年我国各行业城镇非私营单位就业人员平均工资水平。2005 年到 2017 年我国城镇非私营单位就业人员平均工资最高的行业依次为信息传输、软件和信息技术服务业、金融业和科学研究和技术服务业。其中，信息传输、软件和信息技术服务业的平均工资水平由 38 799 元上升至 133 150 元，增长了 94 351 元；金融业的平均工资由 29 229 元上升至 122 851 元，增长了 93 622 元；科学研究和技术服务业的平均工资由 27 155 元上升至 107 815 元，增长了 80 660 元。所有行业中平均工资水平最低的为农林牧渔业，行业就业人员的平均工资由 8 207 元增长至 36 504 元，仅增长了 28 297 元。比较平均工资最高的信息传输、软件和信息技术服务业与平均工资最低的农林牧渔业，2005 年两个行业的平均工资差为 30 592 元，2017 年两个行业的平均工资差距增加到 96 646 元。

表 7－11　2005—2017 年中国各行业城镇非私营单位就业人员平均工资　　单位：元

	2005 年	2006 年	2007 年	2008 年	2009 年	2010 年	2011 年	2012 年	2013 年	2014 年	2015 年	2016 年	2017 年
农林牧渔业	8 207	9 269	10 847	12 560	14 356	16 717	19 469	22 687	25 820	28 356	31 947	33 612	36 504
采矿业	20 449	24 125	28 185	34 233	38 038	44 196	52 230	56 946	60 138	61 677	59 404	60 544	69 500
制造业	15 934	18 225	21 144	24 404	26 810	30 916	36 665	41 650	46 431	51 369	55 324	59 470	64 452
电力、热力、燃气及水生产和供应业	24 750	28 424	33 470	38 515	41 869	47 309	52 723	58 202	67 085	73 339	78 886	83 863	90 348
建筑业	14 112	16 164	18 482	21 223	24 161	27 529	32 103	36 483	42 072	45 804	48 886	52 082	55 568
批发和零售业	15 256	17 796	21 074	25 818	29 139	33 635	40 654	46 340	50 308	55 838	60 328	65 061	71 201
交通运输、仓储和邮政业	20 911	24 111	27 903	32 041	35 315	40 466	47 078	53 391	57 993	63 416	68 822	73 650	80 225
住宿和餐饮业	13 876	15 236	17 046	19 321	20 860	23 382	27 486	31 267	34 044	37 264	40 806	43 382	45 751
信息传输、软件和信息技术服务业	38 799	43 435	47 700	54 906	58 154	64 436	70 918	80 510	90 915	100 845	112 042	122 478	133 150
金融业	29 229	35 495	44 011	53 897	60 398	70 146	81 109	89 743	99 653	108 273	114 777	117 418	122 851
房地产业	20 253	22 238	26 085	30 118	32 242	35 870	42 837	46 764	51 048	55 568	60 244	65 497	69 277
租赁和商务服务业	21 233	24 510	27 807	32 915	35 494	39 566	46 976	53 162	62 538	67 131	72 489	76 782	81 393
科学研究和技术服务业	27 155	31 644	38 432	45 512	50 143	56 376	64 252	69 254	76 602	82 259	89 410	96 638	107 815
水利、环境和公共设施管理业	14 322	15 630	18 383	21 103	23 159	25 544	28 868	32 343	36 123	39 198	43 528	47 750	52 229
居民服务、修理和其他服务业	15 747	18 030	20 370	22 858	25 172	28 206	33 169	35 135	38 429	41 882	44 802	47 577	50 552
教育	18 259	20 918	25 908	29 831	34 543	38 968	43 194	47 734	51 950	56 580	66 592	74 498	83 412
卫生和社会工作	20 808	23 590	27 892	32 185	35 662	40 232	46 206	52 564	57 979	63 267	71 624	80 026	89 648
文化、体育和娱乐业	22 670	25 847	30 430	34 158	37 755	41 428	47 878	53 558	59 336	64 375	72 764	79 875	87 803
公共管理、社会保障和社会组织	20 234	22 546	27 731	32 296	35 326	38 242	42 062	46 074	49 259	53 110	62 323	70 959	80 372

数据来源：《中国统计年鉴》.

第二节　参与全球价值链分工的劳动力收入效应：基于跨国面板数据的检验

一、现实背景与文献回顾

在经济全球化发展进程中，以中国为代表的部分发展中国家实现了高速经济增长，国民收入水平不断提高，成为经济全球化的受益者。然而，从整体上看，全球化分工生产所带来的收益更多地流入了发达国家。根据全球价值链分工生产的"微笑曲线"，发达国家多从事位于曲线两端的市场调研、技术开发、市场营销、售后服务等知识密集型生产环节，此类生产环节的附加值较高，而发展中国家主要从事的是微笑曲线中段的制造业生产环节，此类生产环节属低附加值区块。这样的国际分工方式使得发达国家在国际生产和贸易活动中获得了更多的利益。因此，许多经济学家和政府官员将贫富差距归因于经济全球化，指责参与全球价值链分工生产导致了收益在不同国家之间的分配存在很大的差异，南北差距进一步拉大，全球经济与以往相比更为不平等。表 7－12 显示了 44 个经济体（22 个发展中国家和 22 个发达国家）1995 年至 2017 年的人均国民收入水平。发展中国家的人均收入与发达国家之间存在较大差距。1995 年发展中国家的最低人均国民收入水平为中国的 330 美元，同年发达国家中的最低人均国民收入水平为葡萄牙的 7 140 美元。2017 年发展中国家的最低人均国民收入水平为印度的 1 820 美元，同年发达国家中最低人均国民收入水平为希腊的 18 090美元。图 7－4 显示了发达国家和发展中国家在 1995 年到 2017 年间的平均人均国民收入水平。从变化趋势上看，1995 年到 2013 年两组国家的人均国民收入均在波动中提升，但发达国家组的提升速度更快，发达国家与发展中国家之间的收入差距近年来有所扩大。2013 年以来发达国家和发展中国家的人均收入水平轻微下降，发达国家的人均收入下降速度较发展中国家更快，两组国家间的收入差距有所减少。参与全球价值链分工是否对各国的人均收入产生影响？这种影响是否在发达国家和发展中国家之间存在差异？这是一个需要进行实证检验的问题。

表 7-12 1995—2017 年不同国家人均国民收入 单位：美元

		1995 年	2000 年	2008 年	2009 年	2010 年	2011 年	2013 年	2015 年	2017 年
发展中国家	巴西	2 730	3 860	7 400	8 070	9 610	11 010	12 730	10 100	8 580
	克罗地亚		5 290	13 970	13 810	13 790	14 080	13 540	12 950	12 430
	阿根廷	3 170	7 440	7 610	7 730	9 170	10 610	12 770	12 300	13 040
	智利	2 350	5 090	10 080	9 980	10 780	12 380	15 360	14 270	13 610
	南非	3 280	3 020	5 910	5 800	6 160	6 970	7 340	6 070	5 430
	俄罗斯		1 710	9 590	9 230	9 980	11 150	15 200	11 760	9 230
	印度尼西亚	560	580	1 940	2 140	2 520	3 000	3 730	3 430	3 540
	印度	380	440	1 000	1 110	1 220	1 380	1 520	1 600	1 820
	罗马尼亚		1 720	8 760	9 120	8 640	8 650	9 260	9 530	9 970
	哥伦比亚	1 220	2 320	4 660	5 090	5 540	6 180	7 760	7 130	5 830
	土耳其	2 310	4 300	9 770	9 580	10 430	11 230	12 530	12 000	10 930
	文莱	12 460	14 680	34 160	32 470	33 300	35 490	45 180	38 590	29 600
	哥斯达黎加	2 320	3 580	6 420	6 540	7 230	8 060	9 810	10 500	11 040
	保加利亚	2 250	1 650	6 100	6 750	6 980	7 220	7 610	7 480	7 760
	波兰		4 660	11 970	12 530	12 770	12 950	13 520	13 340	12 710
	塞浦路斯	9 510	14 860	32 090	32 560	31 330	31 500	27 050	26 210	23 720
	中国	330	940	3 100	3 690	4 340	5 060	6 800	7 950	8 690
	墨西哥	2 760	5 830	9 650	8 760	8 930	9 140	10 010	9 860	8 610
	突尼斯	1 410	2 280	3 860	4 070	4 130	3 980	4 130	3 930	3 500
	泰国	1 490	1 980	3 970	4 140	4 580	4 950	5 720	5 710	5 960
	马来西亚	2 400	3 460	7 550	7 640	8 290	9 060	10 760	10 450	9 650
	匈牙利		4 660	13 210	13 280	13 100	13 090	13 430	12 960	12 870

续表

		1995 年	2000 年	2008 年	2009 年	2010 年	2011 年	2013 年	2015 年	2017 年
发达国家	日本	27 850	36 230	38 850	38 800	43 440	46 880	48 280	38 880	38 550
	新西兰	13 760	14 020	28 640	30 050	29 770	32 270	39 730	40 270	38 970
	美国	24 150	36 070	49 330	48 050	48 950	50 470	53 650	56 300	58 270
	加拿大	20 480	22 610	44 810	43 110	44 370	47 060	52 620	47 460	42 870
	澳大利亚	17 300	21 110	42 270	43 980	46 550	50 230	65 870	60 360	51 360
	荷兰	20 010	28 460	52 460	53 520	53 530	54 120	52 330	49 030	46 180
	德国	21 340	26 210	43 870	43 810	44 790	47 360	47 410	45 790	43 490
	挪威	26 510	36 560	87 360	87 850	88 440	90 280	104 340	93 050	75 990
	瑞士	36 900	43 460	62 940	70 220	77 360	79 200	88 740	85 780	80 560
	英国	18 250	28 880	48 420	43 940	41 380	40 620	42 340	43 720	40 530
	意大利	18 600	21 820	37 760	37 690	37 690	37 680	35 370	32 970	31 020
	法国	20 660	25 140	43 490	43 740	43 790	44 190	43 360	40 730	37 970
	以色列	12 120	19 270	26 100	27 300	29 580	31 440	34 310	36 080	37 270
	西班牙	12 220	15 790	32 450	32 770	32 130	31 150	29 400	28 420	27 180
	冰岛		31 540	50 140	42 010	36 530	37 750	47 060	49 960	60 830
	希腊	8 970	13 330	28 660	29 330	27 660	24 930	22 540	20 360	18 090
	瑞典	27 760	31 220	55 380	51 920	53 900	55 660	60 910	57 880	52 590
	葡萄牙	7 140	12 140	22 440	22 840	22 960	22 660	21 340	20 440	19 820
	韩国	6 360	10 740	22 800	21 040	21 260	22 540	25 760	27 250	28 380
	新加坡	11 450	23 670	36 680	37 080	44 790	48 310	54 730	54 020	54 530
	爱尔兰	12 560	24 100	51 070	46 910	44 760	43 120	44 020	51 850	55 290
	卢森堡	31 590	46 590	88 240	71 410	78 440	76 890	75 500	73 530	70 260

数据来源：世界银行 WDI 数据库 .

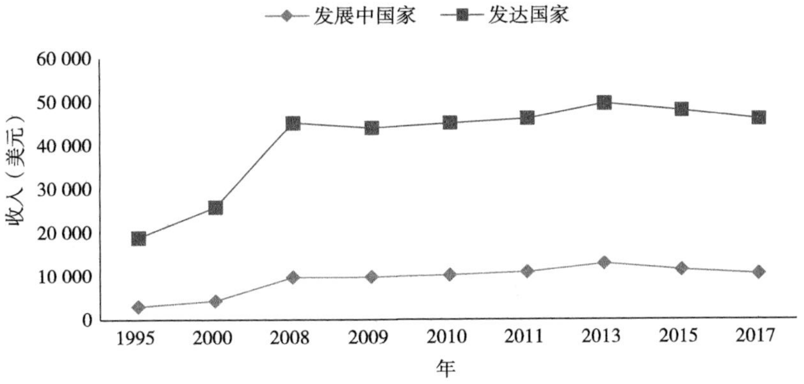

数据来源：世界银行 WDI 数据库.

图 7－4　发达国家和发展中国家的人均国民收入水平

与这一研究题目相关的文献主要包括两大类：一类是对不同国家全球价值链分工程度和分工利益的测算；另一类是对国际分工影响收入水平的研究。针对第一类的研究，学者对全球价值链分工生产模式进行定义（阿尔恩特，Arndt，1997；赫梅尔斯等，Hummels et al，2001；琼斯和基尔茨科夫斯基，Jones & Kierzkowski，2001），在此基础上利用各类数据库提供的增加值贸易数据对不同国家、地区、行业乃至企业等参与全球价值链分工的程度和贸易利益进行了测算（赫梅尔斯等，Hummels et al，2001；易，Yi，2003；迪恩等，Dean et al，2011；多丹等，Daudin et al.，2011；艾博沃德等，Upward et al，2012；约翰逊和诺圭拉，Johnson & Nogurea，2012；斯蒂勒，Stehrer，2012；库普曼等，Koopman et al，2014）。在此基础上，学者对各国在全球价值链上所处的位置进行了测算。相关测算方法主要有两类：一是库普曼等（Koopman et al，2014）基于增加值贸易的测算方法建立了全球价值链分工地位指数以度量一国在全球价值链上所处的位置。该指标可以理解为一国特定行业在全球价值链中前向参与度与后向参与度的差值，即通过比较其作为中间品提供者和需求者的相对重要性来衡量其在全球价值链中的地位（耿伟、郝碧榕，2018）。另一类为安特拉斯（Antras et al，2012）构建的上游度（Upstreamness）指标，该指标用一国参与全球价值链的分工生产环节与最终消费的“距离”来衡量一国在全球价值链上的位置。许多学者应用这两个指标对我国在全球价值链中所处的地位进行了研究（鞠建东、余心玎，2014；周升起等，2014；岑丽君，2015；黄灿、林桂军，2017）。

针对第二类的研究，关于国际贸易影响收入水平和收入分配的文献已经非常充分。近年来随着全球价值链核算方法的发展、推广和应用，越来越多的学者开始针对全球价值链分工贸易对收入水平的影响开展实证研究。大量实证研究分析了外包活动对收入不平等的影响（芬斯特拉和汉森，Feenstra & Hanson，1996、1999；汉森和哈里森，Hanson & Harrison，1999；谢和吴，Hsieh & Woo，1999；海德和里斯，Head & Ries，2000）。国内研究方面，万广华等（2005）实证分析了全球化对中国地区间收入差距的影响，研究发现全球化对于我国地区间收入差距的贡献显著为正并且随着时间而加强。全球价值链上国际贸易的一个特点是存在大量的中间品贸易。喻美辞、熊启泉（2012）考察了中间品进口对中国制造业工资的影响，发现中间产品进口既通过实现熟练劳动力与国际先进创新资本的互补效应，又通过技能偏向的知识学习效应和劳动生产率效应，提高了中国制造业熟练劳动力的工资和就业份额，扩大了熟练劳动力与非熟练劳动力之间的相对工资差距，加剧了工资不平等。在增加值贸易的视角下，崔日明、刘爽（2016）研究认为，国际贸易的增加有助于降低中国总体的收入差距水平，有助于降低行业间的收入差距。刘瑶（2016）利用 OECD - TiVA 数据库考察了 1995—2011 年各国参与全球价值链对本国熟练劳动力与非熟练劳动力工资差距的影响，研究发现，相对于技术进步，一国的全球价值链参与度和全球价值链位置指数是显著影响工资差距的主要因素，且参与度越高、参与位置越是处于下游，其工资差距越大。子样本回归进一步显示参与全球价值链对发展中国家工资差距的影响大于发达国家。冯晓华等（2018）首先利用中国的跨省投入—产出数据对各省制造业的出口增加值进行了分解，认为省内垂直专业化在缩小各省技能溢价和低技能劳动间工资差距的同时，扩大了北部和东南沿海省份高技能劳动间的工资差距；国内垂直专业化在扩大各省技能溢价（北部沿海省份例外）和高技能劳动间工资差距的同时缩小了低技能劳动间的工资差距（东南沿海省份例外）；国际垂直专业化则同时缩小了各省三种技能工资差距（中部省份低技能劳动间的工资差距例外）。耿伟、郝碧榕（2018）运用下游度指标刻画一国特定行业在全球价值链中的嵌入位置，分析全球价值链嵌入位置对高技能与低技能劳动收入差距影响的理论机制。实证研究采用 1996—2009 年跨国跨行业面板数据进行实证检验，研究结果表明：在全球价值链越接近下游的生产位置，高技能劳动收入占比越大，低技能劳动收入占比越小，劳动收入差距随之扩大；全球价值链嵌入位置变化通过增加值率的变化改变了劳动的需求结构，进而改变了劳动相对收入差距。

综上，现有文献或使用一国省级层面数据或使用跨国数据，研究的重点集中在参与全球价值链分工对各国（各省）内熟练劳动力与非熟练劳动力之间收入差距的影响上。本节我们的研究重点是一国在全球价值链上的分工地位对工资收入的影响。在此基础上，我们探讨了这种影响在发达国家和发展中国家内部的异质性。本节接下来的内容安排如下：第二部分为模型与数据说明；第三部分对实证结果进行分析并进行稳健性检验；第四部分得出实证结果的政策建议。

二、模型与数据说明

（一）计量模型

根据研究目标并参考已有文献，我们建立实证回归模型如下：

$$\ln pcgni_{it} = \beta_0 + \beta_1 gvc\_position_{it} + \beta_2 X_{it} + \mu_i + \mu_t + \varepsilon_{it} \tag{7.1}$$

式中，下标 i 代表国家，t 代表年份。被解释变量 $pcgni_{it}$ 表示国家 i 在 t 年的人均国民收入。$gvc\_position_{it}$ 为国家 i 在 t 年的全球价值链分工地位指数，是我们主要考察的解释变量。X_{it} 是一系列影响人均国民收入的控制变量，具体包括资本量、劳动人口、教育投入、制度质量、自然资源等。μ_i 和 μ_j 分别表示国家固定效应和年份固定效应，ε_{ij} 为误差项。

对模型中各变量的选取及测度说明如下：

1. 人均国民收入（$\ln pcgni_{it}$）。由于缺少各国劳动力收入的相关数据，我们用人均国民收入作为劳动力收入的代理变量，使用各国人均国民收入美元值对数形式来度量。

2. 全球价值链分工地位指数（$gvc\_position_{it}$）。使用本文按照库普曼等（Koopman et al，2010）提出的 GVC 分工地位指标进行测算。具体测算公式如下：

$$GVC\_Position_i = Ln\left(1 + \frac{IV_i}{E_i}\right) - Ln\left(1 + \frac{FV_i}{E_i}\right) \tag{7.2}$$

式中，IV_i 代表 i 国总出口包含的间接国内附加值，即 i 国通过将中间品出口，经进口国加工再出口到第三国而实现的增加值出口；FV_i代表 i 国总出口中包含的国外附加值；E_i为以增加值核算的总出口。这个指标的建立思路是：处于全球价值链上游的国家更多地为其他国家提供中间品，其间接增加值出口比率会高于国外增加值比率；反之，处于全球价值链下游的国家更多地使用进口中间品，其国外增加值比率会高于间接增加值比率。因此，全球价值链分工地位指数（GVC）越大表明一国在全球价值链上所处地位越高，指数越小则表明一国在全球价值链上所处地位越低。

3. 资本量（$\ln capital_{it}$）。使用各国资本形成总量的美元值来衡量，取对数形式。资本作为一项重要的生产要素，一般而言资本存量高的国家国民收入也较高，因此该项的估计系数符号预期为正。

4. 劳动人口（$\ln labor_{it}$）。使用各国劳动人口总量的对数形式来衡量。劳动人口总量反映了一国的劳动力禀赋情况，丰裕的劳动力有助于经济增长和收入增加，因此估计系数的预期符号为正。

5. 教育投入（$education_{it}$）。教育投入较高的国家往往拥有较高的人力资本水平，高人力资本的个人能够比低人力资本的个人获得更高的收入。我们使用各国教育财政投入占 GDP 的比重来衡量。

6. 制度质量（$\ln stitution_{it}$）。黄新飞等（2013）研究指出制度差异对跨国间收入差距具有长期显著的正向影响。制度质量高的国家通常经济更为发达，国民收入也更高，因此估计系数的符号预期为正。

7. 自然资源（$resource_{it}$）。自然资源丰裕的国家可以通过出口自然资源密集型产品获利从而提升国民收入水平。我们使用各国农业和矿业出口占总出口的比重来衡量一国的自然资源丰裕程度，估计系数的预期符号为正。

（二）数据说明

测算全球价值链分工地位指数所需数据来自 TiVA（Trade in ValueAdded）数据库。该数据库由世界贸易组织与经合组织基于增加值贸易核算方法及各国投入产出表测算并于 2013 年首次发布了增加值贸易数据。2018 年最新公开发布的数据包括了 1995 年、2000 年、2008 年至 2016 年 64 个经济体 36 个行业的增加值贸易数据。我们根据国际货币基金组织发布的《2015 年世界经济展望》中发达经济体和发展中经济体划分标准，以及变量的可得性，选取了其中22个发达国家和22个发展中国家计算其全球价值链分工地位①。人均国民收入、资本形成、劳动人口、教育投入、制度质量的数据均来自世界银行WDI数据库。农业、矿业和总出口数据来自UNCTAD数据库。最终样本包含10年44个国家，各变量的统计描述见表7－13。

表7－13　变量统计描述

	样本量	平均值	标准差	最小值	最大值
GVC分工地位指数	440	－0.05	0.28	－1.22	0.40
人均国民收入对数	440	9.53	1.18	5.80	11.41
资本量对数	440	24.97	1.77	20.47	28.84
劳动人口对数	440	16.15	1.87	11.78	20.49
教育投入	440	4.83	1.23	1.00	7.94
制度质量	440	7.14	0.84	3.63	8.88
自然资源	440	0.10	0.16	0.00	0.91

三、实证结果与分析

（一）基准回归结果

表7－14显示了根据（7.1）式的估计结果。其中，表7－14中第一列为使用全球价值链分工地位作为唯一解释变量的估计结果，估计系数符号为正且在1%水平上显著，表明一国在全球价值链上所处的位置越高，该国的人均国民收入水平也越高。为了确保估计结果的稳健性，我们采取逐步加入控制变量的方法进行回归。表7－14中第二列和第三列的估计结果显示，GVC分工地位指数的估计系数值较简单回归时降低，但系数符号均为正且在1%水平上显著。一国处于全球价值链的上游位置，意味着该国能够在价值链分工体系中获取较多的贸易增加值，从而有利于提升国民的收入。

资本形成项的估计系数在1%水平上显著为正，说明资本存量是影响国民收入的重要因素，拥有较多资本的国家国民的人均收入水平也较高。劳动人口项的估计系数同样在1%水平上显著为正，说明劳动力规模与人均国民收入之间存在显著的正相关，丰裕的劳动力禀赋是提升国民收入的因素。从估计

① 国家目录见表7－12。

系数的大小上看，资本形成和劳动人口变量的估计系数值大于全球价值链分工地位变量，表明资本和劳动力要素仍然是影响一国人均国民收入最重要的两个因素。教育投入项的估计系数为正且在1%水平上显著，与我们的预期一致。人力资本作为物质资本以外的生产要素，拥有较多人力资本的国家倾向于获得更高的人均收入。制度质量的估计系数为正但未通过显著性检验，良好的制度质量有助于提升人均收入水平，但与其他因素相比，制度的影响程度比较有限。自然资源变量的估计系数为负且不显著，这说明如果一国的出口产品中自然资源密集型产品的出口含量较高，将不利于该国国民的收入水平提升。一个可能的原因是从长期来看，自然资源密集型产品的出口价格相比于资本和技术密集型产品是相对下降的，如果一国的出口产品以农产品和矿产品等自然资源密集型产品为主，那么该国的贸易条件可能随时间恶化，使得该国在国际贸易中获得的利益下降，不利于国民提高收入水平。

必须指出的是使用人均国民收入作为劳动力收入的代理变量的估计结果可能存在一定程度上的偏误。这主要是因为劳动收入是一国劳动力工资等收入的平均值，而人均国民收入是一国所有国民收入的平均值，考察人群既包括劳动人口也包括非劳动人口。一国的人均国民收入除了受到劳动力收入水平的影响，还受到该国人口结构等其他因素的影响。例如，劳动力收入水平近似的两个国家，劳动人口占比较高的国家的人均收入水平可能更高。目前大多数国家定义的劳动人口一般是指15岁到64岁的人口。如果一国的人口老龄化程度较高并导致65岁以上老年人口在总人口中所占比重较高，那么该国的人均收入水平可能低于劳动力收入水平近似但劳动人口占比较高的国家。因此，我们使用各国年均工资的对数值作为被解释变量重新估计全球价值链分工地位对工资收入的影响。受到工资数据所得性的限制，我们选取表7-1中的36个经合组织国家作为样本，考察的年份包括1995年、2000年、2008年到2016年共11年。这36个国家中包括29个发达国家以及智利、爱沙尼亚、匈牙利、拉脱维亚、墨西哥、波兰和立陶宛等7个发展中国家。回归结果在表7-14中第（4）至（6）列中显示。

估计结果显示全球价值链分工地位与各国人均工资水平正相关。表7-14第（6）列可见，在加入全部控制变量后GVC分工地位指数的估计系数在1%水平上显著为正，显示一国参与全球价值链分工地位的提升将显著提高劳动力的人均工资水平。无论使用人均国民收入还是人均工资作为劳动力收入的衡量指标，全球价值链分工地位的提升都显著促进了劳动力收入水平的提升，且两次估计结果也在一定程度上说明实证结论较为稳健。控制变量方面，资本形成变量在1%水平上显著为正，劳动人口变量的估计系数在5%水平上显著为正。资本变量和劳动力变量的估计系数值要高于GVC分工地位指数，表明与全球价值链分工地位相比，资本和劳动力要素的增加对劳动力收入提升的促进作用更大。教育投入的估计系数仍为正并在10%水平上显著。制度质量和自然资源变量的估计系数均不显著，表明这两项指标对劳动力收入的影响相对较小。

表7-14 基准回归估计结果

	被解释变量：人均国民收入			被解释变量：人均工资		
	(1)	(2)	(3)	(4)	(5)	(6)
GVC分工地位	1.074 1***	0.285 3***	0.382 8***	0.077 8***	0.062 9***	0.083 1***
	(0.111 5)	(0.055 3)	(0.072 4)	(0.017 9)	(0.012 5)	(0.015 0)
资本量		0.667 9***	0.657 0***		0.171 4***	0.145 3***
		(0.031 0)	(0.036 5)		(0.019 4)	(0.021 4)
劳动人口		0.905 0***	0.807 3***		0.230 1**	0.261 1**
		(0.161 6)	(0.190 9)		(0.109 8)	(0.117 5)
教育投入			0.100 8***			0.040 1*
			(0.027 4)			(0.021 8)
制度质量			0.015 6			0.030 0
			(0.021 7)			(0.030 8)
自然资源			-0.631 6			0.044 3
			(0.487 6)			(0.198 8)
常数项	8.046 4***	-22.442 9***	-21.311 5***	10.082 6***	9.479 7***	10.186 9***
	(1.598 4)	(0.154 9)	(2.267 6)	(2.798 9)	(0.094 3)	(1.397 8)
观测值	440	440	440	360	360	360
R^2	0.330 7	0.887 2	0.898 1	0.187 6	0.690 8	0.665 0

注：*、**、***分别表示在10%、5%、1%的显著性水平上显著，括号内为标准误。

（二）分组回归结果

如前文所述，发达国家与发展中国家在全球价值链分工体系中所处的位置存在明显的差异。为了考察全球价值链分工地位对发展中国家和发达国家人均国民收入的异质性影响，我们将总体样本分为两组进行分别回归，由于能够获得人均工资数据的国家数量较少，我们仅使用人均国民收入作为被解释变量，这样两组均包含 22 个经济体。估计结果在表 7 – 15 中显示。

表 7 – 15 中第（7）、（8）列和（9）、（10）列分别显示了发展中国家组和发达国家组的估计结果。可以看到，简单回归和加入全部控制变量的回归中 GVC 分工地位均对人均国民收入有着显著的正向影响，表明无论在发展中国家还是发达国家内部，在全球价值链分工体系中获取有利的地位能够促进本国国民提高收入水平。从估计系数的值上看，发展中国家组简单回归和加入全部控制变量回归的估计系数分别为 2. 229 6 和 0. 497 3，发达国家组的估计系数分别为 0. 789 9 和 0. 356 8，显示全球价值链分工地位对发展中国家的人均国民收入产生了更大的影响。具体而言，发达国家的全球价值链分工地位每提高 1%，人均国民收入将提升 164. 4%；发展中国家的全球价值链分工地位每提高 1%，人均国民收入将提升 142. 9%。控制变量方面，资本形成、劳动人口、教育投入等变量的估计系数在两组均显著为正，与总体回归估计结果一致。对于发展中国家而言，资本量增加对劳动力收入增加的促进作用要大于发达国家，而发达国家的劳动人口增加对劳动力收入的促进作用要大于发展中国家。制度质量和自然资源变量的估计系数在两组回归中均不显著。可见，全球价值链分工体系对参与分工生产的发达经济体及发展中经济体的劳动力收入均产生了显著的正向影响。从这个角度出发，推进对外开放和参与国际分工生产不仅能够为各国劳动力创造就业机会，还能提升劳动力的工资收入。

表 7 – 15　分组回归估计结果

	发展中国家组		发达国家组	
	(7)	(8)	(9)	(10)
GVC 分工地位	2. 229 6 ***	0. 497 3 ***	0. 789 9 ***	0. 356 8 ***
	(0. 272 9)	(0. 169 4)	(0. 093 2)	(0. 077 9)
资本量		0. 653 2 ***		0. 596 4 ***
		(0. 051 6)		(0. 093 7)
劳动人口		0. 794 1 **		0. 956 3 **

续表

	发展中国家组		发达国家组	
	(7)	(8)	(9)	(10)
		(0.305 4)		(0.376 0)
教育投入		0.088 7 **		0.101 0 **
		(0.043 5)		(0.042 6)
制度质量		0.029 4		-0.015 1
		(0.031 4)		(0.032 5)
自然资源		-0.190 3		-0.553 3
		(0.965 9)		(0.602 5)
常数项	7.132 1 ***	-21.570 1 ***	8.784 7 ***	-21.513 0 ***
	(0.182 3)	(4.989 8)	(0.193 2)	(4.205 7)
观测值	220	220	220	220
R^2	0.423 1	0.904 8	0.428 2	0.891 4

注：*、**、*** 分别表示在 10%、5%、1% 的显著性水平上显著，括号内为标准误。

（三）稳健性检验

以上我们通过建立模型实证检验了参与全球价值链分工对各国劳动力收入的影响。为了确保实证回归结果的稳健性，我们还需要进行稳健性检验。我们选择改变解释变量的度量指标来进行重新回归。在增加值贸易框架下，一国的出口增加值被分解为本国增加值（DVA）、外国增加值（FVA）以及重复计算（double counting）三大部分。其中，本国增加值中所占比重越大，代表一国在出口贸易中所得利得越多；反过来，如果一国出口增加值中有较大的比重属于外国增加值，那么该国在出口中实际获得的贸易利益就比较有限。因此，我们可以认为出口中本国增加值占比较高的国家在全球价值链分工体系中处于较为有利的地位。在稳健性检验中，我们使用各国本国出口增加值占总出口的比重作为全球价值链分工地位的代理变量进行回归，估计结果在表 7 - 16 中显示。

总体样本估计中全球价值链分工地位变量的估计系数为 0.372 3，在 1% 水平上显著为正。控制变量方面，资本形成、劳动人口、教育投入项的估计系数符号与显著性均与总体样本回归的估计结果一致，且制度质量和自然资源变量的估计系数仍然没有通过显著性检验，稳健性检验显示我们的估计结果是比较稳健的。表7-16中的第（9）、（10）列分别显示了对发展中国家和发达国家进行回归的估计结果。解释变量全球价值链分工地位的估计系数为正且在1%水平上显著，且发展中国家组的系数值大于发达国家组的系数值，与前文分组回归的估计结果一致，说明与发达国家相比，参与全球价值链分工对发展中国家国民的收入水平产生了更大的影响。各控制变量的估计系数符号与显著性均未发生变化，显示估计结果较为可靠。

表7-16　稳健性检验估计结果

	(8)	(9)	(10)
DVAshare	0.372 3***	0.515 4***	0.356 8***
	(0.073 1)	(0.175 5)	(0.077 9)
资本量	0.662 5***	0.652 0***	0.596 4***
	(0.036 8)	(0.052 8)	(0.093 7)
劳动人口	0.765 0***	0.700 1**	0.956 3**
	(0.193 2)	(0.313 2)	(0.376 0)
教育投入	0.109 3***	0.103 8**	0.101 0**
	(0.028 6)	(0.044 8)	(0.042 6)
制度质量	0.017 8	0.041 9	-0.015 1
	(0.023 7)	(0.036 2)	(0.032 5)
自然资源	-0.494 4	0.805 6	-0.553 3
	(0.535 4)	(1.323 6)	(0.602 5)
常数项	-20.712 3***	-20.058 5***	-21.513 0***
	(2.817 5)	(5.068 6)	(4.205 7)
观测值	440	220	220
R^2	0.896 6	0.904 6	0.891 4

注：*、**、***分别表示在10%、5%、1%的显著性水平上显著，括号内为标准误。

四、政策建议

本节我们使用跨国面板数据分析了全球价值链分工地位对劳动力收入的影响。结果表明全球价值链分工地位的提高能够显著增加参与各国的劳动力收入。无论是在发达国家还是发展中国家，提升 GVC 分工地位均能显著提升劳动收入，且发展中国家提升全球价值链分工地位对劳动力收入的促进作用较发达国家更为显著。实证研究结果具有十分重要的现实意义和政策含义。根据研究结论我们提出以下几点政策建议：

第一，坚持推进经济全球化和开放型的国际贸易体系。近年来全球经济增速放缓，保护主义和单边主义加剧，全球价值链分工体系深入发展的不确定因素明显增加。从表面上看，贸易保护主义保护了国内产业和就业，然而这种保护是以降低国内生产效率和资源利用率为代价的。贸易自由化不仅为世界经济增长提供了动力，还提高了各国劳动力的收入水平。全球价值链分工体系为参与各国带来了市场扩大和资源优化配置的机会，使得各国在相关部门和产品生产上的比较优势得以充分发挥，从而创造更多的就业机会和更高的劳动收入。与之相反，对国内不具有竞争力的部门进行贸易保护往往是以牺牲效率和更多的潜在就业机会为代价来保护少部分人的就业。因此，从提高劳动力就业和收入的角度出发，各国应积极推进经济全球化和贸易自由化，积极参与全球价值链分工体系。

第二，发展中经济体应更加重视在全球价值链上的分工地位与贸易利益。鉴于与发达国家相比，发展中国家在全球价值链分工体系中所处的地位普遍较低，主要通过加工组装等生产环节参与国际分工，在国际贸易中能够获得的贸易利益十分有限。发展中国家应积极向全球价值链的高端攀升，更多地参与自主研发、核心零部件和中间品的生产等高附加值分工环节。我们观察到全球价值链分工地位的攀升对增加发展中各国的劳动力工资有着显著的正面影响，因此全球价值链分工地位的提升不但有助于发展中国家提升贸易利益，也能显著地提高劳动力收入水平。

第三节　全球价值链视角下国际贸易对我国劳动力收入的影响：基于技能溢价的视角

一、相关文献

伴随经济全球化的日益深化，我国参与全球价值链分工的程度不断加深，进出口规模不断扩大。2013 年，我国货物贸易总规模超过美国成为世界第一，对外贸易成为促进经济增长的重要推动力。然而，在我国人均收入水平的不断提升的同时，劳动者收入差距也呈现不断扩大的态势。国家统计局发布的统计报告指出，2000 年我国的基尼系数为 0.417，到 2017 年已经上升为 0.47。参与全球价值链分工与收入差距之间的同步变化趋势引起了学界的广泛关注。有学者研究指出，不同技能劳动者间的收入差距因技能溢价的提升造成对高技能劳动者的相对需求增加而扩大，而参与全球价值链分工带来的技能偏向型技术进步被认为是产生技能溢价的一个主要原因（阿西莫格鲁，Acemoglu，2003）。研究全球价值链视角下的国际贸易对我国劳动者收入水平及技能溢价的影响对于调整收入分配制度以应对经济全球化冲击下产生的收入不平等问题有着重要的现实意义。

国外文献方面，多数研究认为贸易开放在提升劳动者收入水平的同时扩大了技能工人与非技能工人之间的收入差距，即国际贸易促进了技能溢价。例如，哈里森和汉森（Harrison & Hanson，1999）研究指出，由于墨西哥的关税保护偏向劳动者密集型部门，贸易改革加剧了技能工人与非技能工人之间的收入差距。阿塔那斯奥等（Attanasio et al.，2004）实证分析了哥伦比亚降低关税对国内收入分配的影响，发现关税减让提升了技能溢价。布斯托斯（Bustos，2011）构建二元选择模型研究指出了阿根廷出口企业相比非出口企业的研发投入更多，从而增加了对高技能劳动者的需求和收入。针对国际贸易与我国收入差距关系的研究主要集中在国际贸易对地区收入差距的影响上，研究的主要结论是加工贸易倾向于扩大我国地区间收入差距（万广华等，2005；魏浩，2009；谢申祥、王孝松，2011）。同时贸易开放也被认为是扩大我国地区内收入差距特别是城乡收入差距的主要影响因素（魏和吴，Wei & Wu，2002；王少瑾，2007；孙永强，万玉琳，2010）。目前，针对国际贸易对我国不同技能劳动者收入水平和收入差距影响的研究仍然比较少见。潘士远（2007）构建理论模型，指出贸易自由化通过有偏的学习效应推动发展中国家的技术进步更偏向于技能密集型，从而扩大了熟练与非熟练劳动者间的工资差距。李和徐（Li & Xu，2008）使用 1 500 家微观企业数据实证检验了对外贸易和直接投资对我国技能工资差距的影响，发现出口拉大了技术与非技术工人的工资差距。陈波和贺超群（2013）利用工业企业数据研究发现，企业出口密集度每上升 1%，技术与非技术工人的工资差距拉大 0.3%。

以上研究主要从国家或企业层面分析了国际贸易对不同技能劳动者收入水平及差距的影响，但缺少劳动者个体层面的研究。主要原因在于缺少对个体特征的数据支持，而个体特征差异是影响劳动者收入水平的重要因素。为此，部分学者利用微观调查数据，从个体层面研究了国际贸易对不同技能劳动者收入水平的影响（李磊等，2010；李宏兵和蔡宏波，2013；韩军等，2015）。然而，由于数据所限，这些微观层面的研究使用的均是2008年或更早的数据。此外，已有研究主要采用分组回归方法，研究的是国际贸易影响不同组别技能劳动者收入水平的差异程度，并未直观和稳健地展示加工贸易对技能溢价的影响，也较少对不同产业、不同类型收入者和不同地区的异质性进行深入考察。为此，本节利用2013年中国居民收入调查数据（CHIP），将城市层面的加工贸易等宏观变量与个体劳动者层面的微观数据相结合，通过加入交互项回归及分位数回归方法，对加工贸易对我国劳动者收入水平和技能溢价的影响进行了比较细致的分析，为研究我国参与全球价值链条件下收入水平与技能溢价之间的关系提供经验证据。

本节余下内容的结构安排如下：研究的理论分析和现实背景；本书使用的实证模型、变量的定义和使用数据；分析实证结果。

二、发展中国家参与全球价值链产生技能溢价的理论分析

在开放条件下，不同国家根据自身的比较优势开展贸易。发达国家选择从发展中国家进口劳动密集型产品，这些产品的技术含量通常较低，生产过程中以使用低技能劳动者为主。这一贸易模式会减少发达国家内部对低技能劳动者的相对需求，拉大不同技能劳动者间的收入差距。这与新古典贸易理论中斯托尔珀—萨缪尔森定理（S－S定理）的内容相符，即加工贸易提升了发达国家的丰裕要素的回报率，增加了技能溢价。然而，在发展中国家内部，国际贸易并未如定理预测，缩减不同技能劳动者间的收入差距。大量实证研究显示国际贸易是发展中国家产生技能溢价的一个主要原因（哈里森和汉森，Harrison & Hanson，1999；佩里和欧拉瑞珈，Perry & Olarreaga，2006）。发展中国家的国际贸易的技能溢价效应主要因为发展中国家与发达国家间存在较大的技术差距以及发展中国家在国际贸易过程中获取的技术进步效应提升了高技能劳动者的相对需求。

我们可以将发展中国家的全部劳动者划分为高、低技能两大类，高技能

劳动者既可以从事需要高技能的工作，也可以从事低技能工作，低技能劳动者只能从事低技能工作。两类劳动者的收入水平由各自在劳动者市场上的供求状况决定。假定两类劳动者在供给一定的条件下，对不同技能劳动者的需求将决定其收入水平和收入差距。加工贸易将引致新增就业需求，如果新增就业需求以高技能岗位为主，那么高技能劳动者的相对收入增加从而产生技能溢价，反之则增加低技能劳动者的相对收入并减少技能溢价。

国际贸易引致技术在不同国家间产生转移和外溢效应，并对劳动者就业需求产生影响。发展中国家在同发达国家开展贸易的过程中，能够通过进口先进机器设备等渠道获取技术转移和技术外溢效应，从而促进自身的技术进步。先进技术通常与发展中国家内部的高技能劳动者更为匹配，即国际贸易引致了技能偏向型技术进步（Skill-biased technological change，SBTC），这导致贸易部门新增就业需求以高技能岗位为主，提升了高技能劳动者的相对收入并产生技能溢价。此外，国际贸易通过加剧产品市场的竞争程度促使发展中国家的外贸企业增加研发投入。研发活动相对于最终产品的生产通常是技术密集型的，因此国际贸易将导致对高技能劳动者的需求增加，提升高技能劳动者的相对收入和技能溢价。

在技术允许的前提下，发达国家选择将非核心生产环节外包至发展中国家，利用发展中国家丰裕而廉价的劳动力优势以节约生产成本。芬斯特拉和汉森（Feenstra & Hanson，1996）建立了一个外包理论模型来分析跨国外包对发展中国家劳动者收入的影响。他们指出由于发展中国家的技术水平与发达国家存在较大差距，外包的非核心生产环节在发展中国家仍属于高技能劳动者密集型。同时，随着发展中国家劳动者素质和技能的提升，发达国家会逐步将更高层次劳动者需求的生产环节转移至发展中国家。这使得承接外包为发展中国家的高技能劳动者创造了更多的相对需求，从而增加其收入水平并产生技能溢价。

三、模型与数据说明

（一）计量模型

本文在经典的明瑟个体收入方程（Mincer，1974）的基础上，参考赫林和庞塞特（Hering & Poncet，2010）的研究方法，引入加工贸易、城市经济发展水平等宏观变量，将计量模型设定如下：

$$\ln I_{ij} = \beta_0 + \beta_1 \ln open_j + \beta_2 \ln open_j \times hskill_{ij} + \beta_3 \ln pcgdp_j + \beta_4 X_{ij} + \mu_i + \mu_j + \varepsilon_{ij} \tag{7.3}$$

式中，下标 i 代表个体劳动者，j 代表城市。I_{ij} 表示城市中个体劳动者的小时收入，$open_j$ 表示城市的加工贸易程度水平，$open_j * hskill_{ij}$ 是加工贸易度与高技能劳动者的交互项，$pcgdp_j$ 代表城市人均国内生产总值（GDP），X_{ij} 代表个体特征变量，具体包括年龄、年龄的平方、性别、受教育年限、婚姻状况、工作年限、政治面貌等，μ_i 和 μ_j 分别表示行业固定效应和企业所有权固定效应，ε_{ij} 为误差项。

对模型中相关指标的选取及测度说明如下：

1. 小时收入，由个体劳动者 2013 年收入总额除以全年工作小时数得到，取对数形式。

2. 全球价值链视角下的国际贸易，这是我们考察的核心解释变量。由于目前无法计算城市层面的增加值贸易，我们选择使用加工贸易作为全球价值链视角下的国际贸易的代理变量。加工贸易具有“两头在外”的特点，属于典型的全球价值链分工体系引致的贸易。我们使用城市加工贸易额占城市 GDP 比重的对数来测度。

3. 加工贸易与高技能劳动者交互项，是本文另一主要考察的解释变量。我们将样本按照受教育程度划分为高技能劳动者和低技能劳动者两类：接受大专及以上学历教育的视为高技能劳动者，取值为 1，高中及以下学历的视为低技能劳动者，取值为 0。交互项的系数反映了加工贸易对高技能劳动者收入水平的额外影响，即技能溢价。

4. 城市特征变量。经济发达的城市往往能够提供更高的收入水平和更多的就业机会。为此，我们选取城市人均 GDP 的对数来度量城市经济发展水平。

5. 个体特征变量。根据 CHIP2013 提供的信息，本文选取年龄、年龄的平方、性别、受教育年限、婚姻状况、工作年限、政治面貌等指标来衡量个体特征。同时纳入年龄和年龄的平方指标是因为已有研究多数认为劳动者收入水平与年龄呈非线性关系，个人收入随着年龄的增长先增后减。纳入性别指标是由于劳动生产率差异以及历史和文化观念等原因，劳动者工资的性别差异在绝大多数国家和地区持续存在。本文将男性取值为 1，女性取值为 0。受教育程度使用劳动者受教育年限来测度，预期估计系数为正。婚姻状况对收入的影响相对复杂，我们将初婚或再婚取值为 1，其他婚姻状况取值为 0。

工作经验使用劳动者工作年限来测度，通常工作经验越丰富，收入越高。政治面貌用是否是中共党员来考察，本文将党员身份取值为 1，非党员取值为 0。鉴于不同行业类型①和企业所有权类型②的劳动者收入水平往往存在差异，本文也在回归中加入行业固定效应和企业所有权固定效应。

（二）数据整理与说明

本文使用的微观数据来自 2013 年中国居民收入调查数据（CHIP）。全部样本来自国家统计局 2013 年城乡一体化常规住户调查大样本库。CHIP2013 按照东、中、西分层，根据系统抽样方法抽取得到样本，覆盖了我国 15 个省份（指各省、直辖市、自治区，下同）、126 个城市、234 个县区选出的 8 948 个住户和 64 777 个个体样本，并划分为城镇居民、农村居民和外来务工人员三个子数据库。根据研究需要，本文使用城镇子样本数据。该数据涵盖了我国 14 个省份③、124 个城市、19 887 个个体样本。根据法定劳动年龄规定，选取男性年龄在 16—60 岁、女性年龄在 16—55 岁且收入大于 0 的个体劳动者，并剔除个体特征变量的缺失值，最终得到样本数为 9 400 个。

城市宏观变量方面，地级市的进出口数据与人均 GDP 数据主要来自各城市 2014 所在省份统计年鉴、《中国城市统计年鉴》以及 2013 年的统计公报。县级市的相关数据来自 2013 年统计公报，对于个别数据的缺失使用 2012 年数据折算得到。主要变量的统计描述见表 7－17。为了比较高、低技能劳动者的收入是否存在差异，本文首先考察不同技能劳动者收入水平的核密度分布（图 7－5），高技能劳动者收入的核密度分布位于低技能劳动者的右侧且峰值更高，表明高技能劳动者的确存在技能溢价。技能溢价与加工贸易之间是否存在因果关系则有待下文实证检验。

---

① 行业类别分为 20 类，分别是：农林牧渔业、采矿业、制造业、电力燃气及水的生产和供应业、建筑业、批发和零售业、交通运输仓储和邮政业、住宿和餐饮业、信息传输软件和信息技术服务业、金融业、房地产业、租赁和商务服务业、科学研究和技术服务业、水利环境和公共设施管理业、居民服务业修理和其他服务业、教育、卫生和社会工作、文化体育和娱乐业、公共管理社会保障和社会组织、国际组织。

② 企业所有权类别分为 9 类，分别是：党政机关团体、事业单位、国有及控股企业、集体企业、中外合资或外商独资企业、个体、私营企业、土地承包者、其他。

③ 14 个省份包括：北京、辽宁、江苏、广东、山东、山西、安徽、河南、湖北、湖南、四川、重庆、云南和甘肃。

表 7－17　主要变量的统计描述

	样本量	平均值	标准差	最小值	最大值
小时收入对数	9 400	2. 612 6	0. 798 0	－3. 743 4	6. 543 1
加工贸易占比对数	9 400	－1. 375 4	1. 892 3	－6. 092 1	1. 371 0
人均 GDP 对数	9 400	10. 937 9	0. 786 8	9. 036 8	13. 055 7
年龄	9 400	39. 761 8	9. 647 7	16	60
年龄的平方	9 400	1 674. 065	764. 889 7	256	3 600
性别	9 400	0. 565 1	0. 495 8	0	1
受教育年限	9 400	11. 770 6	3. 247 8	0	22
婚姻状况	9 400	0. 864 9	0. 341 8	0	1
工作经验	9 400	11. 032 8	9. 075 9	0	32
政治面貌	9 400	0. 160 00	0. 366 6	0	1

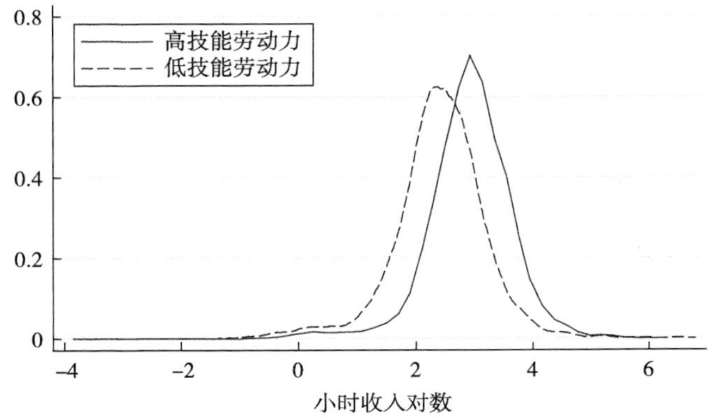

图 7－5　不同技能劳动者收入水平的核密度分布

四、实证结果与分析

(一) 加工贸易影响收入水平与技能溢价：基准估计

表 7－18 显示了采用逐步回归（step-wise）方法得到的稳健估计结果。首先在不考虑城市经济发展水平和劳动者个体特征的情况下，表 7－18 第 1 列中加工贸易的估计系数在 1% 水平上显著为正，表明加工贸易整体上提升了我国所有劳动者的收入水平，与古典贸易理论以来的贸易理论推断一致；加工

贸易度与技能变量的交互项估计系数在1%水平上显著为正，说明与低技能劳动者相比，加工贸易对高技能劳动者的收入水平产生了额外的提升效应，促成高低技能之间的收入溢价。表7-18第2列中加入年龄、性别、受教育等个体特征控制变量后，我们关注的交互项估计系数统计意义上保持稳健，仍在1%水平显著，数据上说明与低技能劳动者相比，加工贸易度指标提高1%将会为高技能劳动者带来5.1%的小时收入溢价。年龄、性别、受教育程度、工作经验、政治面貌等个体特征与众多劳动经济学以及有关国内政治身份和收入的研究结论一致，对个体收入有显著的正面影响，婚姻状况对收入水平的显著正面意义一方面代表个体自身的优势（考虑到国内婚姻市场的竞争状态），另一方面说明婚后的激励和互助等促进因素。最后，表7-18第3列进一步加入人均GDP的控制变量，其估计系数显著为正，显示城市经济发展水平对劳动者收入水平有显著的正向影响，加工贸易度与技能变量的交互项的估计系数在加入个体特征和城市发展水平的控制变量后仍在1%统计水平上显著，说明加工贸易促成我国高低技能劳动者收入差距扩大或“技能溢价”的结论是比较稳健的，估计系数与第2列接近，再次显示与低技能劳动者相比，加工贸易度指标提高1%将会为高技能劳动者带来6.8%的小时收入溢价。加工贸易变量以及其他个体特征变量与第2列结果类似且保持稳健。为进一步克服测量误差（measurement error）等计量偏误，我们另外采用了月收入的对数来测度个体劳动者的收入水平以作为稳健性检验的一部分（详见本节稳健性检验），表7-18逐步回归结果保持稳健，且我们关注的交互项系数与第3列基本接近，进一步证实了模型设定的可靠性。

从基准回归结果看，改革开放以来对外加工贸易对我国居民的整体收入水平提高有显著的促进作用，但加工贸易对不同技能水平的居民收入却产生了结构性差异，尤其是相较低技能劳动者，高技能劳动者的小时或月收入水平显著提高升了，为理论研究上外贸开放在发展中国家内部的“技能溢价”提供了素材。在对外贸易与投资等开放过程中，我国外来技术转移和内部转型升级不断推进，促成了有层次、有技能梯度的劳动力市场和对不同技能劳动者的需求差异，对高技能劳动者的偏好或偏向较低技能劳动者越发明显，进而产生了高技能劳动者收入水平较低技能劳动者扩大的趋势。为进一步研究“技能溢价”的异质性，接下来我们在基准回归的基础上验证不同产业、收入者类型和地区分类方面，加工贸易对不同技能劳动者收入水平差异程度的影响。

表 7-18　基准回归估计结果

	被解释变量：小时收入			被解释变量：月收入		
	(1)	(2)	(3)	(4)	(5)	(6)
加工贸易	0.065 01***	0.078 4***	0.040 3***	0.069 3***	0.077 2***	0.031 2***
	(0.004 5)	(0.005 1)	(0.005 7)	(0.004 8)	(0.005 3)	(0.005 4)
加工贸易×高技能	0.149 7***	0.047 2***	0.056 3***	0.123 0***	0.039 7***	0.047 7***
	(0.013 7)	(0.012 7)	(0.013 6)	(0.013 4)	(0.014 8)	(0.013 6)
人均 GDP			0.172 8***			0.158 8***
			(0.011 7)			(0.012 5)
年龄		0.040 6***	0.040 6***		0.046 6***	0.046 6***
		(0.006 4)	(0.006 3)		(0.006 0)	(0.005 9)
年龄的平方		-0.000 5***	-0.000 5***		-0.000 6***	-0.000 6***
		(0.000 1)	(0.000 1)		(0.000 1)	(0.000 1)
性别		0.206 7***	0.206 4***		0.242 2***	0.241 9***
		(0.015 3)	(0.015 2)		(0.014 5)	(0.014 3)
教育年限		0.060 4***	0.055 1***		0.052 3***	0.046 9***
		(0.003 0)	(0.003 7)		(0.002 8)	(0.002 1)
婚姻状况		0.069 9***	0.066 5***		0.077 1***	0.073 8***
		(0.025 1)	(0.024 8)		(0.023 7)	(0.023 4)
工作经验		0.010 2***	0.011 1***		0.009 5***	0.009 9***
		(0.001 0)	(0.001 0)		(0.000 9)	(0.000 9)
政治面貌		0.061 8***	0.069 5***		0.058 2***	0.065 6***
		(0.020 3)	(0.020 1)		(0.019 1)	(0.018 9)
常数项	1.650 7**	-0.077 0	-1.723 6**	6.529 0***	5.046 7***	3.023 5***
	(0.726 3)	(0.700 1)	(0.703 9)	(0.690 7)	(0.660 1)	(0.659 2)
行业固定效应	是	是	是	是	是	是
企业所有权固定效应	是	是	是	是	是	是
样本量	9 400	9 400	9 400	9 400	9 400	9 400
R^2	0.164 8	0.261 7	0.282 4	0.143 5	0.240 7	0.237 9

注：*、**、*** 分别表示在 10%、5%、1% 的显著性水平上显著，括号内为标准误。

（二）加工贸易影响收入水平与技能溢价：基于不同产业、收入者类型和地区的估计

1. 分产业估计。为检验加工贸易对我国劳动者收入水平和技能溢价的影响在不同产业间是否存在差异，本文按照《国民经济行业分类标准》将各行业划分为三大产业并进行分组回归。表 7－19 估计结果显示，加工贸易对第一产业劳动者的收入水平和技能溢价均没有产生显著影响。在第二、三产业内，加工贸易显著提高了劳动者收入水平，并扩大了高、低技能劳动者间的收入差距。此外，二、三产业中交互项的估计系数值分别为 0.114 5 和 0.063 2，表明加工贸易在第二产业的劳动者收入中产生了更为显著的技能溢价效应。

对此，本文认为可能的解释如下：首先，我国第一产业的开放程度整体较低，且第一产业的贸易产品多具有资源密集型特点，产品附加值较低，近年来吸纳就业的能力已经饱和（阚大学，2010），因此加工贸易对产业内劳动者特别是高技能劳动者的收入提升效应比较有限。其次，与第一产业相比，二、三产业的开放程度更高。第二产业主要通过机器设备进口及引进外资获取的外溢效应引致技术进步，从而增加对高技能劳动者的相对需求并提高产业内的技能溢价；第三产业具有吸纳高技能劳动者多、知识密集度高的特征，在加工贸易条件下，第三产业部门对高技能劳动者的相对需求更大，因此加剧了产业内的技能溢价水平。再次，加工贸易在第二产业中的技能溢价效应比第三产业更为显著的原因可能在于我国第二产业的开放速度与程度均高于第三产业，这使得加工贸易对第二产业高技能劳动者就业需求的带动作用最为显著。

表 7－19　分产业估计结果

	被解释变量：小时收入			被解释变量：月收入		
	（7）第一产业	（8）第二产业	（9）第三产业	（10）第一产业	（11）第二产业	（12）第三产业
加工贸易	0.057 6	0.026 5**	0.045 4***	0.016 4	0.025 5**	0.031 9***
	（0.052 3）	（0.012 3）	（0.007 6）	（0.048 7）	（0.011 6）	（0.007 2）
加工贸易＊高技能	0.015 2	0.114 5***	0.063 2***	0.103 5	0.076 3**	0.058 0***
	（0.213 0）	（0.032 1）	（0.016 9）	（0.198 4）	（0.030 2）	（0.016 0）
人均 GDP	－0.030 5	0.147 3***	0.183 2***	0.083 6	0.126 3***	0.178 8***
	（0.111 2）	（0.023 4）	（0.013 4）	（0.103 6）	（0.022 0）	（0.012 7）
常数项	3.264 9*	－1.476 8***	－1.951 4***	8.060 2***	4.116 5***	3.596 0***
	（1.747 4）	（0.522 5）	（0.713 7）	（1.627 4）	（0.492 0）	（0.673 9）

续表

	被解释变量：小时收入			被解释变量：月收入		
	(7) 第一产业	(8) 第二产业	(9) 第三产业	(10) 第一产业	(11) 第二产业	(12) 第三产业
个体特征变量	是	是	是	是	是	是
行业固定效应	是	是	是	是	是	是
企业所有权固定效应	是	是	是	是	是	是
样本量	219	2 394	6 787	219	2 394	6 787
R^2	0.179 8	0.174 6	0.282 4	0.215 0	0.165 2	0.251 8

注：*、**、*** 分别表示在10%、5%、1%的显著性水平上显著，括号内为标准误。

2. 分收入者类型估计。为了进一步考察加工贸易影响收入水平和技能溢价在不同类型收入者之间的差异，本文将劳动者划分为资本收入者和劳动收入者两种类型。根据 CHIP 的划分方法，将就业身份为雇主或自营劳动的劳动者视为资本收入者，就业身份为雇员或家庭帮工的视为劳动收入者。

根据表 7－20 分组回归结果可以得出以下结论：一是加工贸易显著提升了资本收入者和劳动收入者的收入水平；二是在劳动收入者组内，加工贸易拉大了高、低技能劳动者间的收入差距，而在资本收入者组内，加工贸易对技能溢价的影响为正但不显著。本文认为，加工贸易对资本收入者中技能溢价影响不显著的原因在于当前我国资本与劳动的力量不对等，加工贸易使得资本的流动性在全球范围内增强，提升了资本收入，导致劳动者在谈判中处于不利地位（哈里森等，Harrison et al.，2004），资本收入者倾向于用资本替代劳动，特别是成本较高的高技能劳动者，这使得加工贸易在资本收入者中并未产生显著的技能溢价效应。

表 7－20　分收入者类型估计结果

	被解释变量：小时收入		被解释变量：月收入	
	(13) 资本收入者	(14) 劳动收入者	(15) 资本收入者	(16) 劳动收入者
加工贸易	0.050 6**	0.040 7***	0.020 0**	0.032 5***
	(0.021 8)	(0.006 5)	(0.022 6)	(0.006 2)
加工贸易＊高技能	0.058 9	0.069 7***	0.041 8	0.056 8***
	(0.084 4)	(0.014 5)	(0.075 7)	(0.013 8)

续表

	被解释变量：小时收入		被解释变量：月收入	
	（13）资本收入者	（14）劳动收入者	（15）资本收入者	（16）劳动收入者
人均 GDP	0.175 1 ***	0.176 3 ***	0.179 4 ***	0.167 7 ***
	(0.043 2)	(0.011 6)	(0.038 8)	(0.011 1)
常数项	-1.557 8	-1.707 0 ***	3.676 6 ***	3.543 5 ***
	(1.114 1)	(0.527 5)	(0.999 2)	(0.502 2)
个体特征变量	是	是	是	是
行业固定效应	是	是	是	是
企业所有权固定效应	是	是	是	是
样本量	1 144	8 256	1 144	8 256
R^2	0.259 1	0.295 7	0.270 7	0.270 0

注：*、**、*** 分别表示在 10%、5%、1% 的显著性水平上显著，括号内为标准误。

3. 分地区估计。鉴于我国沿海和内陆地区加工贸易程度存在较大差别，加工贸易对收入水平及技能溢价的影响可能在地区间存在差异。为此，本文将劳动者所在地区分为沿海和内陆两大地区①并进行分组回归。

表 7-21 估计结果显示，加工贸易在沿海和内陆地区均显著提升了劳动者收入水平。其中，加工贸易程度每提高 1 个百分点，沿海和内陆地区的劳动者收入将分别提升 10.46 和 4.11 个百分点。加工贸易对两个地区技能溢价的影响存在显著的差异：交互项的估计系数在沿海地区在 1% 水平上显著为正，在内陆地区则失去显著。产生这一结果可能的原因之一是我国近年来加工贸易产业从沿海向内陆地区的梯度转移。长期以来，我国对外贸易特别是加工贸易企业高度集中在东部沿海地区。随着经济发展水平的提升，沿海地区的劳动者等要素成本攀升，原有成本优势不断减弱。为此，我国在“十二五”规划中明确提出要优化国内贸易区域布局，将劳动密集型传统产业、加工制造环节向内陆地区转移。由于加工贸易对劳动者技能水平要求普遍较低，因此加工贸易在内陆地区并未显著促进技能溢价；而在沿海地区，随着加工贸易部门的转出，贸易方式和产品结构逐步优化，贸易产品的技术含量逐步提升，使得高技能劳动者的相对需求和收入水平不断增加并提升了技能溢价。

① 沿海地区包括北京、辽宁、江苏、广东、山东等省（自治区、直辖市）的 44 个地级市；中部地区包括山西、安徽、河南、湖北、湖南、四川、重庆、云南、甘肃（自治区、直辖市）的 80 个地级市。

表 7－21　分地区估计结果

	被解释变量：小时收入		被解释变量：月收入	
	（17）沿海地区	（18）内陆地区	（19）沿海地区	（20）内陆地区
加工贸易	0.104 6***	0.041 1***	0.084 0***	0.029 9***
	（0.017 0）	（0.007 1）	（0.016 2）	（0.006 7）
加工贸易×高技能	0.078 6***	0.024 6	0.065 6***	0.020 9
	（0.025 8）	（0.018 8）	（0.024 5）	（0.017 7）
人均 GDP	0.145 7***	0.087 4***	0.144 0***	0.083 3***
	（0.022 6）	（0.019 4）	（0.021 4）	（0.018 3）
常数项	－0.263 3	－1.030 9	5.184 4***	4.484 0***
	（0.499 2）	（0.736 5）	（0.474 3）	（0.692 4）
个体特征变量	是	是	是	是
行业固定效应	是	是	是	是
企业所有权固定效应	是	是	是	是
样本量	3 992	5 408	3 992	5 408
R^2	0.329 1	0.206 2	0.300 5	0.188 6

注：*、**、*** 分别表示在 10%、5%、1% 的显著性水平上显著，括号内为标准误。

（三）稳健性检验

以上本文对加工贸易对我国劳动者收入水平和技能溢价的影响进行了实证检验。为了确保回归结果的可靠性，我们还需要进行稳健性检验。

本文重新使用月收入的对数来测度个体劳动者的收入水平，以考察改变被解释变量的构造方法是否影响估计结果的稳健性。表 7－18 中 4—6 列估计结果可见，加工贸易项与交互项的估计数均显著为正，表明加工贸易提高了劳动者收入水平，并拉大了高低技能劳动者间的收入差距，提升了技能溢价。表 7－19 中 10—12 列显示，加工贸易对不同产业劳动者收入水平与技能溢价估计系数的显著性与前文并无太大差异。表 7－20 中 15、16 列显示，加工贸易对收入水平和技能溢价的影响在不同类型从业者间的差异情况也与前文回归结果一致。表 7－21 中 19、20 列可见，加工贸易在提高劳动者的收入水平的同时，提高了沿海地区的技能溢价，对内陆地区的技能溢价影响则不显著。

为了得到更为稳健的估计结果，本文进一步使用分位数回归方法考察加工贸易对高、低技能劳动者不同收入分位点组内差距的影响。表7-22结果可见，加工贸易对高、低技能劳动者组内高、中、低收入群体（q90、q50、q10分位点）的收入水平均有显著提升作用，且对高技能组内全部分位点的影响系数都高于低技能组，再次确认了加工贸易加剧我国高低技能劳动者收入差距的结论。人均GDP和个体特征变量的估计系数符号和显著性没有发生显著变化，说明本文的估计结果是比较稳健的。

表7-22 分位数回归估计结果

	(21) 高技能			(22) 低技能		
	q10	q50	q90	q10	q50	q90
加工贸易	0.0513***	0.0663***	0.0760***	0.0488***	0.0346***	0.0485***
	(0.0148)	(0.0073)	(0.0116)	(0.0160)	(0.0049)	(0.0102)
人均GDP	0.1973***	0.1675***	0.1859***	0.1781***	0.1303***	0.1026***
	(0.0284)	(0.0122)	(0.0227)	(0.0198)	(0.0124)	(0.0150)
年龄	0.0488**	0.0576***	0.0268	0.0603***	0.0381***	0.0379***
	(0.0218)	(0.0075)	(0.0193)	(0.0106)	(0.0072)	(0.0097)
年龄的平方	-0.0005*	-0.0006***	-0.0002	-0.0008***	-0.0005***	-0.0005***
	(0.0003)	(0.0001)	(0.0002)	(0.0001)	(0.0001)	(0.0001)
性别	0.1656***	0.1270***	0.1681***	0.2725***	0.2434***	0.2710***
	(0.0441)	(0.0255)	(0.0384)	(0.0386)	(0.0148)	(0.0268)
教育年限	0.0594***	0.0569***	0.0681***	0.0239***	0.0251***	0.0355***
	(0.0106)	(0.0055)	(0.0074)	(0.0056)	(0.0035)	(0.0046)
婚姻状况	0.0992	-0.0003	0.0810	0.0310	0.0521**	-0.0233
	(0.0827)	(0.0339)	(0.0691)	(0.0686)	(0.0227)	(0.0521)
工作经验	0.0108***	0.0050**	0.0039	0.0097***	0.0121***	0.0108***
	(0.0035)	(0.0023)	(0.0032)	(0.0028)	(0.0011)	(0.0022)
政治面貌	0.0579*	0.0380**	0.0728**	0.0294	0.1156***	0.0222
	(0.0318)	(0.0157)	(0.0332)	(0.0573)	(0.0263)	(0.0521)
常数项	-2.5495***	-2.5748***	-1.9113***	1.7710	4.4923***	3.8024***
	(0.5496)	(0.3768)	(0.4749)	(1.4478)	(1.0429)	(0.7614)

续表

	(21) 高技能			(22) 低技能		
	q10	q50	q90	q10	q50	q90
行业固定效应	是	是	是	是	是	是
企业所有权固定效应	是	是	是	是	是	是
样本量	3 677	3 677	3 677	5 723	5 723	5 723
PseudoR^2	0. 137 9	0. 180 9	0. 192 7	0. 104 9	0. 126 4	0. 114 8

注：*、**、*** 分别表示在 10%、5%、1% 的显著性水平上显著，括号内为标准误。

第四节　本章小结

本章我们首先分析了全球以及我国劳动力收入和收入差距随时间的变化趋势及特点。当前，全球范围内发达国家与发展中国家在劳动力收入水平上仍然存在着相当大的差异。从变化趋势上看，发达国家的最低工资在 2000 年以来的增长幅度不大，部分国家甚至出现了下降，而一些发展中国家的最低工资则显著提高了。发展中国家的劳动力收入整体提升的同时国内收入不平等现象有所加剧。例如，巴西、哥伦比亚、哥斯达黎加、土耳其和阿根廷等发展中国家国内的劳动力收入不平等程度已经显著高于多数发达经济体。作为全球人口最多的国家，我国的劳动力就业和收入问题受到了极大的关注。总体上我国劳动力收入水平自改革开放以来呈不断上升的态势。与此同时，我国的劳动力收入差距也在不同区域、不同行业、不同类型的劳动力之间凸显。

为了分析参与全球价值链分工对劳动力收入水平和收入分配的影响，我们构建计量模型利用跨国面板数据进行了实证分析。在控制了其他影响劳动力收入的因素后，估计结果显示全球价值链分工地位是影响各国劳动力收入的重要因素，GVC 分工地位的提升将显著增加劳动力工资水平。对于发展中国家而言，全球价值链分工地位提升对劳动力收入的正向影响甚至高于发达国家。这为在全球范围内推进贸易自由化、深入参与全球价值链分工体系提供了支持和依据。事实上，反全球化人士将经济全球化视为导致全球贫富差距扩大的一个重要因素，认为全球化会造成全球财富的两极化分布，使得发展中国家趋于贫困化和边缘化。本章的研究表明参与全球价值链分工体系有利于发达国家和发展中国家劳动力的收入提升，因此为反对贸易保护主义和单边主义提供了实证基础。

利用微观个体层面的数据，我们使用2013年中国居民收入调查数据实证检验了全球价值链视角下国际贸易的典型贸易模式——加工贸易对我国劳动者收入水平及技能溢价的影响。在控制了多项个体特征变量和城市宏观变量的情况下，我们得到主要研究结论如下。第一，在控制了个体特征与城市发展水平特征后，加工贸易显著促进了我国劳动者收入水平的提升，但对高技能劳动者收入水平有额外的提升效应，加工贸易提高了技能溢价；第二，加工贸易对劳动者收入的影响存在产业差异，表现为加工贸易对第一产业的劳动者收入水平未产生显著影响，在第二、三产业内，加工贸易提升了劳动者收入水平和技能溢价，且对第二产业劳动者技能溢价的提升作用高于第三产业；第三，加工贸易对资本收入者和劳动收入者的收入水平均有显著的提升效益，但加工贸易仅在劳动收入者中产生技能溢价效应；第四，加工贸易对劳动者收入的影响存在地区差异，表现为加工贸易显著提升了沿海和内陆地区劳动者的收入水平，提升了沿海地区的技能溢价，但对内陆地区的技能溢价则未产生显著影响。

在全球价值链分工体系深入发展的背景下，我国作为公认的经济全球化最大的受益者之一，国际贸易是否也给我国的劳动力带来了客观的收益是学界十分关注的问题。我们的研究结论为我国参与全球价值链分工的收入分配效应提供了微观层面的证据。然而，使用加工贸易作为代理变量无法较为准确地度量全球价值链视角下的国际贸易，如果能够建立我国城市层面的投入产出数据库，那么未来的研究可以采用更为准确的增加值贸易度量我国的全球价值链分工参与程度，更好地分析全球价值链视角下的国际贸易对我国劳动力收入水平和收入差距的影响。

第八章　结论和政策建议

第一节　主要结论和研究展望

一、本书的主要结论

在过去的几十年里，国际分工迅速发展的一个重要特征是分工逐步深入到产品内部。发达国家和越来越多的发展中国家加入到全球价值链分工生产网络中，参与到产品生产的某些阶段和工序中来。许多学者针对这一国际分工生产与贸易现象展开了理论和实证研究。本书在现有文献的研究结论基础上，对各国全球价值链视角下的国际贸易从多个角度进行核算，并从理论和实证两个角度分析了参与全球价值链分工对劳动力的影响。本书的主要研究结论可以概括如下：

第一，随着全球价值链分工体系的深入发展，国家之间在国际分工生产上的前向与后向联系越发紧密。发达经济体出口中的国内增加值比重普遍高于发展中国家。美国、日本、英国和加拿大等国家国内出口增加值显著高于世界平均水平，表明这些经济体参与全球价值链分工生产的程度较高，是全球价值链上生产的中间品或最终品的主要出口来源地。一些欧洲发达经济体的国内增加值并不突出，这主要是因为这些国家出口中的国内中间品增加值较低。巴西、俄罗斯、印度尼西亚、印度和澳大利亚等经济体均为某些自然资源丰裕的国家，各国作为自然资源类中间品的出口国获得了较高的国内增加值。此外，东亚地区整体上在全球价值链上的重要性在不断提升。针对我国的核算显示，目前我国出口的国内增加值占比较高，这主要是因为我国出口的国内最终品增加值比重较高。从我国在全球价值链上的分工地位上看，我国的全球价值链分工地位指数自 20 世纪 90 年代以来不断提升。从具体行业来看，我国在电气、机械及器材制造业、通信设备、计算机及其他电子设备制造业、仪器仪表及文化办公用机械制造业以及其他制造业产品生产上参与全球价值链分工的程度已经较高。从地区来看，天津、上海、北京和广东等省份参与垂直专业化分工的程度最高；西部地区的宁夏、青海和西藏参与垂直专业化分工的程度仍然较低。关于我国参与全球价值链分工的获利情况，我国出口中的国内增加值占比近年来不断提升，表明我国在全球价值链分工生产中参与了越来越多的高附加值生产环节，在全球价值链视角下的国际贸易中获得了更多的贸易利得。从不同行业的贸易利得上看，我国低技术制造业部门出口的国内增加值占比最高，高技术制造业部门出口的国内增加值占比最低，表明我国制造业的比较优势仍然集中在劳动力密集型的中低技术产品中。我国服务业出口中的国内增加值表现出显著的上升趋势且以中间服务环节出口的国内增加值增速最高。然而基于国内增加值计算的显性比较优势指数显示，我国服务业的显性比较优势出现了下降。

第二，参与全球价值链分工对各国的劳动力就业需求和就业结构产生了深远的影响。考察中间品进出口的就业效应我们发现，中日韩三国的中间品贸易对劳动力需求的影响在劳动力需求总量、劳动力行业分布、技能分布等多个方面都存在很大的差异。从中间品出口创造就业需求上看，三国中间品出口创造就业需求均有所上升，中国中间品出口创造就业数量最多，韩国中间品出口创造就业需求增速最快。从中间品出口创造就业的技能结构效应上看，日本中间品贸易对就业结构的影响变化不大，韩国中间品出口对本国就业结构具有显著的提升效应，我国的中间品贸易给我国和我国的主要贸易伙伴国创造了大量的就业需求，但是中间品出口对我国的劳动力就业技能结构造成了不利影响，表现为中间品出口吸纳了更多的中低技能劳动力和更少的高技能劳动力。从产业就业效应来看，日本和韩国的中间品出口创造就业均呈第一产业占比最低、第二产业占比下降、第三产业占比上升的特征。中国中间品出口创造就业中第一产业占比大幅高于日本和韩国，且入世前第二产业就业占比下降、第三产业就业占比提升的趋势在入世后表现为反向变化。从中间品出口创造就业的行业结构效应来看，日本多个行业中间品出口创造就业需求出现了绝对数量的下降；韩国多数行业中间品出口创造就业占总出口创造就业的比重不断上升，该趋势在服务业行业最为显著；中国在农林牧渔业，纺织原料及纺织制品业，除汽车、摩托车外的商品零售业，其他社会社区和个人服务业等行业的中间品出口创造了较多就业需求。交通运输业是中国唯一中间品出口创造就业占总出口创造就业的比重高于日韩的部门。进一步地，我们使用垂直专业化贸易指标度量我国各省级单位参与全球价值链分工的程度，在此基础上检验了参与全球价值链分工对我国劳动力就业结构的影响。研究发现参与全球价值链分工总体上没有对我国就业结构产生显著的影响，但是对于高技能劳动力中的研发人员，参与全球价值链分工在我国东部沿海地区显著降低了这部分劳动力的相对需求，这种影响在我国内陆地区则不显著。

第三，不同经济体在全球价值链上所处的地位存在很大差异。使用跨国面板数据的实证分析结果显示：全球价值链分工地位是影响各国劳动力收入的重要因素，全球价值链分工地位的提升将显著增加劳动力的工资水平。对于发展中国家而言，全球价值链分工地位提升对劳动力收入的正向影响甚至高于发达国家。这一结论为各国积极参与全球价值链分工体系并实现分工地位的攀升提供了事实依据。针对参与全球价值链分工对我国的影响，我们利用居民收入调查提供的微观个体层面的数据考察了以加工贸易出口度量的全球价值链参与程度对个体劳动者收入水平和收入差距的影响，在控制了多项个体特征变量和城市宏观变量的情况下，实证结果显示参与全球价值链分工在提升我国劳动力收入水平的同时，拉大了高低技能劳动力之间的收入差距，即参与全球价值链分工是产生技能溢价的原因。此外，参与全球价值链对我国劳动者收入的影响存在产业差异，具体表现为：参与全球价值链分工对第一产业的劳动者收入水平未产生显著影响，在第二、三产业内，参与全球价值链分工提升了劳动者收入水平和技能溢价，且对第二产业劳动者技能溢价的提升作用高于第三产业。参与全球价值链分工对我国劳动者收入的影响在不同类型收入者之间也存在差异，表现为参与全球价值链分工对资本收入者和劳动收入者的收入水平均有显著的提升效益，但仅在劳动收入者中产生技能溢价效应。参与全球价值链分工对劳动者收入的影响还存在地区差异，表现为参与全球价值链分工显著提升了我国沿海和内陆地区劳动者的收入水平，提升了沿海地区的技能溢价，但对内陆地区的技能溢价则未产生显著影响。

二、本书的不足之处与研究展望

（一）本书的不足之处

本书使用多种方法测算了不同国家参与全球价值链的程度以及在全球价值链视角下的国际贸易利得。在此基础上本书从理论和实证角度分析了参与全球价值链分工对劳动力就业和收入的影响。在选题、研究视角和研究方法等方面均有所创新并取得了较为重要的研究结论。然而，本书仍然存在一些不足之处并有待进一步完善相关研究。

首先，在对全球价值链视角下的国际贸易的核算方面，本书第三章、第四章详细分析并测算了不同国家参与全球价值链分工体系的程度以及贸易利得情况。尽管在本书写作时我们使用了联合国、世界贸易组织、经合组织等多个国际机构建立的数据库提供的最新数据，然而相关数据的搜集和编制是一个相当复杂和耗时的工作，主要国际数据库的数据通常存在滞后。例如，世界投入产出数据库（WIOD）提供的多国多部门投入产出数据截至 2014 年。增加值贸易（TiVA）数据库只包含 1995 年、2000 年、2008 年至 2016 年的多国多部门增加值贸易数据。这使得本书无法对各国参与全球价值链分工体系最新的变化和特征进行测度。相关实证研究也因此在时效性上受到一定的限制。此外，尽管本书在实证研究中采用了多种方法对全球价值链视角下的国际贸易进行度量，但相关研究方法目前仍然缺少微观经济学的支持。

其次，本书的研究结论主要建立在实证研究的基础上，本书在研究参与全球价值链对劳动力就业和收入的影响中均使用了跨国面板数据，在针对我国的研究中使用了省级面板数据，尽管本书在针对参与全球价值链对我国劳动者收入差距的研究中使用了微观个体数据，但总体上本书的实证研究以宏观经济数据为主，这使得本书的研究结果仍然缺少微观数据的检验。当前实证研究的一个发展方向是关注微观层面，特别是针对我国的实证研究方面，利用微观数据进行分析的文献仍然缺乏。这主要是由于我国缺少微观经济数据库，相关研究因此受到了限制。本书第七章使用居民收入调查提供的微观层面数据，但由于缺乏相应的城市层面增加值贸易数据，我们使用加工贸易数据作为参与全球价值链的代理变量。尽管我们仍然得到了与多数文献一致的研究结论，但实证结果在说服力上还是有所欠缺的。因此，如果能够获取相关微观层面的数据，那么针对我国参与全球价值链经济效应的实证研究将得到极大的扩展。

最后，本书详细分析了参与全球价值链分工对劳动力就业需求、就业结构、收入水平以及收入差距的影响，但相关研究结论仍然不能对参与全球价值链分工对劳动力总体福利的影响给出准确的答案。一方面由于使用的参与全球价值链度量方法和研究数据不同，本书对我国参与全球价值链对劳动力就业和收入的影响并未得到一致的结论，另一方面由于缺乏劳动力福利方面的微观统计数据，我们在相关研究方面仍然存在不小的困难；然而，参与全球价值链分工体系能否提升劳动力的福利水平是劳动者最为关心的问题之一，也是政策制定者决策的重要依据，因此，相关研究还有待进一步完善。

（二）研究展望

在已有文献研究的基础上，本书使用多种方法对不同国家参与全球价值链的程度及贸易利得进行了测算，在此基础上研究了参与全球价值链分工对劳动力就业和收入的影响。根据本书的研究结果以及前文提出的不足之处，我们认为进一步的研究可以从以下几个方面展开。

第一，进一步完善全球价值链参与程度的度量方法及相关数据库，构建更加合理和有针对性的测算指标。目前，计算全球价值链视角下的国际贸易的指标主要集中在行业层面。全球价值链分工作为一种产品内分工形式，同一行业内不同产品使用的进口中间投入和出口倾向各不相同。因此，在产业层面计算得到的增加值贸易可能高估或低估实际的贸易利得水平。此外，目前测算的增加值贸易份额也没有区分企业类型。一般而言，外资企业和跨国公司对进口中间投入和出口市场的依赖程度不同，且存在明显的行业差异（文东伟、冼国明，2010）。因此，参与全球价值链分工生产企业的异质性对各国参与分工生产的程度可能存在较大的影响。此外，使用投入产出方法计算我国参与全球价值链分工程度由于没有考虑我国贸易方式中较高的加工贸易占比而与实际水平存在偏差。因此，针对我国参与全球价值链分工程度、贸易利得等指标核算方法的改进仍是未来研究的重点之一。在迪恩等（Dean et al，2011）、库普曼等（Koopman et al，2014）等人研究基础上对我国投入产出表针对贸易方式、进口来源地、企业性质等进行重新编制可能是未来研究的一个方向。

第二，对我国参与全球价值链分工体系的相关理论研究十分缺乏。作为一个出口导向型的国家，基于我国对外贸易的现实，对全球价值链产生的动因及经济效应等的理论分析是十分必要的。目前，许多学者测算了我国的增加值贸易份额，并得出我国参与全球价值链的程度已经较高的结论，但对于产生这一现状的原因分析还存在很多不足。未来的研究有必要通过建立理论模型，将影响增加值贸易的相关因素纳入到模型分析中，如贸易政策、关税水平、技术水平、运输成本等，从而系统分析我国近几十年来参与全球价值链分工体系的影响机制。

第三，针对发展中国家在全球价值链上的利益得失问题还有很多研究的空间。目前对这一问题的研究多数针对发达国家和地区，学者就参与全球价值链分工生产对发达国家和地区的经济发展、技术进步和收入分配等一系列问题进行了研究，而针对发展中国家的相关分析则存在较大的不足。随着越来越多的发展中国家加入到全球价值链分工体系中来，以发展中国家为切入点的理论和实证研究有着重要的现实意义。在对我国相关问题的研究中，虽然已有相关文献进行了研究，但对于增加值贸易的许多相关问题仍未得出统一的结论，进一步研究的空间仍然很大。

第四，针对我国不同地区参与全球价值链分工相关问题进行研究。近年来特别是2008年金融危机以来，我国对外贸易中出现的一个现象是东部沿海地区出口增速放缓，内陆的中西部地区出口大幅增加。这一现象体现了全球价值链分工体系在我国内陆地区的深入发展。长期以来，我国国际贸易的发展呈现出显著的地区差异性，这与我国不同地区经济发展水平参差不齐以及我国实行的贸易政策和产业政策有关。随着改革的深入和地区间比较优势的动态变化，我国内陆地区参与国际分工的程度日益加深。目前，对这一现象和相关问题的研究仍然较少。分析我国不同地区的参与全球价值链分工的相关经济问题，对于我国调整产业结构的空间布局、发展地区经济、调节收入分配、就业结构升级等问题均具有很大的现实意义。

第二节　政策建议

本书使用多种方法对各国参与全球价值链分工的程度与贸易利得进行了测算，在此基础上深入研究了参与全球价值链分工对劳动力就业和收入的影响。理论和实证两方面的研究表明参与全球价值链分工对各国劳动力就业与收入产生了显著的影响。相关研究结论对政策制定与调整有着一定的借鉴和启示意义。

第一，深入参与全球价值链分工体系，扩展我国国际贸易的发展空间。本书的研究结论表明，尽管存在收入分配不平等问题，但参与全球价值链分工给我国劳动力创造了大量的就业岗位、显著提升了劳动力收入水平的事实不容忽视，我国劳动力整体上是经济全球化的受益者。为此，我国应逐步增强在国际经济贸易领域的话语权，积极引导和推进经济全球化进程。当前国际规则的制定仍然由发达国家掌握，随着各国利益关系越加错综复杂，我国参与全球价值链治理存在一定的阻力。为此，我国在自身坚定不移地实施对外开放政策的同时，应当加快国际经济合作的步伐，减轻贸易保护主义对全球贸易自由化的不利影响，切实捍卫我国在国际分工体系中的贸易大国地位和贸易利益。同时，本书的研究结果显示全球价值链上的分工地位提升能够显著地提高劳动力收入。为此，我国应积极提升在全球价值链上的地位，避免过多地嵌入全球价值链低端生产环节。政府应加大对基础研究的支持力度，瞄准全球科研前沿积极开发核心技术，同时重视科研成果的转化效率，逐步提升我国的技术创新能力，向全球价值链的高端迈进。

第二，在我国积极推进参与全球价值链分工进程的同时，关注其对国内就业结构的影响同样重要。由市场运行规律带来的收入不平等并不能被视为一件坏事。技能溢价的提高能够在一定程度上刺激劳动力主动提高自身的技能水平，这将有助于我国劳动力技能结构的改善和技能水平的提升。与此同时，为了将收入差距控制在一个合理且安全的范围内，政府也应采取一些与国际贸易发展相适应的财政与税收措施，适当调节不同产业、不同要素所有者的收入分配情况。在我国劳动力市场上，随着劳动力成本不断上升，适龄劳动人口比例下降，我国就业市场上出现了劳工荒及大学生就业难等现象，表明就业市场的供求关系存在结构性失衡问题；另一方面，劳动力成本上升不断压缩企业的利润空间，使得企业经营举步维艰。为此，应鼓励企业向全球价值链的高端环节延伸，增加企业的研发投入力度，提高企业自主创新能力，提升企业对高技能劳动力的需求，缓解劳动力市场上的失衡现象，同时也为企业带来更多的利润和发展空间。

第三，加大对人力资本的投入。人力资本是发展中国家实现产业升级、提升贸易利益的重要内在动力。在全球化竞争日益激烈的环境下，唯有进一步提高我国劳动力的质量才有能力参与更高层次的产品分工生产，享受全球价值链高端环节带来的高附加值。同时，面对国内劳动力市场的结构失衡问题，需要调整劳动力供给结构，增加具有一定专业技能的劳动力人口。为此，我国应进一步加大对教育和技能培训的投资力度，促进劳动力质量和技能结构的改善。提升劳动者人力资本投资需要政府及相关机构提供更多接受教育的机会，包括加大教育投入及入学规模，以及提供助学贷款、奖学金等，降低青少年接受教育的阻碍。进一步完善与国际贸易相关的教育培训机制，尤其是对低技能劳动者的技能培训，并将收入差距控制在合理的范围之内。另一方面，我国应积极改善贸易产品结构，促进贸易部门转型升级。政府可以通过实施相关产业政策扶持外贸企业向全球价值链高端攀升，提升生产产品的技术含量和附加值，从而扩大对高技能、高学历就业岗位的需求，促使劳动者增加人力资本投资。

第四，根据地区比较优势差异调整产业结构、提高产业附加值，促进贸易利益在我国不同地区间更加均衡地分布。当前，我国东部地区劳动力质量普遍高于中西部地区，而中、西部地区则具备较充裕的低技能劳动力。与此同时，东部地区在大量吸引外资、发展对外贸易的过程中，生产成本逐渐升高、出口竞争力日益下降。为此，东部地区应吸引更多高技术水平的外商直接投资，相关部门应鼓励东部地区的贸易企业强化自主创新能力，积极承接高技能生产环节，向全球价值链的高端攀升，实现地区产业的转型升级。中西部地区应结合自身比较优势，有重点地承接东部地区的劳动力密集型生产环节转入，积极获取国际分工的利益。政府应加强引导与扶持，鼓励中西部地区企业积极参与国际贸易产业链的延伸，一方面做好相关的配套工作，另一方面带动中西部地区关联产业的发展。中西部地区应吸取东部地区的经验，选取地区工业基础较好的城市、产业配套较好的产业进行重点发展，逐步形成东、中、西部地区完整互动的分工体系。此外，地方政府需要进一步深化改革、打破市场分割和地方保护主义，加强区域合作，从而更好地发挥中西部地区的区位优势和市场潜力，分享全球价值链分工体系的利益。

参考文献

[1]白重恩,钱震杰.劳动收入份额决定因素:来自中国省际面板数据的证据[J].世界经济,2010(12):3-27.

[2]北京大学中国经济研究中心课题组.中国出口贸易中的垂直专业化与中美贸易[J].世界经济,2006(05):5-11.

[3]蔡伟宏,李惠娟.中、日、韩服务贸易的东亚分工地位比较:基于增加值贸易的视角[J].经济经纬,2017(05):75-80.

[4]曹明福,李树民.全球价值链分工的利益来源:比较优势、规模优势和价格倾斜优势[J].中国工业经济,2005(10):20-26.

[5]曹明福,李树民.全球价值链分工:从国家比较优势到世界比较优势[J].世界经济研究,2006(11):11-16.

[6]岑丽君.中国在全球生产网络中的分工与贸易地位:基于 TiVA 数据与 GVC 指数的研究[J].国际贸易问题,2015(01):3-14.

[7]陈波,贺超群.出口与工资差距:基于我国工业企业的理论与实证分析[J].管理世界,2013(08):6-15.

[8]陈宇峰,贵斌威,陈启清.技术偏向与中国劳动收入份额的再考察[J].经济研究,2013(06):113-126.

[9]陈继勇,余罡,葛明.基于增加值贸易视角的中国对外贸易统计研究:兼与海关统计方式比较分析[J].世界经济研究,2016(05):42-51.

[10]陈银娥,魏君英.国际服务外包对中国就业结构的影响分析:基于1997—2007 年时间序列数据的计量检验[J].中国人口科学,2010(02):55-64.

[11]陈仲常,马红旗.我国制造业不同外包形式的就业效应研究[J].中国工业经济,2010(4):79-88.

[12]程盈莹,赵素萍.垂直专业化分工对中国劳动力就业结构的影响:基于全球价值链的视角[J].经济经纬,2016(03):131-136.

[13]崔日明,刘爽.对外贸易与收入差距:基于增加值贸易核算方法的研究[J].哈尔滨工业大学学报(社会科学版),2016(01):127-130.

[14]戴小勇,成力为．出口与 FDI 对中国劳动收入份额下降的影响[J]．世界经济研究,2014(08):74－80.

[15]戴翔,李洲．服务出口能否成为“稳增长”的动力源:基于增加值测算的比较研究[J]．国际经贸探索,2017(11):4－18.

[16]丁小义,程惠芳．高、低端型产品内国际分工模式变迁及驱动因素分析[J]．数量经济技术经济研究,2018(09):78－85.

[17]邓光耀,张忠杰．全球价值链视角下中国和世界主要国家(地区)分工地位的比较研究:基于行业上游度的分析[J]．经济问题探索,2018(08):125－132.

[18]范爱军,刘伟华．出口贸易对我国三次产业劳动力流向的影响分析[J]．世界经济研究,2008(05):20－24.

[19]冯其云．贸易开放、技术进步与劳动收入份额:基于我国省域数据的空间面板计量分析[J]．财经科学,2013(05):115－124.

[20]冯其云,朱彤．贸易开放与女性劳动参与率:基于省级面板数据的经验研究[J]．南开经济研究,2013(04):139－152.

[21]冯晓华,陈岚,骆哲翀．中国高技术制造业出口国内增加值的测算及影响因素分析[J]．清华大学学报(社会科学版),2018(05):79－87.

[22]高运胜,王云飞,蒙英华．融入全球价值链扩大了发展中国家的工资差距吗?[J]．数量经济技术经济研究,2017(08):38－54.

[23]龚静,尹忠明．增加值核算体系下我国服务贸易出口的国际分工地位与竞争力研究:基于世界投入产出数据库的上游度指数与显示性比较优势指数分析[J]．国际商务:对外经济贸易大学学报,2018(05):73－84.

[24]郭晶,刘菲菲．中国服务业国际竞争力的重新估算:基于贸易增加值视角的研究[J]．世界经济研究,2015(02):52－60.

[25]郭沛,李亚成．中国承接离岸服务外包的工资差距效应:基于世界投入产出数据库数据的再检验[J]．经济学家,2016(02):97－104.

[26]郭沛,秦晋霞．价值链长度对工资差距的影响:基于世界投入产出数据库的实证研究[J]．东北师大学报(哲学社会科学版),2017(06):74－79.

[27]耿伟,郝碧榕．全球价值链嵌入位置与劳动收入差距:基于跨国跨行业下游度指标的研究[J]．国际贸易问题,2018(06):54－67.

[28]韩军,刘润娟,张俊森．对外开放对中国收入分配的影响:“南方谈话”和“入世”后效果的实证检验[J]．中国社会科学,2015(02):24－40.

[29]韩中．全球价值链视角下中国总出口的增加值分解[J]．数量经济技术经济研究,2016(09):129－144.

[30]黄灿．垂直专业化分工对我国就业结构的影响:基于省级面板数据的分析[J]．南开经济研究,2014(08):64－77.

[31]黄灿,林桂军．全球价值链分工地位的影响因素研究:基于发展中国家的视角[J]．国际商务:对外经济贸易大学学报,2017(02):6－15.

[32]黄先海,杨高举．中国高技术产业的国际分工地位研究:基于非竞争型投入占用产出模型的跨国分析[J]．世界经济,2010(05):82－100.

[33]黄永明,张文洁．中国出口复杂度的测度与影响因素分析[J]．世界经济研究,2011(12):59－64.

[34]胡昭玲,李红阳．参与全球价值链对我国工资差距的影响:基于分工位置角度的分析[J]．财经论丛,2016(01):11－18.

[35]胡昭玲,宋佳．基于出口价格的中国国际分工地位研究[J]．国际贸易问题,2013(03):15－25.

[36]胡昭玲,张玉．制度质量改进能否提升价值链分工地位?[J]．世界经济研究,2015(08):19－26.

[37]胡昭玲,刘旭．中国工业品贸易的就业效应:基于32个行业面板数据的实证分析[J]．财贸经济,2007(08):88－93.

[38]姜磊,张媛．对外贸易对劳动分配比例的影响:基于中国省级面板数据的分析[J]．国际贸易问题,2008(10):26－33.

[39]蒋庚华,郭沛．进口中间投入对中国就业结构的影响:基于中国货物贸易行业数据的再检验[J]．经济问题探索,2015(03):161－169.

[40]金明玉,翟璐．日韩两国产业比较优势模式的变化特征及其启示[J]．现代日本经济,2011(06):25－34.

[41]鞠建东,余心玎．全球价值链上的中国角色:基于中国行业上游度和海关数据的研究[J]．南开经济研究,2014(03):39－52.

[42]阚大学．我国贸易结构与就业结构的动态关系研究[J]．国际贸易问题,2010(10):17－23.

[43]康振宇,徐鹏．全球价值链时代的中日贸易分析:基于增加值的视角[J]．国际贸易问题,2015(04):75－84.

[44]李稻葵,刘霖林,王红领．GDP中劳动份额演变的U型规律[J]．经济

研究,2009(01):70－82.

[45]黎峰. 全球价值链下的国际分工地位:内涵及影响因素[J]. 国际经贸探索,2015(09):31－42.

[46]李宏兵,蔡宏波. 出口开放扩大了技能工资差异吗?:中国城镇住户调查数据的再检验[J]. 经济管理,2013(11):13－23.

[47]李宏兵,陈岩,李毅. 进口贸易、国别结构与劳动收入占比:基于跨国行业面板数据的实证分析[J]. 国际商务(对外经济贸易大学学报),2015(05):35－44.

[48]李磊,刘斌,胡博,谢瑜. 贸易开放对城镇居民收入及分配的影响[J]. 经济学,2011(01):309－326.

[49]李坤望,冯冰. 对外贸易与劳动收入占比:基于省际工业面板数据的研究[J]. 国际贸易问题,2012(01):26－37.

[50]李瑞琴. 国际产品内贸易对中国工业技术进步和收入水平的影响[J]. 世界经济研究,2013(05):42－46.

[51]李杨,张鹏举,黄宁. 中国服务业开放对服务就业的影响研究[J]. 中国人口科学,2015(06):80－90.

[52]李振,王开玉,向鹏飞. 贸易开放和劳动力迁移对中国地区收入不平等的影响:基于省际面板数据的实证研究[J]. 宏观经济研究,2015(5):47－57.

[53]李卓,李智娟. 中国贸易开放战略为何不利于劳动增收?:兼论“Stolper－Samuelson”效应未在中国显现的原因[J]. 经济评论,2014(06):14－26.

[54]梁平,梁彭勇,黄金. 我国对外贸易就业效应的区域差异分析:基于省级面板数据的检验[J]. 世界经济研究,2008(1):48－52.

[55]林桂军等. 博鳌亚洲论坛:亚洲经济一体化进程2014年度报告[R]. 北京:对外经济贸易大学出版社,2014.

[56]刘海云,毛海鸥. 国家国际分工地位及其影响因素:基于“GVC地位指数”的实证分析[J]. 国际经贸探索,2015(8):44－53.

[57]刘美秀,朱小明,徐小聪. 贸易自由化对工资及其份额的影响:基于微观企业贸易参与的视角[J]. 宏观经济研究,2015(11):119－130.

[58]刘瑶. 参与全球价值链拉大了收入差距吗:基于跨国跨行业的面板分

析[J]. 国际贸易问题,2016(04):27－39.

[59]刘志彪,张杰. 从融入全球价值链到构建国家价值链:中国产业升级的战略思考[J]. 学术月刊,2009(9): 59－68.

[60]刘遵义,陈锡康,杨翠红. 非竞争型投入占用产出模型及其应用:中美贸易顺差透视[J]. 中国社会科学,2007(05):91－103.

[61]林玲,容金霞. 参与全球价值链会拉大收入差距吗:基于各国后向参与度分析的视角[J]. 国际贸易问题,2016(11):65－75.

[62]刘信一. 韩国经济发展中的对外贸易[J]. 中国工业经济,2006(07): 59－64.

[63]卢锋. 产品内分工[J]. 经济学(季刊),2004(4):55－81。

[64]鲁晓璇,闫克远,李秀敏. 中国中间品和最终品进口与行业内生产要素报酬差距:基于 WIOD 数据库的实证研究[J]. 宏观经济研究,2018(7): 89－102.

[65]罗长远. 卡尔多"特征事实"再思考:对劳动收入占比的分析[J]. 世界经济,2008(11):86－96.

[66]罗知. 工业品贸易、技术进步与就业[J]. 世界经济文汇,2012(1):62－74.

[67]吕延方,王冬. 参与不同形式外包对中国劳动力就业动态效应的经验研究[J]. 数量经济技术经济研究,2011(9):103－117.

[68]梅冬州,崔小勇. 制造业比重、生产的垂直专业化与金融危机[J]. 经济研究,2017(2):96－110.

[69]潘士远. 贸易自由化、有偏的学习效应与发展中国家的工资差异[J]. 经济研究,2007(06):98－105.

[70]秦明旭,陈健. 中国制造业嵌入亚太价值链的收入差距效应[J]. 重庆理工大学学报(社会科学),2018(12):29－39.

[71]沈春苗. 逆向外包与技能偏向性技术进步[J]. 财经研究,2016(05): 43－52.

[72]沈万根. 当代韩国对外贸易发展的总体评价[J]. 朝鲜·韩国历史研究,2012(00): 391－405.

[73]沈颖郁,张二震. 对外贸易、FDI 与中国城乡收入差距[J]. 世界经济与政治论坛,2011(06):136－147.

[74]盛斌、马涛. 中间产品贸易对中国劳动力需求变化的影响:基于工业

部门动态面板数据的分析[J]. 世界经济,2008(3):12－20.

[75]盛斌,牛蕊. 生产性外包对中国工业全要素生产率及工资的影响研究[J]. 世界经济文汇,2009(3):1－18.

[76]史青,李平,宗庆庆. 企业出口对劳动力就业风险影响的研究[J]. 中国工业经济,2014(07):71－83.

[77]史青,张莉. 中国制造业外包对劳动力需求弹性及就业的影响[J]. 数量经济技术经济研究,2017(9):128－144.

[78]宋冬林,王林辉,董直庆. 技能偏向型技术进步存在吗?:来自中国的经验证据[J]. 经济研究,2010(5):68－81.

[79]宋文飞,李国平,韩先锋. 贸易自由化、行业结构与就业门槛效应[J]. 中国人口科学,2014(1):96－107.

[80]苏庆义. 中国省级出口的增加值分解及其应用[J]. 经济研究,2016(1):84－98.

[81]孙文杰. 国际外包、劳动力市场进入歧视与行业技能工资差距:基于1995—2011 年中国工业行业的面板数据[J]. 经济评论,2014(02):101－114.

[82]孙永强、万玉琳. 中国对外贸易与城乡居民收入差距的关系研究:基于1978 年—2008 年省际面板数据的实证分析[J]. 经济经纬,2010(6):46－51.

[83]唐海燕,张会清. 产品内国际分工与发展中国家的价值链提升[J]. 经济研究,2009(09):81－93.

[84]唐东波. 垂直专业化贸易如何影响了中国的就业结构? [J]. 经济研究,2012(8):118－131.

[85]唐宜红,马风涛. 国际垂直专业化对中国劳动力就业结构的影响[J]. 财贸经济,2009(4):94－98.

[86]万广华,陆铭,陈钊. 全球化与地区间收入差距:来自中国的证据[J]. 中国社会科学,2005(3):17－26.

[87]王金亮. 基于上游度测算的我国产业全球地位分析[J]. 国际贸易问题,2014(3):25－33.

[88]王岚. 融入全球价值链对中国制造业国际分工地位的影响[J]. 统计研究,2014(05):17－23.

[89]王岚,盛斌. 全球价值链分工背景下的中美增加值贸易与双边贸易利益[J]. 财经研究,2014(09):97－108.

[90]王三兴,董文静. 中国制造业的分工地位和国际竞争力研究:基于行业上游度和 RCA 指数的测算[J]. 南京财经大学学报,2018(04):44 - 52.

[91]王少瑾. 对外开放与我国的收入不平等:基于面板数据的实证研究[J]. 世界经济研究,2007(4):16 - 20.

[92]王孝松,翟光宇,林发勤. 中国出口产品技术含量的影响因素探究[J]. 数量经济技术经济研究,2014(11):21 - 36.

[93]王永进,盛丹,施炳展,李坤望. 基础设施如何提升了出口技术复杂度?[J]. 经济研究,2010(07):103 - 115.

[94]王燕飞,蒲勇健. 中国对外贸易的劳动就业效应:贸易结构视角[J]. 国际贸易问题,2009(3):10 - 19.

[95]王有鑫,赵雅婧,金丽丽. 中国工业品贸易结构变化与国内就业波动:基于一般贸易和加工贸易的研究视角[J]. 中国人口科学,2013(01):78 - 88.

[96]王中华,王雅琳,赵曙东. 国际垂直专业化与工资收入差距:基于工业行业数据的实证分析[J]. 财经研究,2009(7):122 - 133.

[97]魏浩. 对外开放与中国 29 省市间收入差距:1985—2007 年[J]. 世界经济研究,2009(11):3 - 7.

[98]魏浩,耿园. 对外贸易与中国的城乡收入差距[J]. 世界经济研究,2015(07):89 - 99.

[99]魏浩,王浙鑫,惠巧玲. 中国工业部门进出口贸易的就业效应及其差异性研究[J]. 国际商务(对外经济贸易大学学报),2013(2):5 - 14.

[100]魏浩,金晓祺,项松林. 对外贸易与我国的劳动力需求弹性[J]. 国际贸易问题,2013(9):3 - 14.

[101]魏浩,赵春明. 对外贸易对我国城乡收入差距影响的实证分析[J]. 财贸经济,2012(1):78 - 86.

[102]卫瑞,张少军. 中间品出口对中国就业结构的影响:基于技能、来源地和部门视角的分析[J]. 财经研究,2014(11):133 - 144.

[103]文东伟. 增加值贸易与中国比较优势的动态演变[J]. 数量经济技术经济研究,2017(01):58 - 75.

[104]文东伟,冼国明. 中国制造业的垂直专业化与出口增长[J]. 经济学,2010(01):467 - 494.

[105]吴国锋,谢建国. 对外贸易与中国劳动者的收入份额:基于 1978—

2012 年中国省际面板数据的研究[J]. 国际贸易问题,2015(04):66－74.

[106]吴云霞,马野驰. 全球价值链参与率对中国行业内劳动者就业结构差距的影响:基于 WIOD 数据库的实证研究[J]. 国际经贸探索,2018(05):4－18.

[107]文雁兵,陆雪琴. 中国劳动收入份额变动的决定机制分析:市场竞争和制度质量的双重视角[J]. 经济研究,2018(09):83－98.

[108]吴晓怡,邵军. 出口参与对制造业企业劳动收入份额的异质性影响研究[J]. 国际贸易问题,2019(01):14－27.

[109]席艳乐,王开玉. 企业异质性、贸易自由化与就业变动:基于中国制造业企业的实证分析[J]. 财贸研究,2015(01):61－72.

[110]夏先良. 追求最大限度充分就业:中国进口贸易宏观分析与政策选择[J]. 国际贸易,2002(03):12－17.

[111]夏明. 转轨以来中国经济结构转变的实证分析[J]. 统计研究,2002(02):16－18.

[112]肖文,周明海. 贸易模式转变与劳动收入份额下降:基于中国工业分行业的实证研究[J]. 浙江大学学报(人文社会科学版),2010(06):83－92.

[113]谢申祥,王孝松. 加工贸易、FDI 与中国地区间收入差距[J]. 经济管理,2011(4):1－9.

[114]徐国庆,戴一鑫,翁润. 基于贸易增加值视角的中美服务业出口竞争力比较研究[J]. 南京财经大学学报,2018(03):91－100.

[115]徐圣,黄先海. 中国背离斯托尔珀—萨缪尔森定理的解释:基于要素偏向型技术进步的视角[J]. 经济与管理研究,2017(11):39－49.

[116]徐毅,张二震. 外包与生产率: 基于工业行业数据的经验研究[J]. 经济研究,2008(1):103－113.

[117]徐毅. 外包与工资差距:基于工业行业数据的经验研究[J]. 世界经济研究,2011(01):44－48.

[118]熊宇. 承接生产者服务业外包对制造业升级的促进:基于全球价值链视角[J]. 国际经贸探索,2011(05):4－10.

[119]徐国庆,黄繁华,蒋佩晔. 价值链贸易背景下中国制造业工资差距影响因素研究[J]. 世界经济研究,2018(10):65－77.

[120]许宪春,余航. 理解中美贸易不平衡:统计视角[J]. 经济学动态,2018(07):27－36.

[121]薛莉,王中华. 中国参与国际垂直专业化分工的工资收入差距效应:基于工业行业数据的实证分析[J]. 理论学刊,2010(10):52-56.

[122]杨继军,马婕. 制造业外包对中国劳动力的就业效应研究[J]. 湖南财政经济学院学报,2018(06):53-64.

[123]杨蕙馨,高新焱. 中国制造业融入垂直专业化分工全球价值链研究述评[J]. 经济管理,2019(1):34-44.

[124]姚洁,张亚斌,雷日辉. 外包与工资差距:基于工业行业数据的实证研究[J]. 经济经纬,2012(04):66-70.

[125]尹伟华. 全球价值链视角下中国制造业出口贸易分解分析:基于最新的 WIOD 数据[J]. 经济学家,2017(08):33-39.

[126]尹伟华. 中美服务业参与全球价值链分工程度与地位分析:基于最新世界投入产出数据库[J]. 世界经济研究,2017(09):120-130.

[127]俞会新,薛敬孝. 中国贸易自由化对工业就业的影响[J]. 世界经济,2002(10):10-13.

[128]余玲铮,魏下海,王临风. 人力资本溢价、学历结构与劳动收入份额[J]. 学术研究,2016(01):101-108.

[129]余淼杰,梁中华. 贸易自由化与中国劳动收入份额:基于制造业贸易企业数据的实证分析[J]. 管理世界,2014(07):22-31.

[130]喻美辞. 工业品贸易对中国工业行业人口就业的影响:基于 34 个工业行业面板数据的实证分析[J]. 中国人口科学,2008(04):22-29.

[131]喻美辞,熊启泉. 中间产品进口、技术溢出与中国制造业的工资不平等[J]. 经济学动态,2012(3):55-62.

[132]余智. 国际贸易基础理论与研究前沿[M]. 北京:格致出版社,2015.

[133]袁志刚,饶璨. 全球化与中国生产服务业发展:基于全球投入产出模型的研究[J]. 管理世界,2014(03):10-30.

[134]占丽,戴翔,张为付. 产业上游度、出口品质与全球价值链攀升:中美“悖论”的经验证据及启示[J]. 财经科学,2018(09):63-73.

[135]詹舒琴,杨君. 全球价值链嵌入对中国制造行业劳动收入份额的影响分析:基于嵌入环节异质性视角[J]. 浙江理工大学学报(社会科学版),2018(04):338-344.

[136]臧旭恒,赵明亮. 垂直专业化分工与劳动力市场就业结构[J]. 中国

工业经济,2011(6):47－57.

[137]张杰,陈志远,周晓艳．出口对劳动收入份额抑制效应研究:基于微观视角的经验证据[J]．数量经济技术经济研究,2012(7):44－60.

[138]张小蒂,孙景蔚．基于垂直专业化分工的中国产业国际竞争力分析[J]．世界经济,2006(05):12－21.

[139]张咏华．中国制造业增加值出口与中美贸易失衡[J]．财经研究,2013(02):15－25.

[140]张志明．离岸服务外包、承接国异质性与中国制造业异质劳动力就业:基于行业面板数据的经验研究[J]．世界经济研究,2016(10):100－110.

[141]张志明,代鹏,崔日明．中国增加值出口贸易的就业效应及其影响因素研究[J]．数量经济技术经济研究,2016(05):103－121.

[142]张晓磊,谢建国,张二震．劳动收入份额与进口贸易:来自中国的实证[J]．当代财经,2016(02):92－102.

[143]张亚斌,艾洪山．国际垂直专业化与工薪差距:理论研究与经验分析[J]．经济学动态,2010(06):98－102.

[144]赵玉焕,史巧玲,尹斯祺．中国参与全球价值链分工的测度及对就业的影响研究[J]．经济与管理研究,2019(2):13－26.

[145]郑昭阳,孟猛．基于投入产出法对中国出口中价值含量的分析[J]．南开经济研究,2011(2):3－15.

[146]郑丹青,于津平．增加值贸易视角下双边贸易利益再分解:以中美贸易为例[J]．世界经济研究,2016(05):52－63.

[147]郑玉,王高凤,姜青克．服务价值嵌入对中国制造业全球价值链分工地位的影响研究[J]．国际商务(对外经济贸易大学学报),2017(06):43－54.

[148]郑昭阳,孟猛．基于投入产出法对中国出口中价值含量的分析[J]．南开经济研究,2011(02):3－15.

[149]郑丹青,于津平．增加值贸易视角下双边贸易利益再分解:以中美贸易为例[J]．世界经济研究,2016(05):52－63.

[150]祝树金,陈雯．出口技术结构的度量及影响因素研究述评[J]．经济评论,2016(06):152－158.

[151]周申,王奎倩,李可爱．外包对劳动力需求弹性的影响[J]．中央财经大学学报,2014(3):106－112.

[152]周申,李春梅. 工业贸易结构变化对我国就业的影响[J]. 数量经济技术经济研究,2006(7):3－13.

[153]周申. 贸易自由化对中国工业劳动需求弹性影响的经验研究[J]. 世界经济,2006(2):31－40.

[154]周昕,牛蕊,李磊. 中间服务投入、中间产品贸易与制造业高技术劳动力相对需求的实证研究[J]. 经济经纬,2017(06):57－62.

[155]周升起,兰珍先,付华. 中国制造业在全球价值链国际分工地位再考察:基于 Koopman 等的 GVC 地位指数[J]. 国际贸易问题,2014(02):3－12.

[156]赵晓霞,胡荣荣. 全球价值链参与度和工资差距:基于我国在价值链中不同地位的考量[J]. 会计与经济研究,2018(04):90－105.

[157]ACEMOGLU D. Technical Change, Inequality, and the Labor Market [J]. Journal of Economic Literature, 2002, 40(1): 7－72.

[158] ACEMOGLU, DARGON. Patterns of Skill Premia [J]. Review of Economic Studies, 2003(70): 199－230.

[159]ANTRAS P, CHOR D., T. HILLBERRY R. Measuring the Upstreamness of Production and Trade Flows [J]. The American Economic Review: Papers & Proceedings, 2012(3):412－16.

[160] ARNDT S. W. Globalization and the Open Economy [J]. The North American Journal of Economics and Finance 1997(1):71－79.

[161]ATHUKORALA, PREMA-CHANDRA, YAMASHITA, ET AL. Production Fragmentation and Trade Integration: East Asia in a Global Context [J]. North American Journal of Economics and Finance, 2006, 17(3): 233－256.

[162]ATTANASIO O., GOLDBERG P K. PAVCNIK N. Trade reforms and wage inequality in Colombia[J]. Journal of Development Economics, 2004, 74(2): 331－366.

[163] AVINASH K. DIXIT, GENE M. Grossman. Trade and Protection with Multistage Production[J]. Review of Economic Studies, 1982(49). 583－594.

[164]BALASSA, B. Trade Liberalization and Revealed Comparative Advantage [J]. The Manchester School, 1965, 33: 99－ 123.

[165] BENJAMIN BRIDGMAN. The rise of vertical specialization trade [J]. Journal of International Economics, 2012:133－140.

[166]BERIK, G., VAN DER M. RODGERS Y, ZVEGLICH J. E. International

Trade and Gender Wage Discrimination: Evidence from East Asia[J]. Review of Development Economics, 2004(2): 237-254.

[167] BERMAN, E, J. BOUND AND Z. GRILICHES. Changes in the Demand for Skilled Labor within US Manufacturing: Evidence from the Annual Survey of Manufacturers [J]. Quarterly Journal of Economics, 1994(109): 367-397.

[168] BRAKMAN S, MARREWIJK V. C. A closer look at revealed comparative advantage: Grossversus value-added trade flows[R]. CESifo Working Paper Series 5321, CESifo Group Munich, 2015.

[169] CASELLI F., WILBUR JOHN COLEMAN. The World Technology Frontier [J]. The American Economic Review, 2006(6): 499-522.

[170] C. BROCCOLINI, A. LO TURCO, AF PRESBITERO, S. STAFFOLANI. Individual Earnings, International Outsourcing and Technological Change: Evidence from Italy[J]. International Economic Journal, 2011(25): 29-46.

[171] CHEN X., CHENG L. K., FUNG K. C. ET AL. Domestic value added and employment by Chinese exports: A quantitative estimation[J]. China Economic Review, 2012, 23(4): 850-864.

[172] DECREUSE B., MAAREK P. FDI and the Labor Share in Developing Countries: A Theory and Some Evidence[J]. Annals of Economics and Statistics, 2015(12): 289-319.

[173] DAUDIN, GUILLAUME, CHRISTINE RIFFLART, DANIELLS SCHWEISGUTH. Who Produces for Whom in the World Economy? [J]. Canadian Journal of Economics, 2011, 44(4): 1409-1538.

[174] DEARDORFF, A. V. Fragmentation in simple trade models[J]. North American Journal of Economics and Finance, 2001, 12(2): 121-137.

[175] DINOPOULOS, E, SEGERSTROM, P, A Schumpeterian Model of Protection and Relative Wages[J]. American Economic Review, 1999, 89(3): 450-472.

[176] EATON, J., KORTUM S. Technology, Geography, and Trade [J]. Econometrica, 2002, 70(5): 1741-1779.

[177] EGGER H., KREICKEMEIER, U. Firm heterogeneity and the labor market effects of trade liberalization[J]. International Economic Review, 2009, 50(1): 187-216.

[178] FEENSTRA, ROBERT C., GORDON H. Hanson. Globalization, Outsourcing

and Wage Inequality[J]. American Economic Review,1996(86): 240 –245.

[179]FEENSTRA,ROBERT C. ,GORDON H. HANSON. Foreign Direct Investment and Relative Wages: Evidence from Mexico's Maquiladoras[J]. Journal of International Economics,1997(42): 371 –393.

[180] FELBERMAYR, G. J. PRAT H. SCHMERER. Globalization and Labor Market Outcomes: Wages Bargaining, SearchFrictionsand Firm Heterogeneity [R]. IZA Discussion Papers, No. 3363,2008.

[181] F. RODRIGUEZ, A. JAYADEV. The Declining Labor Share of Income [R]. Human Development Research Papers, 2010(11):1 –27.

[182]GLASS A. ,KAMAL SAGGI. Innovation and Wage Effect of International Outsourcing[J]. European Economic Review,2001(45):67 –86.

[183]GEISHECKER I. Does Outsourcing to Central and Eastern Europe Really Threaten Manual Workers' Jobs in Germany? [J]. The World Economy,2003(26), Issue 1: 61 –72.

[184]GOURDON J. Trade and Wage Inequality in Developing Countries: South-South Trade Matters[R]. MPRA Paper,No. 4177,2007.

[185]GREENAWAY D. ,MORGAN W,WRIGHT P. Trade Reform,Adjustment and Growth: What does the Evidence Tell Us?[J]. The Economic Journal, 1998 (9): 1547 –1561.

[186]GROSSMAN G. M. ,Helpman, E. Integration versus Outsourcing in Industry Equilibrium[J]. The Quarterly Journal of Economics,2002(2): 85 –120.

[187] GROSSMAN G. M. , HELPMAN, E. Managerial Incentives and the International Organization of Production [J]. Journal of International Economics, 2004,63(2): 237 –262.

[188]GROSSMAN G. M. HELPMAN,E. Outsourcing in a global economy [J]. Review of Economic Studies,2005,72(1): 135 –159.

[189]GUSCINA A. Effects of Globalization on Labor's Share in National Income [R]. IMF Working Paper No. 294,2006.

[190] HANSON G. H. Mataloni R J. Slaughter. Vertical production networks in multinational firms[J]. Review of Economics and Statistics,2005,87(4): 664 –678.

[191] HARTMUT EGGER, PETER EGGER. The Determinants of EU Processing

Trade[J]. World Economy,2005,28(2):147 -168.

[192] HARTMUT EGGER,PETER EGGER. How international outsourcing drives up Eastern European wages[J]. Review of World Economics,2002,138(1): 83 -96.

[193]HARRISON A. E. Has Globalization Eroded Labor's Share? Some Cross-Country Evidence[R]. UC Berkeley and NBER working paper,2002.

[194]HARRISON G. A. HANSON. A Trade Liberalization and Wage Inequality in Mexico[J]. Industrial and Labor Relations Review,1999,52(2): 271 -288.

[195]HARRISON,ANN E. ,INESSA LOVE,MARGARET S. Global Capital Flows and Financing Constraints[J]. Journal of Development Economics,2004(75): 269 -301.

[196] HAUSMANN D. ,HWANG J,RODRIK D. What You Export Matters [J]. Journal of Economic Growth,2007,5(12): 38 -59.

[197] HERING L. S. Poncet. Market Access and Individual wages: Evidence from China[J]. Review of Economics and Statistics,2010,92(1): 145 -159.

[198]HEAD,KEITH,JOHN RIES. Offshore Production and Skill Upgrading by Japanese Manufacturing Firms [J]. Journal of International Economics, 2002, 58 (1): 81 -105.

[199]HIJZEN A. ,GORG,H. and Hine. R. C. International Outsourcing and the Skill Structure of Labor Demand in the United Kingdom[J]. The Economic Journal, 2005,506(115): 235 -254.

[200]HL KEE,H. Tang,Domestic Value Added in Chinese Exports: Firm-level Evidence,2012.

[201] HOGAN CHEN, MATTHEW KONDRATOWICZ, KEI-MU YI. Vertical Specialization and three facts about U. S. international trade [J]. North American Journal of Economics and Finance,2005(16): 35 -39.

[202]HSIEH CHANG-TAI,KEONG T. WOO. The Impact of Outsourcing to China on Hong Kong's Labor Market[J]. American Economic Review,2005,95 (5): 73 -87.

[203]HUMMELS DAVID,JUN ISHILL,KEI-MU YI. Vertical Specialization and the Changing Nature of World Trade[J]. Economic Policy Review,1998(6): 79 -99.

[204]HUMMELS DAVID,JUN ISHII,KEI-MU YI,The Nature and Growth of Vertical Specialization in World Trade[J]. Journal of International Economics,2001, 54: 75 -96.

[205]I. GEISHECKER H. GORG, Winners and losers: A micro-level analysis of international outsourcing and wages[J]. Canadian Journal of Economics, 2008, 48 (1): 243 - 270.

[206] JOAN AMADOR, SONIA CABRAL. Vertical specialization across the world: A relative measure[J]. North American Journal of Economics and Finance, 2009(20):267 - 280

[207] JOHNSON, ROBERT, GUILLERMO NOGUERA. Accounting for Intermediates: Production Sharing and Trade in Value-added[J]. Journal of International Economics, 2012, 86: 224 - 236.

[208]JONES R. W. KIERZKOWSKI H. The Role of Services in Production and International Trade: a theoretical framework. Jones, R, W., Krueger, A. O. The Political Economy of International Trade, Essays in Hornor of Robert E. Baldwin [C]. Basil Blackwell, 1990: 31 - 48.

[209] JONES, RONALD W. W. HENRYK KIERZKOWSKI. Globalization and the Consequences of International Fragmentation. Rudiger Dornbusch, Guillermo Calvo, Maurice Obsfeld. Money, Factor Mobility and Trade: The Festschrift in Honor of Robert A. Mundell[C]. MIT Press, 1998.

[210] JONES, RONALD W. HENRYK KIERZKOWSKI. A Framework for Fragmen-tation. S. W. Arndt, H. Kierzkowski. Fragmentation: New Production Patterns in the World Economy Oxford[C]. Cambroge: Oxford University Press, 2001.

[211] JUDITH M. DEAN, K. C. FUNG, ZHI WANG. Measuring Vertical Speciali-zation: The case of China [J]. Review of International Economics, 2011, 19 (4): 609 - 625.

[212]KAPLINSKY R. How does it All Add Up? Caught between a Rock and a Hard Place[R]. Paper Submitted for the Globalization, Employment and Economic Development Workshop, Sloan Workshop Series in Industry Studies, Rockport, Massachusetts, 2004.

[213]KEI-MU YI. Can Vertical Specialization Explain the Growth of World Trade? [J]. Journal of Political Economy, 2003, 111 (1): 52 - 102.

[214]KELLER, WOLFGANG. Do Trade Patterns and Technology Flows Affect Productivity Growth? [J]. World Bank Economic Review, 2000, 14(1): 17 - 47.

[215]KIMURA F. OBASHI A. International Production Networks: Comparison between China and ASEAN[R]. ERIA Discussion Paper,2009.

[216] KOOPMAN R. WANG Z. WEI S. J. Tracing Value-added and Double Counting in Gross Exports[J]. American Economic Review,2014,104(2): 459 –494.

[217]KRUEGER L. E. Effect of Stimulus Probability on Two-choice Reaction Time[J]. Journal of Experimental Psychology,1970(2): 377 –379.

[218] KRUEGER A. B. Measuring Labor' s Share [J]. American Economic Review,1999,89(2): 45 –51.

[219]KRUGMAN P. Scale Economies,Product Differentiation,and the Pattern of Trade[J]. American Economic Review,1980,70(5): 950 –959.

[220]KRUGMAN P. Trade and Wages,Reconsidered[R]. Paper prepared for the Brookings Paper on Economic Activity,Princeton University manuscript,2008.

[221]KUANG-CHUNG HSU. Does Outsourcing Always Benefit Skilled Labor? [J]. Review of International Economics,2011,19(3): 539 –554.

[222]LAWRENCE R. Z. Trade,Multinationals and Labor[R]. NBER Working Paper 4836,1994.

[223] ARC J. MELITZ. The Impact of Trade on Intra-Industry Reallocations and Aggregate Industry Productivity [J]. Econometrica,2003,71(6): 1695 –1725.

[224] MENON N. VAN DER M. RODGERS Y. International Trade and the Gender Wage Gap: New Evidence from India's Manufacturing Sector[J]. World Development,2009,37(5): 965 –981.

[225] MESCHI E. VIVARELLI M. Trade and Wage Inequality in Developing Countries[J]. World Development,2008,37(2):287 –302.

[226] MINCER JACOB A. Schooling, Experience and Earnings [M]. New York: Columbia University Press,1974.

[227] MITSUYO ANDO. Fragmentation and Vertical Intra-industry Trade in East Asia[J]. North American Journal of Economics and Finance,2006(12),257 –281.

[228]NG,FRANCIS,YEATS ALEXANDER. Product ion Sharing in East Asia: Who Does What for Whom, and Why? L. K. Cheng and H. Kierzkowskieds, Global production and trade in East Asia[C]. Boston: Kluwer Academic Publishers,2001, 63 –109.

[229] O' CONNOR D. LUNATI M. R. Economic Opening and the Demand for Skills in Developing Countries: A Review of Theory and Evidence [R]. OECD Development Centre Working Papers 149, 1999.

[230] PAULA BUSTOS. Trade Liberalization, Exports, and Technology Upgrading: Evidence on the Impact of MERCOSUR on Argentinian Firms [J]. American Economic Review, 2009, 101(1): 304 – 340.

[231] PERRY G. M. OLARREAGA. Trade Liberalization, Inequality and Poverty Reduction in Latin America [R]. Mineo, World Bank, 2006.

[232] PETER EGGER, ROBERT STEHRER. International Outsourcing and the Skill-Specific Wage Bill in Eastern Europe [J]. The World Economy, 2003, 26(1): 61 – 72.

[233] RICHARD UPWARD, ZHENG ZHANG, JINGHAI ZHENG. Weighing China's Export Basket: The Domestic Content and Technology Intensity of Chinese Exports [J]. Journal of Comparative Economics, 2012, 41(2): 527 – 543.

[234] RICHARD E. BALDWIN. Global Supply Chains: Why They Emerged, Why They Matter, and Where They Are Going [R]. CEPR Discussion paper No. 9103, 2012.

[235] ROBERT KOOPMAN, ZHI WANG, SHANG-JIN WEI. How much of Chinese Exports is Really Made in China? Assessing Domestic Value-added When Processing Trade is Pervasive [R]. NBER working paper 14109, 2008.

[236] ROBERT STEHRER. Trade in Value Added and the Value Added in Trade [R]. WIOD Working Paper 8, 2012.

[237] RODRIK, DANI. Has Globalization Gone Too Far? Washington, D. C. [R]. Institute for International Economics, 1997.

[238] SALVATORE BALDONE, FABIO SDOGATI, LUCIA TAJOLI. On Some Effects of International Fragmentation of Production on Comparative Advantages, Trade Flows and the Income of countries [J]. The World Economy, 2007, 30(11): 1729 – 1769.

[239] SAYEK SELIN, FUATSENER. Outsourcing and Wage Inequality in a Dynamic Product Cycle Model [J]. Review of Development Economics, 2006(10): 1 – 19.

[240] SANYAL, KALYAN, RONALD W. JONES. The Theory of Trade in Middle Products [J]. AmericanEconomic Review, 1983(3): 16 – 31.

[241] SLAUGHTER, MATTHEW J. International Trade and Labor-Demand

Elasticities[R]. NBER Working Paper Series No. 6262,1997.

[242] SLAUGHTER M. J. Multinationals Corporations, Outsourcing, and American Wage Divergence[R]. NBER Working Paper 5253,1995.

[243]STEPHEN S. GOLUB,CANG-TAI HSIEH. Classical Ricardian Theory of Comparative Advantage Revisited[J]. Review of International Economics,2000,8(2):221-234.

[244]STRAUSS-KAHN, VANESSA. The Role of Globalization in the Within-Industry Shift Away from Unskilled Workers in France[R]. NBER Working Paper No. 9716,2003.

[245]TIMMER MARCEL P. LOS B. ,STEHRER. R. ,DE VRIES G. Fragmentation Incomes and Jobs, An Analysis of European Competitiveness[R]. Policy Research Working Paper 6833,2013.

[246] WANG Z. , WILLIAM P, WEI S. J. Value Chains in East Asian Production Networks[R]. USITC Working Paper,No. 2009-10-C,2009.

[247] WANG Z. WEI S. ZHU K. F. Quantifying International Production Sharing at the Bilateral and Sector Levels[R]. NBER Working paper 19677,2014.

[248]WEI S. J. WU YI. Globalization and Inequality: Evidence from within China[R]. NBER Working Paper No. 8611,2015.

[249] WICHERICH C. Trade—A Driving Force for Jobs and Women's Empowerment? Focus on China and India[R]. FES Briefing Paper 7,2009.

[250]XING Y. & N. DETERT. How the iPhone Widens the United States Deficit with the People's Republic of China[R]. ADBI Working Paper No. 257,2010.

[251]XU B. W. LI. Trade,Technology,and China's Rising Skill Demand[J]. Economics of Transition,2008(16):59-84.

[252]YEATS,ALEXANDER J. Just How Big is Global Production Sharing? Sven W. Arndt, Henryk Kierzkowsk. Fragmentation: New Production Patterns in the World Economy. [M]. Oxford: Oxford University Press,2001.

[253]YOUNG A. T. D. LEVY, M. J. HIGGINS. Many Types of Human Capital and Many Roles in U. S. Growth: Evidence from County-Level Educational Attainment Data[R]. Repec Working Paper,2004.

[254]ZHANG J. , TANG D. B. ZHAN Y B. Foreign Value-added in China's

Manufactured Exports: Implications for China's Trade Imbalance[J]. China & World Economy,2012,20(1): 27 -48.

[255] ZHI WANG, SHANG-JIN WEI. What Accounts for the Rising Sophistication of China's Exports[R]. NBER working paper,2008.

[256]ZHU S. TRELFER D. Trade and Wage Inequality in Developing Countries: A General Equilibrium Analysis [J]. Journal of International Economics, 2005, 65 (1): 21 -48.

附　录

308 种零部件对应的 HS 编码及定义

	产品名称
611780	领带或领结的附件
611790	其他衣着附件的针织或钩编的零件
640610	鞋面及其零件,橡胶或塑料制的外底及鞋跟
640620	橡胶制的鞋靴零件
640691	木制的鞋靴零件
640699	其他材料的鞋靴零件
650700	帽圈、帽衬、帽套、帽帮、帽骨架、帽舌及帽颏带
660310	雨伞及阳伞的零件及装饰品
660320	伞骨、包括装在伞柄上的伞骨
660390	雨伞、阳伞、手杖、带座手杖、鞭子、马鞭及类似品
731519	钢铁链零件
732211	铸铁制散热器零件
732219	散热器其他零件
840140	核反应堆零件
840290	蒸汽锅炉、过热水锅炉零件
840490	热水锅炉辅助设备零件
840590	煤气发生器、乙炔发生器及类似的水解气体发生器的零件
840690	汽轮车零件
840721	舷外发动机
840729	其他点燃往复式或旋转式活塞内燃发动机
840910	航空器发动机用零件
840991	船舶发动机、电控燃油喷射装置零件

续表

	产品名称
840999	输出功率在132.39千瓦以上的暖风机用零件
841090	水轮机、水轮及其调节器零件
841191	涡轮喷气发动机或涡轮螺桨发动机用零件
841199	涡轮轴发动机用零件
841290	航空器及航空器用的零件
841391	泵用零件
841392	液体提升机用零件
841490	压缩机进、排气阀片零件
841590	空气调节器、装有电扇及调温、调湿装置，包括不能调湿的空调器零件
841690	使用液体燃料、粉状固体燃料或气体燃料的炉用燃烧器
841790	非电热的工业或实验室用炉及烘箱零件
841891	冷藏或冷冻设备专用的特制家具零件
841899	制冷机组及热泵用零件
841990	热水器用零件
842010	砑光机或其他滚压机器的零件
842091	滚筒
842099	砑光机或其他滚压机器及其滚筒的零件
842191	干衣量不超过10千克的干衣机零件
842199	家用型过滤、净化装置零件
842290	洗碟机、饮料及液体食品灌装设备零件
842390	衡量用的各种砝码、秤砣、衡器的零件
842490	液体或粉末的喷射、散布或喷雾的机械器具、灭火器、喷枪及类似器具的零件
843110	滑车及提升机、卷扬机及绞盘、千斤顶的零件
843120	叉车、其他装有升降或搬运装置的工作车的零件
843131	升降机、倒卸式起重机或自动梯的零件
843139	船用桅杆式起重机、机动推土机、侧铲推土机、开采或钻探机械的零件

续表

	产品名称
843142	推土机或侧铲推土机用铲的零件
843143	石油或天然气钻探机用零件
843149	矿用电铲用开采或钻探机械、打桩机及拔桩机的零件
843290	农业、园艺及林业用整地或耕作机械、草坪及运动场地滚压机的零件
843390	联合收割机用的零件
843490	挤奶机及乳品加工机器的零件
843590	制酒、制果汁或制类似饮料用的压榨机、轧碎机及类似机器的零件
843691	家禽饲养用机器的零件或家禽孵卵器及育雏器的零件
843699	农业、园艺、林业、家禽饲养业或养蜂业用的其他机器的零件
843790	种子、谷物等的清洁、分选或分类或分级机器、谷物磨粉业加工机器的零件
843890	食品、饮料工业用的生产或加工机器的零件
843991	制造纤维素纸浆的机器用的零件
843999	纤维素纸浆、纸及纸板的制造或整理机器的零件
844090	书本装订机器的零件
844190	切纸机用的零件
844240	铸字、排字或制版用的机器、器具及设备的零件
844390	印刷用辅助机器的零件
844820	喷丝头或喷丝板的零件和附件
844831	钢丝布针
844832	纺织纤维预处理机器的零件和附件
844833	络筒绽的零件或附件
844839	气流杯、电子清纱器、空气捻接器、环锭细纱机紧密纺装置的零件
844841	梭子
844842	织机用筘、综丝及综框的零件和附件
844849	接、投梭箱、引纬、送经装置的零件和附件
844851	沉降片、针织及其他成圈机件

续表

	产品名称
844859	针织机、缝编机及制粗松螺旋花线、网眼薄纱等的机器零件
845090	干衣量不超过 10 千克的洗衣机用的零件
845190	纱线、织物及纺织制品的洗涤、清洁、绞拧、干燥、熨烫、挤压等机器零件
845230	缝纫机针
845240	缝纫机专用的特制家具、底座和罩盖机器零件
845390	生皮、皮革的处理或加工机器、鞋靴、毛皮等的制作修理机器零件
845490	炉外精炼设备及钢坯连铸机用零件
845530	轧机用轧辊零件
845590	金属轧机机器轧辊的零件
846691	石料、陶瓷、混凝土或类似矿物材料的加工机床以及不利冷加工机床零件
846692	木材、软木、硬质塑料或类似硬质材料的加工机床零件和附件
846693	品目 8456 到 8461 所列机器用的零件和附件
846694	品目 8462 或 8463 所列机器用的零件和附件
846791	链锯用零件
846792	风动工具用零件
846799	电动工具用零件
846890	焊接机器及装置零件
847310	品目 8469 和 8470 所列机器的零件和附件
847321	子目 847010、847021 或 847029 所列电子计算器的零件、附件
847329	专用于或主要用于品目 8469 至 8472 所列机器的其他零件、附件
847330	子目 84714110、84714120、84714910、84715010、84715020、84716090、84717010、84717020、84717030 及 84717090 所列机器及装置的零件、附件
847340	自动柜员机用出钞机的零件和附件
847490	固体矿物质的分类筛选混合或搅拌机器;粘聚或成型机器;铸造用砂模的成型机器零件
847590	白炽灯泡、灯管、闪光灯泡及类似品的封装机器;玻璃制品的制造或热加工机器的零件
847621	装有加热或制冷装置的自动售货机

续表

	产品名称
847629	其他自动售货机,包括钱币兑换机
847681	装有加热或制冷装置的其他自动售货机
847689	其他自动售货机,包括钱币兑换机
847690	无加热或制冷装置的自动售货机(包括钱币兑换机)
847790	其他橡胶或塑料及其产品的加工机器零件
847890	本章未列名的烟草加工及制作机器零件
847990	船舶用舵机及螺旋稳定器用零件
848190	阀门用零件
848299	其他滚动轴承
848390	单独报验的带齿的轮、链轮及其他传动元件、零件
848420	机械密封件
848610	制造单晶柱或圆片用的机器及装置
850300	专用于或主要用于品目 8501 或 8502 所列机器的零件
850490	变压器用的零件
850610	碱性锌锰的原电池及原电池组
850630	氧化汞的原电池及原电池组
850640	氧化银的原电池及原电池组
850650	锂的原电池及原电池组
850660	锌空气的原电池及原电池组
850680	其他原电池及原电池组
850690	其他原电池及原电池组的零件
850710	铅酸蓄电池,用于启动活塞式发动机
850720	其他铅酸蓄电池
850730	镍镉蓄电池
850740	镍铁蓄电池
850780	其他蓄电池

续表

	产品名称
850790	铅酸蓄电池用零件
850890	手提式风动或液压工具及本身装有电动或非电动动力装置的手提式工具
850990	家用电动器具的零件
851090	电动剃须刀、电动毛发推剪及电动脱毛器零件
851190	本品目所列供机车、航空器及船舶用的各种装置的零件
851290	自行车或机动车辆用的电气照明或信号装置、风挡刮水器、除霜器及去雾器的零件
851390	手电筒用零件
851490	炼钢电炉用零件
851590	电气、激光等离子弧焊接机器及装置、用于热喷金属或金属陶瓷的电气机器及装置零件
851690	土壤加热器及加热电阻器用零件
851790	品目 8517 所列设备用天线及其零件
851890	传声器、扬声器、耳机、音频扩大器、电气扩音机组的零件
852210	拾音头的零件和附件
852290	转盘或唱机、录音机或放声机、磁头的零件和附件
852910	各种天线或天线反射器及其零件
852990	专用于或主要用于品目 8525 至 8528 所列装置或设备的其他零件
853090	铁道、电车道、道路或内河航道、停车场、港口或机场用的电气信号、安全或交通管理设备的零件
853190	防盗或防火报警器及类似装置用零件
853290	子目 85321000 所列电容器用零件
853310	固定碳质电阻器,合成或薄膜式电阻器
853321	额定功率不超过 20 瓦的片式电阻器
853329	其他电阻器
853331	额定功率不超过 20 瓦的线绕可变电阻器,包括变阻器及电位器
853339	其他线绕可变电阻器,包括变阻器及电位器
853340	其他可变电阻器,包括变阻器及电位器

续表

	产品名称
853390	其他可变电阻器,包括变阻器及电位器的零件
853400	印刷电路
853510	用于电压超过 1000 伏的路线的熔断器、自动断路器
853521	用于电压低于 72.5 千伏的线路的开关、保护或连接用的电气装置
853529	其他的线路
853530	隔离开关及断续开关
853540	避雷器、电压限幅器及电涌抑制器
853590	其他线路的开关、保护或连接用的电气装置
853610	用于电压不超过 1 000 伏的线路的熔断器
853620	用于电压不超过 1 000 伏的线路的自动断路器
853630	用于电压不超过 1 000 伏的线路的其他电路保护装置
853641	用于电压不超过 60 伏的线路的继电器
853649	其他的继电器
853650	其他开关
853661	灯座
853669	其他灯座插头及插座
853690	用于电压不超过 1 000 伏的线路的其他装置
853710	用于电压不超过 1 000 伏线路的数控装置
853720	用于电压超过 1 000 伏的全封闭组合式高压开关装置,用于电压在 500 千伏及以上的线路
853810	品目 85372010 所列货品用的零件
853890	其他品目 8537 所列货品用的盘、板、台、柜及其他基座
853990	白炽灯泡、放电灯管、闪光灯泡及类似品的封装机器;玻璃制品的制造或热加工机器的零件
854011	彩色的阴极射线电视显像管,包括视频监视器用的阴极射线管
854012	黑白的或其他单色的阴极射线电视显像管,包括视频监视器用的阴极射线管
854020	电视摄像管

续表

	产品名称
854040	彩色的数据、图形显示管,屏幕荧光点间距小于0.4毫米
854050	黑白的或其单色的数据、图形显示管
854060	其他阴极射线管
854071	磁控管
854072	速调管
854079	其他微波管
854081	接受管或放大管
854089	其他接收管或放大管
854091	阴极射线管用零件
854099	电视摄像管用零件
854110	二极管,但光敏二极管或发光二极管除外
854121	耗散功率小于1瓦的晶体管
854129	其他晶体管
854130	半导体开关元件、两端交流开关元件及三短双向可控硅开关元件
854140	发光二极管、太阳能电池
854150	其他半导体器件已装配的压电晶体
854160	已装配的压电晶体
854190	二极管、晶体管及类似的半导体器件;光敏半导体器件、发光二极管、已装配的压电晶体零件
854212	处理器及控制器的集成电路,不论是否带有存储器、转换器、逻辑电路等
854213	处理器及控制器的集成电路,不论是否带有存储器、转换器、逻辑电路等
854214	处理器及控制器的集成电路,不论是否带有存储器、转换器、逻辑电路等
854219	处理器及控制器的集成电路,不论是否带有存储器、转换器、逻辑电路等
854230	存储器
854240	放大器
854250	其他集成电路零件

续表

	产品名称
854290	其他集成电路零件
854810	原电池、原电池组及蓄电池的废碎料、废原电池、废原电池组及废蓄电池
854890	机器或设备的本章其他品目未列明的电气零件
860711	驾驶转向架
860712	其他转向架
860719	轴等其他铁道及电车道机动车或其他车辆的零件
860721	制动装置、空气制动器及其零件
860729	铁道及电车道机动车或其他车辆的零件的其他零件
860730	钩、其他联结器、缓冲器及其零件
860791	其他机车用零件
860799	其他铁道及电车道机动车或其他车辆的零件
870710	品目 8703 所列车辆用车身
870790	品目 87021092、87021093、87029020 及 87029030 所列车辆
870810	缓冲器(保险杠)及其零件
870821	座椅安全带
870829	车窗玻璃升降器
870831	装在蹄片上的制动摩擦片、防抱死制动系统零件
870839	其他制动器、助力制动器及其零件
870840	变速器及其零件
870850	装有差速器的驱动桥及其零件;非驱动桥机器零件
870860	非驱动桥及其零件
870870	车轮及其零件、附件
870880	悬挂减震器
870891	散热器及其零件
870892	消声器及排气管
870893	离合器及其零件

续表

	产品名称
870894	转向盘、转向柱及转向器
870899	其他车辆所用车架
870990	短距离运输货物的机动车辆、牵引车的零件
871411	摩托车用鞍座
871419	其他车辆鞍座
871420	残疾人车辆用鞍座
871491	车架、轮叉及其零件
871492	轮圈及辐条
871493	飞轮
871494	制动器及其零件
871495	鞍座
871496	脚蹬及其零件
871499	其他脚蹬、曲柄链轮及其零件
871500	婴孩车及其零件
871690	挂车及半挂车或者其他非机械驱动车辆及其零件
880310	推进器、水平旋翼及其零件
880320	起落架及其零件
880330	飞机及直升机的其他零件
880390	品目 8801 或 8802 所列货品的其他零件
880400	降落伞、旋翼降落伞及其零件、附件
900211	子目 90061010 至 90063000 所列照相机用的制透镜、棱镜等光学元件的物镜
900219	摄影机或放映机用的零件和附件
900220	照相机用的滤色镜
900290	照相机用的零件和附件
900390	眼镜架及其零件
900590	天文望远镜及其他天文仪器用零件和附件
900691	闪光灯泡
900699	其他照相机的零件和附件

续表

	产品名称
900791	摄影机用的零件和附件
900792	放映机用的零件和附件
900890	缩微阅读器用、照片放大机及缩片机用的零件和附件
900990	影像投影仪、照片放大机及缩片机零件和附件
901090	本章其他品目未列名的照相洗印用装置及设备;负片显示器;银幕及其他投影屏幕零件和附件
901190	复式光学显微镜,包括用于缩微照相、显微电影摄影及显微投影的零件和附件
901490	定向罗盘、其他导航仪器及装置
901590	大地测量、水道测量、海洋、水文、气象或地球物理用仪器及装置的零件和附件
901790	绘图、划线或数学计算仪器及器具、本章其他品目未列名的手用测量长度器具的零件和附件
902130	矫形器具、人造的人体部分、助听器等其他穿戴、携带或植入人体内的其他器具零件
902290	其他 X 射线影像增强器
902490	各种材料的硬度、强度、压缩性、弹性或其他机械性能的试验机器及器具的零件和附件
902590	记录式或非记录式的液体比重计及类似的浮子式仪器、温度计、高温计等及其组合装置的零件和附件
902690	液体或气体的流量、液位、压力或其他变化量的测量或检验仪器及装置的零件和附件
902790	检镜切片机及零件和附件
902890	生产或供应气体、液体及电力用的计量仪表,包括他们的校准仪表的零件和附件
902990	转数计、产量计数器、车费计、里程计、步数计及类似仪表的零件和附件
903090	其他电感及电容测试仪的零件和附件
903190	本章其他仪器、器具及机器的零件和附件
903290	其他仪器及装置的零件和附件
903300	第九十章所列机器、器具、仪器或装置用的本章其他品目未列名的零件、附件
911110	贵金属表壳或包贵金属表壳
911120	贱金属表壳,不论是否镀金或镀银
911180	其他表壳
911190	其他表壳零件

续表

	产品名称
911210	钟壳及其零件
911280	本章所列其他货品的类似外壳
911290	本章所列其他货品的类似外壳的零件
911310	贵金属或包贵金属制表带及其零件
911320	贱金属制,不论是否镀金或镀银
911390	其他表带及其零件
911410	发条包括游丝
911420	宝石轴承
911430	钟面或表面
911440	夹板及横担(过桥)
911490	其他钟表的零件
930510	左轮手枪或其他手枪用
930529	品目 9303 的猎枪或步枪用
930590	其他品目 9301 的军用武器用
930630	铆接机或类似工具用及无痛捕杀器用子弹及其零件
930690	其他子弹及其零件
940190	座椅调角器等机动车辆用零件
940210	理发用椅及其零件
940290	其他牙科、理发及类似用途的椅及其零件
940390	其他家具及其零件
940591	玻璃制的灯具及照明装置零件
940592	塑料制的灯具及照明装置零件
940599	其他灯具及照明装置零件
960630	纽扣及纽扣的其他零件;纽扣坯
960720	拉链零件
961390	香烟打火机和其他打火器及其零件
961420	烟斗及烟斗头
961490	其他烟斗和烟嘴及其零件
961700	保温瓶